X.media.press

Springer-Verlag Berlin Heidelberg GmbH

H.M. Niegemann · S. Hessel · D. Hochscheid-Mauel
K. Aslanski · M. Deimann · G. Kreuzberger

Kompendium
E-Learning

Mit 64 Abbildungen

Springer

Prof. Dr. Helmut M. Niegemann
Universität Erfurt, LS Lernen u. Neue Medien, Nordhäuser Str. 63
99105 Erfurt
helmut.niegemann@uni-erfurt.de

Silvia Hessel, M. A.
Markus Deimann, M. A.
Universität Erfurt, Zentrum für Lehr-/Lern- und Bildungsforschung, Saalestr. 4
99089 Erfurt

Dirk Hochscheid-Mauel, M. A.
Universität des Saarlandes, Zentrum für Lehrerbildung
66041 Saarbrücken

Kristina Aslanski, Dipl. Ing.
Gunther Kreuzberger, Dipl. Inf.
Technische Universität Ilmenau, Institut für Medien- und
Kommunikationswissenschaften, Am Eichicht 1, 98684 Ilmenau

ISSN 1439-3107
ISBN 978-3-642-62241-0   ISBN 978-3-642-18677-6 (eBook)
DOI 10.1007/978-3-642-18677-6
Bibliografische Information Der Deutschen Bibliothek
Die Deutsche Bibliothek verzeichnet diese Publikation in der Deutschen
Nationalbibliografie; detaillierte bibliografische Daten sind im Internet über
<http://dnb.ddb.de> abrufbar.

Dieses Werk ist urheberrechtlich geschützt. Die dadurch begründeten Rechte, insbesondere die der Übersetzung, des Nachdrucks, des Vortrags, der Entnahme von Abbildungen und Tabellen, der Funksendung, der Mikroverfilmung oder der Vervielfältigung auf anderen Wegen und der Speicherung in Datenverarbeitungsanlagen, bleiben, auch bei nur auszugsweiser Verwertung, vorbehalten. Eine Vervielfältigung dieses Werkes oder von Teilen dieses Werkes ist auch im Einzelfall nur in den Grenzen der gesetzlichen Bestimmungen des Urheberrechtsgesetzes der Bundesrepublik Deutschland vom 9. September 1965 in der jeweils geltenden Fassung zulässig. Sie ist grundsätzlich vergütungspflichtig. Zuwiderhandlungen unterliegen den Strafbestimmungen des Urheberrechtsgesetzes.

springer.de

© Springer-Verlag Berlin Heidelberg 2004
Originally published by Springer-Verlag Berlin Heidelberg New York in 2004
Softcover reprint of the hardcover 1st edition 2004

Die Wiedergabe von Gebrauchsnamen, Handelsnamen, Warenbezeichnungen usw. in diesem Werk berechtigt auch ohne besondere Kennzeichnung nicht zu der Annahme, dass solche Namen im Sinne der Warenzeichen- und Markenschutz-Gesetzgebung als frei zu betrachten wären und daher von jedermann benutzt werden dürften.

Umschlaggestaltung: KünkelLopka, Heidelberg
Texterfassung durch die Autoren
Datenaufbereitung: LE-TeX, Leipzig
Gedruckt auf säurefreiem Papier   33/3142 ud   543210

Vorwort

„Abriss; kurzgefasstes Lehrbuch." So definiert der Fremdwörterduden das Wort „Kompendium". Als Lehrbuch ist dieses Buch in der Tat gedacht, und kurzgefasst ist stets relativ.

E-Learning ist ein weites Feld, es lässt sich keiner klassischen akademischen Disziplin alleine zuordnen: Informatik, pädagogische Psychologie, Didaktik und Grafikdesign liefern wichtige Beiträge. Da ein Kompendium eben keine Enzyklopädie ist, waren Schwerpunkte zu setzen, d. h. nicht alle Themenbereiche sind gleichermaßen vertreten. Wir glauben, dass sich dies insofern leicht verschmerzen lässt, weil gerade die weniger ausführlich behandelten Bereiche durch andere Lehrbücher gut repräsentiert sind.

Der Fokus dieses Lehrbuches „Kompendium E-Learning" liegt auf der systematischen Konzeption von E-Learning-Angeboten auf der Grundlage anwendungsbezogener pädagogisch-psychologischer Theorien und empirischer Forschungsbefunde. Viele dieser Informationen sind damit erstmals in deutscher Sprache leicht zugänglich. Rezepte kann in diesem Bereich niemand seriös vermitteln, wohl aber eine Vielzahl von Empfehlungen, deren Umsetzung stets ein gewisses Hintergrundwissen erfordert.

Als Lehrbuch sehen wir die Verwendung an Hochschulen in allen Studiengängen, die sich mit E-Learning befassen. Das Buch wird aber auch Praktikern von Nutzen sein. Als roter Faden dient der Ablauf der Entwicklung eines E-Learning-Produkts von der Planung bis zur Evaluation, wobei deutlich gesagt wird, dass es sich bei der Konzeption und Entwicklung höchst selten um einen linearen Prozess handelt.

Die dargestellten Theorien sind überwiegend technologisch und damit praxisorientiert, sie liefern bei vielen Designentscheidungen zumindest eine Orientierung. Nicht wenige Befunde der Instruktionspsychologie widersprechen der Intuition, manches Mal gibt es Konflikte zwischen instruktionspsychologischer Effektivität und ästhetischem Empfinden.

Eine Thematik wie E-Learning, die Standbeine in unterschiedlichen Disziplinen besitzt, ist stets mit terminologischen Problemen konfrontiert: Terme aus der Informatik sind den Didaktikern oft völlig fremd und umgekehrt. Wir haben das Buch daher mit einem Glossar versehen, in dem die wichtigsten Begriffe kurz erklärt werden. Bei nicht erklärten Begriffen empfehlen wir einen Blick in den Index, es sollte dort einen Verweis auf die Stellen geben, wo der entsprechende Begriff erläutert wird.

Wir wünschen uns in erster Linie, dass das Kompendium dazu beiträgt, E-Learning im deutschsprachigen Bereich didaktisch zu verbessern. Die Einsicht, dass hier die Defizite liegen, ist durchaus verbreitet, was fehlt, sind wissenschaftlich fundierte Orientierungen für eine unter didaktischem Aspekt noch kaum professionalisierte Praxis.

Wie bei vielen Buchprojekten sind die Autoren nicht die einzigen, die wesentlichen Anteil am Zustandekommen des Buches haben. An erster Stelle ist hier Steffi Domagk zu danken, die zusammen mit Silvia Hessel die Knochenarbeit des Redigierens und der Formatierung erledigt hat.

Zu danken ist auch Jutta Maria Fleschutz vom Springer-Verlag, die einerseits Verständnis für Verzögerungen aufgrund diverser Ereignisse zeigte, andererseits aber auch mit beharrlichem Druck dafür sorgte, dass das Buch nun vorliegt.

Erfurt, im Juli 2003 *Helmut M. Niegemann*

Inhaltsverzeichnis

Teil I Geschichte und Grundlagen

**1 Die Suche nach der Lehrmaschine:
Von der Buchstabiermaschine
über den Programmierten Unterricht zum E-Learning**   3
    1.1 Vorläufer 3
    1.2 Zur Entwicklungsgeschichte
         computerunterstützter Lerntechnologien 5
         1.2.1 Skinner und Hollands lineare Lehrprogramme   5
         1.2.2 Crowders verzweigte Programme 7
         1.2.3 Das Projekt TICCIT 8
         1.2.4 Das Projekt PLATO 10
         1.2.5 CUU-Projekte in Deutschland und Europa 11
    1.3 Neue Entwicklungen 15
    1.4 Perspektiven 16

**2 Die Konzeption von E-Learning:
Wissenschaftliche Theorien, Modelle und Befunde**   19
    2.1 Instruktionsdesign: Die Idee 19
    2.2 Instruktionsdesign: Das Ur-Modell 23
    2.3 Weitere Modelle der ersten Generation 25
    2.4 Zweite Generation und situationistische Modelle 25
         2.4.1 Kritik am Instruktionsdesign 25
         2.4.2 Merrills Instructional-Transaction-Theorie.... 26
         2.4.3 Projektmethode –
               Multimedial und an Geschichten verankert 29
         2.4.4 Cognitive Apprenticeship –
               Lernen von den (alten) Meistern 34
         2.4.5 „Learning by Doing"
               in „Goal-Based Scenarios" 36

		2.4.6	Ein Vier-Komponenten-Instruktionsdesign-Modell (4C/ID) für das Training komplexer Fähigkeiten	39
		2.4.7	Weitere praktische Theorien	44
	2.5	Wie gehen wir vor? Ein operatives Modell		47

Teil II Planung und Analyse

3 Analysen: Die Ermittlung der Ausgangsbedingungen — 51
- 3.1 Was ist zu analysieren? — 51
- 3.2 Problemanalyse — 52
- 3.3 Bedarfsanalyse — 53
- 3.4 Adressatenanalyse — 55
- 3.5 Wissens- und Aufgabenanalyse — 58
- 3.6 Ressourcenanalyse — 63
  - 3.6.1 Verfügbares Material — 64
  - 3.6.2 Personelle Ressourcen — 65
  - 3.6.3 Zeitbedarf — 66
  - 3.6.4 Kostenanalyse — 67
- 3.7 Analyse des Einsatzkontexts — 68

4 Grundsatzentscheidungen: Welche didaktische Orientierung? — 71
- 4.1 Designentscheidungen — 71
- 4.2 Didaktische Basismodelle als Kriterien für Designentscheidungen — 74
  - 4.2.1 Tiefen- und Basisstrukturen von Lernprozessen — 75
  - 4.2.2 Sicht- und Oberflächenstrukturen der Instruktion — 77
  - 4.2.3 Die einzelnen Basismodelle — 77
  - 4.2.4 Anwendung des Ansatzes — 87
- 4.3 Didaktische Entwurfsmuster: Pedagogical Design Patterns — 88

5 Projektmanagement — 91
- 5.1 Aufgaben des Projektmanagements — 91
- 5.2 Planung eines Projekts — 92
  - 5.2.1 Projektrahmen — 92
  - 5.2.2 Zeitplanung — 92
  - 5.2.3 Budgetierung — 93
- 5.3 Checklisten zum Projektmanagement — 94

Teil III Konzeption

6 Segmentierung und Sequenzierung: Einteilung und Reihenfolge — 99
- 6.1 Was ist das Problem? — 99
- 6.2 Lehrstoff einteilen: Lernobjekte — 100
- 6.3 In welcher Reihenfolge präsentiere ich den Lehrstoff? — 100
- 6.4 Weitere Kriterien für die Segmentierung und Sequenzierung des Lehrstoffs — 107

7 Interaktivität und Adaptivität — 109
- 7.1 Was ist Interaktivität? — 109
- 7.2 Funktionen von Interaktivität — 110
  - 7.2.1 Motivationsfördernde Interaktionen — 111
  - 7.2.2 Informationsliefernde Interaktionen — 111
  - 7.2.3 Verstehen fördernde Interaktionen — 112
  - 7.2.4 Behalten fördernde Interaktionen — 112
  - 7.2.5 Interaktionen, die das Anwenden und den Transfer fördern — 112
  - 7.2.6 Interaktionen, die den Lernprozess regulieren — 113
- 7.3 „Inter-Aktionsformen" und ihre Realisierung — 113
  - 7.3.1 Aktionen Lernender — 113
  - 7.3.2 Aktionen des Lehrsystems — 117
- 7.4 Computer sind auch nur Menschen — 119
- 7.5 Computer- und webunterstützte Interaktionen mit anderen Menschen — 120
- 7.6 Adaptivität — 122

8 Didaktische Gestaltung von Audio — 125
- 8.1 Psychologische Funktionen von Musik — 125
- 8.2 Audioelemente und ihre Funktionen — 127
- 8.3 Technische und rechtliche Aspekte — 129
  - 8.3.1 Technische Aspekte — 129
  - 8.3.2 Rechtliche Aspekte — 129
- 8.4 Didaktische Empfehlungen zum Einsatz von Audio — 130
  - 8.4.1 Allgemeine Empfehlungen — 130
  - 8.4.2 Empfehlungen zum Einsatz von Sprechtext — 131
- 8.5 Studien — 132

**9 Didaktische Gestaltung
und Konzeption von Animationen   135**

- 9.1 Animation, Visualisierung und Simulation 135
  - 9.1.1 Was ist Animation? 135
  - 9.1.2 Was ist Visualisierung? 136
  - 9.1.3 Was ist Simulation? 136
- 9.2 Funktionen von Animation 138
  - 9.2.1 Dekoration 138
  - 9.2.2 Aufmerksamkeitslenkung 138
  - 9.2.3 Motivierung 139
  - 9.2.4 Präsentation 139
  - 9.2.5 Verdeutlichung 139
  - 9.2.6 Übung 139
- 9.3 Didaktische Empfehlungen für Animationen 140
- 9.4 Erhöhte Effektivität durch den Einsatz
  von Animationen? – Empirische Befunde – 142
- 9.5 Beispiele und Anwendung 144

10 Video in E-Learning-Umgebungen   147

- 10.1 Video und Film 147
- 10.2 Funktionen von Video
  in Multimedia-Anwendungen 148
- 10.3 Besonderheiten des Mediums Film 150
  - 10.3.1 Informationsvielfalt und Vieldeutigkeit 150
  - 10.3.2 Darbietungszeit 150
- 10.4 Video als didaktisches Medium 151
  - 10.4.1 Beispiel 1: Die Abenteuer
    des Jasper Woodbury 151
  - 10.4.2 Beispiel 2: Trainingsprogramm
    „Der persönliche Berater"
    mit interaktivem Video 152
- 10.5 Didaktische Empfehlungen 153
  - 10.5.1 Videoeinsatz 153
  - 10.5.2 Einbindung einer Videosequenz
    in einer linearen Struktur 154
  - 10.5.3 Einbindung einer Videosequenz
    in einer parallelen Struktur 154
- 10.6 Fazit 155

Teil IV Gestaltung

**11 Packen wir es auf den Bildschirm –
Gestaltung von Text und Bild**   **159**

    11.1 Rolle der Text- und Bildgestaltung im E-Learning –
eine kurze Einführung 159
    11.2 Die Bedeutung von Texten im E-Learning 159
    11.3 Kognitive Prozesse der Textverarbeitung 160
        11.3.1 Basale Verarbeitung 161
        11.3.2 Semantisch-syntaktische Verarbeitung 162
        11.3.3 Elaborative Verarbeitung 163
        11.3.4 Reduktive Verarbeitung 164
        11.3.5 Rekonstruktive Verarbeitung 165
    11.4 Inhaltliche und didaktische Aspekte
der Präsentation von Text am Bildschirm 165
        11.4.1 Angabe der Lehrziele 166
        11.4.2 Sach- und didaktische Strukturierung 167
        11.4.3 Hilfen zur Anknüpfung an das Vorwissen 168
        11.4.4 Zusammenfassungen 170
    11.5 Gestalterische Möglichkeiten
der Präsentation von Text am Bildschirm 170
        11.5.1 Überschriften 170
        11.5.2 Wortwahl, Satzbau, eindeutige Bezüge 171
        11.5.3 Orientierungsmarken 173
        11.5.4 Typografische Aspekte 174
    11.6 Die Bedeutung von Bildern im E-Learning 176
    11.7 Kognitive Prozesse der Bildverarbeitung 177
        11.7.1 Voraufmerksame Verarbeitung 177
        11.7.2 Aufmerksame Verarbeitung 177
        11.7.3 Elaborative Verarbeitung 178
        11.7.4 Rekonstruktive Verarbeitung 179
    11.8 Arten von Bildern 179
        11.8.1 Abbilder 179
        11.8.2 Logische Bilder 180
    11.9 Didaktische und medienspezifische Aspekte 182
    11.10 Text und Bild gemeinsam auf dem Bildschirm 184

**12 Achtung „Overload":
Präsentation von Text, Bild und Ton am Bildschirm**   **187**

    12.1 Plausible Annahmen und die Multimedia-Forschung 187
    12.2 Das SOI-Modell für multimediales Lernen 187
        12.2.1 Theoretischer Hintergrund des Modells 187
        12.2.2 Kernaspekte des Modells 191

12.3 Sechs Prinzipien zur Gestaltung von E-Learning........ 193
    12.3.1 Das Multimediaprinzip: Die Kombination von Text und Grafik ist besser als Text allein......... 194
    12.3.2 Das Kontiguitätsprinzip: Zusammengehörende Worte und Grafiken nahe beieinander platzieren......................... 195
    12.3.3 Das Modalitätsprinzip: Zur Erläuterung von Grafiken oder Animationen eignet sich gesprochener Text besser als geschriebener.... 196
    12.3.4 Das Redundanzprinzip: Die gleichzeitige Darbietung von geschriebenem und gesprochenem Text kann das Lernen beinträchtigen 197
    12.3.5 Das Kohärenzprinzip: Das Anreichern mit „interessantem Material" kann das Lernen beeinträchtigen.................. 199
    12.3.6 Das Personalisierungsprinzip: Personalisierter Sprachstil und pädagogische Agenten können das Lernen unterstützen 201

13 Dranbleiben und weiterlernen: Nun motiviert mich mal!   205

13.1 Wer oder was motiviert wen?................. 205
13.2 Motivation 206
    13.2.1 Was ist Motivation 206
    13.2.2 Das ARCS-Modell 207
13.3 Emotion... 215
    13.3.1 Was sind Emotionen? 215
    13.3.2 FEASP-Modell 216
13.4 Volition... 218
    13.4.1 Volitionale Theorien und Modelle 220
    13.4.2 Volitionale Strategien 222
    13.4.3 Handlungsorientierung versus Lageorientierung............................. 223
    13.4.4 Förderung der Volition? 224
13.5 Integration: Aus drei mach eins 224

14 Rückmeldung erbeten: Feedback   227

14.1 Feedback und Lernen... 227
14.2 Theoretische Grundlagen und Befunde................. 228
14.3 Formen und Gestaltungsmöglichkeiten................... 232

15 Die Ideen aus Konzeption und Gestaltung zum Anfassen: Storyboard 235

15.1 Manifestation und Präsentation der Konzeptions- und Gestaltungsideen 235
15.2 Ablaufdiagramm 235
15.3 Storyboard 236
15.4 Alternative Rapid Prototyping? 241

Teil V Technische Umsetzung

16 Gestaltungsmöglichkeiten von E-Learning aus technischer Sicht 245

16.1 Technologische, systemtechnische und didaktisch-methodische Gestaltungsmöglichkeiten .. 245
    16.1.1 Technologische und systemtechnische Möglichkeiten 245
    16.1.2 Didaktisch-methodische Gestaltungsmöglichkeiten 246
16.2 Drei Ebenen der technischen und systemtechnischen Gestaltung 248
    16.2.1 Basistechnologien 248
16.3 Lerntechnologien 250
16.4 Lernsysteme 253

17 Bausteine und Werkzeuge für E-Learning 257

17.1 Ein „Lego-Baukasten" für E-Learning-Anwendungen? 257
17.2 Methoden und Technologien 258
17.3 Daten und Inhalte 264
17.4 Geräte 265
17.5 Werkzeuge 267

18 Standardisierung, Benutzerorientierung und Integration 269

18.1 Standardisierung 269
18.2 Benutzerorientierung 275
18.3 Integration 276

19 Praktische Anwendungen: Zwei Lernplattformen 279

19.1 ILIAS 279
19.2 metacoon 283

Teil VI Qualität für den Kunden

**20 Top oder Flop –
die Qualitätsbeurteilung von E-Learning** — 291
- 20.1 Einführung — 291
- 20.2 Der Begriff „Evaluation" — 291
- 20.3 Die Funktionen von Evaluation — 292
- 20.4 Typen der Evaluation — 292
- 20.5 Der Evaluationsprozess — 295
  - 20.5.1 Definition der zu evaluierenden Maßnahme — 295
  - 20.5.2 Zielsetzung der Evaluation — 296
  - 20.5.3 Planung der Evaluation — 296
  - 20.5.4 Datenerhebung und Auswertung — 297
  - 20.5.5 Berichtlegung — 298
  - 20.5.6 Bewertung und weiter gehende Nutzung — 298
- 20.6 Evaluationskriterien — 299
- 20.7 Evaluationsmethoden — 300
  - 20.7.1 Inhaltsanalyse — 300
  - 20.7.2 Befragung — 301
  - 20.7.3 Beobachtung — 302
  - 20.7.4 Verhaltensrecording — 303
  - 20.7.5 Tests — 303
- 20.8 Evaluationsinstrumentarien — 304
  - 20.8.1 Theorieorientierte Evaluationsinstrumente — 305
  - 20.8.2 Kriterienkataloge — 307
- 20.9 Schlussbemerkung — 310

**21 Lernerfreundliche Gestaltung:
Die Bedeutung der Usability** — 313
- 21.1 Bedeutung der Usability beim E-Learning — 313
- 21.2 Der Gegenstandsbereich des Usability Testing — 315
- 21.3 Usability-Aspekte — 316
  - 21.3.1 Erlernbarkeit (Learnability) — 317
  - 21.3.2 Effizienz (Efficency of use) — 318
  - 21.3.3 Erinnerbarkeit (Memorability) — 318
  - 21.3.4 Fehlerrate (Errors) — 319
  - 21.3.5 Zufriedenheit (Satisfaction) — 320
- 21.4 Erhebungsmethoden beim Usability Testing — 320
  - 21.4.1 Methode des lauten Denkens (Thinking aloud) — 321
  - 21.4.2 Blickbewegungsaufzeichnung (Eye Tracking) — 322
- 21.5 Techniken des Usability Testing — 324
  - 21.5.1 Usability-Inspektions-Techniken — 324
  - 21.5.2 Heuristische Evaluation — 325

21.6	Cognitive Walkthrough	328
	21.6.1 Fragebögen und Checklisten	330
	21.6.2 Usability-Testing-Techniken	334
21.7	Ablauf eines Usability-Tests	336
21.8	Schlussbemerkung	338

Glossar 341

Abbildungsverzeichnis 361

Tabellenverzeichnis 367

Literatur 369

Sachverzeichnis 397

Teil I
Geschichte und Grundlagen

1 Die Suche nach der Lehrmaschine: Von der Buchstabiermaschine über den Programmierten Unterricht zum E-Learning

1.1 Vorläufer

Der Wunsch, die Mühen des Lernens wie des Lehrens zu verringern, ist sicherlich ein alter Menschheitstraum. Als früher Versuch hierzu Maschinen einzusetzen gilt oft das 1588 von Agostino Ramelli, dem italienischen Ingenieur des Königs von Frankreich, konzipierte, zu seinen Lebzeiten aber vermutlich nie gebaute Leserad: eine Vorrichtung, die es erlauben sollte, ohne Hin- und Herlaufen an einem

Eine erste Lernmaschine?

Abb. 1.1: Das Leserad, 1588 von Agostino Ramelli

Arbeitsplatz auf mehrere Literaturstellen in unterschiedlichen Folianten zuzugreifen. Es handelte sich dabei allerdings weniger um eine Lernmaschine als um einen Vorläufer der Hypertext-Idee.

Ein erstes Patent auf eine Lernmaschine erhielt 1866 Halycon Skinner (nicht zu verwechseln mit B. F. Skinner): Nach Anzeige eines Bildes auf der Vorderseite eines Kastens sollte die richtige Bezeichnung über eine Schreibmaschinentastatur eingegeben werden. Die Maschine hatte allerdings einen Nachteil: Auch richtig geschriebene, aber sachlich falsche Bezeichnungen wurden akzeptiert.

Eine bessere „Buchstabiermaschine" ließ sich 1911 der Psychologe Herbert Aiken patentieren. Zu einem gegebenen Bild ließen sich jeweils nur die Buchstaben der richtigen Bezeichnung in Form von Karten in einen Rahmen einsetzen. Bei dieser puzzleartigen Vorrichtung konnten verschiedene Möglichkeiten ausprobiert werden, aber nur die richtige wurde durch den Erfolg, das Gelingen des „Puzzles", belohnt.

Dahinter stand als grundlagenwissenschaftliche Theorie das wenige Jahre zuvor von Thorndike entdeckte „law of effect". In der Folgezeit wurden bis 1936 ca. 700 Patente für vergleichbare „Übungsmaschinen" angemeldet (Riehm & Wingert, 1995, S. 150), darunter auch Presseys Test- und Lehrmaschinen aus den zwanziger Jahren (s. Abb. 1.2), an denen sich Skinner und Holland mehr als 30 Jahre später bei ihren ersten Maschinen für das „programmierte Lernen" orientierten.

Abb. 1.2: *Presseys Test- und Lernmaschine von 1926*

1.2 Zur Entwicklungsgeschichte computerunterstützter Lerntechnologien

1.2.1 Skinner und Hollands lineare Lehrprogramme

Die Idee der computerunterstützten Instruktion geht zurück auf die *programmierte Unterweisung* (PU), und diese wiederum war der Versuch, aus einer Lerntheorie unmittelbar eine Lehrtechnologie abzuleiten: Auf der Grundlage einer Reihe von Tierversuchen formulierte Skinner: „Ist das Auftreten einer operanten Verhaltensweise von der Darbietung eines verstärkenden Stimulus gefolgt, so wächst ihre Stärke an." (Skinner, 1938, S. 21; zit. nach Bower & Hilgard, 1983, S. 250)

Gesetz der operanten Konditionierung

Aus der darin enthaltenen Aussage, dass Verhalten aufgrund seiner Folgen gelernt wird, leitete Skinner später Überlegungen ab, durch geeignete Verstärkungsarrangements menschliches Verhalten in erwünschte Bahnen zu lenken.

Um beim Wissenserwerb eine konsequente Verstärkung korrekter Verhaltensweisen einzelner Lernender sicherzustellen, was einem Lehrer in einer Klasse kaum möglich ist, griff er zurück auf mechanische Tests und Lehrvorrichtungen, die Pressey in den zwanziger Jahren entwickelt hatte. Gemeinsam mit Holland entwickelte Skinner auf deren Basis *Lehrmaschinen*, deren Funktion im Wesentlichen darin bestand, dem Lernenden einen Lehrstoff in kleinen Schritten (frames) meist in Textform darzubieten, jeweils gefolgt von Fragen (Beispiel: Abb. 1.3). Die jeweilige Antwort war

Abb. 1.3: Einfache Lernmaschine (Anfang der 60er Jahre)

in die Maschine einzugeben, woraufhin die richtige Lösung angezeigt wurde und der Lerner erkennen konnte, ob seine Antwort richtig war. Im Sinne des operanten Konditionierens ist es für den Lernfortschritt unumgänglich, dass der Lerner ein korrektes Antwortverhalten zeigt, welches dann verstärkt werden kann. Dies ist aber nur erreichbar, wenn die Fragen bzw. Aufgaben so einfach sind, dass falsche Antworten nicht mehr zu erwarten sind. In der Regel sollte es sich nicht um Auswahlantworten handeln, da diese oft nur ein Wiedererkennen erfordern und nicht das aktive Verhalten, das verstärkt werden soll. Eine typische Aufgabenform Skinner'scher Lehrprogramme sind daher *Lückentexte*.

Lückentexte

Skinners Ansatz wird in der heutigen Diskussion um computerunterstützte Instruktion nicht selten abqualifiziert, ohne seinen Beitrag zur Entwicklung einer lernpsychologisch begründeten Instruktionstechnologie historisch zu würdigen. Obwohl sich die theoretische Deutung der Lernprozesse bei kognitiven Lehrinhalten als unzweckmäßig und unzureichend erwiesen hat, sind die im Folgenden wiedergegebenen praktischen Anweisungen Skinners zum Vorgehen bei der Entwicklung von Lernprogrammen – abgesehen von Punkt 5 – unter bestimmten Rahmenbedingungen noch immer bedenkenswert, auch wenn die Begründungen heute andere sind:

Regeln für Skinner'sche Lehrprogramme

1. Es muss zunächst eine klare, detaillierte, objektive Beschreibung erarbeitet werden, was es heißt, den Lehrstoff zu beherrschen.

2. Es ist eine Folge von Frage-Antwort-Frames zu entwickeln, in welchen der Lernende in langsam ansteigendem Schwierigkeitsgrad mit dem Lehrinhalt konfrontiert wird und wobei dem Lernenden dieselben Fakten aus unterschiedlichen Perspektiven mehrmals dargestellt werden.

3. Es muss dafür gesorgt werden, dass der Lernende aktiv ist (z. B. indem bei jedem Frame eine Antwort auf eine Frage oder Aufgabe verlangt wird).

4. Auf jede Antwort muss eine sofortige Rückmeldung erfolgen.

5. Die Fragen sollen so gestellt werden, dass die richtige Antwort eine sehr hohe Auftretenswahrscheinlichkeit hat.

6. Jeder Lernende soll das Lehrprogramm in seinem persönlichen Tempo durchlaufen.

7. Das Arbeiten mit dem Lehrprogramm soll durch zusätzliche Verstärkungen gefördert werden.

(Vgl. Skinner, 1958; Bower & Hilgard, 1983, S. 278 f.)

Lehrziel- und Lehrstoffanalysen (Punkt 1) gelten heute allgemein als unerlässlich für jede rationale Instruktionsplanung (vgl. Klauer, 1974), eine Darstellung des Lehrstoffs aus unterschiedlichen Blickwinkeln (Punkt 2) lässt sich aus wissenspsychologischer Perspektive viel stringenter begründen (vgl. Aeblis Konzept des Durcharbeitens; Aebli, 1983, S. 261 ff., S. 310 ff.).

Die Bedeutung individuell unterschiedlicher Lernzeiten (Punkt 6) hat Bloom (1973) mit einer Reihe von Arbeiten belegt; auch dass Rückmeldungen (Punkt 4) im Lehr-Lernprozess eine wesentliche Rolle spielen, lässt sich unabhängig vom Erklärungsmodell des operanten Konditionierens begründen (vgl. Fischer, 1985).

Die Verbreitung der Skinner-Holland'schen Lehrmaschinen wurde durch die Ende der fünfziger Jahre bestehende Aufnahmebereitschaft der amerikanischen Öffentlichkeit für Ideen, die mehr Bildungseffektivität versprachen (Sputnik-Schock), sicher stark gefördert. Da gleichzeitig auch die Verbreitung der Computertechnologie einsetzte, lag eine Verbindung der Idee der Lehrmaschine mit der Möglichkeit des Computers zur Antwortauswertung nahe und wurde auch realisiert.

1.2.2
Crowders verzweigte Programme

Eher pragmatisch orientiert als theoriegebunden schlug Crowder 1959 vor, statt der linearen verzweigte Lehrprogramme zu entwickeln:

> „Das wesentliche Problem ist die Steuerung eines Kommunikationsprozesses durch Rückkopplung. Die Antwort eines Lernenden dient in erster Linie dazu, festzustellen, ob der Kommunikationsprozess wirksam war. Gleichzeitig bietet sie, falls nötig, die Möglichkeit einer entsprechenden Korrektur." (Crowder, 1959)

Crowders Programme beinhalten typischerweise größere Frames, jeweils gefolgt von einer Frage mit Auswahlantworten. Bei Wahl einer falschen Antwort erhält der Lerner einen zur Art des Fehlers passenden Kommentar, anschließend wird je nach Art des Fehlers mit einer bestimmten Sequenz von Frames fortgefahren, eventuell werden auch Frames wiederholt, die möglicherweise nicht verstanden wurden.

Mit der Einführung fehlerabhängiger Verzweigungen wurde eine Individualisierung des Lehr-Lernprozesses über die Lernzeit hinaus möglich: Der Idee nach handelte es sich nun um adaptive Lehrprogramme; allerdings mangelte es an wissensdiagnostischen Verfahren ebenso wie an Methoden der Lehrstoffanalyse.

Fehlerabhängige Verzweigungen

Crowder selbst benutzte zunächst keinen Computer, sondern einen Microfiche-Projektor; verzweigte Programme wurden jedoch bald typisch für computerunterstützte Instruktion.

In der zweiten Hälfte der sechziger Jahre ging das öffentliche Interesse an computerunterstützter Instruktion deutlich zurück – im Bildungsbereich beherrschten andere Themen das Feld – ohne dass sich die instruktionstechnologischen Anwendungen als ineffektiv erwiesen hatten. Um die Frage der Effektivität computergestützter Instruktion durch Feldversuche zu klären, beschloss 1971 die National Science Foundation (NSF) der USA zwei Großprojekte über jeweils fünf Jahre, ausgestattet mit insgesamt 10 Mio. Dollar. Es handelte sich um die Projekte TICCIT (Mitre Corp. in Kooperation mit der Brigham Young University) und PLATO (Control Data Corporation in Kooperation mit der University of Illinois, Urbana-Champaign). Beide Projekte hatten das Ziel, aufzuzeigen, dass mittels computerunterstützter Instruktion ein effektiver und kostengünstiger Unterricht möglich ist (vgl. O'Shea & Self, 1986, S. 69 ff.).

1.2.3
Das Projekt TICCIT

Die Abkürzung TICCIT steht für „Time-shared Interactive Computer Controlled Information Television". Wie der Name sagt, war hier bereits die Verwendung von Fernseh-Lehrfilmen integraler Bestandteil des Systems. Dementsprechend wurde eine spezielle Hard- und Software entwickelt, einerseits orientiert am Prinzip der Selbststeuerung des Lernenden, andererseits basierend auf einem speziellen Unterrichtsmodell zum Begriffs- und Regellernen. Ein Lernplatz bestand aus einem Farbmonitor mit Lautsprecher, einer besonderen Tastatur, einem Lichtgriffel und einem Abspielgerät für Videobänder. Die Systemsteuerung erfolgte durch Standard-Minicomputer, wobei ein Rechner bis zu 128 Terminals verwalten konnte.

Aufschlussreich für das Verständnis des TICCIT-Konzepts sind die Bedeutungen der 15 speziellen Tasten zur Lernersteuerung:

Funktionen zur Selbstregulation des Lernens

- Att'n: Rückkehr zum „Hauptprogramm"
- Exit: Beenden
- Repeat: Wiederholen
- Go: Weiter
- Skip: Überspringen

- Back: Zurück
- Obj'tive: Aktuelles Lehrziel
- Map: Überblick über Struktur der Lerneinheit (grafische Darstellung)
- Advice: Vorschlag zur Vorgehensweise (Lernstrategie), Information zum Lernstatus (z. B. gelöste/nicht gelöste Aufgaben)
- Help: Hilfe, Lösungshinweis
- Hard: Schwierig (in Kombination mit „Example" oder „Practice")
- Easy: Leicht (in Kombination mit „Example" oder „Practice")
- Rule: Textdarstellung der zu lernenden Regel
- Example: Anforderung eines Beispiels
- Practice: Anforderung einer Übungsaufgabe

Auf instruktionspsychologischen Überlegungen beruhen insbesondere die Funktionen der unteren neun Tasten:

- *Anzeige des Lehrziels* der aktuellen Lerneinheit (Objective)
- Überblick über die *Lehrzielstruktur der umfassenderen Lehrstoffeinheit* (Map)
- Ausgabe eines *Vorschlages für die weitere Vorgehensweise* auf der Grundlage der bereits erreichten Lehrziele (Advice)
- *Anforderung eines Beispiels* zu einer gerade behandelteqn Regel bzw. einem Begriff (Example), wobei zusätzlich die *Schwierigkeit des Beispiels* beeinflusst werden kann („Hard", „Easy")
- Anzeige einer *Definition* bzw. Beschreibung der Regel, die gelernt werden soll (Rule)
- *Anforderung von Übungsaufgaben oder Fragen* (Practice) unterschiedlicher Schwierigkeit (Kombination mit „Hard" oder „Easy")
- *Anforderung von Hilfen* oder Hinweisen zu Übungsaufgaben, Beispielen und ggf. zur Darstellung der Regel (Help)

Erprobt wurde das System an zwei „Community Colleges" mit Kursen in Mathematik und englischem Aufsatz, wobei die Entwicklung von Selbstlernkursen zum letztgenannten Themenbereich auf Schwierigkeiten stieß (vgl. O'Shea & Self, 1986, S.71).

Abb. 1.4: Frühe Arbeitsstation für computergestütztes Lernen

In einem Bericht über die Evaluationsergebnisse (Alderman, 1979; zit. nach O'Shea & Self, 1986, S. 71) werden die eindeutig besseren Testergebnisse der Schüler hervorgehoben, welche die TICCIT-Kurse bis zum Ende durchlaufen hatten. Der Wert dieses Ergebnisses wird jedoch stark eingeschränkt durch die niedrigen Abschlussraten: Nur 16 % der Lernenden hatten z. B. den Mathematikkurs mit TICCIT bis zu Ende bearbeitet, während in normalen Kursen die Drop-out-Rate bei 50 % lag. Ein wesentlicher Faktor für die hohe Abbrecherquote in den TICCIT-Kursen war vermutlich die mangelnde Fähigkeit der Schüler, ihr Lernen selbst zu steuern: Zwar war die „Practice"-Taste häufig bedient worden, nicht aber die „Help"-, „Rule"- und „Example"-Funktionen.

Ungünstig war im TICCIT-Versuch auch die Akzeptanz des Systems durch den Lehrkörper. Der Abschlussbericht sah dennoch insgesamt eine Bestätigung der Möglichkeiten des computerunterstützten Unterrichts (CCU) als wirksames Hilfsmittel (vgl. O'Shea & Self, 1986, S. 74).

1.2.4
Das Projekt PLATO

PLATO ist ein Akronym für „Programmed Logic for Automatic Teaching Operation". Das System hatte bei Beginn des Projekts eine mehr als zehnjährige Entwicklungsgeschichte hinter sich. Die in der Studie verwendete Version PLATO IV hatte 950 Terminals an ca. 140 verschiedenen Orten. Verfügbar war Unterrichtsmaterial für ca. 8000 Lernstunden.

Im Gegensatz zu TICCIT war PLATO IV als ein „didaktisch offenes" System konzipiert, d. h., die Systemarchitektur sah keine bestimmte didaktische oder instruktionspsychologische Strukturierung vor. Technisch erfolgte die Systemsteuerung über einen Großrechner, an den die Terminals angeschlossen waren.

Ein Terminal bestand zur Zeit des NSF-Projekts im Wesentlichen aus einem Plasmabildschirm und einer Tastatur. Aufgrund der Transparenz des Plasmabildschirms war es möglich, von der Rückseite her Farbdias auf den Schirm zu projizieren und damit die vom Rechner erzeugten Grafiken und Textausgaben zu überlagern. Die Bildschirme waren zumindest teilweise berührungssensitiv: Durch eine Zusatzeinrichtung konnte der Lerner anstatt die Tastatur zu bedienen, zur Eingabe von Informationen (z. B. Auswahl einer von mehreren Antworten) den Bildschirm an einer bestimmten Stelle berühren. Darüber hinaus bestand die Möglichkeit, andere Geräte (Projektoren, Laborgeräte) über das Terminal von der Lernsoftware aus zu steuern. Die Erstellung der Kurseinheiten wurde unterstützt durch eine spezielle Autorensprache (TUTOR), d. h. eine Programmiersprache mit besonderen Funktionen für Lehrprogramme. Eine Besonderheit des PLATO-Systems war die Möglichkeit grafischer Simulationen (O'Shea & Self, 1986, S. 75 f.).

Touchscreen

Die Evaluation erbrachte weder eine Überlegenheit noch eine Unterlegenheit des Lernens mit dem PLATO-System im Vergleich zum herkömmlichen Unterricht bei gleichen Lehrzielen. Anders als beim TICCIT-Projekt war die Abbrecherquote nicht höher als bei den gewohnten Lehrverfahren. Fragebogenuntersuchungen sprachen für eine zufrieden stellende Akzeptanz des Systems bei den Lernenden als Systembenutzer wie bei den Lehrern.

Weder besser nooch schlechter

Unter anderem gaben 70 % der Studenten bzw. Schüler an, auch außerhalb der Kurszeiten mit dem System gearbeitet zu haben; 88 % der Lehrer gaben an, bestimmt oder wahrscheinlich nochmals mit dem System arbeiten zu wollen. Etwas einschränkend sagten allerdings 83 % der Lernenden, sie „wollten nicht einen ganzen Kurs nur mit PLATO unterrichtet werden", 27 % hielten Computer für „zu unpersönlich zum Unterrichten" und 19 % hatten Vorbehalte wegen allzu häufiger Ausfälle des Systems.

1.2.5
CUU-Projekte in Deutschland und Europa

Auch in Deutschland wurden bereits von 1964 an Lehrmaschinen entwickelt (Lipsmeier & Seidel, 1987). Die in den sechziger Jahren am Institut für Kybernetik in Berlin bzw. später in Paderborn entwickelten Maschinen folgten weder Skinners noch Crowders Vorstellungen: Es handelte sich bei diesen Lehrautomaten (Robbimat 0, Geromat III, Bakkalaureus) um Geräte für die Gruppenschulung, d. h., Adaptivität und Individualisierung spielten praktisch keine Rolle. Die Konzeption dieser Geräte erinnert stark an die etwa gleichzeitig verbreiteten Sprachlabors: Die Lernenden waren jeweils mit Kopfhörern ausgestattet, über die sie die akustischen Informationen erhielten, visuelle Informationen hauptsächlich über Diaprojektoren; nur beim Geromat wurden die optischen Informationen auf Bildschirme an jedem Arbeitsplatz übertragen, bei den beiden anderen Systemen wurde eine Projektionsfläche im Schulungsraum verwendet. Während Robbimat ein tonbandgesteuertes Gerät für bis zu 24 Lerner war, handelte es sich beim Geromat III bereits um ein rechnergesteuertes System für jeweils drei Lernende. Ein Fortschreiten im Lehrstoff war bei Letzterem nur möglich, wenn alle drei Lerner eine richtige Antwort (meist Mehrfachwahl-Aufgaben) gefunden hatten; bei unterschiedlichen Lösungen erhielten alle die Aufforderung, sich zu einigen. Bakkalaureus erlaubte eine parallele Schulung von bis zu 64 Schülern, wobei für die gesamte Lernergruppe auch Verzweigungen möglich waren. Jeder Schüler konnte den Schwierigkeitsgrad des aktuell dargebotenen Lehrstoffs in drei Abstufungen beurteilen. Der Computer errechnete aus diesen Bewertungen einen Mittelwert, aufgrund dessen er die Darbietungszeit der optischen Informationen und die Zeit zur Beantwortung der Fragen bestimmte. Die jeweiligen Schülerreaktionen wurden als individuelle Werte gespeichert und erlaubten dem Lehrer später eine Auswertung der Antworten jedes Lernenden.

Lernen im Gleichschritt?

Forschungseinrichtungen FEoLL und BZ

Ende der sechziger, Anfang der siebziger Jahre wurden zur Förderung unterrichtstechnologischer Forschung und Entwicklung in der Bundesrepublik zwei Forschungseinrichtungen geschaffen: das Bildungstechnologische Zentrum in Wiesbaden und das „Forschungs- und Entwicklungszentrum für objektivierte Lehr- und Lernverfahren (FEoLL)" in Paderborn.

Modellversuche

Ein von diesem Institut durchgeführtes Forschungsprojekt (1971–1974) hatte einen „Effizienzvergleich computergesteuerten Parallelunterrichts mit programmiertem Einzelunterricht in Buchform" zum Ziel. Vergleichskriterien waren zum einen Lernerfolg und Einstellung der Lernenden zur jeweiligen Instruktionsmethode, zum anderen die jeweiligen Kosten (finanzieller und organisatorischer Aufwand). Gearbeitet wurde mit einer Weiterentwicklung des Bakkalaureus, dem Nixdorf-Lehrsystem NICOLE.

Bereits drei Jahre zuvor war in Berlin ein Schulversuch „Algorithmierung von Lehrprogrammen für computergesteuerten Unterricht" (ALCU) begonnen worden. Neben diesen Projekten gab es in dieser Zeit eine Reihe weiterer Forschungs- und Entwicklungsprojekte zum computergestützten bzw. computerunterstützten Unterricht (CUU).

Im Rahmen eines Modellversuchs „Computerunterstützter Unterricht in Biologie" wurde Anfang der siebziger Jahre an der Universität Freiburg eine Reihe von Übungsprogrammen erprobt. Mit dem Programm PFLABE sollten Biologiestudenten als Alternative zu einem Praktikum Wissen für das Bestimmen einheimischer Blütenpflanzen erwerben. Der Lernerfolg war nicht besser als der der Vergleichsgruppe im Praktikum, jedoch war der Zeitaufwand beim Lernen mit dem Übungsprogramm deutlich geringer. Das Programm ZOPRAM zielte darauf ab, unterschiedliches Vorwissen von Studenten durch Ausgleich von Defiziten zu homogenisieren. Dieses Ziel wurde erreicht (Gottwald, 1975; zit. nach Mandl et al., 1992, S. 18). Im Rahmen dieses Modellversuchs wurden auch Simulationsprogramme entwickelt und erprobt. Beim Tübinger Modellversuch „Computerunterstützte Simulationen im naturwissenschaftlichen Unterricht" lag der Schwerpunkt auf dem Einsatz von Simulationsprogrammen (Simon, 1977). Insgesamt wurden in den siebziger Jahren eine Reihe von Modellversuchen im Bereich der allgemein bildenden Schulen durchgeführt. Die wissenschaftlichen Begleituntersuchungen kamen zu unterschiedlichen Befunden: Teils fand man eine Überlegenheit des neuen Mediums im Vergleich zum herkömmlichen Unterricht, teils konnten keine Unterschiede gezeigt werden (z. B. Simon, 1977; Treitz, 1984; Mandl & Hron, 1985).

In Deutschland war dann Ende der siebziger, Anfang der achtziger Jahre für einige Jahre computerunterstütztes Lernen kein Thema mehr, weder in der Erziehungswissenschaft noch in der Schulpraxis. Erst gegen Mitte der achtziger Jahre kam es langsam zu einer Renaissance des computerunterstützten Lernens in den deutschsprachigen Ländern, allerdings mit andern Entwicklungsschwerpunkten als zehn Jahre zuvor: Einige Großunternehmen (Siemens AG, Allianz AG) und Institutionen wie die Deutsche Bundespost investierten hohe Beträge in die Entwicklung computerunterstützter Lernprogramme für die betriebliche Aus- und Fortbildung, andere Unternehmen folgten.

Ende der ersten Phase und Neubeginn

Seit Ende der achtziger, Anfang der neunziger Jahre ist ein zunehmendes Interesse an computerunterstützten Lerntechnologien zu verzeichnen; dies zeigen die Zahl der einschlägigen Ausstellungen, Kongresse und Seminare und deren Akzeptanz. Die Europäische Gemeinschaft schrieb seither mehrfach Forschungs- und Entwicklungsprogramme aus, die explizit innovativer Bildungstechnologie gewidmet waren.

Schwerpunkt berufliche Bildung

Wenngleich der Schwerpunkt der Lernprogrammentwicklung zunächst nicht mehr im Bereich von Schule und Hochschule lag, gab es auch hier in den achtziger Jahren eine Wiederbelebung des computerunterstützten Lernens. Ein Beispiel für methodisch anspruchsvollere Forschungsarbeiten dieser Zeit sind die Studien mit dem am Deutschen Institut für Fernstudien in Tübingen entwickelten Programm KAVIS bzw. KAVIS II. Dabei handelt es sich um ein tutorielles Lernprogramm mit Videoeinbindung für den Biologieunterricht (Fischer et al., 1988; Fischer & Mandl, 1988). Untersucht wurden u. a. Wirkungen unterschiedlicher Rückmeldungsarten.

Unter Forschungsaspekten bedeutsam wurden auch Simulationsprogramme in Form von Planspielen. Ein von Preiß (1990, 1992) an der Universität Göttingen entwickeltes Unternehmensplanspiel „Jeansfabrik" wurde in mehreren Projekten eingesetzt und evaluiert (Achtenhagen, 1991; Achtenhagen & John, 1992; Sembill, 1992). Die Befunde zeigen sehr deutlich die Bedeutung der Rolle des Lehrers und die Einbettung von Simulationen in ein didaktisches Gesamtkonzept bei Planspielen.

Leutner (1989, 1991, 1992) untersuchte an der Universität Aachen die Effizienz adaptiver Lernhilfen beim Lernen mit Planspielen.

Intelligente tutorielle Systeme?

Im Kontext wissenspsychologischer Fragestellungen zeigte sich, dass die Entwicklung *intelligenter tutorieller Systeme* auch ein Vehikel zum Verständnis grundlegender Probleme der Wissensrepräsentation und Wissensdiagnose sein kann: Zu dieser Thematik wurde 1987 ein Schwerpunktprogramm der Deutschen Forschungsgemeinschaft aufgelegt (Mandl & Spada, 1988). Im Rahmen entsprechender Forschungs- und Entwicklungsprojekte wurden Ler-

Abb. 1.5: Bildschirmdarstellungen aus einer „arbeitsanalogen Lernaufgabe" für die kaufmännische Ausbildung

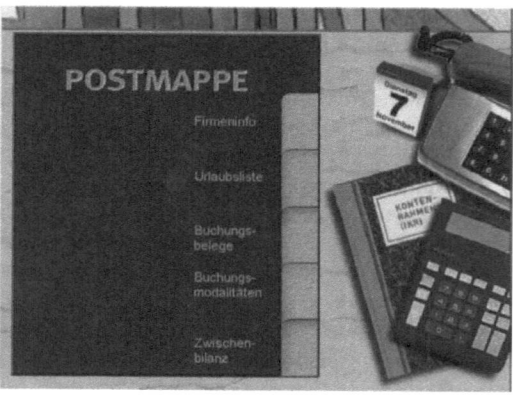

numgebungen zu Themen aus der Physik, Informatik und Wahrscheinlichkeitstheorie entwickelt (Lukas & Albert, 1989; Mandl et al. 1992; Möbus, 1990; Reimann, 1990; Plötzner et al., 1992; Weber et al., 1987). Die Realisierung marktfähiger intelligenter tutorieller Systeme war nicht das Ziel dieser Arbeiten; es zeigte sich jedoch, dass der hohe Anspruch an Wissensdiagnose und Modellierung von Lernprozessen bzw. Wissensverarbeitung, der mit solchen Programmen verbunden ist, wohl auch mittelfristig nicht einzulösen sein wird.

Intelligente tutorielle Systeme?

Mit der Verlagerung des Einsatzschwerpunkts computerunterstützten Lernens von der Schule zur beruflichen Bildung änderten sich die Forschungsfragen nicht bloß im Detail. Effektivitäts- und Effizienzaspekte, die Transferproblematik (Mandl et al., 1992) und insbesondere Möglichkeiten zur Unterstützung selbständigen Lernens (Hofer & Niegemann, 1990) rückten in den Vordergrund. Mit neuen medien- und informationstechnischen Möglichkeiten bei der Entwicklung und Gestaltung computerunterstützter Instruktionssysteme ergeben sich auch neue technische, ergonomische, instruktionspsychologische und didaktische Fragestellungen, die zunehmend eine interdisziplinäre Zusammenarbeit erfordern.

Niegemann et al. entwickelten ab 1993 an der Universität Mannheim computerbasierte arbeitsanaloge Lernaufgaben für die kaufmännische Erstausbildung (Kostenrechnung, Buchführung) und untersuchten u. a. unterschiedliche Hilfesysteme zur Förderung des selbst kontrollierten Lernens (Niegemann et al., 2001).

1.3
Neue Entwicklungen

Einen starken Aufschwung erfuhr die Förderung des – seit Mitte der neunziger Jahre als *E-Learning* bezeichneten Lehrens und Lernens durch die Verbreitung des Zugangs zum Internet/WWW seit dem Ende der neunziger Jahre. Das multimediale Lernen wurde um Möglichkeiten des synchronen computerunterstützten kooperativen Lernens (CSCL; Computer Supported Collaborative Learning) über beliebige Entfernungen erweitert, häufige Aktualisierungen der Programme wurden ebenso praktikabel wie Vernetzungen von Lernprogrammen mit relevanten Inhalten des Internets.

Webbasiertes Lernen

Computerunterstütztes kooperatives Lernen

Die Initiative „Schulen ans Netz" erreichte, dass bis 2002 jede Schule in Deutschland zumindest über einen Internetanschluss verfügte.

Im Jahr 2000 schrieb das Bundesministerium für Bildung und Forschung (BMBF) ein groß angelegtes Programm „Neue Medien in der Bildung" aus, in dessen Rahmen bis Ende 2003/Anfang 2004 im gesamten Bildungswesen der Bundesrepublik Deutschland neue E-Learning-Programme entwickelt, evaluiert und nachhaltig angeboten werden sollen.

Mobiles Lernen

2002 wurde zudem vom BMBF ein Programm „Notebook-University" aufgelegt, mit dem konkrete Konzepte für ein *mobiles Lernen*, d. h. mit Notebook und drahtlosem Webanschluss, entwickelt und erprobt werden sollen.

1.4
Perspektiven

Seit etwa 2002 beginnt die Euphorie für E-Learning etwas abzuflauen. Viele der oft weit überzogenen Erwartungen konnten (natürlich) nicht erfüllt werden:

- Massive Kosteneinsparungen sind nur in außergewöhnlichen Fällen erreichbar, etwa wenn sehr viele Adressaten geschult werden sollen.

- Texte und Bilder, auch auf einer ansprechenden Lernplattform dargeboten, sind lediglich Texte und Bilder, mit denen ebenso gut gelernt werden kann wie aus gedruckten Vorlesungsskripten, aber nicht besser.

- Genauso wenig wie jemand wirklich schwimmen lernt, wenn man ihn einfach ins Wasser wirft, genauso wenig stellt sich plötzlich die Fähigkeit ein, selbständig rationell lernen zu können. Die Abbrecherraten beim E-Learning sind deshalb vergleichsweise hoch.

- Tolle bunte Bilder, schöne Hintergrundmusik in guter Qualität, realistische Geräusche, die Kombination von Schrift, Bild und Sprache: All dies sichert alleine keineswegs den Aufbau dauerhaften, anwendbaren Wissens, und es wirkt auch nicht einfach motivierend.

- Der Zeitaufwand (Lernzeit) beim problembasierten bzw. entdeckenden Lernen in multimedialen Lernumgebungen ist hoch, so dass auch bei nachgewiesener Effektivität solcher Medienprodukte unmöglich alle Lehrinhalte so vermittelt werden können.

- In virtuellen Arbeitsgruppen im Web zeigen sich alle Probleme, die von Präsenzarbeitsgruppen bekannt sind – durch die mangelnde Sichtbarkeit der einzelnen Teilnehmer oft noch verschärft.

Anders als beim ersten Boom in den siebziger Jahren hat sich E-Learning dennoch als eine Lehr- und Lernform fest etabliert. Die meisten der gerade aufgeführten Probleme lassen sich auf eine Quelle zurückführen: Es fehlt zu oft an einer geeigneten didaktischen Konzeption. Was dabei zu beachten ist, ist Thema dieses Buchs.

Die (informations-)technische Entwicklung ist selbstverständlich nicht beendet, es ist bisher auch keine Verlangsamung der Entwicklung festzustellen. Besonders interessant für E-Learning dürfte die Entwicklung des „Semantic Web" (Berners-Lee et al., 2001) sein. Möglichkeiten des Fragenstellens und der einfachen Informationssuche für Lernende könnten deutlich erleichtert werden.

Derzeit deutet auch manches auf eine – sicherlich modifizierte – Wiederbelebung der Idee *intelligenter tutorieller Systeme* hin: Adaptives Lernen steht sowohl bei der mit E-Learning befassten Informatik wie in der pädagogischen Psychologie wieder hoch im Kurs.

2 Die Konzeption von E-Learning: Wissenschaftliche Theorien, Modelle und Befunde

2.1
Instruktionsdesign: Die Idee

Instruktionsdesign (Instructional Design, ID) hat sich seit den späten fünfziger Jahren in Nordamerika und später in den übrigen englischsprachigen Ländern, aber auch in den Niederlanden, Belgien und Finnland als wissenschaftlich-technologische Teildisziplin der pädagogischen Psychologie bzw. der empirischen Erziehungswissenschaft entwickelt. Die Grundidee war stets die systematische und vor allem die differenzierte Anwendung pädagogisch-psychologischer Prinzipien bei der Konzeption von Lerngelegenheiten bzw. Lernumgebungen.

„Instruktion" bezeichnet jedes systematische Arrangement von Umgebungsbedingungen, das geeignet ist, Kompetenzen zu fördern (vgl. Resnick, 1987, S. 51). „Instruktion" ist damit deutlich weiter gefasst als „Unterricht" oder „Lehre".

Dem 2002 verstorbenen Robert M. Gagné – unbestrittener Vater der „Instruktionsdesign"-Idee – ging es in erster Linie um die Ablösung von Vorstellungen von *der* richtigen Lehrmethode durch eine Konzeption, die versucht, für unterschiedliche Kategorien von Lernaufgaben und unterschiedliche Lernvoraussetzungen und Rahmenbedingungen die jeweils (relativ) bestgeeignete Lernumgebung zu finden.

Offensichtlich ist die Proklamation der einen richtigen Lernumgebung bis heute virulent. Anfang der neunziger Jahre wurden *konstruktivistische Lernumgebungen* mit missionarischem Eifer propagiert, heute sehen einige in *offenen Lernumgebungen* die Lösung. Diese Konzepte sind dabei keineswegs generell ungeeignet, sie sind lediglich *nicht generell* geeignet.

Unterschiedliche Bedingungen erfordern unterschiedliches Vorgehen

Dass Lernprozesse (stochastischen) Gesetzmäßigkeiten unterliegen, wird wohl von keinem wissenschaftlich arbeitenden Psychologen in Zweifel gezogen, eher schon weckt die aktuelle neurobiologische Forschung geradezu beklemmende Zweifel an der

Rationalität unseres selbstbestimmten Handelns (z. B. Roth, 2000). Gleichzeitig ist klar, dass die Funktionszusammenhänge zwischen den Variablen externer und interner (individueller) Lernvoraussetzungen hoch komplex sind und zu vielen Zusammenhängen ökologisch valide empirische Befunde fehlen. Deshalb aber auf eine Fundierung der Konzeption von Lernumgebungen durch Befunde der Kognitionswissenschaften und der Psychologie zu verzichten, wäre vergleichbar dem Verzicht auf Befunde aus Biologie, Chemie und Physik in der Medizin.

Empirische Befunde Es gibt klare empirische Befunde aus systematisch kontrollierten und in der Regel replizierten Untersuchungen, die Folgendes zeigen:

- Beim Begriffslernen beeinflussen die Anzahl, Art und Zusammenstellung von Positiv- und Negativbeispielen des zu lernenden Begriffs die Qualität des Lern-Ergebnisses, und es existiert eine optimale Strategie für die Präsentation von Beispielen (Tennyson & Park, 1980).

- Die gleichzeitige Präsentation von gesprochenem und geschriebenem Text zur Erläuterung eines Sachverhalts, der durch eine Animation veranschaulicht wird, hat im Durchschnitt schlechtere Lern-Ergebnisse zur Folge als lediglich gesprochener Text (Mayer, 2001; s. auch Kap. 12).

- Das Zugrundelegen einer individuellen Bezugsnormorientierung bei Rückmeldungen steigert im Mittel deutlich die Lernmotivation von Schülern im Vergleich zur üblichen sozialen Bezugsnormorientierung (Mischo & Rheinberg, 1995; Rheinberg et al., 2000; s. auch Kap. 12).

- Bilder, Animationen oder Geschichten, die nichts zur Erklärung der intendierten Sachverhalte beitragen, sondern lediglich „irgendwie motivieren" sollen, behindern eher als fördern das Behalten und Verstehen des Lehrstoffs (Mayer, 2001; s. auch Kap. 12).

- Die Platzierung erklärender Texte innerhalb des Abbildes eines technischen oder biologischen Gegenstandes führt im Durchschnitt zu deutlich besseren Lernerfolgen als die Platzierung außerhalb der Grafik (daneben, darunter, auf der vorgehenden oder der folgenden Seite), auch wenn letztere Variante meist als ästhetisch besser gilt und daher intuitiv vorgezogen wird (Sweller, 1999; s. auch Kap. 12).

Sofern nun diese Aussagen weder widerlegt noch durch theoretisch wohlbegründete Annahmen bestätigt werden, ist es vernünftig, die entsprechenden Prinzipien der Bildung von Empfehlungen für die didaktische Konzeption zugrunde zu legen und bis auf Weiteres anzuwenden. Die Gültigkeit der deskriptiven Aussagen (aus der Grundlagenforschung) ersetzt dabei nicht die empirische Prüfung der Effektivität der technologischen Regeln. Solange dies nicht geschehen ist, handelt es sich lediglich um begründete hypothetische Annahmen.

Instruktionsdesign-Theorien bzw. -Modelle bestehen in ihrem Kern aus technologischen Aussagen, die beanspruchen, durch deskriptive, stochastisch-gesetzesmäßige Aussagen (meist aus der psychologischen Forschung) fundiert zu sein. Die wissenschaftstheoretische Diskussion zur Anwendung nomothetischer bzw. gesetzesähnlicher stochastischer Aussagen kann hier nicht angemessen wiedergegeben werden. Wissenschaftstheoretisch interessierte Leser seien daher verwiesen auf die Beiträge von Bunge (1998), Herrmann (1994) und speziell für die Erziehungswissenschaft auf die Beiträge in Krapp & Heiland (1981) sowie das Werk von Alisch (1995). Ohne Rekurs auf diese und andere einschlägige Arbeiten ist eine seriöse wissenschaftstheoretische Bewertung technologischer Theorieansätze in der pädagogischen Psychologie und der Erziehungswissenschaft nicht möglich. Die schlichte Behauptung, man könne aus nomothetischen Gesetzmäßigkeiten keine technologischen Hypothesen begründen, ist abwegig. Auch hier trägt die Analogie zur Medizin: Wahrscheinlich resultieren die meisten neuen Ideen für Pharmaka und Therapiepläne aus der biologischen und chemischen angewandten Grundlagenforschung. Die Wirksamkeit der „technologisch transformierten" Aussagen muss aber stets eigenen empirischen Überprüfungen standhalten:

Technologische Aussagen

Wenn z. B. ein Krankheitssymptom nachweislich auf dem Mangel an einem bestimmten Hormon beruht, so folgt daraus nicht unbedingt, dass die richtige Therapie darin besteht, einfach dieses Hormon zuzuführen. Man wird aber auf der Basis des grundlagenwissenschaftlichen Wissens eine Vorgehensweise suchen, die geeignet ist, den Hormonmangel mit möglichst geringen Nebenwirkungen auszugleichen.

Analogie zur Medizin als angewandte Wissenschaft

Die theoretische Orientierung an der Psychologie als Grundlagenwissenschaft bleibt auch bei neueren Forschungsstrategien wie den „Design-Experimenten" oder dem „Integrierten Forschungsparadigma" (Fischer et al., 2003) erhalten. Diskutiert wird aktuell, wie die Forschung organisiert werden kann, damit sich psychologische Laborforschung und empirisch-pädagogische Feldforschung optimal ergänzen.

Für die Einordnung von Instruktionsdesign-Modellen bzw. zur Zuordnung der Empfehlungen innerhalb von ID-Modellen ist die

Inhaltlich-technologische Aussagen

Operativ-technologische Aussagen

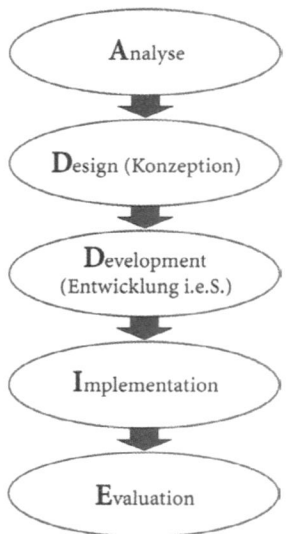

Abb. 2.1: *Instructional System Design: ADDIE-Modell*

Unterscheidung inhaltlich-technologischer und operativ-technologischer Aussagen wichtig:

Inhaltlich-technologische Aussagen geben u. a. an, wie etwas beschaffen sein muss oder was getan werden muss, wenn eine bestimmte Wirkung bezweckt wird. *Operativ-technologische Aussagen* bzw. Theorien oder Modelle beziehen sich auf die Effizienz der Vorgehensweise in der Entwurfsphase.

Im Bereich der Planung und Konzeption von Lernumgebungen sind dies insbesondere Instructional-System-Design-Modelle, die seit Mitte der sechziger Jahre verwendet werden (Gustafson & Branch, 2002). Kern ist eine systematische Koordination der Entwicklungsphasen Analyse, Design (Konzeption), Entwicklung im engeren Sinne (Development), Implementierung sowie Evaluation, wobei die Evaluation sowohl formativ wie summativ erfolgt. Vielleicht wäre es zweckmäßig, Evaluation heute durch „Qualitätssicherung" als umfassenderen Begriff zu ersetzen. Diese Modelle werden auch als ADDIE-Modelle bezeichnet, wobei ADDIE für die Abkürzung der fünf Entwicklungsphasen steht (s. Abb. 2.1).

Design (Konzeption) bezieht sich auf alle Situationen, in denen eine Entscheidung zur Gestaltung oder Vorgehensweise erforderlich ist. Die Lösung jedes Designproblems umfasst dabei zweckmäßigerweise folgende Schritte (vgl. Simon, 1996):

- Suche nach alternativen Möglichkeiten
- Analyse jeder Lösungsalternative hinsichtlich Kosten, Nutzen, Konsequenzen (Seiteneffekte)
- Festlegung einer geeigneten Entscheidungsprozedur
- Entscheidung für eine bestimmte Alternative

Andere Modelle geben Empfehlungen, wie der Designprozess zu handhaben ist, z. B. die sukzessive Durchführung von Bedarfsanalyse, Wissensanalyse, Adressaten- und Kontextanalyse, die anschließende Definition von Zielen, die Entwicklung von Evaluationsinstrumenten und die Berücksichtigung der Beziehungen zwischen den Resultaten der durchgeführten Analysen und den weiteren Ebenen der Designentscheidungen.

Die Betonung der Differenzierung didaktischer Entscheidungen nach Merkmalen der Aufgabenstellung wie auch der hohe Stellenwert der Lernvoraussetzungen (Berücksichtigung des notwendigen Vorwissens und der benötigten Fähigkeiten) erfordert zwingend eine systematische und stets aufwändige Wissens- bzw. Aufgabenanalyse – ein Erfordernis, das in der Praxis viel zu oft missachtet wird. Im Folgenden skizzieren wir einige Instruktionsdesign-Modelle.

2.2
Instruktionsdesign: Das Ur-Modell

Im „Ur-Modell" des Instruktionsdesigns von Gagné sind beide Arten technologischer Theorien vereinigt: Grundprinzipien des Instruktionsdesigns nach Gagné et al. (1987) sind die Sicherung der Lernvoraussetzungen für die jeweils folgenden Lehrinhalte einerseits und die Differenzierung der didaktischen Prozesse nach unterschiedlichen Lehrzielkategorien andererseits.

„Lernvoraussetzungen" steht hier insbesondere für das Wissen, das notwendigerweise bereits erworben sein muss, um einen neuen Lehrinhalt erlernen zu können: So ist z. B. die Kenntnis der Addition und der Subtraktion erforderlich, um die Multiplikation und die Divison zu erlernen. Das Verstehen einer Problemlösestrategie erfordert die Kenntnis bestimmter Regeln oder Prinzipien.

Lernvoraussetzungen

Von einem bestimmten Lehrziel aus rückwärts gehend, lässt sich eine Hierarchie von Lernvoraussetzungen konstruieren, wobei jede noch nicht beherrschte Lernvoraussetzung selbst ein Lehrziel darstellt, das zwingend vor dem übergeordneten Lehrziel vermittelt werden muss (Lehrzielhierarchie). Eine solche Vorgehensweise erfordert eine Kategorisierung der zu erwerbenden Fähigkeiten. Gagné (1985) unterscheidet fünf Lehrzielkategorien: Sprachlich repräsentiertes Wissen, kognitive Fähigkeiten, kognitive Strategien (mit fünf Unterkategorien), Einstellungen und motorische Fähigkeiten (s. Abb. 2.2).

Lehrzielhierarchie

Zu Beginn jeder Planung und Entwicklung von Lernumgebungen müssen die zu vermittelnden Fähigkeiten anhand dieser Kategorien analysiert werden, da die Art der empfohlenen Vorgehensweise (Lehrschritte) je nach Kategorie variiert.

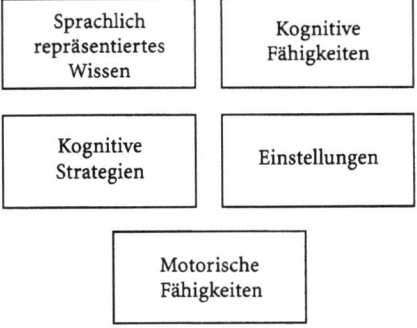

Abb. 2.2: Fünf Lehrzielkategorien nach Gagné et al. (1988)

Lehrschritte

Nach Kategorisierung der erwünschten Lernresultate werden die jeweils geeigneten Lehrmethoden empfohlen. Entsprechend den Phasen eines Lernprozesses unterscheiden Gagné (1985) bzw. Gagné et al. (1987) eine spezifische Abfolge von „events of instruction" (Lehr-Ereignissen), im Folgenden als Lehrschritte bezeichnet.

Innere und äußere Lernbedingungen

Arten erlernbarer Fähigkeiten

Für Gagné repräsentieren diese Lehrschritte die inneren und äußeren Lernbedingungen, die erforderlich sind, um sich die verschiedenen Arten erlernbarer Fähigkeiten anzueignen: Aufmerksamkeit gewinnen, Informieren über die Lehrziele, Vorwissen aktivieren, Darstellung des Lehrstoffs mit den charakteristischen Merkmalen, Lernen anleiten, ausführen bzw. anwenden lassen, informative Rückmeldung geben, Leistung kontrollieren und beurteilen, Behalten und Transfer sichern (s. Abb. 2.3). Eine für die Praxis wichtige Weiterentwicklung des Modells legten Dick & Carey (1996) vor.

Einschätzung der ID-Theorien von Gagné, Briggs und Wagner

Die Instruktionsdesign-Theorie von Gagné, Briggs und Wagner sowie das ID-Modell von Dick & Carey wurden ohne spezielle Berücksichtigung des Lehrens und Lernens mit Medien entwickelt, sie enthalten daher keine Hinweise für medienspezifische Designentscheidungen. Beide Ansätze eignen sich jedoch auch für die Entwicklung multimedialer Kurse, insbesondere wenn Lernende neu in einen Lehrstoff eingeführt werden sollen. Möglich ist auch eine Kombination mit einem situationistischen Modell, das mit realitätsbezogenen Aufgaben arbeitet: In einem EU-Projekt zur Ausbildung von Katastrophenschutz-Fachleuten wurden z. B. die Lehrschritte 4 (Darstellung der Lehrinhalte) bis 7 (Informative Rückmeldungen) durch ein computerbasiertes Szenario realisiert.

Abb. 2.3: Die neun Lehrschritte nach Gagné et al. (1988)

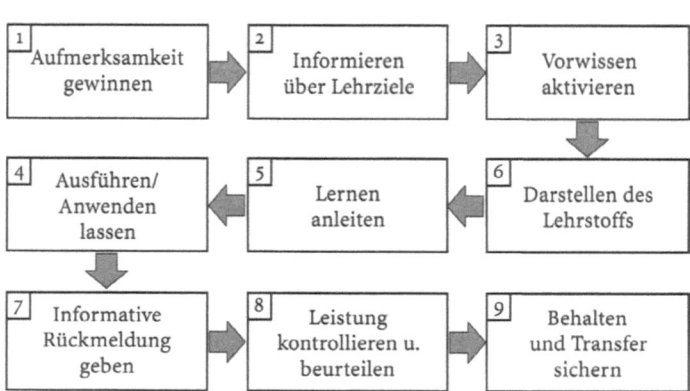

Es hat sich gezeigt, dass eine ausschließlich hierarchisch orientierte Sequenzierung des Lehrstoffs nicht immer optimal ist. In einer empirischen Vergleichsstudie mit einer alternativen ID-Theorie (Case, 1978), bei der das Vermeiden einer Überlastung des Arbeitsgedächtnisses im Vordergrund stand, erwies sich letztere als überlegen (Sander, 1986). Weitere Ausführungen zur Sequenzierung finden sich in Kapitel 6.

Kombinationen von ID-Modellen

2.3
Weitere Modelle der ersten Generation

In den siebziger Jahren wurde eine ganze Reihe von Instruktionsdesign-Modellen entwickelt, von denen die meisten heute lediglich historische Bedeutung haben. Auf eine Darstellung kann daher hier verzichtet werden.

Viele Modelle hatten nicht den gesamten Designprozess im Visier, sondern zielten auf bestimmte Teilaspekte: die Sequenzierung der Inhalte, das Lehren von Begriffen, das Vermitteln von Regeln, u. Ä. Bis heute bedeutsam ist das Modell von J. Keller mit systematischen Empfehlungen zur Motivierung Lernender, auf das später ausführlicher eingegangen wird (s. Kap. 13).

Eine ausführliche Zusammenstellung der Theorien und Modelle der „ersten Generation" des Instruktionsdesigns bietet ein Sammelband von Reigeluth (1983). Eine interessante Ergänzung dazu ist ein weiterer Sammelband des gleichen Autors, in dem ein Teil der Autoren aus dem ersten Sammelband gebeten wurde, zu einem vorgegebenen, für alle gleichen Thema (Lichtbrechung, Prismen) jeweils einen Unterrichtsentwurf auf der Basis ihres Modells zu entwickeln (Reigeluth, 1987).

2.4
Zweite Generation und situationistische Modelle

2.4.1
Kritik am Instruktionsdesign

Ende der achtziger Jahre gerieten die bis dahin entwickelten Instruktionsdesign-Modelle unter Kritik. Die wichtigsten Vorwürfe betrafen (a) eine zu hohe Rigidität der Empfehlungen, welche die didaktische Kreativität der Autoren einschränke, und (b) die Produktion „trägen Wissens".

Rigidität der Empfehlungen Gegen den ersten Kritikpunkt kann eingewandt werden, dass niemand gezwungen ist, die Modelle quasi wörtlich umzusetzen. Auch eine Kombination der Elemente unterschiedlicher Modelle war stets möglich.

Träges Wissen Schwerwiegender war der zweite Vorwurf. Tatsächlich empfahlen die seinerzeit vorliegenden Modelle nahezu ausschließlich Formen direkter Instruktion und sahen Formen des kooperativen Lernens nicht vor. Wissen, das abstrahiert dargeboten wird, kann von den Lernenden oft nicht ohne weiteres beim Lösen von Problemen angewendet werden, es handelt sich um „träges Wissen" (Renkl, 1994); oft wird gar nicht erkannt, dass man grundsätzlich über einschlägiges Wissen verfügt.

In der Folgezeit wurden einerseits neue didaktische Modelle entwickelt, die auf selbständiges Entdecken, Aktivitäten der Lernenden, unmittelbare Rückmeldung, multiperspektivische Sichtweisen und kooperatives bzw. kollaboratives Lernen abzielten.

Revision älterer ID-Modelle Andererseits wurden aber auch einige der älteren Modelle revidiert. Da es sich bei diesen Modellen oft um „lokale Modelle" handelt, die lediglich bestimmte Aspekte des Instruktionsdesigns thematisieren, sind Kombinationen von Modellkomponenten möglich. Außerdem gibt es gute Gründe, Modelle „direkter Instruktion" unter geeigneten Bedingungen weiterhin einzusetzen. Es lohnt sich daher, sich auch mit einigen der älteren Modelle vertraut zu machen.

2.4.2
Merrills Instructional-Transaction-Theorie

Die Instructional-Transaction-Theorie (ITT) ist eine Weiterentwicklung der von M. David Merrill seit den siebziger Jahren entwickelten Component Display Theory (CDT, Merrill, 1983). In dieser Theorie ging es darum, die Komponenten zu identifizieren, aus denen Lehrstrategien konstruiert werden können. Sie lieferte Strategieempfehlungen für unterschiedliche (kognitive) Lehrzielkategorien im Sinne jeweils optimaler Kombinationen der angesprochenen Komponenten.

Nur kognitive Lehrziele Die Instructional-Transaction-Theory (Merrill, 1999) beschränkt sich wie ihre Vorläuferin auf kognitive Lehrziele. Sie ist ganzheitlicher, weniger analytisch orientiert als die CDT. Als „instructional transaction" bezeichnet Merrill eine Instruktionsstrategie, die alle Bedingungen des Lernens im Gagné'schen Sinne für eine bestimmte Zielkategorie erfüllt.

Wissensanalyse Besonders wichtig ist jeweils eine umfassende und exakte Wissensanalyse. Vier grundlegende Typen von „Wissensobjekten" werden unterschieden: Entitäten (entities), Eigenschaften, Aktivitäten und Prozesse. „Entitäten" repräsentieren Objekte der realen Welt (z. B. Personen, Tiere, Geräte, Plätze, Symbole) wie auch abstrakte Begriffe (z. B. Demokratie, Pressefreiheit, Unendlichkeit). „Eigenschaften" repräsentieren qualitative oder quantitative Merkmalausprägungen der Entitäten. „Aktivitäten" sind Handlungen, die ein Lerner ausführen kann, um Objekte zu manipulieren. „Prozesse" stehen für Ereignisse, die zu Veränderungen der Eigenschaften von Entitäten führen. Prozesse können durch Aktivitäten oder andere Prozesse beeinflusst werden.

Merrill unterscheidet 13 Klassen von Transaktionen (ausführliche Erklärungen in Merrill et al., 1992):

13 Klassen von Transaktionen

- *Identifizieren (identify):* Teile einer Entität erinnern und benennen

- *Ausführen (execute):* Schritte einer Aktivität erinnern und ausführen

- *Verstehen, Erklären (interpret):* Erklären von Prozessen durch Gesetzmäßigkeiten (z. B. Naturgesetze)

- *Urteilen (judge)* Bewerten, Rangfolgen bilden

- *Klassifizieren (classify):* Sortieren von Objekten, Beispielen (instances)

- *Verallgemeinern (generalize):* Klassen bilden, Gruppieren von Objekten, Beispielen (instances)

- *Entscheiden (decide):* Wählen zwischen Alternativen

- *Transfer (transfer):* Übertragen auf neue Situationen

- *Ausbreiten (propagate):* Erwerb von Fertigkeiten im Kontext des Erwerbs anderer Fertigkeiten; Generalisieren von Fertigkeiten

- *Analogien (analogize):* Erwerb von Wissen oder Können in Bezug auf Aktivitäten, Ereignisse oder Aktivitäten anhand der Ähnlichkeit zu anderen Aktivitäten usw.

- *Ersetzen (substitute):* Erweiterung einer bestimmten Aktivität, um eine andere Aktivität zu erlernen

- *Konzipieren (design):* Eine neue Aktivität erfinden, einführen

- *Entdecken (discover):* Einen neuen Prozess entdecken

Öffentlich demonstrierte Beispiele von Lernprogrammen, die auf der Basis der ITT erzeugt worden sind, beziehen sich insbesondere auf Wissen und Fertigkeiten im Zusammenhang mit der

Bedienung, Wartung und Reparatur von Maschinen und Anlagen; berichtet wird allerdings auch von einer Dorfsimulation.

Ziele von ITT   Die Ziele von ITT sind:

- Wirksame Instruktion durch präzise Aussagen über die zum Erreichen eines bestimmten Lehrziels erforderlichen Interaktionen

- Effiziente Instruktionsentwicklung durch kürzere Entwicklungszeiten auf der Grundlage der algorithmischen Struktur der Theorie und Nutzung der entwickelten Softwarewerkzeuge

- Entwicklung hochinteraktiver Lernumgebungen mit Simulationsmöglichkeiten und Anleitungen für die Lernenden

- Die Konzeption und Produktion wirklich individuell adaptiver Instruktion

Begriffsnetzdarstellung   Bei der Entwicklung einer interaktiven Lernumgebung wird zunächst im Rahmen der Wissensanalyse eine Art Begriffsnetz der Prozesse, Entitäten (mit ihren Eigenschaften und deren Wertigkeiten) und Aktivitäten (PEAnet) entwickelt. Eine solche PEAnet-Darstellung ermöglicht es, einen Simulationsalgorithmus zu entwerfen (simulation engine), der die Grundlage aller Lernumgebungen sein kann, die auf einer entsprechenden PEAnet-Repräsentation basieren. Der Simulationsalgorithmus überwacht die Handlungen (meist Mausaktivitäten), interpretiert diese, prüft die Bedingungen des Prozesses, der durch die jeweilige Aktivität beeinflusst wird, und führt gegebenenfalls den Prozess aus. Die geänderten Eigenschaftsausprägungen werden auf dem Bildschirm in geeigneter Form dargestellt. Die so entwickelten Simulationen erlauben den Lernern sowohl schwerwiegende Fehler als auch ein Rückgängigmachen von Handlungen. Da sich bloßes Explorieren jedoch als ineffizient erwiesen hat, werden unterschiedliche Formen von Anleitung und Beratung implementiert: propädeutische Instruktion, Demonstration, Handlungsunterstützung (scaffolding) sowie Erklärungen zu exploratorischem Lernerverhalten; Lernende können auch Fragen stellen. Schließlich werden auch Fähigkeiten zur Fehlererkennung und Fehlerbeseitigung (trouble-shooting skills) gefördert. Durch Konzeption unterschiedlicher Lehrstrategien für unterschiedliche Lernermerkmale (Motivation, Interesse, Vorwissen usw.) kann eine Lernumgebung, die auf der Basis der Instructional-Transaction-Theorie entwickelt wurde, adaptiv gestaltet werden.

Einschätzung von ITT   Merrills Modell steht historisch in enger Beziehung zur Entwicklung des computerbasierten Trainings (CBT), u. a. wurden eine Reihe von CBTs für die Aus- und Fortbildung von Militärangehörigen anhand dieses Modells entwickelt und erfolgreich eingesetzt; bevorzugte Lehrstoffe waren die Bedienung, Wartung und Reparatur von Maschinen und elektronischen Geräten sowie Klassifizierungsaufgaben (z. B. Erkennen von Schiffs- und Flugzeugtypen). Für solche Lehrstoffe kann Merrills Ansatz sehr effizient sein. Eine Entwicklung umfassenderer Lernumgebungen nach diesem Ansatz ist nicht bekannt. Das Modell besticht durch die Stringenz und Klarheit seiner Empfehlungen. Die andere Seite der Medaille ist jedoch eine gewisse Rigidität, die allerdings nur dann von Nachteil ist, wenn dadurch bessere Alternativen verhindert werden.

Merrills Methode der Wissensanalyse kann auch beim Instruktionsdesign, das sich an anderen Theorien oder Modellen orientiert, sehr nützlich sein.

2.4.3
Projektmethode – Multimedial und an Geschichten verankert

Ein inzwischen vielfach bewährter Ansatz explorativen Instruktionsdesigns wurde Anfang der neunziger Jahre unter der Bezeichnung „Anchored Instruction" bekannt: Ein Modell, das im Wesentlichen von der Forschergruppe um Bransford (Bransford et al., 1990) bzw. der Cognition and Technology Group at Vanderbilt (Cognition and Technology Group at Vanderbilt, 1991, 1992) entwickelt wurde. Ausgangspunkt war wie beim Cognitive-Apprenticeship-Modell (s. u.) unmittelbar die Kritik an der Produktion „trägen Wissens" durch den typischen lehrerzentrierten Unterricht, der überwiegend abstraktes Wissen, getrennt von Anwendungssituationen, lehrt.

Anchored Instruction

Das Konzept des Anchored-Instruction-Modells stellt den Versuch dar, die Anwendbarkeit von Wissen zu verbessern, wobei zentrales Merkmal ein narrativer Anker ist, der Interesse wecken und die Aufmerksamkeit auf das Wahrnehmen und Verstehen der gestellten Probleme lenken soll. Die gegebenen Problemsituationen stellen dabei komplexe, aber nachvollziehbare Kontexte in narrativer Form dar, die unterschiedliche Fachbereiche tangieren und variable Perspektiven bieten.

Erste wissenschaftliche Untersuchungen zur Lernwirksamkeit solcher Lernumgebungen wurden mit Hilfe der Abenteuergeschichten des Jasper Woodbury durchgeführt (Cognition and Technology Group at Vanderbilt, 1997). Diese Geschichten sind jeweils Bestandteil einer technologiebasierten Lernumgebung zur Lösung mathematischer und anderer Problemstellungen und wurden im Wesentlichen nach sieben Gestaltungsprinzipien konzipiert:

„Jasper Woodbury Geschichten"

Sieben Gestaltungsprinzipien

- Verwendung von audiovisuellen Medien (Videofilm)
- Narrative Struktur (Einbettung der Aufgaben und Problemstellungen in eine zusammenhängende Geschichte)
- Das Lösen komplexer, oft interdisziplinär konstruierter Probleme
- Einbettung aller relevanten Informationen in die Geschichte
- Sinnvolle Komplexität
- Jeweils zwei Geschichten zur gleichen Thematik zwecks Förderung des Abstrahierens
- Herstellung von Verknüpfungen zwischen verschiedenen Wissensdomänen

Untersuchungsergebnisse zeigen, dass der Medieneinsatz geeignete Bedingungen dafür schaffen kann, realitätsnahe Probleme erfolgreich zu bearbeiten, neue Situationen zu entdecken und selbstgesteuert neue Fertigkeiten und Fähigkeiten zu erwerben. In Bezug zu herkömmlichen Unterrichtsmethoden erinnert das Anchored -Instruction-Modell stark an den Projektunterricht in seiner didaktisch sinnvollen Form, wobei durch den Medieneinsatz auch Erfahrungsbereiche erschlossen werden können, die den Lernenden sonst nicht verfügbar sind.

Weiterentwicklung

Das ursprüngliche Modell wurde inzwischen zu einem Modell für die Entwicklung flexibel adaptiver Lernumgebungen weiterentwickelt und präzisiert (Schwartz et al., 1999).

Ziel des Ansatzes ist es, ein tiefes Verständnis für die jeweiligen Fachdisziplinen zu erreichen und gleichzeitig Problemlösefähigkeit sowie Kooperations- und Kommunikationsfähigkeit zu fördern. Diese Ziele sollen erreicht werden durch die Anwendung von „problembasiertem Lernen", gefolgt von offenerem „projektbasiertem Lernen". Im Einzelnen liegen der Konzeption folgende Zielvorstellungen zugrunde:

Ziele von Anchored Instruction

- Hilfen für Lernende und Lehrende beim Verständnis des Wesentlichen
- Individuelle Anpassung der Lehrmaßnahmen an das vorhandene Vorwissen der Lernenden
- Vermittlung unterschiedlicher Sicht- und Herangehensweisen in Bezug auf die jeweiligen Lehrinhalte
- Verwendung von Methoden, die einerseits mit lern- und instruktionspsychologischen Prinzipien übereinstimmen, ande-

rerseits hinreichend flexibel sind: Lehrende sollen im Rahmen dieser Prinzipien Lehrmethoden so zuschneiden können, dass sie ihren eigenen Stärken, den Bedürfnissen der Lernenden und den Ansprüchen der Gesellschaft gleichermaßen genügen

- Erhöhung der Ambiguitätstoleranz der Lernenden, d. h. der Fähigkeit, scheinbar oder tatsächlich Widersprüchliches zu ertragen; z. B. das Nebeneinanderbestehen unterschiedlicher Theorien
- „Aufhängen" neuer Lehreinheiten an subjektiv sinnvollen, möglichst authentischen Aufgabenstellungen
- Förderung des Setzens eigner Ziele seitens der Lernenden, selbst regulierte Exploration und Revision in Lernen und Instruktion
- Motivieren durch Anregung der Neugier und Induktion von Erwartungshaltungen; motivieren zu ständiger Revision und Verbesserung der Lernleistungen
- Hilfe für Lernende, ihre Lernfortschritte zu erkennen und zu reflektieren
- Ständige Weiterentwicklung der Lehrmethoden
- Orientierung der Instruktionsmethoden an Lernfunktionen, nicht an den verfügbaren Medien
- Lernergruppe unterstützen, ein gemeinsames (shared) mentales Modell des jeweiligen Lerngegenstands zu entwickeln
- Lernende überzeugen, ihre Ideen explizit mitzuteilen
- Instruktionsdesign in Kooperation mit Lehrenden und Lernenden entwickeln

Sowohl als Anleitung als auch als Sammlung von Werkzeugen für die Verwendung des Designmodells wurde eine anpassungsfähige Softwareumgebung entwickelt (STAR LEGACY) (Schwartz et al., 1999, S. 190 ff.).

Die Methodik des Ansatzes umfasst insbesondere folgende Phasen und Prinzipien:

1. *Vorausschau und rückblickende Reflexion:* Ziele, Kontext und Anforderungen des Unterrichts sollen von allen verstanden werden. Die Lernumgebung muss Gelegenheiten bieten, vorhandenes Wissen und vorhandene Fähigkeiten in der Lehr-Lernsituation auszuprobieren. Die Aufgabenstellungen und ihre Bearbeitung sollen auch Möglichkeiten für die Lernenden bieten, über sich selbst zu reflektieren und sich selbst zu bewerten.

Pädagogische Methodik

Bestandteil der ersten Phase sind auch interessante Folgen von Bildern, Erzählungen und offenen Fragen. Die Lernumgebung soll Lernenden helfen, das spezielle Problem als Prototyp einer Kategorie von Problemen zu begreifen.

2. *Konfrontation mit dem Einstiegsproblem (initial challenge):* Das Einstiegsproblem soll so gewählt werden, dass Lernende ein gemeinsames (shared) mentales Modell des Lerngegenstands entwickeln können. Die Aufgabenstellung muss hinreichend interessant sein und sich dazu eignen, die Lernenden zu eigenen Ideen anzuregen.

3. *Ideenproduktion:* Nach der Konfrontation mit dem Einstiegsproblem werden Ideen gesammelt und aufgeschrieben; ein spezielles Softwareprogramm kann hierbei helfen. Es kommt insbesondere darauf an, dass (a) die Lernenden ihr Denken explizit machen, (b) erkennen, was andere denken und (c) ermutigt werden, eigene Gedanken in der Lerngruppe mitzuteilen. Wichtig ist auch, dass (d) die Lehrenden den Wissensstand der Lernenden leichter diagnostizieren können und (e) die Lernenden selbst Grundlagen für das Erkennen ihrer eigenen Lernfortschritte entwickeln.

4. *Multiple Perspektiven:* Es muss deutlich werden, dass es in dem jeweiligen Fachgebiet unterschiedliche Sichtweisen gibt. Lernenden soll die Möglichkeit geboten werden, die Terminologie und die Denkweise von Experten kennen zu lernen und ihre eigenen Ideen damit zu vergleichen. Auch die Vermittlung realistischer Leistungsstandards wird angestrebt.

5. *Recherchieren, explorieren und verbessern:* Wichtig ist die Nutzung unterschiedlicher Informationsquellen, die Zusammenarbeit mit anderen Lernenden und die Verwendung der Arbeitsergebnisse anderer. In dieser Phase können unterschiedlichste Instruktionsmethoden eingesetzt werden, vom Lehrvortrag über Gruppenarbeit, Leitprogramme, Videos bis zum webbasierten kooperativen Lernen.

6. *Selbsttests:* Sobald Lernende sich dem gewachsen fühlen, sollen sie ihren Leistungsstand testen können. Dazu sollten vielfältige Testformen angeboten werden: Multiple-Choice-Tests, Kurzaufsätze, Gelegenheiten, eigene Problemlösungsansätze zu erproben, etc. Die Rückmeldungen müssen Vorschläge zum lückenschließenden Lernen beinhalten. Zur Selbstbewertung (z. B. bei Essays) können Checklisten und Musterlösungen angeboten werden. Lernende sollen dazu angehalten werden, zu recher-

chieren und ihre Arbeiten zu verbessern. Etwas zu verbessern soll nicht als Strafe für Fehler, sondern als normaler Bestandteil alltäglichen Arbeitens, auch von Experten, begriffen werden. Feedback soll stets motivierend sein.

7. *Öffentliche Darstellung:* Wenn Selbsttests hinreichende Fähigkeiten gezeigt haben, sollen Arbeitsergebnisse präsentiert werden. Zwei Möglichkeiten: (a) Präsentieren der besten Lösungen (Darstellung im Netz, Erstellen einer gemeinsamen Multimedia -Präsentation, mündlicher Vortrag); (b) Erstellen einer Dokumentation mit Tipps und Ideen für Lernende, die das gleiche Projekt später bearbeiten werden.

8. *Fortschreitende Vertiefung:* Es gibt jeweils drei, thematisch zusammenhängende, aufeinander aufbauende Problemaufgaben zunehmender Schwierigkeit. Am Ende kann zum Beispiel eine komplexe Projektaufgabe stehen. Innerhalb jeder Aufgabe wird methodisch der gleiche Lernzyklus durchlaufen (Punkte 2 bis 7).

9. *Allgemeine Reflexion und Entscheidungen über Dokumentationen:* Nach Durchlaufen der drei Lernzyklen erfolgt ein Rückblick auf den Lernprozess; u. a. wird dabei auf die Ideensammlungen zu Beginn jedes Zyklus zurückgegriffen, um den Lernenden ihre Lernfortschritte deutlich zu machen; die Lernenden können sich so selbst als erfolgreiche Lerner erleben. Gerade anfangs verwirrende und frustrierende Situationen sollen reflektiert werden; im Zusammenhang mit späteren Erfolgen zeigen sie, dass es sich gelohnt hat, durchzuhalten. Auf dieser Grundlage können die Lernenden dann entscheiden, welche Erfahrungen sie für spätere Lernergenerationen auf einer CD-ROM dokumentieren möchten. Auch Lehrende sollten ihre Eindrücke, Erfahrungen und Lern-Ergebnisse dokumentieren.

Das Modell eines anpassungsfähigen Instruktionsdesigns mit einem Softwaresystem, das anleitet und Hilfen gibt, ist neu. Die Autoren berichten jedoch über sehr positive Resonanz bei Lehrern und Schülern beim Einsatz in allgemein bildenden Schulen wie auch bei Weiterbildungsfachleuten aus Betrieben und Instruktionsdesignern. Die Entwicklung einer derartigen Lernumgebung ist allerdings sehr aufwändig, was aber für alle situationistischen Lernumgebungen gilt. Das Modell scheint besonders gut geeignet für schulische Bereiche, eventuell auch für die berufliche Erstausbildung, vor allem dann, wenn Lehrinhalte aus unterschiedlichen Domänen miteinander verknüpft vermittelt werden sollen (Idee des fachübergreifenden Projektunterrichts).

Einschätzung des Ansatzes

URL Aktuelle Informationen und Praxisbeispiele zu dem Modell findet man unter http://peabody.vanderbilt.edu/ctrs/lsi/.

2.4.4
Cognitive Apprenticeship – Lernen von den (alten) Meistern

Meisterlehre –
Übertragung auf Schulstoff

Wegen der Analogie ihres Modells zur traditionellen Handwerkslehre haben Brown und Duguid (Brown et al., 1989) ihr Modell als „Cognitive-Apprenticeship-Ansatz" bezeichnet. Sie gehen davon aus, dass die Lernenden nach anfänglicher starker Stützung durch einen Lehrer oder Tutor (Meister) Schritt für Schritt mehr in die eigene Selbständigkeit entlassen werden. Damit soll sichergestellt werden, dass zu Anfang das neue Wissen oder neue Verhalten adäquat erworben und dann aber auch selbstgesteuert und selbstkontrolliert genutzt bzw. ausgeführt werden kann.

Die konkrete Vorgehensweise setzt sich zusammen aus sechs Lehrschritten. Die ersten drei Schritte umfassen Modeling, Coaching und Scaffolding und dienen im Einzelnen dazu, neues Wissen und neue Verhaltensweisen zu erwerben. Die zwei nächsten sind Articulation und Reflection. Sie dienen dazu in bewusster und kontrollierter Weise mit dem neu Gelernten auch schon selbst gesteuert umzugehen. Der letzte Schritt, Exploration, betont vor allem die Autonomie der Lernenden in der Vorgehensweise wie auch in der Definition und Formulierung von Problemen.

Sechs Lehrschritte Die Schritte im Einzelnen:

- *Modeling:* Hier führt ein Experte eine Problemlösung, Vorgehensweise usw. so vor, dass er von den Lernenden dabei umfassend beobachtet werden kann. Dabei wird erwartet, dass die Lernenden auf dieser Basis ein eigenes konzeptuelles Modell der erforderlichen Schritte und Prozesse entwickeln, das es ihnen später erlaubt, die Handlungen selbst auszuführen. Zu den Aufgaben des Experten gehört es auch, über die sonst nur intern ablaufenden Strategien und Prozesse zu berichten und sie zu begründen.

- *Coaching:* Führen die Lernenden im nächsten Schritt die Verhaltensweisen selbst aus, werden sie von einem Experten direkt betreut. Er prüft ihr Vorgehen, gibt ihnen Rückmeldungen, aber auch Tipps, erinnert sie an fehlende Komponenten und macht gelegentlich auch einzelne Schritte noch einmal vor. Er agiert ähnlich wie ein guter Trainer oder Coach im Sport.

- *Scaffolding:* Dieser Schritt setzt voraus, dass der Experte bzw. Lehrer in der Lage ist, die beim Lernenden bereits entwickelte

Fähigkeit sehr genau einschätzen zu können, um zu beurteilen, wie viel die Lernenden schon selbst können und wie viel noch übernommen oder unterstützt werden muss. Das heißt, hier geht es um eine Kooperation zwischen Lehrer und Schüler, die dem Schüler bereits so viel Selbständigkeit wie möglich zubilligt. Zu dieser Methode gehört daher auch, dass der Lehrer/Experte sich Schritt für Schritt zurückzieht oder ausblendet (Fading).

- *Articulation:* Artikulation bedeutet, dass all das gefördert wird, was dazu dienen kann, das eigene Wissen, Denken und konkrete problemlösende Vorgehen frei zu artikulieren. Dazu können gezielte Fragen dienen, aber auch die Aufforderung, etwas neu zu definieren (Redefining) oder mit eigenen Worten wiederzugeben.

- *Reflection:* Die Reflektion soll Lernende in die Lage versetzen, ihr eigenes Wissen, ihre eigene Vorgehensweise im Vergleich zu einem Experten oder anderen Lernenden zu bewerten. Dazu ist es häufig erforderlich, sich das eigene Wissen oder Vorgehen bewusst zu machen und diesen Prozess durch geeignete Betrachtungstechniken – zu denen auch Videoaufzeichnungen gehören können – zu unterstützen.

- *Exploration:* Selbständige Exploration stellt in gewisser Weise das Endstadium des Cognitive-Apprenticeship-Ansatzes dar, nachdem sich der Lehrer/Experte komplett ausgeblendet, also zurückgezogen hat. Der Lernende sollte jetzt in der Lage sein, zu einem Sachverhalt die richtigen Fragen zu stellen, den richtigen Bezugsrahmen zu finden und die richtigen Antworten zu generieren.

Der gesamte Einsatz dieser sechs Lehrschritte ist im Zusammenhang mit anderen Vorgehensweisen zu sehen. So spielt sicherlich die richtige praxisbezogene Situierung auch hier eine wichtige Rolle und auch die Nutzung unterschiedlicher Perspektiven und Kontexte ist wichtig.

Explizit angesprochen wird im Cognitive-Apprenticeship-Ansatz auch ein Aspekt der Sequenzierung des Lehrstoffs. Danach sollte die Komplexität des zu erwerbenden Wissens bzw. der zu erwerbenden Fähigkeiten stetig ansteigen. Das bedeutet auch, dass mit geringer Komplexität begonnen wird. Das Gleiche gilt für die Variabilität von Vorgehensweisen, Strategien und Fähigkeiten, die es zu lernen gilt. Damit soll auch eine zu enge kontextuelle Bindung verhindert und die Transferwahrscheinlichkeit verbessert werden. Die letzte Empfehlung bezieht sich auf die zeitlich voranzustel-

Sequenzierung

lende Präsentation einer globalen Perspektive – ähnlich wie in der Elaborationstheorie (zooming) –, bevor dann eher lokale Aspekte beachtet werden. Die globale Perspektive soll helfen, zuerst ein integratives konzeptuelles Modell des betreffenden gesamten Wissens oder der gesamten Handlung aufzubauen. Dadurch wird auch gewährleistet, dass das Zusammenspiel der einzelnen Teilkomponenten richtig gesehen werden kann.

Einschätzung des Ansatzes

Cognitive Apprenticeship (CA) ist vermutlich das international meist beachtete ID-Modell. Es handelt sich nicht um einen rein explorativen Ansatz, sondern CA beginnt stets expositorisch. Eine Reihe von multimedialen Lernumgebungen wurde nach diesem Modell entwickelt (z. B. Al-Diban & Seel, 1999), obwohl es zunächst für den lehrerorientierten Unterricht gedacht war. Cognitive Apprenticeship gilt als empirisch bewährt. Besonders geeignet ist das Modell für die Einführung in neue Lehrstoffe, vor allem wenn kognitiv-prozedurales Lernen im Vordergrund steht. Die Freiheitsgrade der Lernenden sind zu Beginn des Lernprozesses relativ gering, jedoch wird die externe Steuerung sukzessive zurückgenommen.

2.4.5
„Learning by Doing" in „Goal-Based Scenarios"

Ziel der Methode der „Goal-Based Scenarios (GBS)" ist die Förderung von Fertigkeiten (Können) und der Erwerb von Faktenwissen im Kontext möglicher Anwendungen. Dazu werden Aufgabenstellungen entwickelt, die den realen Problemstellungen, mit denen Lernende außerhalb der Lernumgebung zu tun haben, (zumindest strukturell) ähnlich sind.

E-Learning auf der Basis von Stories

Theoretischer Hintergrund der Konzeption sind die früheren Forschungsarbeiten von R. Schank im Bereich von Kognitionspsychologie und Künstlicher Intelligenz, insbesondere zur Bedeutung von „stories" für die Gedächtnisorganisation. Stories sind Berichte über typisierte Handlungsabläufe und dabei auftretende unerwartete oder erwartungswidrige Ereignisse (Schank, 1998). Besonders nachhaltige Lernprozesse werden ausgelöst, wenn Erwartungen, wie sie bei der Verfolgung eines Handlungsziels bzw. der entsprechenden Handlungsplanung generiert werden, enttäuscht werden (expectation failures): Das Bedürfnis nach einer Erklärung ist dann besonders stark und die Bedingungen für effektives Lernen demzufolge besonders günstig. Bei späteren Versuchen, ein ähnliches Problem zu lösen, bewahrt die Erinnerung an einen Fall früheren Scheiterns und die Erklärung dafür oft vor weiteren Fehlschlägen (Learning by Doing). Lernwirksam ist allerdings auch, wenn Lernende einen möglichen Fehler antizipieren und zum richtigen Zeitpunkt die richtigen Fragen stellen (Schank et al., 1999, S. 170 ff.).

Das Instruktionsdesign-Modell „Goal-Based Szenarios" umfasst sieben wesentliche Komponenten:

1. *Lernziele:* Unterschieden werden: (a) prozedurales Wissen (process knowledge) und (b) Inhaltswissen (content knowledge). Unabdingbar ist seitens der Designer eine klare Vorstellung von dem, was gelernt werden soll: Was sollen Lernende am Ende *können* und welches Wissen benötigen sie dazu?

2. *Ein* (Arbeits- oder Erkundungs-) *Auftrag* (mission): Der Auftrag wird erteilt, um eine Situation zu konstruieren, in der Lernende ein Ziel verfolgen und Pläne machen: Die entsprechende Aufgabe soll für die Lernenden attraktiv (interessant) und halbwegs realistisch sein.

3. *Eine Coverstory* (Rahmenhandlung): Sie muss den Kontext für den Auftrag (mission) liefern und die Relevanz der Aufgabenstellung vermitteln. Im Verlauf der Coverstory müssen hinreichend Gelegenheiten geboten werden, um Fertigkeiten zu üben, und Anreize, sich Information zu beschaffen (Wissen erwerben). Auch die Coverstory muss für die Lernenden hinreichend interessant sein.

4. *Die Rolle des Lernenden:* Die Rolle, die dem Lernenden im Rahmen der Coverstory zugedacht ist, muss so konzipiert werden, dass die notwendigen Fertigkeiten und das Wissen im Verlauf des Rollenhandelns benutzt werden. Jede Rolle eines Lernenden muss motivierend sein, d.h. interessant und hinreichend attraktiv.

5. *Die Szenario-Handlungen des Lernenden:* Alle Handlungen, die der Lernende ausführt, müssen eng auf den Auftrag (mission) und die Ziele bezogen sein. Der Handlungsverlauf muss Entscheidungen vorsehen, deren jeweilige Konsequenzen deutlich dargestellt werden. In den Handlungsfolgen sollen für den Lernenden Fortschritte im Hinblick auf die Auftragserfüllung erkennbar sein. Bei negativen Konsequenzen muss klar sein, dass es sich um unerwartete oder erwartungswidrige Ereignisse handelt. Wichtig ist auch, dass das Szenario nicht zu wenige Handlungen von den Lernenden fordert; allerdings sollten auch nicht mehr Handlungen enthalten sein, als die Zielerreichung erfordert; d.h., auf rein ausschmückende Handlungsalternativen sollte verzichtet werden.

Sieben wesentliche Komponenten

6. *Die Ressourcen:* Alle Informationen, die Lernende benötigen, um den Auftrag auszuführen, müssen zur Verfügung gestellt werden. Sie müssen gut strukturiert und leicht zugänglich sein. Informationen werden wiederum am besten in Form von Geschichten (stories) angeboten; Wissen und Fertigkeiten werden so am günstigsten registriert; die verwendeten „stories" sollten jeweils als Besonderheiten bekannter Handlungsabläufe verständlich sein.

7. *Rückmeldungen (Feedback):* Sie müssen situationsbezogen und „just in time" gegeben werden, damit erwartungswidrige Ereignisse mit den relevanten Kontextbedingungen entsprechend verknüpft werden können und Lernende sie im Handlungsverlauf sogleich berücksichtigen können. Rückmeldungen können auf dreierlei Arten gegeben werden: (a) durch Konfrontation mit den Handlungsfolgen (man sieht z. B., dass etwas wie erwartet funktioniert bzw. dass das Erwartete nicht eintritt); (b) durch multimedial präsentierte „Coaches" (bei einem Fehler startet eine Videosequenz, in der ein Experte erläutert, weshalb z. B. eine eingeschlagene Vorgehensweise nicht zum Erfolg führen kann bzw. weshalb der Weg richtig ist) und (c) durch Berichte von Inhaltsexperten über ähnliche Erfahrungen (Videosequenz oder auch angezeigter Text).

Einschätzung des Ansatzes

Das GBS-Modell liefert Anleitungen zu wesentlichen Aspekten multimedialen projektbasierten Lernens. R. Schank und seine Mitarbeiter haben auf der Basis dieses Modells eine Reihe multimedialer Lernumgebungen für Unternehmen, Organisationen und Universitäten entwickelt (Schank, 2002). Die publizierten Berichte sprechen von positiv verlaufenen Evaluationen. Im Vergleich zu „Anchored Instruction" ist beim GBS-Modell das Ausmaß an Führung (Anleitung) durch das Medium deutlich höher, wobei die Einschränkungen der Selbstregulation funktional begründet sind. Das Modell ist besonders geeignet für die Hochschullehre und die berufliche Weiterbildung in kognitiv anspruchsvollen Domänen. Interessant ist es aber auch, weil es eine Reihe herauslösbarer didaktischer Designideen enthält, z. B.:

- Fragenbasierte Navigation: Es gibt in vielen GBS keinen „Weiter"-Button. Lernende müssen sich jeweils überlegen, zu welcher der angebotenen Fragen sie gerne Informationen hätten.
- Die Vermittlung des für die Problemlösungen erforderlichen Wissens durch virtuelle Experteninterviews (Videosequenzen)
- Verschiedene Ideen zur Verbesserung der Interaktion

2.4.6
Ein Vier-Komponenten-Instruktionsdesign-Modell (4C/ID) für das Training komplexer Fähigkeiten

Speziell für das Training komplexer kognitiver Fähigkeiten, z. B. in technischen Fachbereichen und im Management, entwickelten J. van Merriënboer und S. Dijkstra ein Instruktionsdesign-Modell (van Merriënboer, 1997; van Merriënboer & Dijkstra, 1997). Komplexe kognitive Fähigkeiten zeichnen sich dadurch aus, dass der Aufbau entsprechender Expertise relativ lange Zeit benötigt und sich Fachleute in diesen Bereichen sehr deutlich von Laien unterscheiden; typische Beispiele sind die Fähigkeiten von Fluglotsen, professionellen Softwareentwicklern oder – ganz spezifisch – die Fähigkeit von Ärzten, Diagnosen anhand bildgebender Verfahren, z. B. CT, MR, US, durchzuführen. Das Modell bezieht sich explizit auf Training, d. h., im Vordergrund steht die Vermittlung von Handlungswissen. Der Erwerb von Wissen ist dem funktional untergeordnet: Wissen wird dabei nicht um seiner selbst willen vermittelt.

Problemlösen lernen

Das Modell basiert auf kognitionspsychologischen Theorien des Lernens und Denkens. Die Vorgehensweise umfasst jeweils vier Schritte oder Ebenen:

Kognitionspsychologische Fundierung: vier Ebenen

1. Dekomposition (Zerlegung) der zu vermittelnden Fähigkeit (Kompetenz) in ihre konstitutiven Teilfähigkeiten (Teilkompetenzen)

2. Analyse der konstitutiven Fähigkeiten und das entsprechende Wissen, das erforderlich ist, um die einzelnen Fähigkeiten anwenden zu können

3. Auswahl von Instruktionsmethoden sowohl für das Üben der Teilaufgaben und der kompletten Aufgaben als auch für die Vermittlung des erforderlichen Wissens

4. Komposition (Zusammenstellung) der Trainingsstrategie bzw. die Entwicklung der Lernumgebung

Auf jeder Ebene sind analytisch oder konzeptionell jeweils vier Designkomponenten (daher der Name) zu berücksichtigen (vgl. Abb. 2.4):

- Die Analyse von Teilfähigkeiten, die bei entsprechend komplexen Aufgaben routinemäßig immer wieder (rekurrierend) angewandt werden müssen und deren „Kompilierung" (automatische Ausführung, die wenig kognitive Ressourcen beansprucht)

Analyse von Teilfragen (Komponente K, Wissenskompilierung)

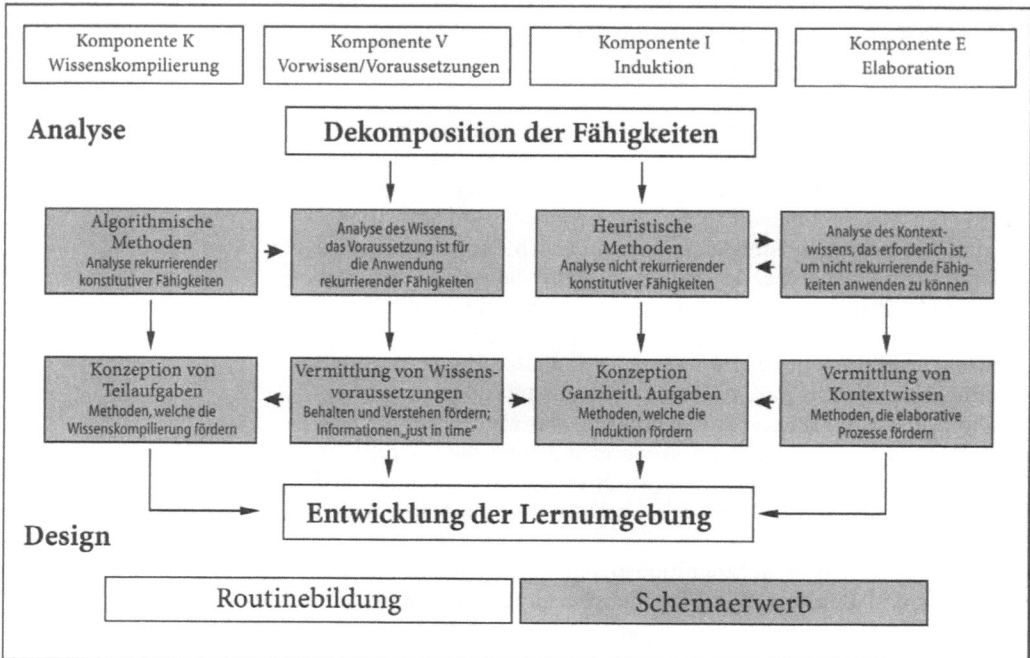

Abb. 2.4: Vier-Komponenten-Modell des Instruktionsdesigns von J. van Merriënboer (nach Merriënboer, 1997)

erreicht werden soll. Auf der Basis dieser Analyse erfolgt dann die Konzeption von Teilaufgaben, deren Übung die Routinebildung fördert.

Wissensanalyse für routinemäßig auftretende Tätigkeiten (Komponente V, Vorwissen/Voraussetzungen)

- Die Analyse des Wissens, das Voraussetzung ist für die routinemäßig auszuführenden Tätigkeiten, sowohl beim Üben von Teilaufgaben wie beim Üben der ganzen komplexen Aufgaben. Auf der Grundlage der Wissensanalyse erfolgt die Konzeption von Instruktionsbedingungen (Methoden), die für die Vermittlung dieses Wissens förderlich sind. Dieses Wissen soll jeweils „just in time" vermittelt werden bzw. verfügbar sein, d. h. genau dann, wenn es bei der Bewältigung der Übungen benötigt wird.

Aufgabenanalyse bzgl. heuristischer Fähigkeiten (Komponente I, Induktion)

- Aufgabenanalysen hinsichtlich der heuristischen Fähigkeiten, d. h. solcher Fähigkeiten, die sich auf die Bewältigung von Teilaufgaben beziehen, die nicht routinemäßig ausgeführt werden können (komplexe Problemlösungen, heuristische Fähigkeiten); darauf aufbauend erfolgt die Konzeption umfassender, ganzheitlicher Übungsaufgaben. Das Training soll dabei den Erwerb (Aufbau) kognitiver Schemata durch Elaboration der entsprechenden Informationen fördern (Anregen eigener Beispiele, Verknüpfung der neuen Informationen mit vorhandenem Wissen usw.). Bei der Konzeption eines multimedialen Trainings nach dem 4C/ID-Modell steht am Anfang die systematische Dekomposition der zu vermittelnden Fähigkeit: Die Teilfähigkeiten, aus denen sich die komplexe Fähigkeit (z. B. objektorientierte Programmierung von Anwenderprogrammen) konstituiert, werden einschließlich ihrer hierarchischen Beziehungen untereinander identifiziert. Auch die Teilfähigkeiten (Problemanalyse, Informatisierung des Problems, Entwurf von Algorithmen usw.) setzen sich wiederum aus Teilfähigkeiten niederer Ordnung zusammen. In einem zweiten Schritt müssen die einzelnen Teilfähigkeiten hinreichend detailliert und klar beschrieben werden. Auf der Grundlage dieser Beschreibungen erfolgt eine Klassifikation der einzelnen Teilkompetenzen hinsichtlich ihrer Funktion in der Gesamtkompetenz (z. B. „bezieht sich auf rekurrierende vs. nicht rekurrierende Teilaufgaben") und die Notwendigkeit eines expliziten Trainings. Als letzter Schritt der Dekomposition wird eine Makro-Sequenzierung festgelegt, für die u. a. zu analysieren ist, wie die Teilfähigkeiten innerhalb von Teilaufgaben (z. B. „Entwurf von Algorithmen") bzw. innerhalb ganzheitlicher Anwendungsbeispiele geübt werden sollen und auch wie die Fähigkeit trainiert werden soll, die zunächst separat trainierten Teilkompetenzen im Kontext umfassender Problemaufgaben anzuwenden.

- Die Analyse des Wissens, das nützlich und wichtig ist für die Anwendung der nicht routinisierbaren Fähigkeiten (begriffliche Modelle, Ziel-Mittel-Hierarchien, Kausalmodelle, mentale Modelle) und Konzeption von Instruktionsmethoden, um dieses Wissen im Kontext des Übens ganzheitlicher Aufgaben zu vermitteln. Das Training soll dabei den induktiven Erwerb (Aufbau) kognitiver Schemata durch die Konfrontation mit den konkreten Problemen und Beispielen fördern. Die Lernenden sollen ein tiefes Verständnis für die funktionalen Zusammenhänge im Kontext der jeweiligen Domäne entwickeln.

Nicht routinisierbare Fähigkeiten (Komponente E, Elaboration)

Für die weiteren vier Analysefunktionen des Modells (s. Abb. 2.4) werden jeweils geeignete Kategorisierungen sowie Methoden der Aufgaben- und Wissensanalyse empfohlen und beschrieben (van Merriënboer, 1997). Innerhalb der Designaufgaben wird generell unterschieden zwischen der Konzeption der Wissensvermittlung und der Konzeption von Übungs- und Anwendungsaufgaben. Das Herz des 4C/ID-Modells ist die Konzeption umfassender Übungs- und Anwendungsaufgaben im Sinne von Problemstellungen, Fall-

und Projektaufgaben und schließlich die Entwicklung von Lernumgebungen im Sinne eines Arrangements von Situationen, in denen komplexe kognitive Fähigkeiten ganzheitlich vermittelt und geübt werden können.

Cognitive (over) Load

Besondere Beachtung wurde dabei jeweils dem Aspekt der kognitiven (Über-)Belastung (cognitive load) gewidmet, die bei manchen Methoden des problem- oder projektbasierten Lernens nachhaltige Effekte verhindert.

Es werden folgende Problemformate unterschieden:

Produktorientierte Problemformate
Bei bei produktorientierten Problemformaten liegt die Betonung auf der Lösung, weniger auf dem speziellen Lösungsweg.

- *Konventionelle Probleme:* Gegeben sind die Ausgangssituation mit den möglichen Mitteln bzw. Rahmenbedingungen sowie die Ziele; zu finden ist jeweils die Lösung, d.h. der Weg, das Verfahren, welches zur Zielerreichung führt.

- *Lösungsbeispiele (worked-out examples):* Sie enthalten eine Beschreibung der Ausgangssituation, der Ziele und einen guten Lösungsweg; zusätzlich wird evtl. noch auf Eigenarten des Problems hingewiesen. Lernende studieren intensiv den Lösungsweg. Eine Vielzahl von Untersuchungen belegt mittlerweile die Effizienz des Lernens anhand von Lösungsbeispielen (van Merriënboer, 1997, S. 179 ff.; Reimann, 1997).

- *Vervollständigungsprobleme (completion problems):* Bei diesem Format sind ebenfalls Ausgangssituation und Ziele gegeben, die Lösung jedoch nur teilweise; Lernende sollen den beschriebenen Lösungsweg studieren und die Lücken überbrücken. Vervollständigungsprobleme eignen sich insbesondere für Entwurfsaufgaben (z. B. Softwareentwicklung, Architektur).

- *„Umgekehrte Probleme" (reverse problems):* Hier werden das Ziel und die Lösung angeboten, zu finden sind mögliche Ausgangsbedingungen. Nützlich können sie vor allem bei dem Training fehlerdiagnostischer Fähigkeiten sein: Lernenden wird z.B. gesagt, dass eine bestimmte Komponente in einem Schaltkreis defekt sei, ihre Aufgabe ist es dann, das Verhalten des Geräts unter bestimmten Bedingungen vorherzusagen.

- *Zielfreie Probleme (goal-free problems):* Gemeint sind Probleme, bei denen nicht ein bestimmtes Ziel zu erreichen ist. Ein Beispiel wäre die Aufgabe, für ein komplexes Softwaresystem alle möglichen Fehler aufzulisten, die als Ursachen für ein bestimmtes Systemverhalten in Frage kommen könnten. Dieses Format erlaubt keine Rückwärtsstrategie des Problemlösens vom Ziel aus, sondern erzwingt eine Vorwärtsstrategie. Es liegen Befunde vor, die zeigen, dass derartige Probleme Transferleistungen und Schemaerwerb besser fördern können als konventionelle Probleme (van Merriënboer, 1997, S. 182).

- *Imitationsprobleme (imitation problems):* Es handelt sich bei diesem Format um eine Variante des Typs „Lösungsbeispiel". Dargeboten wird ein konventionelles Problem, wobei den Lernenden jedoch eine genaue Beschreibung des Lösungswegs (z. B. auch durch ein Video oder eine Animation) an die Hand gegeben wird. Die Lernenden lösen das Problem, indem sie den Lösungsweg imitieren. Empirische Befunde haben die Wirksamkeit des Formats bestätigt (van Merriënboer, 1997, S. 183).

Prozessorientierte Problemformate

Bei prozessorientierten Problemformaten liegt die Betonung auf dem Lösungsweg. Dieser dient zur Förderung des Transfers bzw. der Fähigkeit, heuristische Lösungen zu finden.

- *Konventionelle Probleme:* Das Format unterscheidet sich nicht von produktorientierten Problemen, jedoch liegt hier der Fokus auf Qualitäten des Lösungswegs.

- *Modellfälle (modeling examples):* Fallbeispiele, die eine Beschreibung und/oder Erklärung der Lösung beinhalten bzw. in denen ein Experte den Lösungsweg vorführt bzw. erläutert. Auch hier besteht der Unterschied zu Lösungsbeispielen (worked-out examples) vor allem in der Betonung des Lösungsprozesses (van Merriënboer, 1997, S. 184, 223 f., 242 ff.).

- *Probleme mit Ausführungsbeschränkungen (performance constraints):* Die Besonderheit dieses Formats sind Auflagen oder Einschränkungen, welche die Lernenden bei der Problemlösung zu beachten haben; z. B. müssen bei der Lösung eines Programmierproblems bestimmte formale Regeln – etwa Erstellung eines Fluss- oder eines Nassi-Shneiderman-Diagramms – streng eingehalten werden. Für die Wirksamkeit des Formats gibt es empirische Belege (van Merriënboer, 1997, S. 184 f.).

- *Probleme, kombiniert mit kognitiven Werkzeugen oder Arbeitsblättern (cognitive tools and process worksheets):* Ähnlich wie bei dem vorangegangene Format erfolgt auch hier eine Intervention hinsichtlich der Lösungsprozesse, allerdings weniger einschränkend. Arbeits- bzw. Rechenblätter (Papier oder online) oder andere Formen von kognitiven Werkzeugen (z. B. ein Mindmap-Programm) werden den Lernenden eher als Hilfen für die Problemlösung an die Hand gegeben.

- *Kombinierte Problemformate:* Die verschiedenen prozessorientierten Problemformate können mit der produktorientierten Lösung konventioneller Probleme kombiniert werden, zumal sich die beiden Kategorien nicht ausschließen, sondern ergänzen. Aus der Kombination ergeben sich dann zum Teil völlig neue Problemformate (van Merriënboer, 1997, S. 185 ff.).

Diese Klassifikation der einzelnen Formate hängt oft von der Kompetenz der Lernenden ab.

Einschätzung des Modells

Das 4C/ID-Modell gilt derzeit international als wichtigstes Modell für das Training komplexer kognitiver Fähigkeiten. Es liefert u.a. jeweils Kriterien für die Wahl eines bestimmten Problemformats. Lernmedien stehen nicht im Vordergrund, es ist jedoch klar, dass bei der Realisierung des Ansatzes die Verwendung digitaler Medien oft eine wichtige Rolle spielt. Darüber hinaus fokussiert das Modell insbesondere die Relation der einzelnen Komponenten (Vermittlung der unterschiedlichen Wissensarten, Entwurf von Teilübungsaufgaben, Entwurf ganzheitlicher Problemaufgaben) bei der Entwicklung der gesamten Lernumgebung. Neuere Weiterentwicklungen enthalten u.a. Prinzipien für eine Adaptierung an unterschiedliche Lernervoraussetzungen (de Crook et al., 2002; van Gerven et al., 2002; van Merriënboer et al., 2002). Das Modell beinhaltet Anleitungen zur Entwicklung von problembasierten Lernumgebungen und Curricula. In den Niederlanden wurde das problembasierte Lernen als didaktisches Prinzip bereits der Neukonzeption ganzer Universitäten zugrunde gelegt (z. B. Universität Maastricht) und gilt insgesamt als erfolgreich.

2.4.7
Weitere praktische Theorien

Die Reihe der hier aufgeführten Theorien ist nicht annähernd erschöpfend. Es handelt sich um die international prominentesten der aktuellen Instruktionsdesign-Theorien. Wesentliches Auswahlkriterium war die Relevanz für die Konzeption multimedialer Lernumgebungen. Dies erlaubt jedoch nicht den Umkehrschluss, dass die hier nicht vorgestellten Theorieansätze irrelevant seien für die Konzeption multimedialer Lernumgebungen. Es sollen daher weitere Theorien und Modelle kurz angesprochen werden, wobei auch diese Aufzählung nicht vollständig sein kann.

Ein Modell für die Entwicklung offener Lernumgebungen, deren Ziel es ist, auch divergentes Denken und die Gewinnung multipler Perspektiven besonders zu fördern, haben M. Hannafin und seine Mitarbeiter entwickelt (Hannafin et al., 1999). Es eignet sich vor allem für „weiche" Domänen mit „unscharfen" Problemstellungen. Methodische Empfehlungen beziehen sich auf die Konzeption multimedial unterstützter Lernprojekte (analog zum GBS-Modell, s. Anschnitt 2.4.5), hier als „enabling contexts" bezeichnet. Dazu werden Informationsangebote konzipiert und Werkzeuge (tools) für die Lernenden entwickelt (zum Suchen, Sammeln, Organisieren, Integrieren, zur Manipulation von Inhalten sowie zur Kommunikation). Eine besondere Rolle spielt die Entwicklung von begrifflichen, metakognitiven, prozeduralen und strategischen Lernhilfen (scaffolds), die während des Lernens in offenen Lernumgebungen angeboten werden. Konkrete Beispiele für z. B. webbasierte Lernumgebungen, die nach diesem Modell entwickelt wurden, liegen vor (Hannafin et al., 1999). Ganz ähnlich in Zielsetzung und Vorgehen ist D. Jonassens Theorie für die Konzeption „konstruktivistischer" Lernumgebungen (Jonassen, 1999); auch hier spielen Tools, Coaching und Scaffolding bei der Bearbeitung ganzheitlicher Probleme und Fallaufgaben eine tragende Rolle.

ID für „weiche" Domänen

Speziell für die Konzeption webbasierter Lernumgebungen, die ein kooperatives bzw. kollaboratives Problemlösen ermöglichen sollen, hat L. M. Nelson (Nelson, 1999) ein theoretisches Modell (CPS: Collaborative Problem Solving) entwickelt.

Problemlösungsförderung

Das Modell basiert auf einer Synthese vieler empirischer Befunde zum kooperativen Lernen bzw. kollaborativen Problemlösen und liefert konkrete Empfehlungen zur Organisation entsprechender Lerngruppen und zur Prozessunterstützung.

Kollaboratives Problemlösen

Auch bei der Vermittlung psychomotorischer Fähigkeiten können multimediale Lernumgebungen zumindest partiell eingesetzt werden; hierzu kann auf eine operative Theorie von A. Romiszowski zurückgegriffen werden. Die wichtigsten Methoden umfassen: Vermittlung des Wissens, was getan werden soll, schrittweiser Aufbau von Grundfertigkeiten, Entwicklung der psychomotorischen Kompetenz (Routinisierung, Generalisierung) durch Demonstrieren, ggfs. Erläutern, Förderung mentaler Repräsentationen des Bewegungsablaufs, verbale Hinweise, unterschiedliche Formen des Übungsaufbaus, Rückmeldungen, Transferförderung, Verbesserung von Schnelligkeit und Exaktheit bis hin zu Maßnahmen zur Förderung des Selbstwerts der Lernenden (Romiszowski, 1999).

Psychomotorische Fähigkeiten

Eine für die Konzeption multimedialen Lernens – aber auch für andere Multimedia-Anwendungen – wichtige Theorie ist schließ-

Media-Equation-Theorie

lich die Media-Equation-Theorie von B. Reeves und C. Nass. Die Autoren vertreten die These, dass Menschen im Umgang mit Bildschirmmedien grundsätzlich das gleiche Verhalten zeigen, wie unter gleichen Bedingungen gegenüber anderen Menschen (Media Equation: Kommunikationspartner „Bildschirmmedium" = Kommunikationspartner „Mensch"). Reeves & Nass (1996) konnten ihre These in einer Serie von Experimenten eindrucksvoll belegen: (a) Menschen verhalten sich gegenüber einem Computer unter bestimmten Bedingungen in ähnlicher Weise höflich, wie sie das gegenüber anderen Menschen tun; der Sachverhalt ist den Akteuren nicht bewusst: In den Experimenten bat ein Computer nach einer Kommunikationssequenz (Lernprogramm) jeweils darum, vom Lernenden beurteilt zu werden. Die Antworten waren stets signifikant günstiger, wenn die Eingabe auf dem Computer erfolgte, der zuvor der Kommunikationspartner war, als wenn die Beurteilung auf einem in der Nähe stehenden baugleichen Gerät eingegeben wurde – analog der meist relativ höflichen Antwort, wenn ein Redner einen Zuhörer anschließend fragt „Wie war ich?" im Vergleich zu einer Situation, in der eine andere Person um die Beurteilung bittet. (b) Schmeicheleien von einem Computer sind genauso wirksam wie Schmeicheleien von einem Menschen, auch dann, wenn sie als solche durchschaut werden. Sie haben Auswirkungen, insbesondere auf die soziale Wahrnehmung des Schmeichlers. (c) Das Eindringen in den persönlichen Nahbereich hat ein mediales Äquivalent in „Ganz nah"-Einstellungen auf einem hinreichend großen, nicht allzu weit entfernt stehenden Bildschirm. Das emotionale Erleben solcher Einstellungen entspricht dem, was beim Eindringen eines Fremden in diesen Nahbereich empfunden wird.

Weitere untersuchte Merkmale betrafen u.a. Verhaltensdimensionen wie „Dominanz-Unterwürfigkeit" und „Freundlichkeit" sowie Zuschreibungen von Persönlichkeitsmerkmalen. Einem Medium (hier PC) werden aufgrund einer männlichen bzw. weiblichen Stimme entsprechende männliche oder weibliche Geschlechtsstereotype zugeschrieben, z.B. unterschiedliche Kompetenz in technischen Dingen.

Die Media-Equation-Theorie ist keine Designtheorie, aber die Befunde dürfen bei der Konzeption multimedialer Lernumgebungen nicht ignoriert werden.

2.5
Wie gehen wir vor? Ein operatives Modell

Das in Abschnitt 2.1 angesprochene ADDIE-Modell kann nur eine grobe Orientierung für die Vorgehensweise bei der Konzeption und Entwicklung eines E-Learning-Angebots sein.

Auch wenn die Abfolge der fünf „Phasen" auf den ersten Blick überzeugend erscheint: Bei der Konzeption von E-Learning-Umgebungen gibt es stets Vorentscheidungen und Wechselbeziehungen zwischen den „Designfunktionen", wie man die zu leistenden Aufgaben von den Analysen bis zur Evaluation wohl am besten bezeichnet.

Budgetentscheidungen sind oft von Anfang an vorgegeben, auch die Implementierungsbedingungen liegen nicht selten fest und selbst die Entscheidung für die Medienkonstellation ist oft schon getroffen.

Kein lineares Vorgehen

Viele Designentscheidungen auf einer „tieferen" Entscheidungsebene haben – nicht nur finanzielle – Rückwirkungen auf andere Designentscheidungen, die grundsätzlich bereits gefallen sind und unter Umständen revidiert werden müssen. Auch durch ein gutes Projektmanagement lässt sich solches nicht immer ganz vermeiden.

Eine geeignetere Darstellung des Vorgehens als ADDIE liefert daher die nachfolgende Grafik:

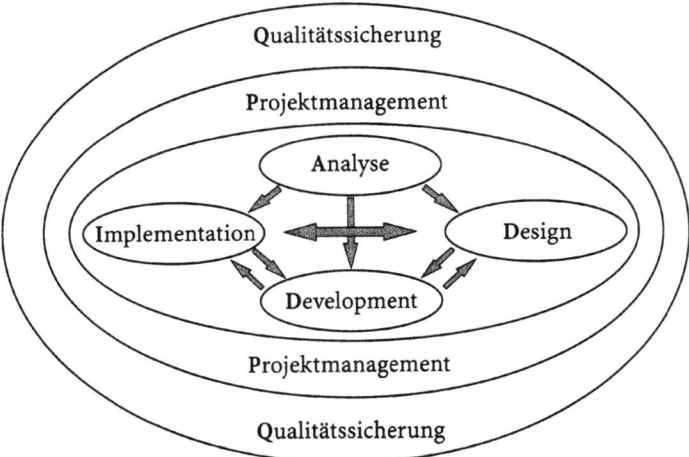

Abb. 2.5: *PADDIQ: Operatives Vorgehensmodell bei der Konzeption von E-Learning*

In den folgenden Kapiteln orientieren wir uns an diesem Modell: Im Kapitel 3 behandeln wir die *Analysen*, die jeder seriösen

Entwicklung einer E-Learning-Umgebung vorausgehen müssen. In Kapitel 4 sind didaktische Grundsatzentscheidungen, die den weiteren *Design*prozess in wichtigen Teilen bestimmen, das Thema. Das *Projektmanagement* wird in Kapitel 5 eher kurz angesprochen; um sich umfassend kundig zu machen, benötigt man weiterführende Literatur. Die Kapitel 6 bis 14 befassen sich mit speziellen Aspekten des didaktischen Designs. Mit Kapitel 15 endet die Phase des Designs bzw. Entwurfs und wir wenden uns in den Kapiteln 16 bis 19 Aspekten der *Entwicklung* (development) im engeren Sinne zu, d.h. der technischen Umsetzung. In diesen drei Kapiteln kann eine umfassende Darstellung der softwaretechnischen Entwicklung natürlich nicht geleistet werden, wir haben uns daher für eine Überblicksdarstellung entschieden, die sich insbesondere an Informatik-Laien wendet. Die *Qualitätssicherung* ist schließlich Thema der beiden letzten Kapitel des Buchs (20, 21).

Teil II
Planung und Analyse

3 Analysen: Die Ermittlung der Ausgangsbedingungen

3.1
Was ist zu analysieren?

Die unterschiedlichen Analysen stellen zwar die kritischste Phase in der Konzeption digitaler Lernumgebungen dar, werden aber in der Praxis am meisten vernachlässigt. Es gilt, folgende Bereiche gründlich zu analysieren: Problem und Bedarf, Adressaten (Zielgruppe), Inhalte (zu vermittelndes Wissen), Ressourcen und Einsatzkontext. Dies ist keine reine akademische Forderung: Analysiert man die Schwächen marktgängiger multimedialer Lernsysteme, zeigt sich immer wieder die Vernachlässigung der Analysephase, was zur Folge hatte, dass wesentliche Informationen für rationale Konzeptions- und Produktionsentscheidungen fehlten.

Vernachlässigung der Analyse führt zu schwachen Produkten

Der Entscheidung, eine digitale Lernumgebung zu entwickeln, sollte vor allem im Bereich der betrieblichen Weiterbildung eine sorgfältige Analyse des zu lösenden Problems (*Problemanalyse*) sowie des tatsächlichen Bedarfs (*Bedarfsanalyse*) vorausgegangen sein, um möglicherweise erhebliche Fehlinvestitionen zu vermeiden.

Die *Adressatenanalyse* ermittelt die Lernvoraussetzungen der Zielgruppe. Am häufigsten unterschätzt und dementsprechend vernachlässigt werden in der Praxis die Analysen des zu vermittelnden *Wissens, der Lehrinhalte und Lernaufgaben*. Das hängt damit zusammen, dass die Autoren digitaler Lernumgebungen oft Inhaltsexperten sind und im Bewusstsein ihrer Fachkompetenz wenig Anlass sehen, sich auf detaillierte Aufgaben- und Wissensanalysen einzulassen. Tatsächlich geht es bei diesen Analysen aber nicht in erster Linie um die Inhaltsstruktur, sondern um mögliche didaktische Strukturierungen. Die Inhalte sind nach Wissensarten bzw. Arten der angestrebten Kompetenzen und deren Relation sowie den lernerseitig auszuführenden kognitiven und motorischen Operationen zu analysieren, um eine Grundlage für spätere Designentscheidungen hinsichtlich Lehrstrategien, geeigneter Medien, Methoden und Lernhilfen zu bekommen. Die Durchführung einer Aufgaben- bzw. Wissensanalyse setzt also beträchtliche lern- und kognitionspsychologische Kenntnisse voraus. Hilfsmittel können vielfältige, oft grafische Strukturierungsverfahren sein (Jonassen et al., 1999; Niegemann, 1999) diese liefern u. a. die Grundlage für die hypermediale Strukturierung. Ohne systematische Wissens- und Aufgabenanalyse ist die Entwicklung einer digitalen Lernumgebung kaum als professionell zu bezeichnen, da sich dann die wenigsten Designentscheidungen rational begründen lassen. Nach erfolgter Wissens- und Aufgabenanalyse sollte die Bestimmung der Lehr- bzw. Lernziele kaum noch problematisch sein.

Weniger aufwändig ist in der Regel die *Analyse der verfügbaren Ressourcen*: Personal, Sachmittel (Budget) und die verfügbare Zeit liefern wesentliche Rahmenbedingungen für spätere Designentscheidungen. Oft wird eine Kostenanalyse bereits ganz zu Beginn erwartet, wenn ein Angebot abzugeben ist und die meisten Analysen noch gar nicht im Detail durchgeführt werden konnten. Die *Analyse des späteren Einsatzkontexts* wird wiederum häufiger vernachlässigt. Neben Fragen der Rechnerausstattung der Adressaten spielen die physikalischen (Licht, Geräusche) und sozialen Merkmale der Lernumgebung im eigentlichen Sinn eine Rolle.

3.2
Problemanalyse

Eine E-Learning-Umgebung wird konzipiert, um ein bestimmtes Problem zu lösen. Dabei wird angenommen, dass die Ursachen des Problems Defizite in der Qualifikation einer bestimmten Personengruppe sind. Wie sicher und begründet ist aber diese Annahme?

Ursache von Problemen im Bildungsbereich

Es gibt etliche Beispiele dafür, dass anstelle von Bildungsdefiziten Managementschwierigkeiten oder technische Unzulänglichkeiten Ursache des Problems waren. Das Problem für Instruktionsdesigner ist dabei, dass die erwünschten Zustände auch nach einem hervorragend durchgeführten Training nicht eintreten werden und man seitens der Auftraggeber schnell bei der Hand ist, das entsprechende Training als unzulänglich anzusehen.

Wenn die Aufgaben des Instruktionsdesigns innerhalb eines Unternehmens lokalisiert sind, ist es für die Weiterbildungsverantwortlichen daher wichtig, bei der Analyse der durch Bildung bzw. Training zu bewältigenden Probleme anzusetzen.

Externe Instruktionsdesigner, die von Unternehmen Aufträge erhalten, bestimmte Lernumgebungen zu entwickeln, haben meist keine Chance, derartige Analysen durchzuführen. Bei Diskussionen um die Effektivität von Programmen kann es aber auch für sie wichtig sein, mit Aspekten der Problemanalyse vertraut zu sein.

3.3
Bedarfsanalyse

Bedarfsanalysen sollen ermitteln, bei welchen Kompetenzen Adressaten Defizite aufweisen, die dann zu beheben sind. Dabei werden unterschiedliche Verfahren der empirischen Sozialforschung angewendet (z. B. Fragebogenerhebungen, Interviews mit Führungskräften). Bedarfsanalysen erfüllen mehrere Funktionen:

- Bestimmung des Bildungs- bzw. Trainingsbedarfs für ganz bestimmte Arbeitsaufgaben; Feststellung, welche Probleme die Leistung beeinträchtigen

- Bestimmung des Bildungs- oder Trainingsbedarfs im Zusammenhang mit wichtigen finanziellen Folgen, der Sicherheit und dem Arbeitsschutz sowie der Kontinuität des Arbeitsprozesses

- Setzung von Prioritäten bei der Festlegung von Weiterbildungsaktivitäten

- Lieferung von Daten (baseline) für die spätere Bestimmung der Wirksamkeit der Instruktionsmaßnahmen

Funktionen einer Bedarfsanalyse

Bedarf ist gekennzeichnet durch eine Differenz zwischen dem, was gegeben bzw. vorfindbar ist, und dem, was erwartet wird. Im Fall von Instruktionsdesign in der beruflichen Weiterbildung geht es meist um die Differenz zwischen tatsächlichen und erwarteten bzw. gewünschten Arbeitsleistungen (z. B. Produktivität, Fehlerraten). Für die Durchführung einer Bedarfsanalyse ist es zunächst sinnvoll, die Art des Bedarfs näher zu bestimmen. Unterschieden werden meist sechs Kategorien (Morrison et al., 2001, S. 24 ff.):

1. *Normativer Bedarf* liegt vor, wenn die Qualifikation der Zielgruppe hinter einem nationalen oder internationalen Standard zurückbleibt. Zur Ermittlung dienen in der Regel Testdaten, die mit dem entsprechenden Standard verglichen werden.

Bedarfsarten

2. *Relativer Bedarf* unterscheidet sich vom normativen Bedarf nur dadurch, dass statt eines Standards eine Vergleichsgruppe, ein Konkurrenzunternehmen oder dergleichen bessere Werte aufweist. Wichtig ist es hier, festzustellen, ob die erfassten Unterschiede (Umsätze von Außendienstmitarbeitern, geringere Fehlerraten, weniger Ausschuss, höhere Produktivität) tatsächlich auf Qualifikationsunterschiede zurückzuführen sind.

3. *Subjektiv empfundener Bedarf* liegt vor, wenn Individuen selbst den Wunsch äußern, ihre Qualifikation in bestimmter Weise zu verbessern. Es kann problematisch sein, derartige Äußerungen in jedem Fall mit einem Bedarf an bestimmten Qualifizierungsmaßnahmen oder Absatzchancen für bestimmte Lernmedien gleichzusetzen.

4. *Demonstrierter Bedarf* bedeutet, dass das Verhalten der Zielgruppe auf einen Bedarf hinweist: Die Warteliste von Seminaren, Vorbestellungen von Lehrprogrammen usw. sind entsprechende Indikatoren.

5. Größere Anforderungen an die Analyse stellt die Ermittlung des *zukünftigen (antizipierten) Bedarfs:* Es gilt, zukünftige Veränderungen und deren Voraussetzungen bzw. Konsequenzen zu erkennen: Geplante Softwareumstellungen, die Einführung neuer Produktionstechniken, die geplante Erschließung neuer Märkte usw. setzen heute in der Regel Qualifizierungsaktivitäten voraus. Sollen dabei neue Medien eingesetzt werden, ist eine Vorlaufzeit von etlichen Monaten erforderlich.

6. Ein *Qualifizierungsbedarf aufgrund kritischer Ereignisse (critical incidents)* wird festgestellt, wenn die Möglichkeit seltener, aber besonders folgenreicher Vorfälle erkannt wird. Dies kann in Unternehmen eine Konsequenz von Schwachstellenanalysen sein („was würde passieren, wenn ..."), wenn festgestellt wird, dass Mitarbeiter auf entsprechende Ereignisse nicht hinreichend vorbereitet sind.

Diese unterschiedlichen „Bedarfe" bzw. Informationsquellen schließen sich keineswegs aus, teilweise sind es unterschiedliche Instanzen, welche die Frage nach dem Bedarf beantworten. Dem Instruktionsdesigner sollte klar sein, wer die Frage nach dem Bedarf jeweils beantwortet hat, und die Informationen dementsprechend bewerten, wenn es z. B. gilt, die Motivation der Adressaten einzuschätzen.

Marktanalyse

Soll ein Selbstlernmedium nicht organisationsintern, sondern für den Markt entwickelt werden, erweitert sich die Fragestellung nach dem Bedarf im Sinne einer Marktanalyse, insbesondere sind dann auch bereits vorhandene Produkte (Stärken, Schwächen, Preis) zu analysieren sowie die bisherige und die prognostizierte Marktentwicklung.

Methoden der Bedarfsanalyse

Bedarfsanalysen werden überwiegend mit Hilfe von Befragungen (Fragebögen und Interviews) durchgeführt. Befragt werden je nach Aufgabenstellung Führungskräfte, Experten oder eine Stichprobe aus der Adressatengruppe, wobei die entsprechenden methodischen Prinzipien aus dem Bereich der empirischen Sozialforschung anzuwenden sind, wenn die Befunde aussagekräftig sein sollen (Bortz & Döring, 1996; Miller & Salkind, 2002). Für die Konzeption von Lehrmedien und für Trainer sollten diese Erhebungen auch bereits Informationen für die Spezifizierung der Lehrziele sowie die Art und Umstände der Anwendung des zu vermittelnden Wissens bzw. der Kompetenzen liefern. Dies kann später zeitaufwändige Recherchen ersparen. Entsprechende schriftliche Befragungen können heute auch über das Internet bzw. ein Intranet durchgeführt werden. Wichtige Informationen für Bedarfsanalysen liefern auch Qualitätszirkel und andere Instrumente des Qualitätsmanagements.

3.4
Adressatenanalyse

Bedarfs- und Adressatenanalyse lassen sich in der Praxis kaum klar voneinander trennen. Die Ermittlung des Qualifikationsbedarfs erfordert Kenntnisse über die Ausprägung und Verteilung von Kompetenzen – also Personenmerkmalen – in der Adressatengruppe. Für die didaktische Konzeption und Gestaltung sind jedoch – neben Alter und Geschlecht der Adressaten – weitere Personenmerkmale relevant, die nicht unbedingt mit dem aktuellen Qualifikationsdefizit zu tun haben. Solche Personenmerkmale sind für die betriebliche Weiterbildung insbesondere folgende:

- *Vorwissen und relevante Erfahrungen:* Was kann an theoretischem Wissen (Hintergrundwissen, einschlägiges theoretisches Fachwissen), an Handlungswissen und praktischen Erfahrungen vorausgesetzt werden? Je passgenauer die neuen Informationen ausgewählt werden, umso unwahrscheinlicher werden Langeweile, weil vieles bereits bekannt ist, und Überforderung aufgrund von Wissenslücken.

Relevante Personenmerkmale

- *Position und Funktion im Betrieb:* Welche Positionen, welche Aufgaben haben die Adressaten bisher im Betrieb? Welche Befugnisse sind damit verbunden? Fehlende Informationen können zu „Missgriffen" bei der Auswahl von Aufgaben und Beispielen und bei der Formulierung von Rückmeldungen führen. Wichtig sind diese Informationen auch für die evtl. Zusammenstellung von Lerngruppen bei kooperativem Lernen.

- *Lerngeschichte:* Welche Erfahrungen haben die Adressaten mit selbst kontrolliertem Lernen? Haben die Adressaten bereits Erfahrungen mit computer- bzw. webbasiertem Lernen? Haben sie andere Erfahrungen mit Weiterbildungsmaßnahmen? Welches Ansehen genießt Weiterbildung im Betrieb? Adressaten, die keinerlei Erfahrungen mit selbst kontrolliertem Lernen haben, die möglicherweise seit ihrer Schulzeit keinen Lernanforderungen in einem institutionalisierten Rahmen ausgesetzt waren, benötigen andere Hilfen und Einführungen in das mediengestützte Lernen als Personen, die bereits seit Jahren mit Computerlernprogrammen umgehen.

- *Bildungsstand:* Welchen formalen Bildungsstand haben die Adressaten? Diese Information lässt u. a. Schlüsse auf das Allgemeinwissen zu und erleichtert Entscheidungen z. B. bezüglich des angemessenen Sprachstils und der Verwendung von Analogien.

- *Lernmotivation und Einstellungen zum Inhalt:* Von wem geht die Initiative zur Qualifizierung aus? Wie wird die Lernmotivation der Adressaten von Vorgesetzten eingeschätzt? Wie transparent ist der Zweck der Qualifizierung? Welche Konsequenzen haben Erfolg oder Misserfolg für die Lernenden? Auch wenn es allgemeine Prinzipien zur Motivierung gibt, die bei der Gestaltung von Lernprogrammen berücksichtigt werden sollten (s. Kap. 13), sollten Personen, die sich für ein Lernen mit neuen Medien bzw. für die gesamte Qualifizierung nicht selbst entschieden haben, anders angesprochen werden als solche, die seit Monaten warten, dass ihnen endlich diese Lerngelegenheit geboten wird. Wer Angst haben muss, bei Versagen eine Aufstiegschance oder gar seinen Arbeitsplatz zu verlieren, wird auch an einen Selbsttest anders herangehen als jemand, der in der Qualifizierung nur Chancen sieht.

- *Interessen und persönliche Zielsetzungen:* Gibt es außerberufliche gemeinsame Interessen der Adressaten? Falls solche Informationen vorliegen, können sie ggf. bei der Wahl von Analogien, Beispielen usw. genutzt werden.

Lernstile Man mag hier Merkmale wie Lernstile oder gar „Lerntyp" vermissen: Das letztgenannte Merkmal wurde in den siebziger Jahren durch ein Buch von F. Vester mit einem wissenschaftlich allerdings nicht ernst zu nehmenden Selbsttest populär, die Instruktionspsychologie konnte die simple Typologie auch nie bestätigen. Für unterschiedliche „Präferenzen", also die Bevorzugung bestimmter Methoden der Wissensaneignung, gibt es durchaus Belege, die Messverfahren (Tests) sind jedoch meist so aufwändig, dass ihr Einbau in Lernprogramme den Lernenden nicht zugemutet werden kann (Morrison et al., 2001, S. 49).

Gewichtiger ist noch, dass es für die so genannten „Lernstil"-Kategorien, deren Validität ohnehin meist fraglich ist, keine wissenschaftlich gesicherten Verknüpfungen mit bestimmten didaktischen Entscheidungsalternativen gibt. Ohne eine solche Verknüpfung ist die Entwicklung oder der Einsatz eines Lernstiltests vergleichbar der Entwicklung oder dem Einsatz eines medizinischen Diagnoseverfahrens ohne Klarheit über die zu diagnostizierende Krankheit und ohne Hinweis auf therapeutische Maßnahmen.

Eine Übersicht über viele potenziell relevante Persönlichkeitsmerkmale von Lernern, entsprechende Messverfahren und vorliegende Forschungsergebnisse geben Jonassen & Grabowski (1993).

Zunehmend wichtig im Rahmen von Adressatenanalysen sind Informationen über Adressaten aus anderen Kulturkreisen und mit anderen Muttersprachen. Ein Lernprogramm z. B., das in einem Großkonzern weltweit eingesetzt werden soll, muss nicht nur mehrsprachig konzipiert werden, sondern auch auf vielfältige kulturelle Besonderheiten Rücksicht nehmen. Hinweise und Fallbeispiele hierzu liefern Nielsen & del Galdo (1996). *Interkulturelle Aspekte*

Bei Befragungen zu den Adressaten sollte schließlich auch nach relevanten Handicaps oder Behinderungen gefragt werden, insbesondere Beeinträchtigungen der Seh- oder Hörfähigkeit können besondere Designlösungen erfordern. *Handikaps sind besondere Bedürfnisse*

Über die Merkmale einzelner Adressaten hinaus sind Merkmale der Adressatengruppe wichtig:

- Wie homogen oder heterogen ist die Adressatengruppe hinsichtlich der einzelnen Merkmale? Je homogener die Adressaten sind, umso einfacher ist generell die Konzeption. *Merkmale der Adressatengruppe*

- Kennen sich die Mitglieder der Adressatengruppe (bzw. evtl. zu bildender Lerngruppen) bereits? Diese Information spielt vor allem für Teleseminare und andere Formen computer- bzw. webbasierten kooperativen Lernens eine Rolle. Kennen sich z. B. die Mitglieder eines Teleseminars nicht, sollte eine Präsenzveranstaltung zu Beginn in Erwägung gezogen werden, zumindest wäre eine Form des Sich-Bekanntmachens einzuplanen, z. B. durch eine spezielle Website mit Fotos und kurzen Selbstdarstellungen der Lerner.

- Wie sind die Beziehungen zwischen (a) Gleichgestellten untereinander und (b) Vorgesetzten und Untergebenen in dem entsprechenden Betrieb? Welches soziale Klima ist in Lerngruppen zu erwarten? Gibt es Anhaltspunkte, dass auf die Bildung von Lerngruppen Einfluss genommen wird? Diese Informationen können ungemein nützlich sein, wenn Teleseminare oder andere Formen medienbasierten kooperativen Lernens in Frage kommen.

Informationsdefizite

In der Praxis wird es oft nicht gelingen, befriedigende Informationen zu allen diesen Fragen zu erhalten; in manchen Fällen sind auch nicht alle Informationen erforderlich. Generell führen jedoch Informationslücken zu jeder genannten Frage bei der Konzeption zu Unsicherheiten und sicherlich zu größerem und damit teurerem Revisionsbedarf nach dem Usability-Test bzw. der Evaluation (s. Kap. 20 und 21).

Heterogene Adressatengruppen

Bei der Entwicklung von Lernmedien für den offenen Markt muss eine Zielgruppe definiert werden, wobei es häufig zu einem Interessenkonflikt zwischen Autoren und Verlagen kommt: Für den Autor eines Lernprogramms ist es stets am günstigsten, für eine möglichst homogene Zielgruppe zu planen, während jeder Verlag daran interessiert ist, die Zielgruppe möglichst breit zu definieren. Heterogenere Adressaten erfordern einen höheren Entwicklungsaufwand: Es müssen erheblich mehr Hilfen (Abstufungen), unterschiedliche Lernwege, Schwierigkeitsniveaus bei Selbsttests usw. geplant und entwickelt werden, wenn didaktische Qualitätsansprüche nicht reduziert werden sollen.

Methoden der Adressatenanalyse

Die „unverfänglicheren" Informationen (Bildungsstand, Erfahrungen, Position im Betrieb) zu den Adressaten lassen sich im Kontext der Bedarfsanalyse leicht erheben. Für Informationen zur Lernmotivation, zum Betriebsklima usw. ist man als externer Instruktionsdesigner dagegen auf Gewährsleute angewiesen, die einem hinreichendes Vertrauen entgegenbringen. Generell sind die Prinzipien der empirischen Sozialforschung zu beachten (Bortz & Döring, 1996).

3.5
Wissens- und Aufgabenanalyse

Lehrstoff

Die Analyse des Lehrstoffs, d.h. des Wissens, das Adressaten mit Hilfe der zu entwickelnden Lehrmedien bzw. der zu konzipierenden Lernumgebung aufbauen sollen, der Arbeits- oder Lernaufgaben, die bei erfolgreichem Lernprozess bewältigt werden sollen, und des angestrebten Kompetenzgrades (z.B. zulässige Fehlerquoten, Arbeitsproduktivität) hat eine zentrale Funktion im Prozess der Konzeption von Lernmedien. Es geht um die Beantwortung folgender Fragen:

Fragen zur Wissens- und Aufgabenanalyse

- Welche Fähigkeiten und welches Wissen sind notwendig, um den festgestellten Bedarf zu befriedigen?

- Welche Inhalte sollen vermittelt werden?
- Wie können die Elemente des Lehrinhalts organisiert werden?
- Wie können Aufgaben analysiert werden, um die Komponenten zu bestimmen und zweckmäßig zu sequenzieren?

Die Aufgaben- und Wissensanalyse soll dem Instruktionsdesigner ermöglichen, den Lehrstoff aus der Perspektive der Lernenden zu betrachten, um zu geeigneten Lehrstrategien zu gelangen (Morrison et al., 2001, S. 63 f.).

Kooperation mit Inhaltsexperten

Nur zufällig ist ein professioneller Instruktionsdesigner zugleich Inhaltsexperte, normalerweise ist bei der Aufgabenanalyse eine Zusammenarbeit mit einem Inhaltsexperten erforderlich.

Themensammlung

Ein gebräuchliches Verfahren für deklaratives Wissen („Wissen, dass") beginnt mit einer Themensammlung. Die einzelnen Themen werden dann gruppiert und hierarchisch gegliedert: Zunächst werden allgemeinere Themen aufgelistet, dann die untergeordneten Themen differenziert. Ein nützliches Hilfsmittel ist dabei die Gliederungsfunktion eines Textverarbeitungsprogramms. Ordnungskriterien sind dabei zunächst Relationen wie „Unterbegriff von", „Merkmal von", „Teil von", „Beispiel von" usw. sowie Unterscheidungen hinsichtlich allgemeiner Lernzielkategorien wie Fakten, Begriffe, Regeln und Prinzipien, Prozeduren und kommunikative Fähigkeiten sowie Einstellungen.

Mapping-Techniken

Eine (bessere) Alternative für die Darstellung der Struktur eines Lehrinhalts bietet die grafische Begriffsnetzdarstellung (conceptmapping) (Mandl & Fischer, 2000; Jonassen et al., 1993). Dazu werden zunächst die zentralen Begriffe als Knoten eines Netzes aufgezeichnet und durch meist gerichtete Kanten (Verbindungslinien, Pfeile) miteinander verbunden. Diese Linien oder Pfeile repräsentieren die Relationen zwischen den Begriffen und sollten benannt werden. Als Hilfsmittel stehen mehrere Softwareprodukte zur Verfügung. Sie bieten u.a. die Möglichkeit, die räumliche Anordnung auch bereits erstellter Begriffsnetze durch Verschieben zu ändern, wobei alle Relationen erhalten bleiben. Zum Teil ist auch möglich, mehrere Ebenen zu definieren, man gelangt dann z.B. durch Anklicken eines Begriffsknotens zu dem Begriffsnetz, das die innere Struktur des entsprechenden Begriffs darstellt. Abbildung 3.1 zeigt eine Begriffsnetzdarstellung in Form einer Mindmap für „Multimediabezogenes Instruktionsdesign" und Abb. 3.2 repräsentiert die begriffliche Struktur des Knotens „Interaktivität". Beide Abbildungen wurden mit der Software MindManager 2002, Enterprise Edition, von der Firma Mindjet LLC, erstellt.

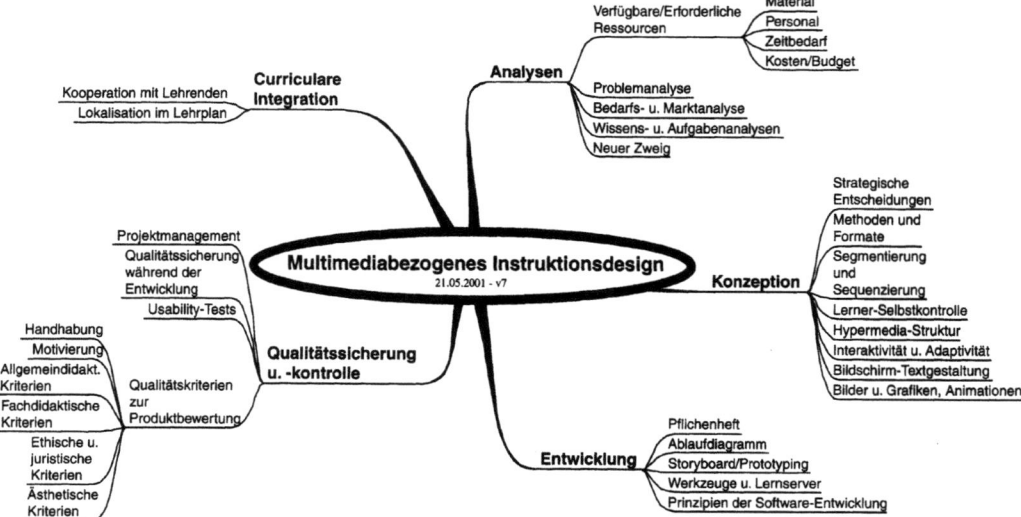

Abb. 3.1: Mindmap „Multimediabezogenes Instruktionsdesign". Diese Darstellung beansprucht inhaltlich keine Vollständigkeit.

Für die Analyse prozeduralen Wissens und Handelns („Wissen, wie") müssen die einzelnen Schritte der jeweiligen Prozedur identifiziert werden. Jonassen et al. (1999) differenzieren prozedurales Wissen u. a. nach der Beobachtbarkeit der ablaufenden Handlungen:

Komplett beobachtbare Handlungen	Beobachtbare und nicht beobachtbare (mentale) Handlungen/Operationen	Nur nicht beobachtbare Operationen
Beispiel: Einen Autoreifen wechseln	Beispiel: Buchführung	Beispiel: Analyse eines Schaltplans

Es handelt sich hier nicht um drei diskrete Kategorien, sondern um drei hervorgehobene Punkte eines Kontinuums: Das Wissen um bestimmte Vorgehensweisen umfasst meist sowohl Anteile beobachtbarer wie nicht beobachtbarer (mentaler) Operationen.

Bei der Analyse prozeduralen Wissens werden die einzelnen Schritte mit einem Inhaltsexperten durchgegangen, bei Arbeitsabläufen geschieht das möglichst in der Umgebung, in der die Handlungen ausgeführt werden (z. B. an der jeweiligen Maschine). Drei Fragen sind jeweils zu klären:

Fragen zu prozeduralem Wissen

- Was müssen Lernende später tun? Welche Handlungen müssen dazu ausgeführt werden? Welcher Art sind diese Handlungen jeweils (physisch-beobachtbar oder mental)?

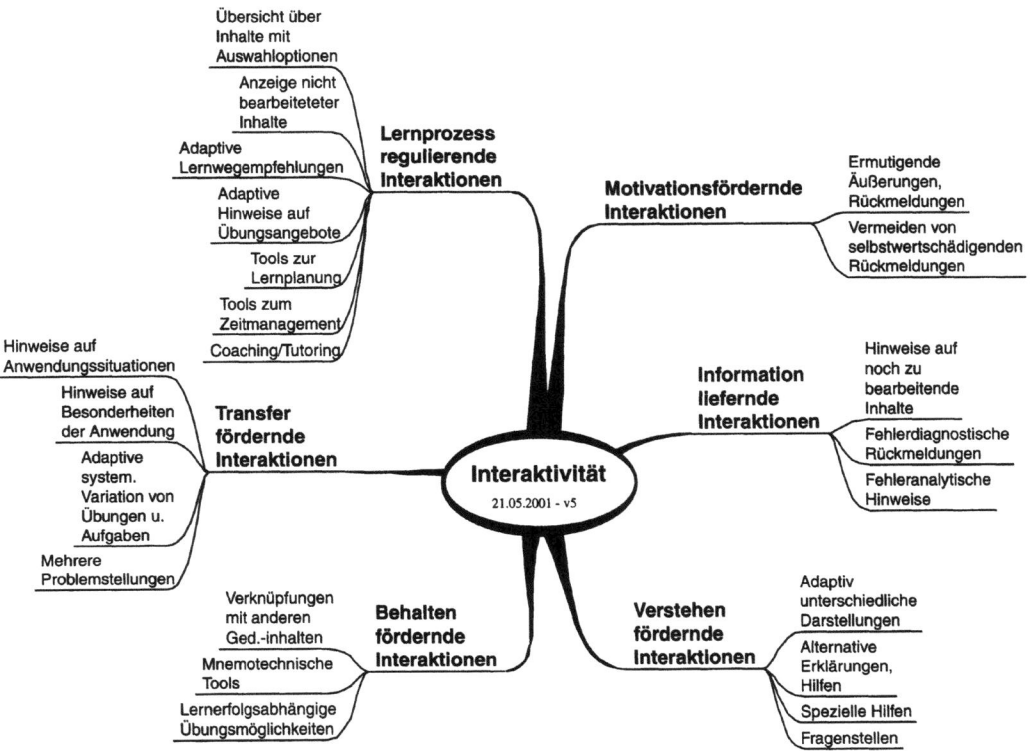

Abb. 3.2: Mindmap „Multimediabezogenes Instruktionsdesign". Hier Ebene 2: Interaktivität

- Was müssen Lernende wissen, um jeden Schritt ausführen zu können? Welches Hintergrundwissen (z. B. Wirkungen von Temperatur, Druck, Feuchtigkeit) muss vorausgesetzt werden? Welches Wissen über die Umgebung bzw. den Kontext des Handlungsschritts und eventuelle Komponenten ist notwendig?

- Welche Hinweisreize (taktil, Geruch, visuell, Geräusch) informieren den Lernenden, dass es ein Problem gibt, dass er fertig ist oder dass eine andere Operation erforderlich ist (rotes Blinklicht, kratzendes oder schleifendes Geräusch, Quietschen usw.)?

Gelegentlich wird neben „deklarativem" und „prozeduralem" Wissen noch „konditionales Wissen" („Wissen, wann") unterschieden. Konditionales Wissen meint das Wissen, wann – unter welchen Bedingungen – eine bestimmte Prozedur bzw. bestimmte Regeln am zweckmäßigsten anzuwenden ist bzw. sind.

Beispiel: Im Bereich der kaufmännischen Ausbildung wird zum einen die Theorie der Kostenrechnung vermittelt, Begriffe wie Kos-

Wissen: deklaratives, prozedurales, konditionales

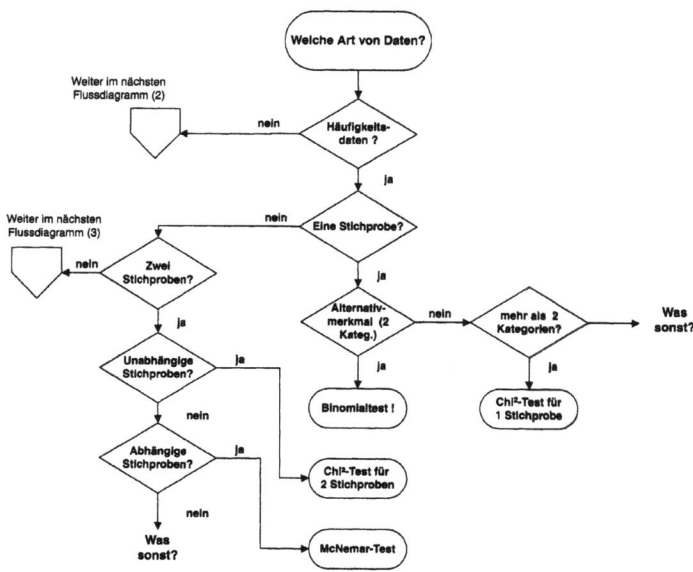

Abb. 3.3: Beispiel eines Flussdiagramms im Rahmen einer Analyse prozeduralen Wissens. Hier: Finden eines geeigneten statistischen Testverfahrens

tenträger, Kostenstellen, Kostenarten und Modelle der Kostenrechnung werden erklärt und ihre Beziehungen zueinander werden erläutert. Dabei handelt es sich um *deklaratives Wissen*. Es wird aber auch erklärt und geübt, wie innerhalb bestimmter Modelle der Kostenrechnung Kalkulationen durchgeführt werden. Dabei handelt es sich um *prozedurales Wissen*. Schließlich kommt es aber auch darauf an, zu vermitteln, wann die Anwendung welchen Kostenrechnungsmodells zweckmäßig ist – das ist *konditionales Wissen*.

Flussdiagramm Zur Repräsentation von Abläufen eignen sich insbesondere Flussdiagramme (Beispiel s. Abb. 3.3).

Rechenbaum Für spezielle prozedurale Wissensarten können andere grafische Verfahren günstiger sein. Für das Wissen um Rechenprozeduren z. B. haben sich „Rechenbäume" bewährt, wie sie in einfacher Form bereits in der Grundschule eingesetzt werden. Ein Beispiel für einen Rechenbaum, der die Berechnung einer Teilgröße bei der Preiskalkulation darstellt, zeigt Abb. 3.4.

Auch für die Analyse und die Darstellung konditionalen Wissens sind grafische Darstellungen eine nützliche Hilfe, z. B. Entscheidungsdiagramme.

UML Andere grafische Verfahren finden sich im Bereich der Systemanalyse und Softwareentwicklung. Hier wurde mit UML (Unified Modelling Language) eine spezielle Symbolsprache zur Spezifikation, Visualisierung, Konstruktion und Dokumentation entwickelt,

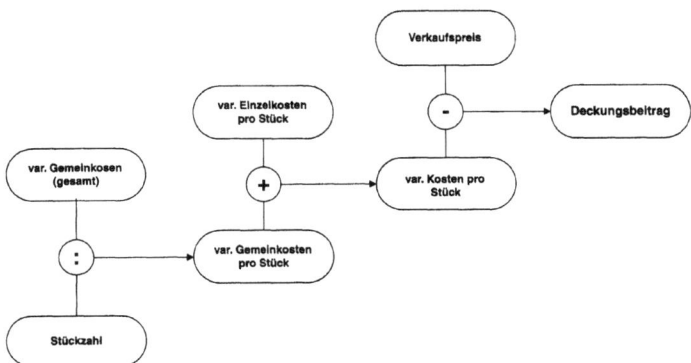

Abb. 3.4: *Beispiel eines Rechenbaums im Rahmen der Analyse prozeduralen Wissens. Hier aus: Niegemann et al. (1999)*

die sich inzwischen bei den meisten großen Softwareherstellern durchgesetzt hat und auch an den Hochschulen vermittelt wird. Zumindest einige der verschiedenen Diagrammtypen von UML (u. a. Anwendungsfalldiagramm, Klassendiagramm, Aktivitätsdiagramm, Kollaborationsdiagramm, Sequenzdiagramm) lassen sich zweifellos auch für Aufgaben- und Wissensanalysen, die nicht der Softwareentwicklung dienen, mit Gewinn „missbrauchen". Für die Erstellung entsprechender Diagramme kann auf viele spezialisierte Softwareprogramme zurückgegriffen werden. Eine Übersicht liefert http://www.jeckle.de/umltools.htm. Auch die Software MS Visio unterstützt UML.

Die in diesem Kapitel vorgenommene Unterscheidung zwischen deklarativem, prozeduralem und konditionalem Wissen ist sehr verbreitet, aber relativ grob und nicht sehr präzise. Solange es keine bessere, didaktisch relevante Taxonomie von Wissensarten gibt, kann auf sie nicht verzichtet werden. Es scheint jedoch lohnend, bei der Wissensanalyse auch auf andere als die vorgestellten Kategorisierungen zu achten. Oser & Hascher (1997) weisen zum Beispiel auf die Bedeutung „negativen Wissens" („Fehlerwissen") hin: „Wissen darüber, was man nicht tun sollte".

Fehlerwissen

3.6 Ressourcenanalyse

Vor der Umsetzung einer Konzeption muss geklärt sein, welche Ressourcen zur Verfügung stehen:

Was steht zur Verfügung? Was wird gebraucht?

- Material
- Personal

- Zeit
- Geld
- Rechte

Wenn ein Angebot abzugeben ist oder ein Projektantrag eingereicht werden soll, wird erwartet, dass zuvor geklärt ist, welche Ressourcen erforderlich sind, wenn bestimmte Ziele erreicht werden sollen. Ein schwieriges praktisches Problem ergibt sich oft daraus, dass manche Informationen, die notwendig sind, um die zeitlichen und personellen Ressourcen zu bestimmen, erst durch aufwändige Analysen ermittelt werden müssen: Analysen, die Teil der konzeptionellen Arbeit sind und die oft erst beginnen können, wenn die Ressourcen für ein Projekt bereits bewilligt sind.

3.6.1
Verfügbares Material

Material für die Medienproduktion

Am einfachsten ist es in der Regel, zu bestimmen, welches Material für die Medienkonzeption und -produktion benötigt wird: Hardware, Software, Netzzugänge und Bandbreiten. Auch diese Festlegungen sind jedoch nicht unabhängig von den Ergebnissen anderer Analysen, vor allem der Wissens-, Aufgaben- und Zielanalyse. Solange nicht feststeht, welche didaktischen Ziele angestrebt werden, können natürlich keine Mittel zur Zielerreichung bestimmt werden: Sind Videosequenzen erforderlich oder wünschenswert? Welches Bild- und Filmmaterial soll verwendet werden? Was muss an Grafiken ausgearbeitet werden? Was kann gekauft, was muss eigens produziert werden? Je nach Beantwortung dieser Fragen entscheidet es sich oft, ob eine Produktion mehrere 100.000 Euro teurer oder billiger sein wird.

Aufwand für Wissensanalyse

Wie bereits gezeigt wurde, ist eine sorgfältige Wissens- und Aufgabenanalyse aufwändig und benötigt insofern selbst bereits personelle Ressourcen. In Unternehmen sollte daher zunächst die Analysephase finanziert werden, danach kann anhand eines fundierten Finanzplans über die Realisierung der Medienentwicklung entschieden werden. Im öffentlichen Bereich kann oft nur ein Projekt komplett beantragt werden. Wenn die Analysen noch nicht durchgeführt sind, können sich Aussagen über geeignete Assets (Elemente und Module einer Multimedia-Produktion) bestenfalls auf Erfahrungen beziehen.

3.6.2
Personelle Ressourcen

Wie viele Personen mit welchen Qualifikationen müssen für welche Zeit zur Verfügung stehen, um eine Lernumgebung, ein Lernmedium mit spezifizierten Merkmalen zu entwickeln? Die Beantwortung solcher Fragen setzt eine Projektplanung voraus (s. auch Kap. 5). Hier müssen die Resultate der Wissensanalyse eingehen, aber auch die strategischen Entscheidungen (Kap. 4) müssen bereits getroffen sein, um die benötigten Qualifikationen zu bestimmen:

Wie viele Personen mit welchen Ressourcen?

- Welche Speicher- und Übertragungstechnik ist vorgesehen? CD-ROM, DVD und/oder webbasierte Lernumgebungen? Welche Kompetenzen sind dazu erforderlich?
- Auf welchen bzw. für welche Betriebssysteme soll entwickelt werden (Windows, Unix/Linux, Mac)? Welche Kompetenzen, welches Maß an Erfahrung bezüglich des Umgangs mit der entsprechenden Plattform sind notwendig?
- Welche Instrumente (Webeditoren, Programmiersprachen, Grafikprogramme usw.) sollen verwendet werden? Welche Spielräume gibt es? Kann die Auswahl von Instrumenten an verfügbare Kompetenzen angepasst werden?
- Welche Assets (Bilder, Grafiken, Geräusch- und Sprachaufnahmen, Animationen, Filme usw.) müssen neu entwickelt werden, was kann eingekauft werden?
- Welche didaktischen, fachdidaktischen und fachwissenschaftlichen bzw. technischen Kompetenzen sind erforderlich? Bei Aufträgen für Unternehmen: In welchem zeitlichen Umfang und über welchen Zeitraum müssen Mitarbeiter des Unternehmens für Informationen und Zulieferungen zur Verfügung stehen? Letzteres sollte beim Auftrag unbedingt vertraglich vereinbart werden, u. a. weil die Arbeitszeit der eigenen Mitarbeiter für das Unternehmen als erheblicher Kostenfaktor eingeplant werden muss.

Fragen zur Bewertung der Qualifikation

Bei der Planung der personellen Ressourcen ist auch zu berücksichtigen, welche Kompetenzen längerfristig verfügbar sein müssen, um das Angebot weiter zu entwickeln bzw. um Fehler zu beseitigen. Wenn ein Lernserver eingerichtet wird, muss ständig jemand verfügbar sein, der sich um den Zustand des Servers kümmert. Bei anspruchsvoll programmierten Lernsystemen ist es auch bei guter Dokumentation sehr ungünstig, wenn Änderungen oder Weiterentwicklungen von anderen Personen vorgenommen werden sollen als dem ursprünglichen Programmierer.

Längerfristig verfügbare Kompetenzen?

3.6.3
Zeitbedarf

Die maximal für die Entwicklung verfügbare Zeit wird meist bei der Auftragsvergabe festgelegt: Der Abgabe- bzw. Liefertermin ist Vertragsbestandteil. Von den Entwicklern wird daher eine realistische Schätzung des Zeitbedarfs erwartet. Auch dabei stellt sich das Problem, dass es oft erst nach der Wissens- und Aufgabenanalyse möglich ist, didaktische Entscheidungen zu treffen, die wesentlichen Einfluss auf den Entwicklungsaufwand haben. Es sollte zumindest versucht werden, den Auftraggebern diese Problematik deutlich zu machen. Wenn dies gelingt, wird man eher verstehen, dass nach Abschluss der Wissens- und Aufgabenanalyse und den strategischen Entscheidungen (Plattform, Informationsträger und -übermittlung, didaktisches Modell) eine Anpassung des Liefertermins notwendig sein kann.

Arbeitspakete

Es hat sich als günstig erwiesen und ist bei zunehmend mehr Antragstellungen vorgeschrieben, Arbeitspakete und Meilensteine zu definieren. Ein Arbeitspaket sollte jeweils durch eine abgrenzbare Teilaufgabe der Entwicklung beschreibbar sein. Ein Beispiel:

Abb. 3.5: *Beispiel für ein Arbeitspaket*

> **Arbeitspaket 5.1**
> Auffinden und Beschreiben von „Pedagogical Design Patterns" zum kooperativen Lernen
>
> - *Vorgehen:*
>   Analyse von E-Learning-Produkten
>   Identifikation von Patterns (mindestens dreifaches Vorkommen)
>   Beschreibung der Patterns anhand des vorgegebenen Schemas
>   Projektinterne Präsentation und Diskussion der Patterns
>   Vorbereitung einer Präsentation der Patterns bei internationalem Workshop
>
> - *Meilenstein:*
>   Präsentation der Patterns

Meilensteine

Für die spätere Überwachung und Steuerung der Einhaltung der Zeitplanung werden Meilensteine definiert. Dies sind Zeitpunkte, zu denen bestimmte Teilaufgaben (meist ein oder mehrere Arbeitspakete) abgeschlossen sind. In der Regel ist es sinnvoll, mit jedem Meilenstein ein „Produkt" zu verknüpfen, das zum entsprechenden Zeitpunkt vorliegen muss. Beispiele hierfür sind

- Kompletter Budgetplan
- Storyboard
- Grafische Bedienelemente als gif-Dateien

- Benötigte Musik in Form von wav-Dateien
- Videosequenzen in digitalisierter Form
- Beta-Version des Programms
- Evaluationsfragebögen

Für die Schätzung des Zeitbedarfs bis zur Lieferung des fertigen multimedialen Lernsystems (Entwicklungsdauer) genügt es nicht, den Zeitbedarf aller Arbeitspakete zu addieren. Einige Arbeitspakete können von unterschiedlichen Personen parallel bearbeitet werden, andere können erst beginnen, wenn bestimmte Aufgaben abgeschlossen sind. Zur Aufstellung und Darstellung eines entsprechenden Projektplans sowie zur späteren Überwachung der Einhaltung des Plans lohnt es sich, auf bewährte Methoden des Projektmanagements zurückzugreifen. Sehr hilfreich ist der Einsatz einer geeigneten Software (z. B. MS Project).

Projektplanung

3.6.4
Kostenanalyse

Wie in vielen anderen Domänen machen auch bei der Entwicklung von E-Learning-Angeboten die Personalkosten meist den Löwenanteil aus. Die wichtigsten Kostenarten in diesem Zusammenhang sind die folgenden (vgl. Morrison et al., 2001, S. 283 ff.):

- *Personalkosten der Entwicklung im engeren Sinn:* Anzusetzen ist die aufgewendete Arbeitszeit für das jeweilige Projekt und ein Stundensatz, bei dem die gesamten Personalkosten (einschließlich bezahltem Urlaub, durchschnittliche Fehlzeiten durch Krankheit, Sozialleistungen usw.) berücksichtigt sind. Auch die Zeit für die Projektakquisition und für Präsentationen muss zumindest in die interne Kalkulation eingehen

- *Personalkosten der Projektleitung:* Sofern die Projektleitung nicht in Personalunion von einem an der Entwicklung im engeren Sinn beteiligten Mitarbeiter übernommen wurde, müssen die Gehälter der Personen, die an der Projektleitung beteiligt sind, anteilig in die Kalkulation einbezogen werden

- *Personalkosten Verwaltung:* Wenn Assistenzkräfte (Sekretariat, Buchhaltung usw.) im Rahmen des Entwicklungsprojektes beschäftigt werden, müssen auch deren Löhne bzw. Gehälter anteilig berücksichtigt werden

- *Honorare* für freie Mitarbeiter auf der Basis der aufgewendeten Zeit oder auf Werkvertragsbasis

Kostenarten

- Die eingesetzte Hardware und spezielle Ausrüstung (Abschreibung, evtl. anteilig)
- Die eingesetzte Software (Abschreibung oder Lizenzen, evtl. anteilig).
- Rechte und Lizenzen für Bilder, Grafiken, Musik, eventuell für zitierte oder anderweitig verwendete Texte, Filme, Software
- Dienstleistungen (Fotolabor, Tonstudio usw.)
- Telekommunikationskosten (Telefon, Fax, Internet)
- Fahrtkosten und Spesen
- Spezielle Büroausstattung
- Büromiete, -reinigung (anteilig)
- Sonstige Mieten (z. B. Räume für Filmaufnahmen)
- Energiekosten (anteilig)
- Versicherungen (evtl. anteilig)
- Büro- und Verbrauchsmaterial
- Reparaturen
- Sonstiges

Ob weitere Gemeinkosten zu berücksichtigen sind, hängt vom Kostenrechnungssystem des jeweiligen Unternehmens ab. Eine gute Projektmanagement-Software unterstützt auch bei der Kalkulation der Projektkosten und hilft, diese später zu überwachen.

3.7
Analyse des Einsatzkontexts

Einsatzmöglichkeiten des Produktes

Wenn der spätere Einsatzkontext zum Zeitpunkt der Konzeption eines medialen Lernangebots bereits feststeht, werden für das Instruktionsdesign bestimmte Informationen benötigt:

- Wo soll später mit dem Programm gelernt werden? Zuhause? Am Arbeitsplatz? Im Lernstudio? Während eines Seminars mit Beratung durch Dozenten? Wie realistisch ist es, dass z. B. Lernen am Arbeitsplatz möglich ist?
- Ist ein Einsatz im Ausland vorgesehen? Soll das Lernangebot in mehreren Sprachen entwickelt werden? Welche kulturellen Besonderheiten sind gegebenenfalls zu berücksichtigen (Beispiele, Übungsaufgaben, Abbildungen, Symbole)?

- Hat jeder Lerner ein eigenes Terminal zur Verfügung? Sind die Arbeitsplätze so beschaffen, dass längere Texte intensiv gelesen werden können?
- Welche technischen Möglichkeiten können genutzt werden? Audio? Teletutoring? Teleconferencing? Ausdrucken längerer Texte? Ist Audio- bzw. Videostreaming in hinreichender Qualität möglich (setzt entsprechende Bandbreite voraus)? Gibt es digitales Business-Fernsehen?
- Welche sonstigen Medien stehen zur Verfügung? Literatur? Video-/DVD-Abspielgeräte?
- Können Arbeits- bzw. Lerngruppen gebildet werden? Gibt es separate Plätze, an denen Lerngruppen diskutieren und arbeiten können?

Neben Fragen, die auf die Verfügbarkeit von zum Teil sehr spezieller neuester Technik zielen, gilt es aber stets, auch die generellen Umgebungsbedingungen der Lernplätze zu erkunden: Dazu gehören Merkmale wie Lärm, (mangelndes) Licht, Temperatur, Sitzgelegenheiten und Versorgung der Lernenden.

Bei Produkten, die nicht speziell für ein Unternehmen entwickelt werden, lässt sich die Ausstattung der Arbeitsplätze natürlich nicht genau bestimmen. Wichtig ist es hier, Informationen über die durchschnittliche Ausstattung von PCs in den Haushalten zu haben.

4 Grundsatzentscheidungen: Welche didaktische Orientierung?

4.1 Designentscheidungen

Zu Beginn der Konzeption eines E-Learning-Angebots stehen mehrere grundsätzliche Alternativen zur Wahl:

1. Man entscheidet sich gegen jegliches Instruktionsdesign, entweder weil man an die eine wahre Lehrmethode glaubt oder weil man lieber „bastelt". Eine solche Entscheidung muss nicht weiter kommentiert werden.

2. Man wählt eines der verfügbaren Instruktionsdesign-Modelle und setzt sein E-Learning-Projekt mehr oder weniger flexibel im Sinne der gegebenen Empfehlungen um. Das kann durchaus sinnvoll sein, entweder für Anfänger oder bei bestimmten Aufgabenstellungen. Wenn es um die Unterweisung in der Bedienung oder Wartung von Maschinen geht, kann Merrills ITT-Modell (s. Kap. 2) durchaus eine sehr gute Lösung sein. Wenn es um das problembasierte Training komplexer kognitiver Fähigkeiten geht, dürfte es keine bessere Entscheidung geben als eine Orientierung an van Merriënboers Vier-Komponenten-Modell (s. Kap. 2).

3. Man möchte wissenschaftlich fundierte Designentscheidungen treffen, ohne sich jedoch auf ein bestimmtes ID-Modell festzulegen. Warum nicht jeweils, d. h. bei jeder Designentscheidung, aus allen Alternativen wählen?

Alternativen

Tatsächlich ist gegen diese dritte Möglichkeit wenig einzuwenden, wenn klar ist, auf welchen Grundlagen die Entscheidung jeweils getroffen wird und auf welche lernrelevante „Merkmalsdimension" sich die jeweilige Festlegung bezieht.

Molz et al. (i. Dr.) haben unterschiedliche ID-Modelle aus lern- und kognitionstheoretischer Perspektive analysiert und versucht, eine möglichst geringe Zahl weitgehend unabhängiger Dimensionen zu finden. Wir unterscheiden hier sieben Dimensionen:

Sieben weitgehend unabhängige Dimensionen: Didaktische Designentscheidungen – erste Ebene

1. *Organisation der Informationsdarbietung:* die Pole der Ausprägung bewegen sich zwischen „kanonischer" Darstellung (an einer gängigen Systematik der entsprechenden Fachdisziplin oder der Phänomenologie des Gegenstandes orientiert) und „problembasierter" Darstellung

2. *Abstraktionsniveau:* zwischen völlig „dekontextualisierter" (abstrakt) und ganz in einen bestimmten Kontext eingebetteter „situativer" Informationspräsentation

3. *Wissensanwendung:* zwischen reiner Erklärung durch einen Lehrenden oder ein Medium und bloßer Rezeption und aktiver Anwendung auf Seiten der Lernenden

4. *Steuerungsinstanz (locus of control):* zwischen weitestgehend externaler (fremder) Regulierung des Lernprozesses und nahezu ausschließlicher Eigensteuerung

5. *Kommunikationsrichtung:* zwischen reiner Ein-Weg- und permanenter Zwei-Weg-Kommunikation

6. *Art der Lerneraktivitäten:* zwischen rein rezeptivem Verhalten und nahezu ständigen Aktivitäten der Lernenden

7. *Sozialform des Lernens:* zwischen individuellen, sozial isoliertem Lernen und kollaborativem bzw. kooperativem Lernen

Es gibt aktuell weder empirisch noch theoretisch fundierte Aussagen, die es erlauben würden, eine bestimmte Ausprägung einer dieser Dimensionen generell, d. h. unter allen Bedingungen, als ineffektiv oder als besonders effektiv (lernwirksam) zu qualifizieren. Gäbe es bei jeder dieser Dimensionen genau zwei Ausprägungen, so hätte man bereits 128 verschiedene Konstellationen, von denen eine gewählt werden muss.

Strategisch didaktische Entscheidungen

Wir bezeichnen diese Entscheidungen als strategische didaktische Entscheidungen, weil damit Entscheidungen über die Ausprägungen anderer Variablenkomplexe auf nachgeordneten Ebenen festgelegt werden: Wenn z. B. bei Dimension 1 die Entscheidung für eine eher problembasierte Darbietung gefallen ist, so stehen auf der nächsten Ebene teilweise andere Entscheidungen an, als wenn man sich für eine kanonische Darstellung entschieden hätte.

Analog haben die Entscheidungen der nächsttieferen Ebene teilweise Einfluss auf die Art der Entscheidungen, die auf der dritten Ebene zu treffen sind.

Unterhalb der Ebene der didaktischen Grundsatzentscheidungen sind Designentscheidungen in folgenden Problemfeldern zu treffen:

Didaktische Designentscheidungen – zweite Ebene

1. Strukturierung des Lehrstoffs (Auswahl, Segmentierung, Sequenzierung)
2. Zu verwendende Symbolsysteme (Codes): Schriftliche oder gesprochene Texte, Abbilder und Grafiken, Animationen, Musik, Video usw.
3. Spezifische pädagogische „Methoden" (soweit nicht durch Grundsatzentscheidungen bereits festgelegt), z. B. die Puzzle-Methode bei kooperativem Lernen
4. Technische Basis
5. Interaktions- und Adaptationsdesign
6. Motivationsdesign

Auf der dritten Ebene sind schließlich Gestaltungsentscheidungen im engeren Sinn zu treffen. Die Entscheidung für die Vermittlung von Informationen durch schriftliche Texte erfordert z. B. die Lösung einer Reihe von Layoutproblemen, die Entscheidung für kollaboratives Lernen verlangt andere methodische Entscheidungen als eine Entscheidung für individuelles Lernen erfordert hätte. Die (nachgeordnete) Entscheidung, Videosequenzen einzusetzen, erzwingt Entscheidungen zur Filmgestaltung (u. a. Länge, Schnitte, Casting, Musik).

Didaktische Designentscheidungen – dritte Ebene

1. Layout
2. Stilistisch-ästhetische Aspekte
3. Softwareergonomische Aspekte
4. Beachtung rechtlicher und ethischer Normen (Rechte, Barrierefreiheit, Unterlassung von Diskriminierungen u. Ä.)

Einigen Entscheidungsfeldern sind eigene Kapitel gewidmet (s. Kap. 6: Segmentierung und Sequenzierung; Kap. 7: Interaktivität und Adaptativität; Kap. 11: Gestaltung von Text und Bild usw.).

Die Zuordnung der Entscheidungsfelder zu drei Ebenen (Abb. 4.1) ist lediglich heuristisch zu verstehen. Tatsächlich gibt es auch Beziehungen zwischen Designentscheidungen „quer" zu der hier dargestellten Ebenenhierarchie.

Beschränken wir uns zunächst auf die beiden oberen Entscheidungsebenen. Die maßgebliche Frage lautet hier: Anhand welcher

Abb. 4.1: Drei Entscheidungsebenen des Instruktionsdesigns

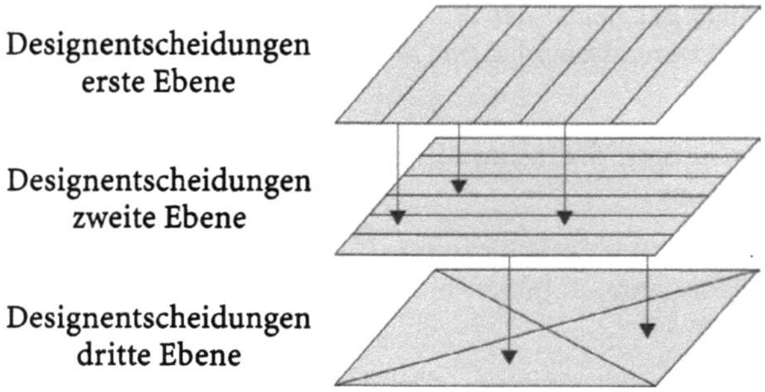

Designentscheidungen erste Ebene

Designentscheidungen zweite Ebene

Designentscheidungen dritte Ebene

Kriterien können die anstehenden Entscheidungen jeweils rational getroffen werden?

Kriterien entwickeln

Aus den Ergebnissen der Analysen (s. Kap. 3) alleine lassen sich noch keine Kriterien herleiten. Zusätzlich benötigt werden Aussagen, die Verbindungen herstellen zwischen den Lehrzielen und den gegebenen Rahmenbedingungen einerseits und geeigneten Entscheidungsalternativen andererseits. Diesen Aussagen müssen theoretisch fundierte Annahmen über mentale Operationen zugrunde liegen, die (a) mit einer gewissen Wahrscheinlichkeit durch die Art der Informationsdarbietung und die angeregten Lerneraktivitäten „in Gang gesetzt" werden und (b) äebenfalls mit einer gewissen Wahrscheinlichkeit Wissensstrukturen generieren, die den Zielvorstellungen nahe kommen.

Wir nehmen an, dass diesen Anforderungen am ehesten ein ID-Ansatz gerecht wird, den Oser, Patry und Mitarbeiter in den neunziger Jahren in Fribourg (Schweiz) entwickelt haben (Oser & Baeriswyl, 2001; Oser & Patry, 1990, 1994; Oser et al., 1997). Dabei spielte E-Learning zwar keine Rolle, der Ansatz versteht sich jedoch ohnehin als offen für unterschiedliche methodische und mediale Instruktionskonzeptionen.

Wegen seiner überragenden Bedeutung wird der Ansatz im Folgenden etwas ausführlicher dargestellt.

4.2
Didaktische Basismodelle als Kriterien für Designentscheidungen

„Choreografie des Unterrichts"

Der Ansatz orientiert sich am Bild einer „Choreografie des Unterrichts", bei der (in Analogie zu einer Tanzschrittfolge, die an Metrik und Rhythmik der Musik gekoppelt ist) eine feste Abfolge notwendiger Lernschritte mit einer Freiheit der Methodenauswahl seitens des Lehrenden (ähnlich der künstlerischen Freiheit der Choreografen bei der Nutzung des Bühnenraums) verbunden ist. Die notwendigen Lernschritte werden in den Tiefen- und Basisstrukturen von Lernprozessen abgebildet, die methodische Vorgehensweise der Lehrenden bzw. Instruktionsdesigner spiegelt sich in der Sicht- und Oberflächenstruktur der Instruktion wider: Sofern die Schrittfolge des jeweiligen Basismodells strikt eingehalten wird, spielt es für die Vorhersage des Lernerfolgs keine Rolle, ob Präsenzunterricht gehalten oder eine multimediale Lernumgebung angeboten wird, ob direkte Instruktion die Methode der Wahl ist oder kooperatives Lernen.

4.2.1
Tiefen- und Basisstrukturen von Lernprozessen

Der Ansatz der Basismodelle ist an Piaget[1] und Aebli (1980, 1981, 1983, 1987) orientiert, allerdings wird eine schärfere Trennung von „Lehren" und „Lernen" zugrunde gelegt.

Orientiert an Piaget und Aebli

> „Die Basisstruktur besteht aus einer für jeden Lernenden absolut notwendigen, feststehenden Kette von Operationen, die nicht durch etwas anderes ersetzt werden kann. Der ganzheitliche Charakter dieser jeweiligen Kette wird bestimmt durch lernpsychologische Gesetzmäßigkeiten einerseits und durch den Typ des Ziels bzw. die Inhalte andererseits" (Oser & Patry, 1990, S. 3).

Der Begriff des Lernzieltyps meint hier völlig unterschiedliche Qualitäten des Lernens in Abhängigkeit von spezifischen Lernprozessen, wobei wie in keinem anderen Instruktionsdesign-Modell kognitive und nicht kognitive Zieltypen des Lernens umfassend und gleichberechtigt vertreten sind. Der Begriff des „Lernzieltyps" ist nicht gleichzusetzen mit einem Begriff von formal mit einem Inhalts- und Verhaltensteil versehen Lernzielen, wie er beispielsweise im hierarchischen Konzept von Fein-, Grob- und Richtziel oder in den bekannten Lernzieltaxonomien zu finden ist. Tabelle 4.1 zeigt die von Oser vorgeschlagenen Basismodelle und die dazugehörigen Zieltypen des Lernens mit ihren notwendigen Merkmalen (vgl. Oser & Baeriswyl, 2001).

Lernzieltyp

---

[1] Die Autoren beziehen sich auf das umfassende Gesamtwerk Piagets. Als Zugang zu Piaget empfehlen sie Piaget (1996).

Tabelle 4.1: Basismodelle und Zieltypen (verändert nach Elsässer, 2000)

Nummer und Name des Basismodells		Zieltyp des Lernens	Notwendige Merkmale
1a	Lernen durch Eigenerfahrung	Aneignung von Erfahrungswissen	Unmittelbarer Lebensbezug
1b	Entdeckendes Lernen	Aneignung durch Suchprozesse im Lebensumfeld, generalisierendes Lernen	Unmittelbarer Lebensbezug
2	Entwicklungsförderndes/strukturveränderndes Lernen	Transformation von Tiefenstrukturen (z. B. moralisches Urteil)	Disäquilibrationsvorgänge
3	Problemlösen (entdeckendes Lernen)	Lernen durch Versuch und Irrtum	Hypothesenbildung, Hypothesentestung
4a	Begriffsbildung	Aufbau von memorisierbaren Fakten, von zu verstehenden Sachverhalten	Lehrgänge, Benennung von Einzelaspekten, Begriffshierarchien
4b	Konzeptbildung	Aufbau von vernetztem Wissen	Größere Sach- und Fachzusammenhänge, Analogiebildung
5	Betrachtendes Lernen	Meditative Versenkung	Innerer Nachvollzug ontologischer und schicksalhafter, religiöser u. a. Wirklichkeiten
6	Lernen von Strategien	Lernen lernen (Metalernen)	Lern-Erleichterung durch formale innere Strukturierung des eigenen Lernens, Reflexion über eigenes Lernen
7	Routinebildung und Training von Fertigkeiten	Automatisierung	Hohe Übungsfrequenz und Wiederholung, Entlastung des Bewusstseins
8	Motilitätsmodell	Transformation affektiver Erregung (z. B. Ergriffenheit)	Schöpferisches Verarbeiten von Erlebnissen, musische Expressivität
9	Aufbau dynamischer Sozialbeziehungen	Bindungsentwicklung durch sozialen Verhaltensaustausch	Prosoziales Handeln, Gruppenleben, Diskursverhalten, Freundschaftsentwicklung
10	Wert- und Identitätsaufbau	Wertwandel, Wertklärung, Wertschaffung	Wertkonstitution durch Partizipation
11	Hypertext-Lernen	Konstruktion und Erstellung von eigenständigen Vernetzungen (deduktiv-induktiv gemischtes Vorgehen)	Neuordnen und Bewerten von Informationseinheiten, Spiel mit Übersichten
12	Verhandeln lernen	Herstellen von Konsens in verschiedenen Situationen des Lebens	Aushandeln als Bedürfnisausgleich, Techniken der guten Übereinstimmung

4.2.2
Sicht- und Oberflächenstrukturen der Instruktion

Die zweite Ebene des Modells, die Sicht- oder Oberflächenstrukturen, spiegeln die Handlungsalternativen eines Lehrers bzw. die Gestaltungsmöglichkeiten einer E-Learning-Umgebung wider: Handlungsmuster des Unterrichts, Sozialformen, Unterrichtsschritte, Medien- und Methodeneinsatz etc. Die Kreativität der Handlungen und Entscheidungen in diesem Gegenstandsbereich wird ausdrücklich durch das vorliegende Modell nicht eingeschränkt, außer dass den Anforderungen der relevanten Basismodelle Rechnung getragen werden muss.

Entscheidungsalternativen

Im Kontext traditioneller Didaktik bedeutet Lehren die Organisation von Lernprozessen, d.h. das Zusammenstellen einer zeitlichen Abfolge von unterscheidbaren Lernphasen. Die daraus resultierenden Muster werden „Artikulationsschemata" genannt, die jeweils verallgemeinerbare Prozessverläufe des Lernens darstellen (vgl. dazu z.B. Grell & Grell, 1990). Klassische Unterrichtsplanung verläuft in einem Spannungsverhältnis zwischen dem Streben nach einer schematischen „Unterrichtsrezeptur" einerseits und einer oft wenig zufrieden stellenden kreativen Planungsoffenheit andererseits. Im vorliegenden Ansatz werden dem angestrebten Zieltyp des Lernens jeweils Sichtstrukturen (vgl. Tabelle 4.2) zugeordnet, die auf die jeweiligen Lernprozesse zugeschnitten sind.

Artikulationsschemata

Oser & Baeriswyl (2001) verdeutlichen anhand zweier unterschiedlicher Sichtstrukturen, wie verschiedene methodische Vorgehensweisen zweier Lehrender auf derselben Handlungskette eines Basismodells – hier des Basismodells 4: Begriffsbildung/Konzeptbildung – aufsetzen (s. Abb. 4.2). Wie die Handlungsketten zu verschiedenen Basismodellen aussehen können, wird im nächsten Abschnitt anhand konkreter Beispiele erklärt.

Gleiches Basismodell – unterschiedliche Sichtstrukturen

4.2.3
Die einzelnen Basismodelle

Die bereits in Abschnitt 4.2.1 angesprochenen „notwendigen, feststehenden Ketten von Operationen" (Oser & Patry, 1990, S. 3) bilden den Kern der Basismodelle. Diese Ketten legen nicht, obwohl der Gedanke nahe liegt, eine bestimmte methodische Vorgehensweise seitens des Instruierenden fest. Es handelt sich also nicht um unterrichtliche Lehrschritte, sondern um notwendige Handlungen resp. mentale Operationen des Lernenden im angestrebten Lernprozess. Die folgenden Beispiele (s. dazu Elsässer, 2000; Wagner,

Mentale Operationsketten

Tabelle 4.2: Basismodelle und Schichtstrukturen (verändert nach Elsässer, 2000)

Nummer und Name des Basismodells		Zieltyp des Lernens	Beispiel einer Schichtstruktur
1a	Lernen durch Eigenerfahrung	Aneignung von Erfahrungswissen	Betriebspraktikum
1b	Entdeckendes Lernen	Aneignung durch Suchprozesse im Lebensumfeld, generalisierendes Lernen	„(Wieder-)Entdeckung" physikalischer Prinzipien in einer interaktiven Lernumgebung
2	Entwicklungsförderndes/strukturveränderndes Lernen	Transformation von Tiefenstrukturen (z. B. moralisches Urteil)	Kontroverse Dilemmadiskussionen, z. B. in einem Forum
3	Problemlösen (entdeckendes Lernen)	Lernen durch Versuch und Irrtum	Multimediales Fallbeispiel, z. B. in der Medizinerausbildung
4a	Begriffsbildung	Aufbau von memorisierbaren Fakten, von zu verstehenden Sachverhalten	Lesen und Durcharbeiten von Lehrtexten mit Selbsttests, multimediale Bestimmungsübungen in Biologie
4b	Konzeptbildung	Aufbau von vernetztem Wissen	Entwicklung von geschichtskritischem Denken durch videobasierte historische Darstellungen und angeleitetes kooperatives Lernen
5	Betrachtendes Lernen	Meditative Versenkung	Stille-Übungen, geführte Bildmeditation, Verwendung von Metaphern- und Symbolsprachen
6	Lernen von Strategien	Lernen lernen (Metalernen)	Textverarbeitungsstrategien, Behaltensstrategien, Problemlösen
7	Routinebildung und Training von Fertigkeiten	Automatisierung	Auto fahren lernen, Einmaleins lernen, Umgang mit einer Anwendersoftware
8	Motilitätsmodell	Transformation affektiver Erregung (z. B. Ergriffenheit)	Gestalterisches Zeichnen, Musizieren, „Dichten" etc.
9	Aufbau dynamischer Sozialbeziehungen	Bindungsentwicklung durch sozialen Verhaltensaustausch	Kooperatives Lernen, partnerschaftliches Lernen, helfendes Handeln u. Ä.
10	Wert- und Identitätsaufbau	Wertwandel, Wertklärung, Wertschaffung	Just-Community-Sitzung, Klassenversammlung, Gestaltung des Schullebens
11	Hypertext-Lernen	Konstruktion und Erstellung von eigenständigen Vernetzungen (deduktiv-induktiv gemischtes Vorgehen)	Zeitung lesen, Arbeiten am Computer, Shared Knowledge, Guided Tours etc.
12	Verhandeln lernen	Herstellen von Konsens in verschiedenen Situationen des Lebens	Ökonomische, rechtliche Verhandlungsübungen, Verhandeln mit Sammelgegenständen (z. B. Briefmarken)

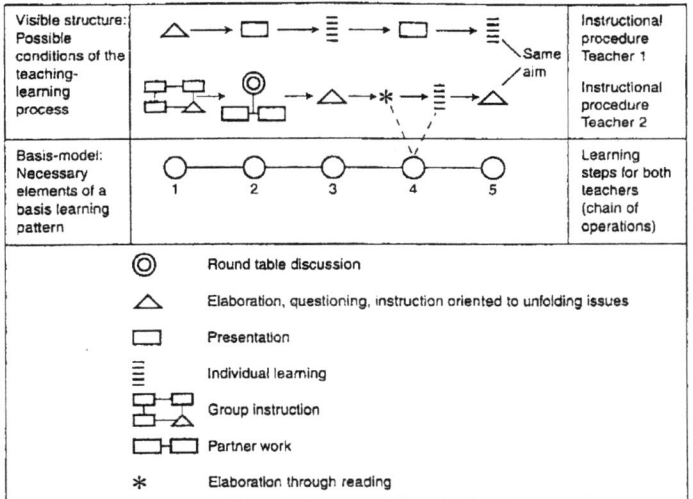

Abb. 4.2: Ein Basismodell – zwei Sichtstrukturen (verändert nach Oser & Baeriswyl, 2001)

1999) demonstrieren die Operationalisierung der den Basismodellen zugrunde gelegten Lernzieltypen. Die Auswahl ist willkürlich und soll den breiten Spielraum der Basismodelle verdeutlichen.

	Lernen durch Eigenerfahrung/Entdeckendes Lernen (Basismodell 1a/1b)
1.	Inneres Vorstellen des Handelns im Kontext (Vorbereitung, Ablaufplanung, Ermittlung)
2.	Handeln im Kontext (Herstellen, Verändern, Experimentieren, Suchen, Ordnen etc.)
3.	Erste Ausdifferenzierung durch Reflexion von Weg, Ziel und Sinn der Handlung
4.	Generalisierung des Ausdifferenzierungsergebnisses
5.	Übertragung der Lernkonsequenzen auf größere Zusammenhänge, Einstieg in die symbolische Repräsentation

Tabelle 4.3: Basismodell 1

Dieses Basismodell ist mit folgenden Begriffen verknüpft: erfahrungsbezogener Unterricht, Handlungsorientierung und praktisches Lernen, Ganzheitlichkeit. Ein Beispiel, das diese Handlungskette verdeutlichen kann, ist das Konstruieren elektrohydraulischer Schaltungen anhand einfacher Aufgabenstellungen:

Beispiel zum Basismodell 1

1. Die Lernenden stellen sich zunächst innerlich vor, wie sie überhaupt vorgehen wollen. Sie haben eine multimediale Lernumgebung zur Verfügung, die alle Informationen bis hin zu modellhaften Lösungsvideos bietet, und können ihre Lösungen mittels einer Simulation am Computer nachprüfen und mit Hilfe von Bauelementen konstruieren und auf ihre Funktion hin testen. Es gibt sichtbare Planungs- und Vorbereitungsarbeiten, z. B. werden Lerntandems zusammengestellt und die zur Verfügung stehende Zeit sowie der Umgang mit Computer und Konstruktionselementen geklärt.

2. Die Lernpaare finden zusammen, Aufgaben werden verteilt, erste Ideen und Lösungsansätze gesucht. Die Vorstellungen werden am Computer und in der tatsächlichen Konstruktion konkret umgesetzt, die Lernenden erhalten Feedback zu den Konstruktionsvorstellungen und deren Weiterentwicklung. Es werden Fehler gemacht, Alternativen müssen gefunden werden. Die in den Aufgaben gesuchten Schaltkreise werden realisiert.

3. Es folgt eine Phase der Nachbereitung, der Besprechung des Erlebten und Erarbeiteten. Die Lernenden diskutieren im Forum über unterschiedliche Vorgehensweisen und deren Angemessenheit im Hinblick auf die gestellte Aufgabe usw. Dem Erfahrungswissen wird eine erste Struktur gegeben.

4. Die Ergebnisse dieser ersten Ausdifferenzierung sollen nun generalisiert werden, d. h., die Erfahrungen sollen von der speziellen Situation der durchgeführten Handlung unabhängig gemacht werden. Die Lernenden besichtigen z. B. Produktionsmaschinen in der metallverarbeitenden Industrie, die analog ihrer vorher erarbeiteten Lösungsvorschläge funktionieren. Eine solche Generalisierung kann auch medial anhand von Bild- und Videomaterial erfolgen.

5. Nach diesen Schritten sollten die Voraussetzungen in der kognitiven Struktur der Lernenden gegeben sein, auch größere Zusammenhänge zu erkennen (symbolische Repräsentation). Die Lernenden sollten in der Lage sein zu verbalisieren, wie elektrohydraulische Funktionsprinzipien in der modernen Industrie Anwendung finden.

Basismodell 3 (s. Tabelle 4.4) ist verwandt mit Basismodell 1, aber komplexer. Problemlösende Instruktion zielt darauf ab, zunächst kontextgebundenes Wissen und Fähigkeiten mit einem konditionalen Bezug zur Anwendungssituation aufzubauen. Eine Möglichkeit zum Fördern problemlösenden Denkens soll in einem Beispiel zur Behandlung der Fallgesetze verdeutlicht werden.

	Problemlösen (Basismodell 3)
1.	Die Lernenden entdecken ein Hier-und-Jetzt-Problem in ihrem Erfahrungsbereich, oder es wird ein Problem vermittelt, z. B. basierend auf Diskrepanzerlebnissen zwischen Erwartung und Erfahrung (Problemgenerierung)
2.	Formulieren des Problems, bestehend aus den Ausgangsbedingungen und einem anzustrebenden Ziel; Mittel (Lösungswege) sind unbekannt (Problemformulierung, möglichst exakt)
3.	Die Lernenden machen einen Lösungsvorschlag, eventuell mehrere unterschiedliche Vorschläge (Variation)
4.	Prüfung, ob die vorgeschlagenen Lösungswege bei den Ausgangsbedingungen zielführend sind (Lösungswege testen, Selektion); wenn kein Lösungsweg zielführend ist: zurück zu Schritt 3. Wenn ein Lösungsweg oder mehrere Lösungswege zufrieden stellend zielführend ist oder sind, diese/n festhalten (Retention)
5.	Anwendung des Lösungswegs auf neue Probleme des gleichen Typs, Analyse der Übertragbarkeit oder Verallgemeinerung des gewählten Lösungswegs, abstrakte Verallgemeinerung etc. (Vernetzung, Transfer etc. ermöglichen)

Tabelle 4.4: Basismodell 3

1. In einem Videoausschnitt wird ein Astronaut gezeigt, der auf dem Mond einen Hammer und ein Stück Papier fallen lässt. Der Lernende stellt eine Vermutung auf, welcher Gegenstand wohl zuerst die Mondoberfläche erreichen wird. Davon ausgehend können Fragen generiert werden wie: Gibt es Unterschiede zwischen Mond und Erde? Wie geht der Versuch wohl auf der Erde aus? Per Video wird gezeigt, dass beide Gegenstände zu gleicher Zeit den Boden erreichen (Diskrepanzerlebnis zwischen dieser Beobachtung und der eigenen Erfahrung).

2. Die Formulierung des Problems könnte lauten: Warum treffen schwere und leichte Gegenstände auf dem Mond zur selben Zeit auf die Oberfläche und auf der Erde nicht? Welche Unterschiede zwischen Mond und Erde sind dafür verantwortlich?

3. Lernende bringen vor dem Hintergrund ihres Vorwissens vielleicht die fehlende Atmosphäre ins Spiel oder geben auch ein falsches Konzept von Schwerelosigkeit an (Verwunderung, warum die Astronauten nicht durch den Raum schweben). Möglicherweise kommen sie auch auf die geringere Gravitationskraft zu sprechen.

Beispiel zu Basismodell 3

4. Der Versuch kann nun real unter den Bedingungen auf der Erde oder durch Simulation am Computer durchgeführt werden. Der Versuch kann variiert werden etwa durch die Verwendung verschiedener Gegenstände von unterschiedlicher Masse und Volumen. Oder der Lernende erhält in der Experimentierumgebung Gelegenheit, das Ausgangsexperiment nachzuvollziehen.

5. Durch die Variationsmöglichkeit von Größe und Oberflächenbeschaffenheit bei gleichen Massen kann der Lernende durch vergleichende Versuchsbedingungen in der Atmosphäre und im Vakuum erkennen, dass die Masse keine Berücksichtigung in den Fallgesetzen findet. Jetzt kann das Gravitationsgesetz auf einer symbolischen Ebene durch eine Formel eingeführt werden.

Wissensaufbau im Sinne von Begriffsbildung bzw. im Sinne von Konzeptbildung lässt sich nicht derart scharf abgrenzen, dass die Formulierung von zwei Basismodellen gerechtfertigt wäre: Der Aufbau deklarativen Wissens bedeutet den Aufbau und die Ausdifferenzierung von Wissensstrukturen, wobei die einzelnen Begriffselemente ebenso wichtig sind wie ihre Beziehungen untereinander. Als Beispiel sei im Folgenden die Einführung des Begriffes „Umsatzsteuer" dargestellt: Die Sichtstruktur lässt die Option Präsenzunterricht oder E-Learning gleichermaßen offen.

Beispiel zu Basismodell 4

1. Lernende erhalten eine Rechnung, in der keine Umsatzsteuer ausgewiesen ist. Der dargestellte Geschäftsvorfall, der dem Lernenden in den Grundzügen bereits bekannt ist, wird in Form und Inhalt beschrieben.

2. Eine zweite beispielhafte Rechnung wird vorgestellt, in der der ermäßigte Steuersatz Anwendung findet. Danach wird anhand einer dritten Beispielrechnung der normale Steuersatz und dessen Verbuchung verdeutlicht.

3. Anhand einer Aufgabenstellung soll der Lernende (gemeinsam mit dem Lehrenden oder geführt in einem Lernprogramm beispielsweise, anhand eines ausgearbeiteten Lösungsbeispiels) die Verbuchung der Umsatzsteuer bei Ausgangsrechnungen vornehmen. Der Kontotyp Umsatzsteuer wird erklärt und in Beziehung mit bereits bekannten Konten gebracht. In einem zweiten Schritt wird die Verbuchung der Umsatzsteuer bei Eingangsrechnungen erarbeitet; der Begriff der Vorsteuer wird eingeführt. Analog werden im Folgenden anhand von Aufgabenrechnungen die Begriffe Zahllast bzw. Vorsteuerüberhang erläutert und deren buchungstechnische Ermittlung dargestellt.

Tabelle 4.5: Basismodell 4

	Begriffsbildung/Konzeptbildung (Basismodell 4a/4b)
a1.	Direkte oder indirekte Bewusstmachung der bereits bestehenden, für die weitere Arbeit notwendigen Kenntnisse oder Erfahrungen (Aktualisierung des Bekannten)
b1.	Direkte oder indirekte Bewusstmachung der bereits bestehenden, für die weitere Arbeit notwendigen Kenntnisse (Konzepte), evtl. auch der entsprechenden Erfahrungen (Aktualisierung des Bekannten)
a2.	Vorstellen und Durcharbeiten eines Prototyps, d. h. eines Musterbeispiels des Begriffs, in dem alle wesentlichen Merkmale oder Elemente des Begriffs enthalten sind
b2.	Vorstellen und Durcharbeiten eines Prototyps, d. h. eines Beispiels, in dem das Konzept ganzheitlich enthalten ist
a3.	Darstellen bzw. Erarbeiten der neuen Merkmale oder Elemente des Begriffs, die im Prototyp enthalten sind (explizite Darstellung oder Erarbeitung des zu Lernenden)
b3.	Darstellen bzw. Erarbeiten der wesentlichen Prinzipien und Grundsätze des Konzepts (explizite Darstellung bzw. Erarbeitung des zu Lernenden)
a4.	Aktiver Umgang mit dem neuen Begriff (Anwendung): Zu anderen, bereits bekannten Begriffen in Beziehung setzen (Ober- und Unterbegriffe, andere Begriffe aus dem gleichen Bereich etc.) und zu Beispielen auf verschiedenen Repräsentationsebenen (handelnder Umgang mit dem Begriff)
b4.	Aktiver Umgang mit dem neuen Konzept (Anwendung, Synthese, Analyse): Zu anderen bereits bekannten Konzepten, Begriffen und Beispielen in Beziehung setzen
a5.	Anwendung des neuen Begriffs in anderen Bereichen und Analyse/Synthese ähnlicher oder verwandter Begriffe (Vernetzung)
b5.	Kombination verschiedener Konzepte zu größeren Einheiten (Systemen)

4. Die Lernenden machen sich mit den erlernten Begriffen vertraut, indem sie ihnen bereits bekannte Geschäftsvorfälle um die Berechnung der Umsatzsteuer erweitern.

5. Abschließend wird ein kompletter Geschäftsvorfall mit gemischten Buchungssätzen auf Konten verbucht (inkl. Eröffnungs- und Schlussbilanzierung).

Tabelle 4.6: Basismodell 6

Lernen von Strategien (nach Sarasin, 1995) (Basismodell 6)	
1.	Direkte oder indirekte Bewusstmachung jener bisher erworbenen Strukturen, die eine Disäquilibration begünstigen (positive emotionale Besetzung)
2.	Perzeption der Strategie als solcher (Elemente, Verkettung, Effekt)
3.	Anwendung und Generalisierung durch Aufbau unterschiedlicher Inhalte; dies erfolgt in stetem Wechsel mit Schritt 4
4.	Evaluation der Strategie, Grenzziehung, Kritik. Dabei sollen spontane Vorgehensweisen bewusst gemacht werden, um neue Strategien mit ihnen zu vergleichen und sie bestmöglich in das bestehende strategische Repertoire zu integrieren

Das Ziel, selbständiges und eigenverantwortliches Lernen durch die Vermittlung und/oder das Bewusstmachen geeigneter Strategien („Lernen lernen") zu erleichtern, ist Mittelpunkt dieses Basismodells. Als Beispiel wird die Einführung und das Training der Lesestrategie SQ3R (Survey, Question, Read, Recall, Review) nach Robinson ausgeführt (s. Robinson, 1970)[2]

Beispiel zu Basismodell 6

1. Die Lernenden haben die Aufgabe, einen angemessenen, nicht zu langen Text so gut zu studieren, dass sie danach inhaltliche Fragen beantworten können. Im Anschluss daran werden sie befragt, wie sie die Aufgabe bewältigt haben. Der Lehrende bzw. das Lernprogramm zeigt den Lernenden, dass es vorteilhaft sein kann, eine bestimmte Strategie einzusetzen. Die Vorgehensweisen der Lernenden werden auf ihren Erfolg hin hinterfragt.

2. Die Lesestrategie SQ3R (Survey, Question, Read, Recall, Review) wird vorgestellt und erläutert.

3. Die Lernenden probieren diese Strategie anhand verschiedenartiger Texte aus.

4. Eine Evaluation soll der Frage nachgehen, ob Lernende die neue Strategie als erfolgversprechend einschätzen, wo die Grenzen und Alternativen dazu gesehen werden. Möglicherweise kann die bisherige individuelle Vorgehensweise mit Elementen der SQ3R-Methode zu einer neuen akzeptierten Strategie weiterentwickelt werden.

---

[2] Internetquellen zur SQ3R-Methode:
http://www.ucc.vt.edu/stdysk/sq3r.html
http://www.iss.stthomas.edu/studyguides/texred2.htm
http://www.u.arizona.edu/ic/wrightr/other/sq3r.html

Tabelle 4.7: Basismodell 11

	Hypertext-Lernen (Basismodell 11)
1.	Wahl des Themas
2.	Übersicht über die Quellen
3.	Entscheidung über die Form des Lernens
4.	Wahl eines freien oder gebundenen Lernweges
5.	Rückkoppelndes Durchführen einer Arbeit
6.	Evaluation

Unter dem (hier leicht missverständlichen) Begriff des Hypertext-Lernens wird das eigenständige Zusammenstellen von Informationsbausteinen verstanden. Eigenständig heißt, dass der Lernende keiner festgelegten linearen Darbietungsform folgen muss, sondern auf der Basis des eigenen Vorwissens auf unterschiedlichen Wegen neue Information erschließt. In computerisierten Hypertexten beispielsweise sind viele Elemente (Bild, Text, Grafik, Ton, Video) gleichzeitig verfügbar, nur schwer zugängliche Inhalte können beispielsweise in Simulationen oder Planspielen zugänglich gemacht werden. Ein Beispiel aus dem Deutschunterricht, das weniger die technischen Möglichkeiten neuer Medien in den Vordergrund stellt, dient der Erläuterung von Basismodell 11: Lernende sollen ein bestimmtes Werk eines Autors besprechen und vorstellen.

1. Eine Auswahl der Werke wird vom Lehrenden vorgegeben, die Lernenden entscheiden sich aufgrund vorhandenen Wissens oder spezieller Interessen für ein bestimmtes Werk.

2. Der Text, über den referiert werden soll, wird gesichtet. Welche weiteren Informationen über den Autor sind wichtig? Welche Möglichkeiten der Kommunikationsmedien sollen und können genutzt werden (Bibliothekscomputer, Internetrecherche, etc.)?

3. In unserem Fall wählen die Lernenden die Lernform des Strukturierens und Verschriftlichens. Je nach Komplexität der gefundenen Texte werden sie eventuell vorab versuchen, Zusammenhänge zu erfassen, bevor sie in die Detailarbeit gehen.

4. Ob ein Arbeitsplan vorgegeben ist oder Hilfen angeboten werden, hängt auch hier von der Schwierigkeit des Themas ab. Der freie Lernweg erfordert eine hohe Arbeitsdisziplin von den Lernenden; der gebundene Weg hat den Vorteil, dass der Lernweg immer wieder gemeinsam reflektiert werden kann.

Beispiel zu Basismodell 11

5. Der Ursprungstext wird gelesen, Notizen werden gemacht, die Sekundärliteratur mit einbezogen, die einzelnen Informationseinheiten zu einem strukturierten Text zusammengetragen und schließlich präsentiert. Dieser Schritt ist die Umsetzung der in 4. getroffenen Entscheidung, ob Lernende ihr Vorgehen alleine oder mit Feedback reflektieren und ihr Vorgehen möglicherweise ändern.

6. Die Bewertung des Handlungsablaufs und des Lernergebnisses gibt Aufschluss darüber, was die gewählte Vorgehensweise gebracht hat, welche neuen Erkenntnisse in Bezug auf die Informationsbeschaffung und die neuen Informationen gewonnen wurden und wie zufrieden Lernende und Lehrende mit dem Ergebnis sind.

Tabelle 4.8: Basismodell 12

	Verhandeln lernen (Basismodell 12)
1.	Suche nach einer Verhandlungsarena, die für beide Verhandlungsparteien akzeptabel ist
2.	Festlegung der Verhandlungspunkte
3.	Exploration des Feldes und Ausdruck der Differenz
4.	Einengung der Unterschiede
5.	Vorbereitung der Schlussverhandlung, wo die Zone der möglichen Übereinstimmung festgelegt wird
6.	Schlussverhandlung, in der alles bereinigt und abgeschlossen wird (definitive Einengung der Möglichkeiten)
7.	Einigungsritual als Ausdruck der gelungenen Auseinandersetzung
8.	Durchführung und Umsetzung des Beschlossenen

Zum Abschluss soll das Basismodell „Verhandeln lernen" als eine Form des sozialen Lernens erläutert werden. Dabei geht es um das Erlernen eines sachgerechten Verfolgens eigener Interessen bei gleichzeitiger Berücksichtigung gegenseitiger und gemeinsamer Positionen.

Beispiel zu Basismodell 12

1. Sollte der Verhandlungsort nicht vorgegeben sein, steht zu Beginn dieser Handlungskette die Verständigung auf eine für beide Seiten akzeptable Verhandlungsarena.

2. Eine Agenda, die die Reihenfolge der zu verhandelnden Punkte festlegt, muss vereinbart werden. Die Verständigung auf diese Reihenfolge birgt u. U. bereits Konflikte.

3. Analyse der problematischen Punkte und Wertklärung: Wie sehen die Differenzen überhaupt aus? Wo bestehen Unterschiede? Wie sind die Prioritäten der Parteien?

4. Präzisierung und Einengung der Unterschiede: Sind Annäherungen möglich, gibt es akzeptable Alternativvorschläge?

5. Resümieren und Zusammentragen der unterschiedlichen Standpunkte als Vorbereitung einer Schlussverhandlung.

6. Die Schlussverhandlung schließt die Verständigung ab. Die Möglichkeiten der Verhandlungspartner werden definitiv begrenzt.

7. Festlegung eines Einigungsrituals.

8. Zur Umsetzung des Beschlossenen gehört möglicherweise auch die Klärung der Kontroll- und Sanktionsmöglichkeiten bei Nichtbeachtung der Kompromissergebnisse.

Diese Handlungskette, die auf den ersten Blick eine Umsetzung in Form eines Rollenspiels im Rahmen eines Verhandlungstrainings nahe legt, ist ebenso beeindruckend als Computertraining umsetzbar (das amerikanische Programm „Yes! A Negotiation Training" ist ein passendes Beispiel), das in interaktiver Weise die Grundlagen und Fertigkeiten erfolgreichen Verhandelns vorstellt und anhand einer Fallsimulation, in die sich der Lernende einarbeiten muss, die neu erworbenen Fähigkeiten zur Anwendung bringen lässt und abschließend bewertet. Die oben vorgestellten Elemente der Handlungskette sind notwendiger Bestandteil dieser Konzeption.

4.2.4
Anwendung des Ansatzes

Nach einer Analyse der angestrebten Zielkategorien werden die adäquaten Basismodelle bestimmt. Diese Basismodelle machen Aussagen über die zu erzielenden mentalen Operationen und deren günstigste Sequenz. In den meisten Lehr-Lern-Situationen werden mehrere Zielkategorien gleichzeitig angestrebt (vgl. z. B. Reinhold, 2003).

Analyse und Bestimmung der Basismodelle

> Es kommt nun darauf an, auf allen drei Ebenen (insbesondere sind aber die beiden oberen relevant) Designentscheidungen so zu treffen, dass die mentalen Operationen, die das jeweilige Basismodell beschreibt, mit hoher Wahrscheinlichkeit in der vorgeschriebenen Reihenfolge initiiert werden.

Lernpsychologisches Grundlagenwissen Voraussetzung für die Anwendung

Diese Entscheidungen setzen zweifellos vertiefte Kenntnisse des Basismodell-Ansatzes und grundlegende Kenntnisse über menschliche Lern-, Denk- und Gedächtnisprozesse voraus. Eine Algorithmisierung scheint weitgehend ausgeschlossen.

Dieses Wissen ist für professionelle Instruktionsdesigner ebenso unabdingbar wie grundlegende Physikkenntnisse für den Ingenieur oder biochemisches Wissen für den Arzt.

Auch wenn sich der Basismodell-Ansatz in der Praxis bereits bewährt hat, bleiben offene Fragen. Zum Beispiel ist nicht geklärt, ob die Basismodelle tatsächlich notwendige Bedingungen für die jeweiligen Zielkategorien oder lediglich hinreichende beschreiben.

Leider verwirren die gewählten Bezeichnungen manchmal und provozieren ein Vermengen von mentalen Operationen, die bei Lernenden ausgelöst werden sollen, mit Schritten didaktischen Handelns.

Die Frage nach der Stimmigkeit und Angemessenheit von geplanten und durchgeführten Sichtstrukturen hinsichtlich der in den Basismodellen postulierten Handlungsketten ist einer empirischen Überprüfung zugänglich (s. dazu Oser et al., 1997; Sarasin, 1995; Wagner, 1999). Das gilt auch für die Frage, ob ein mittels Basismodellen geplanter Unterricht den Lernenden besser helfen kann, ihre Lernprozesse nachzuvollziehen und zu reflektieren (Brouër, 2001). Allerdings ist die empirische Fundierung der Basismodelle bisher uneinheitlich (Oser & Baeriswyl, 2001).

4.3
Didaktische Entwurfsmuster: Pedagogical Design Patterns

Das im Abschnitt 4.1 skizzierte Modell von Designentscheidungen auf drei Ebenen kann auch als Grundlage für die Identifikation didaktischer Designprobleme dienen. Offenbar werden derzeit oft die gleichen Probleme von unterschiedlichen Instruktionsdesignern immer wieder neu gelöst. Dieses Effizienzhindernis gab es auch in anderen Entwurfswissenschaften (technologischen Wissenschaften).

Design Patterns (Entwurfsmuster) in Architektur und Informatik

Zum Beispiel treten in der Architektur immer wieder gleiche oder ähnliche Entwurfsprobleme auf, für die im Laufe der Zeit bewährte Lösungsmuster gefunden wurden. Allerdings sind oder waren diese Lösungsmuster nicht allen Architekten bekannt, insbesondere Berufsanfänger verwendeten nicht selten unnötigerweise Zeit für Teilprobleme, für die es längst befriedigende Lösungsmuster gab. Um solche Entwurfsmuster (Design Patterns) zu kommunizieren, bedarf es einer geeigneten Sprache. Der Architekt Christopher Alexander stellte sich in den siebziger Jahren der Aufgabe, eine solche Sprache zu entwickeln und vorhandene Muster zusammenzustellen und systematisch zu beschreiben. Das Ergebnis war ein über tausendseitiges Werk (Alexander et al., 1977) mit der Beschreibung von Entwurfsmustern von der Stadtplanung bis zur Innenarchitektur. Design Patterns sind niemals neue Entwürfe, sondern stets bereits bewährte Muster. Sie müssen begründet sein und es sollte angegeben werden, unter welchen Rahmenbedingungen sie eingesetzt werden können. Design Patterns können auf unterschiedlichen Ebenen beschrieben werden: Muster höherer Ebenen können Muster tieferer (d. h. meist detaillierter) Ebenen enthalten: Muster für Landhäuser einer bestimmten Art z. B. können Muster für bestimmte Raumanordnungen, für Balkone usw. enthalten.

Die Idee von Alexander wurde später mit sehr großem Erfolg in der Informatik aufgegriffen (Gamma et al., 1998). Von dort gelangte die Idee vor kurzem in den Bereich des E-Learning, die Rede ist hier von „Pedagogical Design Patterns" (didaktischen Entwurfsmustern). Die Arbeiten an der Zusammenstellung von didaktischen Entwurfsmustern stecken noch in den Kinderschuhen, sie erscheinen jedoch erfolgversprechend. Die präzise Beschreibung didaktischer Entwurfsmuster mit Angabe der theoretischen Begründung, empirischer Fundierung und vor allem auch der Differenzierung der Anwendungsbedingungen genügt grundsätzlich allen wesentlichen Anforderungen eines wissenschaftlich fundierten Instruktionsdesigns.

Die wichtigsten Beschreibungsvariablen sind:

Beschreibung didaktischer Entwurfsmuster

- *Name:* Jedem Muster sollte ein eindeutiger, leicht zu behaltender Name gegeben werden, damit das Muster einfach kommuniziert werden kann.

- *Beschreibung:* Die Beschreibung sollte möglichst intuitiv und allgemeinverständlich sein.

- *Theoretische Begründung:* Hier wird angegeben, auf welche theoretischen Grundlagen sich die Annahme stützt, das Muster sei lernwirksam.

- *Empirische Fundierung:* Angabe von empirischen Befunden, welche die Effektivität des Musters belegen.

- *Verwendung:* Angabe der Rahmenbedingungen, unter denen das Muster eingesetzt werden kann.

- *Vorkommen, Referenz:* Als Design Patterns zählen wie in der Architektur nur bereits realisierte Lösungen für Designprobleme.

Der letztgenannte Aspekt mag für kreative Instruktionsdesigner zunächst frustrierend sein. Aber eine noch so schöne, theoretisch und empirisch fundierte neue Idee sollte vor ihrer mehrfachen Bewährung in der Praxis nicht als didaktische Entwurfsmuster propagiert und empfohlen werden. Es handelt sich dann um ein Design Proposal, einen Entwurfsvorschlag.

Design Patterns und Design Proposals können gleichermaßen Forschungsgegenstände sein.

Ein interessanter Aspekt beim Aufbau einer Sammlung von didaktischen Entwurfsmustern ist auch, dass sich den didaktischen Mustern zum Teil Design Patterns aus der Informatik zuordnen lassen, so dass die E-Learning-Produktion quasi doppelt profitieren kann.

5 Projektmanagement

5.1 Aufgaben des Projektmanagements

Die effiziente Konzeption und Entwicklung eines E-Learning-Angebots erfordert von Beginn an ein systematisch begleitendes und koordinierendes Projektmanagement.

Das Projektmanagement (PM) umfasst eine Reihe von Aufgaben, die bereits zu Beginn einer Entwicklung geklärt und definiert sein sollten. Verbunden sind sie mit den Fragen: Wer macht was, wann, warum und wo?

Prinzipielle Aufgaben sind z. B.:

- Vermittlung der Projektziele gegenüber allen beteiligten Personen
- Zuweisung von Aufgaben und Verantwortlichkeiten
- Aufstellung von Zeitplänen und Überwachen von Terminen
- Organisation und Bereitstellung der erforderlichen Ressourcen zum richtigen Zeitpunkt
- Prüfung und Überwachung des Budgets und der Ausgaben
- Sicherstellen von effizienter Qualitätssicherung und -kontrolle
- Periodische Berichte über den Projektverlauf
- Bericht über die Fertigstellung des Programms
- Bericht über Ergebnisse des Programms nach der Implementierung
- Anlaufstelle für Kundenkontakte (Kommunikation mit Auftraggebern)

5.2
Planung eines Projekts

Wer? Wann? Was? Warum? Wo?
Die aufgeführten, eher allgemeinen Aufgaben des Projektmanagements können weiter nach drei zentralen Anforderungen spezifiziert werden:

1. Projektrahmen bzw. Gesamtumfang der Arbeit
2. Die Zeitplanung
3. Die Budgetierung

5.2.1
Projektrahmen

Konsens aller Beteiligten
Mit dem Projektrahmen werden die Grenzen des Projekts definiert und was innerhalb dieser Grenzen alles zu tun ist. Über diese Projektdefinition muss ein Konsens aller Beteiligten (Stakeholders) hergestellt werden bezüglich:

- Absichten und Ziele
- Gründe für die Durchführung des Projekts
- Das zu erwartende Ergebnis (Produkt)

Es ist durchaus möglich, dass der Projektrahmen während der Projektlaufzeit, z. B. als Reaktion auf einen Wandel in der Projektumgebung, geändert werden muss.

5.2.2
Zeitplanung

Logistische Herausforderung
Die Erstellung einer Zeitplanung für ein E-Learning-Angebot, das in der Regel mehrere Module umfasst, stellt eine nicht zu unterschätzende logistische Herausforderung dar. Das Projektmanagement muss hierzu u. a. festlegen, wer wann verfügbar ist, was zuerst zu tun ist und wie am effizientesten über die Zeit der Mitarbeiter verfügt werden kann.

Zeitplanung setzt weiterhin voraus, dass die notwendigen Aufgaben zur Verwirklichung des Projekts möglichst genau bestimmt werden.

Zwei Typen von Aufgaben lassen sich unterscheiden: zeitlich festgelegte Aufgaben (die festzulegende Zeit bestimmt sich aus der

Natur der Aufgabe) und ressourcenorientierte Aufgaben (hier lässt sich die Bearbeitungszeit verkürzen, indem mehr Ressourcen bereitgestellt werden).

Ein zentraler Aspekt der Zeitplanung ist der so genannte „kritische Pfad". Es handelt sich dabei um eine Abfolge von Aufgaben, die unbedingt bewältigt werden müssen, wenn das Projekt die zeitlichen Vorgaben einhalten soll. *Kritischer Pfad*

So sollte z. B. die Konzeption einer Lernumgebung erst dann erfolgen, wenn alle wichtigen Analysebefunde vorliegen. Allerdings kann es auch Aufgaben geben, die nicht zu einem ganz bestimmten Zeitpunkt erledigt sein müssen, sondern innerhalb eines bestimmten Zeitfensters. Aktivitäten, die Bestandteil des „kritischen Pfades" sind, sollten besonders überwacht werden, damit eventuelle Unstimmigkeiten sofort an das Projektmanagement rückgemeldet werden können.

Bewährt hat sich die Definition so genannter Meilensteine für die Zeitplanung (siehe auch Abschnitt 3.6.3). Sie bezeichnen das Erreichen wichtiger und zentraler Aufgaben des Projekts (z. B. Abschluss der Adressatenanalyse, Vorlage des fertigen Storyboards, Abnahme von Programmteilen). Nach Möglichkeit sollte ein Meilenstein mit einem Produkt verbunden sein. Dies kann ein Prototyp, ein Bericht über eine formative Evaluation oder das fertige Screen-Design für eine Website sein. *Meilensteine*

Für die Aufstellung und grafische Darstellung eines Zeitplans sind spezielle Softwareprodukte sehr hilfreich (z. B. MS Project; Primavera, OpenTime).

5.2.3
Budgetierung

Nachdem Inhalt und Zeitplanung der einzelnen Aufgaben festgelegt wurden, gilt es zu bestimmen, welche Leistungen jeweils erforderlich sind und welche Ressourcen dafür zur Verfügung stehen. *Leistungen und Ressourcen*

Mit der Zuweisung von bestimmten Beträgen zu Leistungen und Ressourcen entsteht ein Budget. Das Budget sollte vor Beginn der Entwicklungsarbeiten fertig gestellt werden; für später entstehende Finanzierungslücken ist dann das Projektmanagement verantwortlich.

5.3
Checklisten zum Projektmanagement

Die umfassenden praktischen Ratschläge zum Thema Projektmanagement in der einschlägigen Literatur (s. hierzu Hughes & Cotterell, 1999; Jalote, 2002) lassen sich in Checklisten verdichten, die den Designern und Entwicklern kurze und prägnante Empfehlungen geben.

Ein Beispiel hierfür ist die Checkliste von Schifmann & Heinrich (2000). Sie umfasst nahezu alle Phasen eines Projekts.

> *Checkliste*
> - *Analyseplanung:* Wie stellt sich die Ausgangslage hinsichtlich Funktionen, Prozessen, Informationen und Strukturen dar? Gibt es Probleme? Ist ein Hauptproblem erkennbar?
> - *Zielplanung:* Was soll wann und wo erreicht werden? Wie viel soll erreicht werden?
> - *Anforderungsplanung:* An welcher Stelle muss was und wie viel an einer bestehenden Situation verändert werden?
> - *Ideenplanung:* Wie lässt sich die gewünschte Leistung möglichst einfach, schnell, günstig und in ausreichender Qualität erreichen?
> - *Entwurfsplanung:* Wie sieht die fachliche Lösung aus? Gibt es hierzu eine oder mehrere Lösungen? Aus welchen Teilen bzw. Komponenten besteht die Leistung?
> - *Vorgehensplanung:* Wie und in welchen Schritten soll das Ziel erreicht werden? (Welche Aufgaben müssen erledigt werden, durch wen, bis wann, womit? Welche Kosten werden erwartet?)
> - *Phasenplanung:* Wie soll die erste bzw. nächste Phase detailliert ablaufen? (Durch welche Aufgaben? Durch wen? Wann bzw. bis wann?)
> - *Erfolgsplanung:* Wovon hängt der Erfolg des Projekts am meisten ab? Wer leistet dazu den größten Beitrag? Welche Risiken bestehen? Welche Maßnahmen erhöhen den Erfolg?

Weitere Empfehlungen für das Projektmanagement schlagen England & Finney (1999) vor. Ihnen zufolge sind die unten aufgeführten Aspekte wichtig in der Startphase eines Projekts:

Entscheidungen zum Inhalt:

- Gewährleisten der Integrität des Inhalts
- Sicherstellen, dass der Inhalt zu Zielsetzung und Zielgruppe passt
- Einplanen von Recherchen (z. B. zur Marktsituation)

Zusammenstellen des Projektteams

- Darauf achten, dass die für das Projekt erforderlichen Fähigkeiten und Fertigkeiten zusammenkommen
- Überprüfen der Verfügbarkeit an Ressourcen und Personal
- Festlegen der Regeln und Verantwortlichkeiten für die Kerngruppe und für das erweiterte Team
- Gespräche mit allen Teammitgliedern führen
- Für jede Rolle/Funktion eine genaue Beschreibung festlegen; jeder Mitarbeiter sollte genau wissen, was er zu tun hat, was von ihm erwartet wird

Mit der Entwicklung eines E-Learning-Projekts sind umfangreiche Anforderungen an eine begleitende Koordinierung und Überwachung verbunden. Dies umso mehr, als häufig unterschiedliche Disziplinen (Didaktik, Grafik/Design, Informatik, Betriebswirtschaft), Abteilungen und Gruppen in ein Projekt involviert sind. Größere Projekte sind damit ohne ein zentrales Projektmanagement kaum professionell zu steuern.

Teil III
Konzeption

6 Segmentierung und Sequenzierung: Einteilung und Reihenfolge

6.1
Was ist das Problem?

Hinter der Frage, wie ein umfangreicher Lehrstoff zweckmäßig in Abschnitte einzuteilen und in eine chronologische Abfolge (Sequenz) zu bringen ist, steckt ein Grundproblem jeder didaktischen Konzeption von der Curriculumplanung bis zum Entwurf einer einzelnen Unterrichtsstunde oder Lehreinheit. In den sechziger Jahren hat Gagné (s. auch Kap. 2) auf der Grundlage einer verhaltenspsychologischen Analyse von Lernarten eine hierarchische Anordnung vorgeschlagen: Alle Elemente eines Lehrstoffs werden hinsichtlich ihrer lernpsychologischen Voraussetzungen analysiert. Allein auf dieser Grundlage werden die Elemente dann hierarchisch angeordnet: Zunächst werden jeweils die grundlegenden Voraussetzungen vermittelt, dann die darauf aufbauenden Inhalte, die wiederum Voraussetzung für weitere Inhalte sind. Auch wenn eine Lernhierarchie auf unterschiedliche Art durchlaufen werden kann, wird leicht suggeriert, es müssten zunächst alle Grundlagen vermittelt werden, bevor die nächste Hierarchieebene behandelt wird und so fort.

Lehrstoff in Abschnitte einteilen

Diese Vorgehensweise ist zunächst durchaus plausibel: Wenn es inhaltliche Voraussetzungen gibt, müssen sie logischerweise vor den Inhalten vermittelt werden, die sie voraussetzen. Nachteilig an diesem Verfahrens ist aber, dass den Lernenden oft die Zusammenhänge nicht klar werden (analog dem Lehrerspruch: „Wozu das gut ist, werdet ihr später sehen!"). Voraussetzungsrelationen sind nicht die einzig relevanten Beziehungen zwischen den Komponenten eines Lehrinhalts: Zusammenhänge innerhalb komplexer Handlungen, Ähnlichkeiten, historische Zusammenhänge usw. können weitere Kriterien sein. Statt „auf Vorrat" zu Beginn eines Curriculums oder eines Kurses können Lehrinhalte, deren Kenntnis bei der Vermittlung eines anderen Inhalts vorausgesetzt werden, oft auch „just in time" gelehrt werden – also unmittelbar vor der Lehreinheit, in der sie benötigt werden (vgl. auch das Vier-Komponenten-Modell

Abschnitte in eine didaktisch sinnvolle Reihenfolge bringen

von van Merriënboer et al., 2002; van Merriënboer & Dijkstra, 1997).

6.2
Lehrstoff einteilen: Lernobjekte

Segmentierung Bevor ein Lehrstoff in eine bestimmte Reihenfolge gebracht werden kann, ist eine Segmentierung erforderlich, d. h. die Einteilung in Segmente, also in Abschnitte.

Dies mag auf den ersten Blick trivial erscheinen. Kann man sich da nicht einfach „an der Sachlogik" orientieren? Außerdem ist der Lehrstoff in der Regel bereits in allen Lehrbüchern jeweils segmentiert. Letzteres ist sicher richtig, aber es gibt keinerlei Gewähr dafür, dass die Segmentierung in einem oder mehreren Lehrbüchern die einzig Richtige oder auch nur die zweckmäßigste wäre. „Die Sachlogik" gibt es nur in seltenen Fällen; meistens existieren Alternativen.

Lernobjekte Da Segmentierung und Sequenzierung in engem Zusammenhang stehen, scheint es günstig, auf der Basis einer sorgfältigen Wissensanalyse (s. Kap. 2) zunächst möglichst kleine Einheiten zu bilden. Diese Empfehlung ist auch kompatibel mit Empfehlungen aus dem Bereich der Informatik, wo unter dem Aspekt der Wiederverwendbarkeit (re-engineering, re-use) die Definition von Lernobjekten (learning objects) gefordert wird. Lernobjekte sind kleinste in sich sinnvolle Lerngegenstände: ein Bild, eine Videosequenz, eine Testaufgabe, ein Lehrtext, ein Simulationsprogramm. Da bei Festlegung der Sequenz zu kleine Lernobjekte wieder zusammengefügt werden können, gibt es hier kaum irreparable Fehler.

6.3
In welcher Reihenfolge präsentiere ich den Lehrstoff?

Elaborationstheorie Eine Theorie der Sequenzierung hat Reigeluth über mehr als zwanzig Jahre stetig (weiter-)entwickelt. Kern der „Elaborationstheorie" von Reigeluth et al. (1980), Leshin et al. (1992), Reigeluth (1999) sowie Reigeluth & Stein (1983) sind Empfehlungen zur Segmentierung und Sequenzierung des Lehrstoffs für einzelne Kurse oder ganze Curricula. Sie liefern vor allem Antworten auf die Frage: In welcher Weise soll der Lehrstoff in Lerneinheiten eingeteilt werden (Segmentierung) und nach welchen Kriterien sollen diese Einheiten in eine zeitliche Abfolge gebracht werden?

Ob die Art der Sequenzierung relevant ist für den Lernerfolg, hängt hauptsächlich von zwei Faktoren ab: der Stärke der Beziehungen zwischen den einzelnen Themen und dem Kursumfang. Sequenzierung spielt umso mehr eine Rolle, je stärker die Beziehungen zwischen den einzelnen Themenbereichen sind. Wenn die Themenbereiche eng miteinander verknüpft sind, dann spielt der Umfang zunehmend eine Rolle: Bei einem Volumen von mehreren Stunden Kurs, Seminar oder Unterricht fällt es den Lernenden immer schwerer, ungünstig angeordnete Lehreinheiten selbst hinsichtlich Logik und Bedeutung in Zusammenhang zu bringen; bei sehr kurzen Einheiten können entsprechende Mängel eventuell durch Gedächtnis und schlussfolgerndes Denken ausgeglichen werden.

Jede Sequenzierung basiert auf einem bestimmten Typ von Relationen zwischen den Themen: Das kann die chronologische Abfolge von Ereignissen (historische Sequenz) sein, die in der Praxis übliche Abfolge von Tätigkeiten (Prozeduren), die Lernvoraussetzungen oder das Ausmaß an Komplexität verschiedener Versionen einer komplexen Aufgabe. Wenn mehrere Themen zu vermitteln sind, können *zwei grundlegende Sequenzierungsmuster* unterschieden werden: *Linear-sukzessive (topical) Struktur* und *Spiralstruktur* (s. Abb. 6.1).

Sequenzierung basiert auf Relationen zwischen den Themen

Bei der *linear-sukzessiven Struktur* wird ein Thema so lange behandelt, bis der erwünschte Kompetenzgrad erreicht ist. Erst dann wird zu einem anderen Thema gewechselt. Der Vorteil dieser Vorgehensweise besteht darin, dass die Lernenden sich längere Zeit auf ein Thema konzentrieren können und evtl. benötigte Medien, Materialien oder sonstige Ressourcen innerhalb eines Zeitblocks leichter organisiert werden können. Andererseits passiert es oft,

Linear-sukzessive Struktur

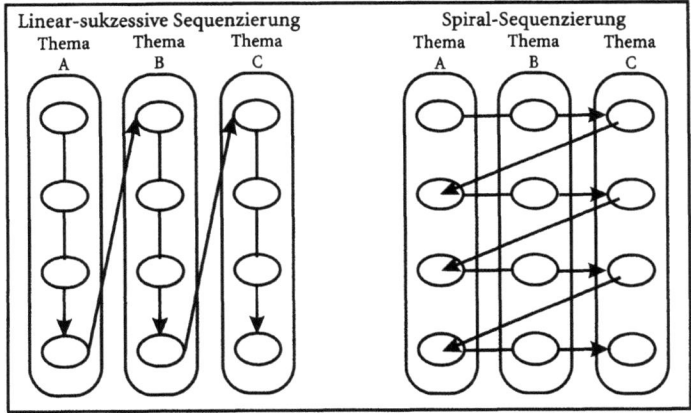

Abb. 6.1: Linear-sukzessive Sequenzierung und Spiral-Sequenzierung (nach Reigeluth, 1999, S. 432; aus: Niegemann, 2001, S. 110)

6.3 In welcher Reihenfolge präsentiere ich den Lehrstoff?

dass beim Wechsel zu einem neuen Thema vieles vergessen wird. Zudem bleibt das Verständnis für die Zusammenhänge zwischen den Teilthemen eines Lehrstoffs bei der linear-sukzessiven Vorgehensweise leicht auf der Strecke. Letzteres kann in einem gewissen Ausmaß ausgeglichen werden durch Überblicke, Rückblicke und vor allem explizite Querverweise.

Spiralstruktur

Bei einer *Spiralstruktur* (vgl. auch Bruner, 1960) wird jedes einzelne Thema in mehreren Durchläufen behandelt: Zunächst werden die Grundlagen jedes Themas behandelt, dann werden jeweils nach und nach die einzelnen Themen vertieft, bis in allen Themen die erwünschte Tiefe und Breite des Verständnisses bzw. der Kompetenz erreicht ist. Hauptvorteil der Spiralsequenz ist die quasi eingebaute Synthese und der Rückblick, der bei jedem Themenwechsel unabdingbar ist. Die Beziehungen zwischen den einzelnen Themen können hier oft leichter vermittelt werden als beim linear-sukzessiven Vorgehen. Ein Nachteil des Verfahrens besteht darin, dass die Beschäftigung mit einem Thema immer wieder unterbrochen wird.

Die Frage, welches Vorgehen unter welchen Bedingungen vorzuziehen ist, stellt sich selten in voller Schärfe: Meist ist es die Frage, in welchem Ausmaß ein Thema vertieft werden soll, bevor zu einem anderen Thema übergegangen wird. Reigeluth betrachtet die beiden Sequenzierungsstrategien als die Pole eines Kontinuums. Zu entscheiden ist in der Regel, wo auf diesem Kontinuum ein bestimmter Kurs, ein Trainingsprogramm oder ein Curriculum verortet werden soll (Reigeluth, 1999).

Aufgabenkompetenz versus Domänenkompetenz

Unabhängig von diesen Unterscheidungen spielt eine weitere Dimension eine Rolle: Es wird gefragt, ob Aufgabenkompetenz (task expertise) oder Domänenkompetenz (domain expertise) vermittelt werden soll. Im ersten Fall sollen die Lernenden zu Experten für eine ganz spezielle Aufgabe werden, z. B. Projektmanagement, Verkauf eines bestimmten Produkts, Umgang mit einer bestimmten Maschine. Im Fall von Domänenkompetenz geht es um die Expertise in einem bestimmten Wissensbereich ohne Bindung an eine spezielle Aufgabe: Teilchenphysik, betriebswirtschaftliches Rechnungswesen, elektronische Steuerungen. Die Unterscheidung ist nicht gleichzusetzen mit der zwischen prozeduralem (Wissen wie) und deklarativem Wissen (Wissen was). Im Fall von Domänenkompetenz werden wiederum zwei Arten unterschieden: begriffliche und theoretische Kompetenz. Obwohl beide in der Praxis nicht zu trennen sind, muss bei der Sequenzierung jeweils etwas anders vorgegangen werden, je nachdem, welche Art von Wissen dominiert.

Drei Sequenzierungsmethoden

Die Elaborationstheorie unterscheidet nun auf der Grundlage dieser Unterscheidungen drei wichtige Sequenzierungsmethoden:

1. *Begriffliche Elaborationssequenz* (conceptual elaboration sequence)
2. *Theoretische Elaborationssequenz* (theoretical elaboration sequence)
3. *Sequenzierung auf der Grundlage vereinfachter Bedingungen* (simplifying conditions sequence)

1. Begriffliche Elaboration

Eine begrifflich orientierte Sequenzierung ist am ehesten angebracht, wenn das Lehrziel das Lernen vieler semantisch verknüpfter Begriffe erfordert. Für diese Fälle wird empfohlen, zunächst die allgemeineren, weiteren Begriffe zu vermitteln, dann zunehmend die engeren, spezielleren Begriffe. Kontextinformationen sowie lernförderliche Fähigkeiten, z. B. Prinzipien, Verfahren, Informationen, Lerntechniken und Einstellungen, sollten jeweils zusammen mit den Begriffen vermittelt werden, zu denen der engste inhaltliche Bezug besteht. Begriffe und die zugehörigen Kontextinformationen sollen zu Lernepisoden zusammengefasst werden, die nicht so klein sind, dass der Lernprozess jeweils unterbrochen wird, und nicht so groß, dass es schwierig wird, sie zusammenzufassen und mit anderen Einheiten zu verknüpfen. Lernende sollten auf die Reihenfolge der Behandlung der einzelnen Begriffe Einfluss nehmen können.

Begriffliche Elaboration

2. Theoretische Elaboration

Dieses Sequenzierungsmuster ist gedacht für Lehrinhalte, die sich als Geflechte regelartiger Aussagen (Prinzipien) kennzeichnen lassen, wie z. B. Lehrstoffe aus der Biologie, der Physik, der Volkswirtschaft, aber auch im Bereich der betrieblichen Weiterbildung, wenn es um die Erklärung der Funktion von Geräten (nicht wie man sie bedient) geht, usw. Solche Prinzipien sind teils allgemeiner, teils spezifischer Art. Anders als bei Begriffen sind die allgemeineren Prinzipien meist leichter zu lernen als die spezifischeren. Aus diesem Grund bieten sich hier spiralförmige Sequenzen an. Wie beim Lernen von Begriffen werden spezifischere Prinzipien meist allgemeineren untergeordnet. Eine Besonderheit des Lernens von Prinzipien ist dagegen die Kombinierbarkeit zu Wirkmodellen, anhand derer sich die Komplexität, Systemhaftigkeit und manchmal chaotische Art vieler Phänomene vermitteln lassen. Eine theoretische Elaboration beginnt mit der Vermittlung der allgemeinsten Prinzipien, die den Lernenden noch nicht bekannt sind, und führt dann sukzessive die spezifischeren ein. Inhalte, die nicht zum Kernlehrstoff gehören, dessen Vermittlung jedoch fördern (sup-

Theoretische Elaboration

porting content, z. B. Lerntechniken, Exkurse), werden zusammen mit den Prinzipien vermittelt, zu denen sie einen engen Bezug aufweisen; dadurch werden Lernepisoden geschaffen. Dabei darf der Gesamtzusammenhang nicht verloren gehen; dies geschieht durch Zusammenfassungen und ein Zurückgehen zur Perspektive der übergeordneten, allgemeineren Prinzipien. Wie bei begrifflichen Sequenzen sollen Lernende soweit es sinnvoll ist, die Reihenfolge teilweise auch selbst bestimmen können.

Voraussetzung der Anwendung dieser Vorgehensweise ist wiederum eine sorgfältige Wissensanalyse, die in einer grafischen Map (Strukturdarstellung) resultiert. Diese meist hierarchische Map repräsentiert die Über-Unterordnungs-Beziehungen zwischen den einzelnen Prinzipien eines theoretischen Lehrstoffs. Eine Elaborationstechnik bei dieser Wissensanalyse ist das Beantworten von Fragen, wie: Was geschieht noch? Was sonst kann zu diesem Ergebnis führen? Welches Vorgehen führt zu Veränderungen? Weshalb kommt es zu Veränderungen? oder Welches Ausmaß nehmen die Veränderungen an? usw.

Theoretische Elaborationssequenzen können wie begriffliche Sequenzen spiralförmig sein oder sukzessiv-linear (Reigeluth, 1999, S. 439 ff.).

3. Vereinfachte Bedingungen

Methode der vereinfachten Bedingungen

Diese Sequenzierungsmethode kann einerseits zum Aufbau von Aufgabenexpertise, andererseits für die Auswahl der Abfolge von Handlungsschritten zur Lösung prozeduraler Aufgaben angewandt werden.

Wenn der *Aufbau von Aufgabenexpertise* angestrebt wird und dabei eher komplexe Lehrziele erreicht werden sollen, liegt der Fokus auf der „Ganzheitlichkeit" der zu vermittelnden Aufgabenkompetenz. Wenn es für eine relativ komplexe Aufgabe Bedingungen gibt, unter denen die Aufgabe leichter auszuführen ist als unter anderen, dann beginnt eine solche VB-Sequenz mit der einfachsten Version für die Aufgabe als Ganzes; danach werden zunehmend komplexere Versionen bzw. die Ausführung unter schwierigeren Rahmenbedingungen vermittelt. Den Lernenden sollen dabei die Beziehungen zwischen den unterschiedlichen Aufgabenversionen explizit vor Augen geführt werden. Jede Version soll für sich eine Klasse realistischer und vollständiger Aufgaben repräsentieren, also keine aus didaktischen Gründen unrealistisch reduzierte Aufgabe, wie wir sie in vielen Schulbüchern finden.

Diese Vorgehensweise unterscheidet sich deutlich von hierarchischen Sequenzierungsverfahren, bei denen zunächst alle Lern-

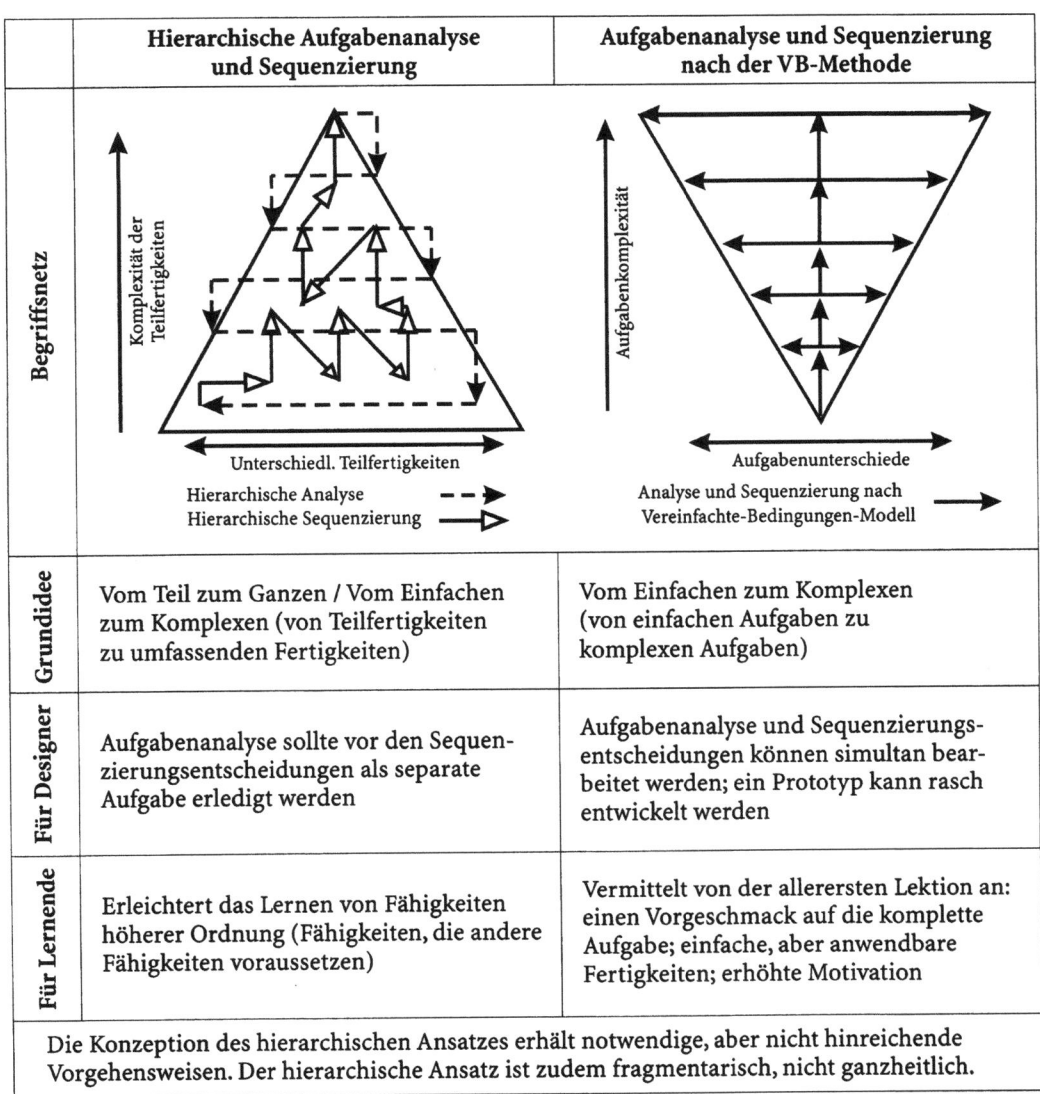

Abb. 6.2: Hierarchischer Ansatz und Vereinfachte-Bedingungen-Ansatz (VB) (nach Reigeluth, 1999, S. 443, aus Niegemann, 2001, S. 114)

voraussetzungen vermittelt werden und eine komplette, realistische Aufgabe erst ganz am Ende der Sequenz steht (s. Abb. 6.2).

Für *prozedurale Aufgaben* liegt der Schwerpunkt auf den (physisch oder mental auszuführenden) *Schritten*, an denen sich Experten orientieren, um zu entscheiden, was wann zu tun ist. Dem-

Schritte, an denen sich Experten orientieren

gegenüber liegt er bei heuristischen Aufgaben auf den *Prinzipien* und/oder den *Wirkmodellen*, die Experten zugrunde legen. Typisch für derartige Aufgaben ist eine größere Abhängigkeit der Expertenleistung von den jeweiligen Ausführungsbedingungen; sie ist so groß, dass Experten bei der Bewältigung der Aufgabe nicht an einzelne Bearbeitungsschritte denken.

Beide Arten von VB-Sequenzierung können gleichzeitig verwendet werden, wenn die Aufgabe beide Kategorien von Wissen erfordert. Auch VB- und die bei Domänenkompetenz angebrachten Sequenzierungsmethoden können gleichzeitig angewendet werden.

Einstiegsaufgabe finden und Elaboration

Die Vereinfachte-Bedingungen-Sequenzierung (sowohl für prozedurale wie für heuristische Aufgaben) besteht im Wesentlichen aus zwei Teilen: das Finden der Einstiegsaufgabe (*epitomizing*) und die *Elaboration*. Das Finden der Einstiegsaufgabe umfasst die Auswahl oder Konstruktion der einfachsten Version der in Frage kommenden Aufgabe, die noch repräsentativ ist für die entsprechende Kategorie. *Elaboration* ist der Prozess der Identifikation von zunehmend komplexeren Aufgabenversionen.

Kriterien beim Finden der Einstiegsaufgabe

Das Finden der Einstiegsaufgabe orientiert sich an den Kriterien: (1) Vollständigkeit der Aufgabe (keine Teilaufgabe oder Komponente), (2) Einfachheit, (3) Realitätsbezug (soweit irgend möglich) und (4) Repräsentativität (gebräuchliche, typische Aufgabe). Der Unterschied zu komplexen Varianten der Aufgabe liegt lediglich darin, dass solche Aufgaben real von Experten unter vereinfachten Rahmenbedingungen bearbeitet werden, woraus sich der Name der Methode herleitet. Der Elaboration, also dem Finden oder der Konstruktion zunehmend komplexerer Aufgaben gleichen Typs, liegen die Ideen des „ganzheitlichen" Lernens und des Prinzips der Schema-Assimilation (s. auch Aebli, 1980; Mayer, 1977) zugrunde.

Kriterien bei der Elaboration

Daher sollte für die jeweils folgende Elaboration gelten: (1) Es handelt sich um eine weitere komplette Aufgabe, (2) diese Aufgabe ist etwas komplexer als die vorhergehende, (3) sie ist mindestens genauso authentisch und (4) ebenso oder höchstens geringfügig weniger repräsentativ (typisch oder gebräuchlich) für die Aufgabenkategorie. Die vereinfachten Bedingungen werden so nach und nach reduziert. Innerhalb aller Sequenzierungsmethoden kann eine linear-sukzessive oder eine Spiralstruktur verwendet werden.

6.4
Weitere Kriterien für die Segmentierung und Sequenzierung des Lehrstoffs

Einen Sequenzierungsansatz, der sich an der begrenzten Kapazität des menschlichen Arbeitsgedächtnisses orientiert, hat in den achtziger Jahren R. Case vorgeschlagen und insbesondere bei lernbehinderten Kindern und Erwachsenen erfolgreich erprobt (Case, 1978, 1985). Bei diesem Ansatz wird jeweils strikt darauf geachtet, dass jedes neue Lehrstoffsegment nur so viele „Informationseinheiten" (chunks) enthält, wie die Lernenden gleichzeitig verarbeiten können. Das sollten in der Regel nicht mehr als fünf neue Informationseinheiten sein. Diese Beschränkung des Umfangs der einzelnen Abschnitte eines Kurses erfordert dann auch eine spezielle Sequenzierungsstrategie, die den sukzessiven Aufbau zusammenhängenden Wissens ermöglicht und fördert. Der Ansatz hat sich u. a. in einer vergleichenden Studie mit dem Lernhierarchie-Ansatz von Gagné als überlegen erwiesen (Sander, 1986).

Vermeiden von „cognitive overload" als Sequenzierungsstrategie

Cases Ansatz steht nicht generell im Widerspruch zu Reigeluths Theorie. Es kann daher versucht werden, innerhalb des Reigeluth'schen Ansatzes die auf Vermeidung der Gedächtnisüberlastung zielenden Kriterien von Case zu berücksichtigen. Bei computer- und webbasiertem Lehren scheint dies generell ratsam, da hier durch die Handhabung des jeweiligen Systems kognitive Überlastungen leicht vorkommen können (Chandler & Sweller, 1991, s. auch Kap. 12).

7 Interaktivität und Adaptivität

7.1
Was ist Interaktivität?

Als *Interaktion* bezeichnen wir aus sozialwissenschaftlicher Perspektive das wechselseitig handelnde aufeinander Einwirken zweier Subjekte. Seit digitale Medien Funktionen menschlicher Kommunikationspartner übernehmen können, kann diese Definition (metaphorisch) erweitert werden auf Fälle, in denen eines der Subjekte durch ein entsprechendes technisches System ersetzt wird. Handeln meint stets ein zielgerichtetes Verhalten und schließt kommunikative Akte ein.

Definition Interaktion

Im Bereich des E-Learning haben wir es in der Regel mit Interaktionsketten zu tun, deren Idealtyp (außer beim kooperativen bzw. kollaborativen Lernen) der Situation eines einzelnen Lernenden mit einem kompetenten Privatlehrer oder Coach nahe kommt. In solchen Situationen initiiert eine Aktion des Interaktionspartners A (z. B. eines menschlichen Lehrenden oder des Lernsystems) bestimmte mentale Operationen beim Partner B (z. B. dem Lernenden). Als Ergebnis oder Begleitphänomen dieser Operationen agiert B seinerseits und dieses Agieren hat dann zweierlei Funktion: Zum einen liefert es A eine Rückmeldung bzw. „Antwort" zu seiner vorangegangenen Aktion (wurde sie aufgenommen? verstanden? etc.), zum anderen werden nun durch die Aktion von B bei A mentale Operationen ausgelöst. Abbildung 7.1 zeigt eine solche Interaktionskette zwischen einem Lernsystem und einem Lernenden.

Interaktionsketten

Interaktivität bezeichnet das Ausmaß, in dem eine Lernumgebung Interaktionen ermöglicht und fördert. Auf den ersten Blick scheint es daher durchaus zweckmäßig, Interaktivität zu messen. Dies wird auch versucht. Es gibt Maße für die Interaktivität, die auf einer Zählung der Dateneingaben (Tastenanschläge, Wörter oder Mausklicks) der Lernenden beruhen (US Military Handbook 29612, Definitions; zit. nach Shook, 2002) und dementsprechend z. B. vier

Interaktivität: Messbar?

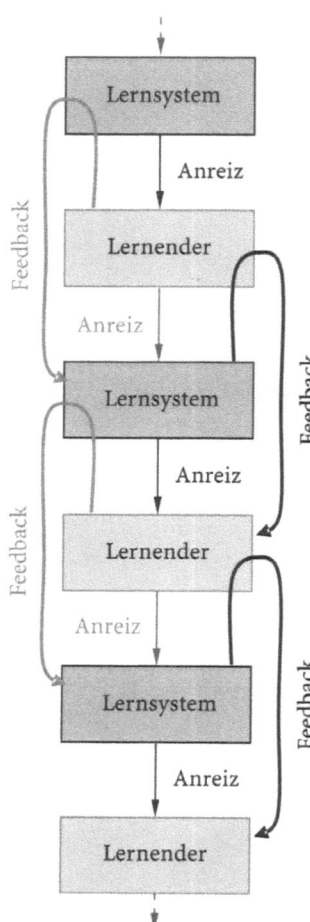

Abb. 7.1: Interaktionskette

oder fünf Niveaus von Interaktivität unterscheiden. Offensichtlich wird dabei die Menge der Eingaben als Maß für die Qualität des Lernsystems betrachtet. Das entspricht einer Zählung der Wörter und Zeigehandlungen eines Lehrers als Qualitätsmerkmal seiner Lehre.

Aber auch komplexere Taxonomien von Interaktionen bzw. Interaktivität (z. B. Schwier & Misanchuk, 1993) sind für die Konzeption von E-Learning-Angeboten wenig hilfreich, wenn die Beziehung zwischen den Kategorien einerseits und den kognitiven Prozessen andererseits nicht erläutert werden.

Worauf es alleine ankommt, ist der Beitrag, den die Interaktionen jeweils mittelbar oder unmittelbar zum erwünschten Lern-Ergebnis beitragen können (vgl. auch Sims, 1997).

7.2
Funktionen von Interaktivität

Interaktivität hat im Bereich der Lernmedien zweifellos eine ausgesprochen positive Konnotation. Nicht selten wird computer- bzw. webbasiertes Lernen in der Werbung und in nicht wissenschaftlichen Publikationen von vornherein gleichgesetzt mit „interaktivem" Lernen. Dabei sind etliche der so charakterisierten Lernprogramme etwa so interaktiv wie ein Buch: Man kann an jeder beliebigen Stelle beginnen, man kann von hinten nach vorne lesen, es gibt ein Inhaltsverzeichnis, vielleicht sogar ein Glossar und Querverweise im Text. Den Vorteil, dass man statt zu blättern mit einem Mausklick auskommt, erkauft man mit der deutlich geringeren Mobilität des Datenträgers.

Die entscheidende Frage für das Instruktionsdesign ist, welche Funktionen diese Merkmale dialogähnlicher Kommunikation haben. Angestrebt werden sicher oft die Funktionen der Kommunikation mit einem menschlichen Tutor oder Trainer:

- Motivieren
- Informieren
- Verstehen fördern
- Behalten fördern
- Anwenden bzw. Transfer fördern
- Lernprozess organisieren und regulieren

Dies sind die Grundfunktionen jedes Lehrens (Klauer, 1985). Interaktivität, die keine dieser Funktionen unterstützt, ist wahrscheinlich überflüssig, wenn nicht kontraproduktiv.

Es wird recht häufig eine motivierende Funktion von Interaktivität (ohne nähere Spezifikation) reklamiert, ähnlich wie dies von farbigen Grafiken, Bildern, Animationen und Filmsequenzen behauptet wird. Tatsächlich spricht vieles dafür, dass es oft weniger effektiv ist, wenn Lernende bloß rezeptiv Informationen aufnehmen, als wenn sie stimuliert werden, aktiv zu werden. Diese Aktivitäten müssen dann aber den Prozess des Wissensaufbaus unterstützen und es muss eine theoretische Vorstellung verfügbar sein, in welcher Art dies geschieht. Im Folgenden werden einige Möglichkeiten genannt, wie Interaktivität zu den einzelnen Lehrfunktionen beitragen kann.

7.2.1
Motivationsfördernde Interaktionen

Eine leicht implementierbare Möglichkeit sind ermutigende Äußerungen, die darauf abzielen, mit dem Lernen zu beginnen oder weiter zu lernen. Ein Modell zur Konzeption motivationsförderlicher Interaktionen wird in Kapitel 13 dargestellt. Wichtig ist vor allem, jede potenziell demotivierende Interaktion zu vermeiden. Dies sind alle Äußerungen, die in irgendeiner Weise geeignet sind, den Selbstwert oder die Selbsteinschätzung Lernender zu beeinträchtigen: Auch „scherzhaft gemeinte" Herabwürdigungen in Rückmeldungen („Du lernst es anscheinend nie!") sind tabu: Beim Design von Bildungsmedien kennen wir die Adressaten nicht, wir haben bestenfalls statistische Informationen über durchschnittliche Nutzer und können daher nicht einschätzen, was im Einzelfall durch Herabwürdigungen angerichtet wird. Angriffe auf den Selbstwert Lernender sind auch in Schule, Aus- und Weiterbildung stets schwere Kunstfehler, selbst wenn sie leider nur selten sanktioniert werden.

Demotivation vermeiden!

7.2.2
Informationsliefernde Interaktionen

Hinweise auf die jeweils noch zu bearbeitenden Kapitel oder Abschnitte erleichtern das selbstgesteuerte Lernen. Fehlerdiagnostische Rückmeldungen mit Erläuterungen bezüglich der Fehler liefern wertvolle Hinweise auf Wissenslücken und Denkfehler. Auch Fragemöglichkeiten für Lernende gehören hierzu.

Hinweise auf Wissenslücken und Denkfehler

7.2.3
Verstehen fördernde Interaktionen

Hilfen unterschiedlicher Art

„Verstehen" bedeutet, dass neue Informationen in bestehende individuelle Wissensstrukturen eingeordnet werden können, dass Bezüge hergestellt werden. Verstehen fördernde Interaktionen können z. B. adaptiv unterschiedliche Darstellungen, alternative Erklärungen oder spezielle Hilfen bereitstellen und eventuell entsprechende Empfehlungen geben. Zu den wichtigsten Möglichkeiten, das Verstehen zu fördern, gehören sicherlich Fragen, und zwar sowohl seitens des Systems als auch seitens der Lernenden.

7.2.4
Behalten fördernde Interaktionen

Verknüpfen mit anderen Inhalten und Memorieren

Neben vielfältigen Verknüpfungen mit anderen Gedächtnisinhalten wird das Behalten durch Üben (Memorieren) gefördert. Multimediale Lernumgebungen können das Behalten fördern, indem sie Tools bereitstellen, die geeignete Mnemotechniken unterstützen und lernerfolgsabhängige Übungsmöglichkeiten anbieten (z. B. eine Lernkartenverwaltung).

7.2.5
Interaktionen, die das Anwenden und den Transfer fördern

Aufgaben- bzw. Problemstellungen, deren Lösung die Verwendung des zuvor vermittelten bzw. angeeigneten Wissens erfordert, können den Transfer unterstützen. Anwendungs- und Transferförderung lassen sich praktisch nicht trennen, da jede Abweichung von den Aufgaben, anhand derer der Lehrstoff vermittelt wurde, bereits einen (nahen) Transfer beinhaltet.

Transfer tritt nicht von alleine auf

Das Ausmaß des automatisch zu erwartenden Lerntransfers wird von Lehrenden oft deutlich überschätzt. Transfer kann explizit gefördert werden, indem auf Anwendungsmöglichkeiten und Besonderheiten der Anwendung des Gelernten in bestimmten Situationen ausdrücklich hingewiesen wird. Im Kontext multimedialen Lernens sind spezielle Verweise (Links) möglich, die z. B. beim Anklicken zusätzliche Hinweise in einem eigenen Fenster präsentieren. Eine weitere Möglichkeit der Transferförderung besteht in der systematischen Variation von Aufgaben und Problemstellungen. Beim situierten Lernen (s. Kap. 2) sollte zu jedem Thema mehr als eine Aufgabenstellung angeboten werden.

7.2.6
Interaktionen, die den Lernprozess regulieren

Übersichten (Sitemaps) zu Inhalten, die Anzeige noch nicht bearbeiteter Kapitel, Rückmeldungen, Empfehlungen für bestimmte Lernwege, Hinweise auf Übungsangebote, Lernhilfen, Tipps und integrierte Tools zur Lernplanung und zum Zeitmanagement sind Möglichkeiten, den Prozess der Selbststeuerung zu unterstützen. Es ist aber auch zu bedenken, dass es durchaus legitim und von Lernenden oft erwünscht ist, Entscheidungshilfen von Experten zu erhalten. Wer sich auf eigenen Wunsch beraten oder anleiten lässt, fühlt sich keineswegs gegängelt, vorausgesetzt, er kann die Führung jederzeit wieder verlassen.

Unterstützung der Selbststeuerung

7.3
„Inter-Aktionsformen" und ihre Realisierung

7.3.1
Aktionen Lernender

Die Aktionen des Lernenden und des Lehrsystems müssen zwar aufeinander bezogen sein, sie sind jedoch nicht notwendigerweise symmetrisch. Aus instruktionstechnologischer Sicht lassen sich zumindest folgende Aktionsformen der Lernenden unterscheiden:

Die selbständige *Auswahl von Lehrinhalten*: Sie darf natürlich nicht fehlen, obwohl es eher lächerlich wirkt, diese Möglichkeit bei der Beschreibung eines Lernprogramms als Beleg für „Interaktivität" aufzuführen. Die Umsetzung erfolgt durch einfache Hyperlinks. Dabei empfiehlt es sich, jeweils die gesamte Überschrift in einem Inhaltsverzeichnis als Link zu definieren und nicht nur ein vorangestelltes Aufzählungszeichen. Wenn Überschriften nicht selbsterklärend sind, empfiehlt sich ein Pop-up-Fenster mit einer kurzen Erläuterung (öffnen bei Berührung mit dem Mauscursor). Auch kurze Kapitelzusammenfassungen können auf diese Weise angeboten werden.

Auswahl als Interaktion?

Die selbständige *Wahl einer Reihenfolge* (Sequenz) des Lehrstoffs: Auch diese Möglichkeit ist für sich genommen trivial. Falls bestimmte Sequenzen für bestimmte Nutzergruppen (z. B. je nach Vorkenntnissen oder Interessen) besonders günstig sind, empfiehlt sich das Angebot von Guided Tours. Die Realisierung ist innerhalb einer Website bereits mit sehr einfachen Mitteln möglich. Auch bei der Entscheidung eines Nutzers für eine bestimmte Guided Tour sollte er die Freiheit zu Abstechern haben, also anderen Links

Sequenz

folgen können. Tourmaps, die über den Verlauf der Guided Tour informieren, können solchen Nutzern helfen, gegebenenfalls wieder in die Spur zu kommen. Eine Tourmap kann z. B. analog einer hervorgehobenen Strecke innerhalb der Darstellung eines städtischen Verkehrsnetzes präsentiert werden. Solche Maps sollten während einer Tour jederzeit verfügbar sein.

Wahl von Beispielen und Aufgaben

Auswahlentscheidungen betonen das Angebot selbstgesteuerten Lernens: Die Auswahl zwischen unterschiedlichen Schwierigkeitsniveaus dürfte für die meisten Lerner unproblematisch sein, manche benötigen allerdings Aufforderungen oder geeigneten Zuspruch, damit sie sich für höhere Schwierigkeitsgrade entscheiden. Wenn sich die Beispiele und vor allem die Aufgaben anders als nach Schwierigkeit unterscheiden, sind die meisten Lerner allerdings überfordert, es sei denn, das Programm liefert Entscheidungshilfen. Zur technischen Umsetzung genügen meist einfache Links und Pop-up-Fenster.

Stellvertretende Handlungsentscheidungen

Das Treffen *stellvertretender Handlungsentscheidungen* ist erfahrungsgemäß für Lernende besonders reizvoll, wenn anschließend die Konsequenzen beobachtet werden können. Hier können interaktive Videosequenzen (vgl. Kap. 10) didaktisch sinnvoll eingesetzt werden. Die Verzweigungen einer Filmstory müssen allerdings aus Gründen des Speicherplatzes und des Umfangs der Dreharbeiten in der Regel eng begrenzt bleiben. Ein interaktives Video, bei dem eine stellvertretende Handlungsentscheidung jeweils Konsequenzen für alle weiteren Handlungsverläufe hat, dürfte auch vom Drehbuch her kaum realisierbar sein: Eine gute Dramaturgie für viele Verlaufsvarianten gleichzeitig zu entwickeln hat bis heute noch kein Drehbuchautor geschafft.

Bearbeiten von Aufgaben, Lösen von Problemen

Das *Bearbeiten und Lösen von Aufgaben und Problemen* erfordert einigen Programmieraufwand, wenn die Aktivitäten der Lerner aus mehr bestehen sollen als dem Anklicken oder Verschieben von Objekten auf dem Monitor. Problemorientierte Lernumgebungen (vgl. Kap. 2) sind meist sehr aufwändig in der technischen Realisierung, sie erfordern häufig eine größere Zahl Video- und Audio-Assets. Wünschenswert ist eine möglichst „intelligente" Auswertung komplexer Lerner-Inputs:

- Sortieraufgaben

- Erstellung von Conceptmaps

- (Pseudo-)Natürlichsprachige Eingaben

Passive Hilfen

Das Anfordern und Nutzen von Hilfen (*passive Hilfen*) stellt insbesondere ergonomische Anforderungen: Es sollte von einem Benutzer nicht erwartet werden, dass er die genaue Bezeichnung des Gesuchten kennt. Benutzerfreundliche Hilfen sind kontextsensitiv, d. h., es wird in der Regel Hilfe zu dem Inhalt der aktuellen Bildschirmseite angeboten. Hilfe zur Handhabung des Programms generell kann ein spezieller Menüpunkt innerhalb der lokalen Hilfe sein oder es sollte dafür einen eigenen Button geben.

Die Möglichkeit des *Vervollständigens oder Modifizierens angebotener Lernmaterialien* kann genutzt werden, um Lernende zu aktivieren und die Aufmerksamkeit aufrechtzuerhalten; z. B. indem beim Teleteaching Schaubilder angeboten werden, die von den Lernenden während der Instruktion grafisch oder textlich zu vervollständigen sind. Besonders interessant ist die Möglichkeit, Lehrtexte mit Annotationen zu versehen, ähnlich wie die Kommentarfunktion in MS Word.

Vervollständigen oder Modifizieren von Lernmaterialien

Die eingeschränkten Möglichkeiten für Lernende, Fragen zu stellen, bezeichnet einen der massivsten Schwachpunkte computer- und webbasierter Lernmedien: Obwohl die „Interaktivität" von E-Learning in der Werbung stets besonders herausgestellt wird, ist diese elementare Lehrer-Lerner-Interaktion oft nicht einmal ansatzweise vorgesehen. Tatsächlich ist eine echte natürlichsprachige Interaktion bis heute nicht machbar. Es gibt jedoch mehrere Möglichkeiten, Lernenden auch bei E-Learning Fragen stellen zu lassen: Eine technisch einfach realisierbare Art besteht darin, vorgefertigte Fragen anzubieten, etwa in einem speziellen Fragenfenster. Hierbei ist es wichtig, dass diese Fragen dem Fragebedarf der Lernenden entsprechen, erfahrene Lehrer bzw. Trainer des jeweiligen Fachgebiets sollten hierzu herangezogen werden. Ein etwas aufwändigerer Weg besteht darin, eine Art „Fragenparser" zu programmieren: Eine Prozedur, die es erlaubt, aus einer vorgegebenen Menge von Begriffen und fachgebietsbezogenen „Fragestämmen" Fragen zu generieren. Nicht sinnvolle Kombinationen werden mit der Aufforderung zu einer Umformulierung zurückgewiesen. Beispiele für Fragestämme sind: Wie hängen X und Y zusammen? Was ist die Ursache von X? Wie kann Y verstärkt werden? Für X und Y können durch „Drag and Drop" oder in Form von Schieberegistern Begriffe aus einer umfangreichen Liste eingesetzt werden; die Flexibilität dieser Form ist etwas größer als bei vorgegebenen Fragen.

Fragen stellen

Eine dritte Form sind *pseudo-natürlichsprachige Fragen:* Hierbei ist eine freie Eingabe möglich, die Eingaben werden hinsichtlich des Vorkommens von Frage- und Schlüsselwörtern bzw. deren Wortstämmen sowie auf die Sequenz der Wörter hin ausgewertet; irrelevante Wörter werden ignoriert. Je nach Fachgebiet kann dies sehr vielfältige Fragen ermöglichen. Technisch steht für die Beantwortung der Fragen bei allen Formen eine Matrix im Hintergrund, die alle Begriffskombinationen präsentiert und mit einer

Pseudo-natürlichsprachige Fragen und Eingaben

7.3 „Inter-Aktionsformen" und ihre Realisierung

geeigneten Antwort verknüpft. Didaktisch interessant ist in diesem Zusammenhang die Idee einer fragebasierten Navigation: Programme können so organisiert werden, dass bestimmte Verzweigungen nur über Fragen zugänglich sind. Lernende müssen sich dann an bestimmten Stellen überlegen, was sie wissen möchten, anstatt einfach einen „Weiter"-Button anzuklicken. Die bewusste Entscheidung für eine Frage kann sich positiv auf das Behalten des Lehrstoffs auswirken.

Die *Eingabe von Antworten* auf systemseitig gestellte Fragen ist in der Regel unproblematisch, wenn es sich um das Markieren korrekter Alternativen von Mehrfachwahlaufgaben, um Lückentexte oder „Drag and Drop"-Aktionen handelt: Hierzu gibt es in allen guten Autorensystemen vorgefertigte Routinen. Werden ganze Sätze erwartet, kann eine pseudo-natürlichsprachige Verarbeitung (s. o.) verwendet werden. Bei mehreren Sätzen oder Kurzaufsätzen ist eine automatische Verarbeitung derzeit nur sehr eingeschränkt möglich. Hier können dem Lerner Musterantworten zum Vergleich angeboten werden. Möglichkeiten einer automatischen Bewertung von Kurzaufsätzen beim webbasierten Lernen bestehen, sind aber verhältnismäßig aufwändig (s. Kap. 17).

Simulationen und Lernspiele

Die Steuerung bzw. Regelung von Systemen ist ein Standardfall hoher Interaktivität bei *Simulationen und Lernspielen*. Aus didaktischer Sicht ist es hierbei wünschenswert, dass die Gründe für ein bestimmtes Systemverhalten transparent gemacht werden, wenn die Wirkung einer Eingabe nicht trivial ist: Es sollte möglichst erkennbar werden, welche Wechselwirkung von Bedingungen den entsprechenden Effekt bewirkt hat. Geeignet dazu sind insbesondere spezielle Diagramme, die den Einfluss der Eingabe erläutern.

Simulationen selbst entwickeln

Ein didaktisch weiter gehender Ansatz besteht darin, die Lernenden selbst *Simulationsmodelle erstellen* zu lassen. Entsprechende Versuche unternahmen Hillen et al. (2000). Eine didaktisch orientierte Software, die vom Kindergarten bis zur Universität solche Modellbildung fördert, ist AgentSheets (Informationen unter: http://www.agentsheets.com).

Planungshilfen

Eine bisher nur sehr selten umgesetzte Form von Interaktivität betrifft *Hilfen zur Planung und Regelung des eigenen Lernens* (Ziele, Zeit): Vor allem bei umfangreichen Lernwebsites wäre es für manche Lerner hilfreich, zu Beginn des Lernprozesses einen Plan aufzustellen, z. B. anhand einer Folge von Fragen nach Zielen und verfügbarer Zeit. Das Programm könnte dann später an die ursprünglich genannten Ziele und Zeitvorstellungen erinnern, z. B. wenn ein Lerner sich im Web weit weg von seinen Zielen bewegt hat. Dabei sollte selbstverständlich stets die Möglichkeit gegeben sein, Ziele und Zeiten anzupassen. Ein derartiges Hilfesystem ließe sich auch um weitere lerntechnische Tools und Tipps erweitern.

7.3.2
Aktionen des Lehrsystems

Vom Lehrsystem ausgehend sind insbesondere folgende Aktionen realisierbar:

Die *Darbietung von Informationen* in Form von Texten, Bildern, Tönen, Filmen und Animationen kann dann als interaktiv bezeichnet werden, wenn sie auf der Basis von Informationen über den jeweiligen Lernenden variabel gestaltet wird. Dies war und ist ein wesentliches Ziel „intelligenter tutorieller Systeme" (Wenger, 1987), deren Entwicklungsmöglichkeiten Ende der achtziger Jahre überschätzt wurden. Adaptivität ist jedoch nach wie vor ein wichtiger Faktor der Effektivität von Lehrmedien (s. Abschnitt 7.6). Die Informationen für die Anpassung (z. B. Niveau von Aufgaben, Darbietung von Zusatztexten) können durch Fragen an den Lerner, durch Input eines Trainers oder durch den Aufbau eines Lernermodells auf der Grundlage einer mehr oder weniger raffinierten Diagnosefunktion des Systems gewonnen werden.

Intelligente tutorielle Systeme

Das *Stellen von Fragen, Aufgaben und Problemen* ist im Allgemeinen technisch unproblematisch. Umso mehr Aufwand kann die Bereitstellung von Eingabemöglichkeiten und eine angemessene Auswertung der Antworten erfordern. Am häufigsten zu finden sind bisher die Standardformen von Fragen und Antworten: Multiple-Choice, Lückentext, Drag and Drop und Eingabe einzelner Wörter, evtl. auch Sätze. Interessante Möglichkeiten können aber auch Techniken der Begriffsnetzdarstellung bieten (Eckert, 1999). Es ist dabei möglich, ein von Lernenden erzeugtes Begriffsnetz (Conceptmap) automatisch mit dem Netz eines Experten zu vergleichen.

Fragen stellen, Aufgaben zuweisen

Fehlertolerante Verarbeitung und Rückmeldung auf Eingaben: Es ist immer wieder ärgerlich, wenn ein Lernender die Antwort auf eine Frage oder die Lösung einer Aufgabe eingibt und trotz inhaltlich richtiger Antwort die Rückmeldung „falsch" bekommt. Die Eingabeprozedur muss zumindest in der Lage sein, vor oder hinter einer Antwort eingegebene Leerzeichen zu ignorieren. Schwieriger ist die Gestaltung (rechtschreib-)fehlertoleranter Eingaberoutinen. Fehlertolerant heißt dabei nicht, dass der Rechtschreibfehler unkommentiert hingenommen wird, sondern, dass die Eingabe inhaltlich dennoch korrekt interpretiert wird. Zweckmäßigerweise wird der Lerner dann auf den Fehler hingewiesen, eventuell

Nicht jede fehlerhafte Antwort ist falsch

kann das Programm auch rückfragen, ob die vermeintlich korrekte Schreibweise das vom Lerner Gemeinte wiedergibt. Problematisch ist hier die Abgrenzung dessen, was noch toleriert werden kann und was zurückgewiesen werden muss. Es gilt hier den erforderlichen Programmieraufwand gegen den Nutzen des Erkennens seltener Falschschreibungen abzuwägen.

Aktive Hilfen

Das Problem beim aktiven Anbieten von Hilfen (*aktive Hilfen*) besteht darin, Indikatoren dafür zu finden, wann eine derartige Hilfe erwünscht sein könnte. Hierzu gibt es seit langem Arbeiten im Bereich der KI-Forschung (Künstliche Intelligenz), es hat sich allerdings gezeigt, dass hier auch psychologische Aspekte eine wichtige Rolle spielen. Auch objektiv nützliche Hilfsangebote werden aus verschiedenen Gründen nicht selten abgelehnt. Indikatoren für Hilfebedarf können sein: Längeres Verweilen auf einer Bildschirmseite ohne Input (Mausklicks, Tastatureingaben), wiederholte typische Fehler oder ungünstige Handlungsfolgen. Wichtig ist, dass jedes Hilfeangebot vom Lerner sofort abgelehnt werden kann.

Rückmeldungen

Ohne *Rückmeldungen (Feedback)* auf Lerneraktivitäten kann auch in der dreistesten Werbung kein Lernprogramm als „interaktiv" bezeichnet werden. Entscheidend ist jedoch hier die Qualität. Ein bloßes „Falsch" oder „Schade" als Feedback zu einer unrichtigen Aufgabenbearbeitung ist didaktisch unzureichend: Zumindest die korrekte Antwort, möglichst mit Erläuterungen, sollte unmittelbar folgen, damit der Fehler Ausgangspunkt eines Lernprozesses sein kann. Wünschenswert ist allerdings, dass Rückmeldungen jeweils auf einer Fehleranalyse basieren. Fehleranalysen zu planen und zu programmieren kann ziemlich aufwändig sein. Sie sind eher einfach, wenn die Aufgaben feststehen. In diesem Fall kann jeder kategorisierbare Fehler als spezieller „Eingabefall" vorgesehen werden. Wenn aber, wie z.B. bei einem Rechentrainer, die Aufgaben jeweils zufällig erzeugt werden, muss das entsprechende Programm in der Lage sein, für jede Fehlerkategorie die typische Antwort zur Laufzeit zu generieren, um bei Eingabe einer falschen Antwort entsprechend zu reagieren. Da gelegentlich der gleichen falschen Antwort unterschiedliche Denkfehler zugrunde liegen können, müssen alternative Fehlererklärungen ausgegeben werden. Um geeignete Fehlerkategorien zu finden, können eigene Felduntersuchungen nötig sein, in vielen Fällen genügen zunächst Interviews mit erfahrenen Lehrern, Dozenten und Trainern. Bei webbasierten Lernumgebungen empfiehlt es sich, alle Antworten zu speichern und von Zeit zu Zeit zu analysieren, ob und welche falschen Antworten aufgrund systematischer „Denkfehler" bzw. unangemessener Vorstellungen vom jeweiligen Lerngegenstand zustande gekommen sind. Bei jeder Fehleranalyse bleibt natürlich eine Restkategorie für Tippfehler und andere nicht kategorisierbare Fehler.

Generell ist bei allen wertenden Rückmeldungen darauf zu achten, dass das Selbstwertgefühl der Lerner in keiner Weise beeinträchtigt wird. Gerade weil der Autor den Lernenden nicht kennt, ist äußerste Zurückhaltung bei tadelnden Äußerungen angebracht.

7.4
Computer sind auch nur Menschen

Weitgehend unabhängig von den Inhalten spielen bei der Interaktion mit einem Medium auch sozial-emotionale Aspekte eine meist unterschätzte Rolle. Die Kommunikationspsychologen Reeves & Nass (1996) fanden in einer langen Reihe replizierter Experimente die Media-Equation-Annahme bestätigt: „Menschen verhalten sich gegenüber Medien genauso, wie sie sich gegenüber anderen Menschen verhalten". Auch wenn die These überspitzt klingt: Die Experimente zeigen, dass Menschen unbewusst bzw. unreflektiert soziale Verhaltensmuster auf die Interaktion mit Medien übertragen. Befunde liegen u. a. für folgende Aspekte vor:

- *Höflichkeitsregeln:* Versuchspersonen verhielten sich höflich gegenüber einem Computer. Wenn ein Computer um Bewertung „seiner Leistung" bat (Bewertung eines Lehrprogramms), so waren die Antworten positiver und homogener, als wenn die gleiche Frage von einem anderen Computer kam. Analog dem Unterschied, ob ein Redner selbst einen Zuhörer fragt „Wie war ich?" oder ob jemand anderes fragen würde, wie gut der Redner war. Den Versuchspersonen war die Tendenz zu höflichen Antworten nicht bewusst.

Sind Sie höflich zu Ihrem Computer?

- *Zwischenmenschliche Distanz – persönlicher Raum:* Kulturabhängig lehnen wir es ab, wenn uns fremde Menschen physikalisch zu nahe kommen. Leute, die uns weniger sympathisch sind, finden wir noch weniger sympathisch, wenn sie im Gespräch die Grenze des „persönlichen Nahraums" überschreiten. Bei Medien entspricht dies „Ganz nah"- bzw. Detailaufnahmen auf einem großen Bildschirm.

- *Reaktionen auf Lob und Schmeicheleien:* Personen, die einem schmeicheln, werden tendenziell positiver bewertet. Dieses Prinzip gilt auch für Software, die einem Nutzer schmeichelt; die Gesetzmäßigkeit gilt im realen Leben und im Umgang mit Medien offenbar auch dann, wenn die Schmeicheleien als solche durchschaut werden.

Lieben Sie Ihren Computer mehr, wenn er Sie lobt?

- *Wirkung von und Reaktionen auf Lob und Kritik:* Kritikern wird zum Beispiel eine höhere Intelligenz zugesprochen als lobenden Personen. Wenn Lob oder Kritik von einem Computer kommen, werden analoge Zuschreibungen gemacht.

- *Wahrgenommene „Persönlichkeitsmerkmale":* Bestimmte wahrgenommene Persönlichkeitsmerkmale von Interaktionspartnern führen zu bestimmten Zuschreibungen (Attribuierungen). Dies gilt auch für Medien (Computer), bei denen aufgrund ihres Verhaltens (Formulierungen, Ausdrucksweise) bestimmte Persönlichkeitsmerkmale wahrgenommen werden (u. a. Dominanz vs. Unterwürfigkeit, Offenheit vs. Verschlossenheit, Gewissenhaftigkeit, Emotionale Stabilität vs. Instabilität).

- *Wahrnehmung von und Verhalten gegenüber Experten:* Informationen über Titel, besondere Kompetenz usw. führen zu Veränderungen im zwischenmenschlichen Verhalten und analog im Verhalten gegenüber Medien.

Ist Ihr Computer männlich oder weiblich?

- *Geschlechtsbezogene Stereotype:* Ein Computerprogramm, das mit weiblicher Stimme über Technik spricht, wird, entsprechend dem gängigen Stereotyp, das Frauen weniger technische Kompetenz zuschreibt, als weniger kompetent eingeschätzt als das gleiche Programm, das mit männlicher Stimme spricht.

Dies sind nur einige der sozialpsychologischen Gesetzmäßigkeiten, von denen Reeves & Nass (1996) zeigen konnten, dass sie auf interaktive Medien übertragen werden. Die plausibelste Erklärung bisher ist, dass Menschen über bestimmte schematische Verhaltensmuster verfügen, auf die wir mangels Alternativen auch in Situationen zurückgreifen, die den zwischenmenschlichen ähneln.

7.5
Computer- und webunterstützte Interaktionen mit anderen Menschen

Kooperatives und kollaboratives Lernen

Der Schritt vom computer- zum webbasierten Lernen brachte vor allem einen qualitativen Vorteil: Es war nun auch möglich, mit anderen Lernenden kooperativ (kollaborativ) zu lernen. Dies ist nicht zuletzt deshalb von Bedeutung, weil sich das kooperative Lernen – adäquat eingesetzt – bereits in nicht technologiebasierten Lernumgebungen als sehr effizient erwiesen hat (Slavin, 1980, 1996, 1997).

Die anfängliche Euphorie über die beträchtliche Erweiterung der didaktischen Möglichkeiten des E-Learning durch netzbasiertes Lernen wich jedoch mit dem Vorliegen empirischer Forschungsergebnisse der Einsicht, dass sich die gewünschten Ergebnisse keineswegs von alleine einstellen, wenn man Gruppen von Lernenden in Foren oder Chatrooms zusammenbringt.

Mittlerweile sind differenzierte Aussagen zu den Chancen und Risiken des computervermittelten kooperativen Lernens möglich; eine gute Zusammenfassung des State-of-the-Art geben Hesse et al. (2002).

Netzbasiertes Lernen kann in unterschiedlichen Szenarien organisiert werden. Zu unterscheiden sind insbesondere synchrone und asynchrone Settings: Synchron sind vor allem Chat-Gruppen, Televorlesungen, Teleseminare. Trotz deren Beliebtheit innerhalb der Freizeitgestaltung bei vielen Jugendlichen ist der Wert von freien, unstrukturierten Chats als Komponente von E-Learning eher gering. Insbesondere sind freie Chats kaum geeignet, wenn größere Gruppen gemeinsam kommunizieren sollen. Eine Hauptschwierigkeit besteht darin, dass man schnell den Überblick verliert, wer auf welches Argument von wem reagiert hat.

Synchron vs. asynchron

Synchrone Kommunikationsformen

Bei asynchronen Kommunikationsformen (z. B. Forumsdiskussionen) kann es nachteilig sein, dass sich die Behandlung von Themen über längere Zeit hinziehen kann, wenn die Teilnehmer sich nicht in kurzen Abständen am Diskurs beteiligen.

Asynchrone Kommunikationsformen

Eine wichtige Problemquelle beim netzbasierten kooperativen (kollaborativen) Lernen ist die eingeschränkte „soziale Präsenz": Non- und paraverbale Kommunikationsakte sind meist ausgeschlossen, soziale Hinweisreize sind reduziert (was auch positive Effekte hervorbringen kann), Rückmeldungen sind weitgehend reduziert auf explizites Feedback (Gestik und Mimik entfallen in der Regel). Die Möglichkeit zu passiver Teilnahme an Gruppendiskussionen bietet sich eher als bei Face-to-Face-Sitzungen, und schließlich kann auch die für virtuelle Gruppenarbeit erforderliche Software zu zusätzlichen Belastungen führen (Hesse et al., 2002; Döring, 2003).

Soziale Präsenz

Als eine interessante Möglichkeit zur Förderung der Kooperation haben sich Strukturierungsverfahren (Kooperationsskripte) erwiesen. Es handelt sich dabei um einschränkende Hilfen für den Diskurs, z. B. werden den Lernenden bestimmte Argumentationsformen vorgegeben, die sie per Mausklick auswählen und inhaltlich füllen.

Kooperationsskripte

Von der Forschung wurden die Schwierigkeiten des netzbasierten Lernens generell als Herausforderung begriffen. Für manche Probleme gibt es unter bestimmten Bedingungen bewährte Lösungsmuster (Pedagogical Design Patterns) und neue Vorschläge. Die jeweils neuesten internationalen Forschungsbefunde werden im Zweijahresrhythmus bei der CSCL-Konferenz (Computer Support for Collaborative Learning) vorgestellt und diskutiert (zuletzt z. B. Wasson et al., 2003).

7.6
Adaptivität

Ein interaktives System ist kaum denkbar ohne ein Minimum an Adaptivität. Äußerungen des Systems sollen sich auf vorangegangene Äußerungen des Nutzers beziehen und sie nach Möglichkeit an Besonderheiten (z. B. Vorwissen, Interessen) des individuellen Lerners anpassen.

Anpassung an individuelle Unterschiede Lernender

Adaptivität ist in dem Maße gegeben, in dem eine Lernumgebung „ihr Verhalten" an veränderte Bedingungen, d. h. insbesondere an die individuell unterschiedlichen Lernvoraussetzungen bzw. Lernfortschritte Lernender, anpasst. Diese Anpassung kann sich u. a. auf Folgendes beziehen:

- Instruktionsumfang
- Lernzeit
- Sequenz
- Zeit der Aufgabenpräsentation
- Aufgabenschwierigkeit (Leutner, 2002)

Adaptive Lernumgebungen haben sich durchaus als effektiv erwiesen, ihre Entwicklung ist allerdings technisch relativ aufwändig und erfordert einschlägige Kenntnisse der Wechselwirkungen zwischen Persönlichkeitsmerkmalen von Lernenden und Merkmalen von Lernumgebungen (vgl. Leutner, 1992, 2002).

Nachdem es um die Idee adaptiver Lernsysteme eine Zeitlang relativ ruhig war, scheint die Thematik wieder an Attraktivität in der Forschung zu gewinnen (Shute & Towle, 2003). Tatsächlich handelt es sich um einen zentralen Aspekt des E-Learning. Wenn man *nicht* überzeugt ist, dass die meisten Lerner in der Lage sind, sich ihre Informationen selbst zu besorgen und angemessen aufzubereiten, selbständig hinreichend zu üben und für Transferförderung zu sorgen, dann ist E-Learning das Mittel, mit dem individuell angepasste Lernangebote bereitgestellt werden können.

Ansätze, ein adaptives E-Learning außerhalb universitärer Forschungslabors zu realisieren, gibt es erst wenige, z. B.:

- LearningBrands.com
  http://216.247.191.87/clients/LBR/site/solutions/alearning.htm

- AdaptiveTutoring.com
  http://www.adaptivetutoring.com/
- Learning Machines, Inc.
  http://www.learningmachines.com.

8 Didaktische Gestaltung von Audio

8.1 Psychologische Funktionen von Musik

Der Einsatz von Musik ist immer mit einer bestimmten Absicht verbunden. Für den Bereich des Lehrens und Lernens sind besonders psychologische Funktionen von Musik von Interesse. Merriam (1964) listet verschiedene Funktionen von Musik auf, die ein weites Spektrum umfassen:

- Emotionaler Ausdruck   *Funktionen*
- Ästhetisches Vergnügen
- Unterhaltung
- Kommunikation
- Symbolische Repräsentation
- Konformität zu sozialen Normen erzwingen
- Bestätigung von sozialen Institutionen und religiösen Ritualen
- Kontinuität und Stabilität von Kultur
- Integration von Gesellschaft

Musik findet sich demnach in weiten Bereichen unseres alltäglichen Lebens wieder. Aber auch für soziale und religiöse Institutionen übernimmt Musik wichtige Funktionen, z. B. das Glockenläuten und die Begleitung durch Musikkapellen bei Taufen, Hochzeiten und Beerdigungen.

In einer neueren Arbeit von Hargreaves & North (1999) werden die Funktionen von Musik auf drei grundlegende psychologische Funktionen verdichtet:

- Kognitive
- Emotionale
- Soziale

Gerade die emotionale Funktion von Musik spielt in E-Learning-Angeboten eine wichtige Rolle; darüber hinaus besitzen audiovisuelle Informationen eine motivationale Komponente. So lässt sich mit Musik eine bestimmte Stimmung hervorrufen, die die Aufmerksamkeit auf ein bestimmtes Thema lenkt oder Spannung erzeugt (Bruns & Gajewski, 1999).

Beim Sprechen erfüllen diese Funktionen der Ausdruck der Stimme (Lautstärke und Klangfarbe) und das Sprechtempo (Paechter, 1996). Verknüpfungen von Lerninhalten mit Emotionen können zu verbesserten Behaltensleistungen führen.

Audioelemente, die den genannten psychologischen Funktionen entsprechend und die nach sinnvollen didaktischen Kriterien (s. u.) gestaltet sind, können somit zum Lernerfolg beitragen.

Funktionen im E-Learning

Das Rahmenmodell von Flender (2002) integriert verschiedene Funktionen von Musik und eröffnet Optionen für ein didaktisches Audiodesign.

Allgemeine Funktionen

- Musik als Merkmal der Raumakustik
- Musik als Element des didaktischen Gesamtdesigns
- Musik als Funktion der Benutzungsschnittstelle

Lernprozessbezogene Funktionen

- Aufmerksamkeitssteigerung (-gewinnung, -lenkung) mit Hilfe von Musik
- Motivierung mit Hilfe von Musik
- Aktivierung von Vorwissen mit Hilfe von Musik
- Darstellung und Strukturierung von Inhalten mit Hilfe von Musik
- Rückmeldung mit Hilfe von Musik

Allgemeine Funktionen bringen Musik in Verbindung mit Bedingungen der Mediennutzung; lernprozessbezogene Funktionen verknüpfen Musik mit klassischen Lehr-/Lernfunktionen (Klauer, 1985).

Das Rahmenmodell stellt einen wichtigen Entwicklungsschritt auf dem Weg zu einem didaktischen Audiodesign dar. Flender konnte darüber hinaus auch empirisch nachweisen, dass mit so genannten Leitmotiven eine zusätzliche und potenziell wirksame Orientierungs- bzw. Strukturierungshilfe in multimedialen Lernumgebungen geschaffen werden kann. Dabei werden mit Leitmotiven kurze, einprägsame Musiksequenzen bezeichnet, die immer wieder auftauchen, um auf einen bestimmten Aspekt hinzuweisen. Bekannt sind Leitmotive aus der Werbung, dem Fernsehen und dem Kino. Sie knüpfen an bestimmte konventionalisierte Kompositionsprinzipien klassischer Musik an.

Im Bereich des E-Learning werden Leitmotive bislang kaum verwendet. Einsatzmöglichkeiten bieten sich z. B. bei wiederkehrenden Ereignissen. Beispielsweise könnten Zusammenfassungen am Ende einer Lektion mit einer bestimmten Melodie unterlegt werden. Für die Entwicklung von E-Learning-Kursen ergeben sich hier bislang noch unerprobte Möglichkeiten, Audioelemente didaktisch sinnvoll einzusetzen.

8.2
Audioelemente und ihre Funktionen

In ihrem Überblicksartikel unterscheidet Kerr (o. J.) drei Audioelemente Audioelemente:

- Sprache   *Audioelemente*

- Soundeffekte

- Musik

Auf zwei Elemente geht die Autorin näher ein und gibt Hinweise für eine didaktisch sinnvolle Einbindung.

Gesprochene Sprache
Die gesprochene Sprache lässt sich für folgende Funktionen einsetzen:

- *Übermittlung konkreter Informationen* (z. B. als Erläuterung eines Bildes)

- *Ersetzen eines Textes:* Gerade bei beschränktem Platzangebot auf dem Bildschirm ist der Einsatz von gesprochener Sprache zu empfehlen. Dadurch kann Platz gespart und das Überladen des Bildschirms verhindert werden.

- *Lenken der Aufmerksamkeit:* Steht ein Bild im Mittelpunkt einer Seite, so ist ein gesprochener Text zur Erläuterung oft besser geeignet als ein geschriebener Text. Denn durch das Lesen des Textes wird ein Teil der Kapazität des Arbeitsgedächtnisses abgezogen (s. auch Kap. 12), indem der Betrachter zwischen Bild und Text hin und her wechseln muss. Dies ist bei einem gesprochenen Text nicht der Fall. Hier kann sich der Lerner ganz auf das Bild konzentrieren.

Musik

Ganz allgemein ist Musik hervorragend geeignet, Emotionen und Stimmungen aller Art zu erzeugen. In multimedialen Lehr-/Lernangeboten kann Musik folgende Funktionen übernehmen:

- *Festlegen eines Schauplatzes*: Durch bestimmte ethnisch gefärbte (s. Abb. 8.1) oder passend zum Inhalt gewählte Melodien lässt sich der Schauplatz des Geschehens definieren.

- *Festlegen der Zeit*: Mit Musik lässt sich ein bestimmter zeitlicher Abschnitt bestimmen (z. B. die 1960er Jahre).

- *Identifikation*: Durch wiederkehrende Melodien lassen sich bestimme Charaktere und Ereignisse identifizieren. Eine kurze Sequenz kann dazu dienen, die Erscheinungsweise von Figuren, Situationen oder Handlungen hervorzuheben. Dies lässt sich mit dem Begriff des Leitmotivs auf einen Punkt bringen.

- *Übergang*: Musik kann ebenso dafür eingesetzt werden, eine Idee oder Sequenz mit einer anderen zu verbinden. Der Lerner wird dann durch Musik auf einen Wechsel vorbereitet.

- *Geschwindigkeit*: Musik ist geeignet, die Geschwindigkeit einer Präsentation festzulegen.

Es ist keinesfalls erforderlich, dass ein multimediales Lernangebot ständig von Musik untermalt wird. Stattdessen kann es auch ratsam sein, die Stille wirken zu lassen. Auch dadurch können bestimmte Gefühle und Stimmungen erzeugt werden.

Abb. 8.1: Beispiele für ethnischen Kontext

> Beispiele für die Abstimmung von Musikeffekten auf Lerninhalte:
>
> - *Geschichte*: Französische Revolution – Eine passende Musik wäre hier z. B. die Marseillaise
> - *Geographie*: Skandinavien – Peer Gynt von Edvard Grieg
> - *Sprachen*: Spanisch – Flamenco, Salsa
> - *Ethik/Kulturen*: Australien – Didgeridoo-Klänge

8.3
Technische und rechtliche Aspekte

8.3.1
Technische Aspekte

Beim Einsatz von Sound in einer multimedialen Lernumgebung lassen sich zwei Grundtypen von Dateien unterscheiden (Boyle, 1997):

- MIDI (*Musical Instrument Digital Interface*)
- Digital

Digitale Tondateien sind weit verbreitet; um sie zu erstellen oder zu bearbeiten sind kaum spezielle Kenntnisse erforderlich.

Digitaler Sound kann entweder als Sprache (z. B. gesprochener Text) oder als Musik bzw. Musikeffekte eingesetzt werden. Beim Einsatz von Sprache sollte zunächst geklärt sein, welche Funktion diese in der jeweiligen multimedialen Lernumgebung erfüllen soll. Dementsprechend sind die Sprachelemente mit den anderen multimedialen Elementen in Verbindung zu setzen. Sprechtexte sollten möglichst kurz, handhabbar und integriert sein und in der Regel den schriftlichen Text ergänzen.

Um gesprochenen Text mit anderen Präsentationsformen zu verbinden, schlägt Boyle (1997) den Einsatz von Charakteren (z. B. gezeichneten Figuren) vor. Diese können z. B. als virtuelle Begleiter durch das Lernprogramm fungieren, die sich gelegentlich (als Hilfe) mit Kommentaren oder Hinweisen zu Wort melden.

8.3.2
Rechtliche Aspekte

Ist die Entscheidung zum Einsatz von Musik (oder anderen Tondokumenten) in einer Lernumgebung gefallen, so stellt sich auch die Frage, woher diese zu beziehen sind. Zwei Möglichkeiten lassen sich hier unterscheiden: (a) Eigenproduktion sowie (b) vorproduziertes Material. Der Einsatz von selbst erstellten Audiodateien kann sinnvoll sein, wenn das Budget es zulässt und entsprechend qualifizierte Komponisten zur Verfügung stehen. In den meisten Fällen wird jedoch auf vorproduziertes Material zurückgegriffen. Bei geringem Budget empfehlen sich so genannte lizenzfreie Sampler (zu beziehen z. B. über die Website http://www.audiototal.de).

Zu beachten ist, dass nicht nur der Komponist bzw. seine Nachfahren Urheberrechte besitzen, sondern auch die Aufführenden.

Maßgeblich für Deutschland ist das Gesetz über das Urheberrecht und verwandte Schutzrechte (UrhG).

8.4
Didaktische Empfehlungen zum Einsatz von Audio

8.4.1
Allgemeine Empfehlungen

Ganz allgemein sollte Musik in einem multimedialen Lernangebot eher sparsam eingesetzt werden. Musik ist hervorragend dazu geeignet, bestimmte Stimmungen beim Nutzer zu erzeugen. So lässt sich z. B. mit einer ruhigen Musik eine entspannende Atmosphäre schaffen. Dagegen sollten laute Musik oder melodische Signaltöne für alarmierende und warnende Botschaften eingesetzt werden (Aarntzen, 1993).

Signaltöne werden auch für Rückmeldungen bei interaktiven Anwendungen verwendet. Mit akustischen Signalen und Hinweisen lassen sich Aufforderungen ankündigen, Reaktionen des Lernenden als richtig oder falsch kennzeichnen, Pausen füllen und Aufmerksamkeit wecken.

Gesprochene Texte können effektiver eingebunden werden, wenn es sich um kurze Einheiten handelt, und der Sprachstil dem vermittelten Lerninhalt und der Zielgruppe angepasst ist. Bei längeren Lerneinheiten ist geschriebener Text einem gesprochenen vorzuziehen. Lange Monologe sind für den Einsatz in einem E-Learning-Angebot wenig geeignet, da die Aufmerksamkeit der Lernenden rasch abnimmt (Bruns & Gajewski, 1999, Phillips, 1997).

Der Einsatz von Sprache ist weiterhin vor allem bei animierten Demonstrationen eine gute Möglichkeit, während des Ablaufs der Animation Erläuterungen zu geben, ohne den Lerner vom Bild abzulenken (s. Kap. 10). Durch gesprochenen Text kann auch die Aufmerksamkeit des Lerners gezielt auf bestimmte Stellen der Demonstration gerichtet werden.

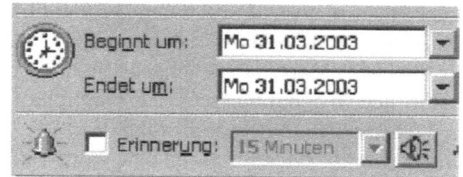

Abb. 8.2: Beispiel – Erinnerungsfunktion in MS-Office

Von zentraler Bedeutung beim Einsatz von Audio ist das Ausmaß an Kontrolle, das dem Lernenden eingeräumt wird. Grundsätzlich sollten alle wesentlichen Optionen dem Lerner zur Verfügung gestellt werden. Dies betrifft besonders die Grundsteuerungs-Funktionen Start (▶), Pause (❙❙), Wiederholen und Abbrechen (■). Gerade bei längeren Sprechsequenzen sollten Nutzer die Möglichkeit haben, einen Text vorzeitig abzuschalten. Auch sollten „Vorsichtsmaßnahmen" für unkontrollierte Handlungen eingeplant werden, so z. B. für das Klicken auf einen Button während einer Audiosequenz. Dabei sollte der Sound automatisch angehalten werden und nicht noch einmal von vorne gestartet werden. Wünschenswert wäre auch die Möglichkeit zur Steuerung der Ablaufgeschwindigkeit für den Lernenden (Paechter, 1996).

Kontrollaspekt

Wie bei allen Designentscheidungen muss auch bei der Entscheidung über die Verwendung von Audio der jeweilige Kontext, in dem das Programm eingesetzt werden soll, berücksichtigt werden. Beispielsweise sollte dafür gesorgt werden, dass Kopfhörer zur Verfügung stehen, damit andere Lerner nicht durch Audiofiles gestört werden.

Designentscheidungen

8.4.2
Empfehlungen zum Einsatz von Sprechtext

Nach Bruns & Gajewski, (1999) ist Sprechtext besonders dazu geeignet, Lernende emotional anzusprechen. Außerdem wird der Aspekt der Lernerkontrolle (s. o.) betont.

Die Abfassung eines gesprochenen Textes folgt aufgrund der unterschiedlichen Rezeption anderen Regeln als ein geschriebener Text (Dick, 2000). Ein gesprochener Text darf sich nicht allein auf das Ablesen eines Schriftstücks beschränken, sondern sollte den Sprech- und Hörgewohnheiten der Nutzer angepasst werden. So sollten Sätze kurz und prägnant formuliert sein. Bezüge zwischen den einzelnen Sätzen müssen deutlich werden. Durch angemessene Betonung, Sprechgeschwindigkeit und Pausen lässt sich die Rezeption und Verarbeitung erleichtern.

Gestaltung Sprechtexte

Beim Einsatz von gesprochenem Text ist ferner darauf zu achten, dass er professionell produziert wird. Es lohnt sich, ausgebildete Sprecher zu engagieren, da ein schlechter Sprecher den Gesamteindruck eines Lernprogramms stark beeinträchtigen kann.

Die Datenbank „find-a-voice" (http://www.find-a-voice.de) bietet Möglichkeiten, gezielt nach bestimmten Anwendungen zu recherchieren (z. B. Moderation oder Gesang). Ein breites Archiv lässt sich auch bei „world voices" (http://www.world-voices.com/de/) durchstöbern. Laut eigenen Angaben bietet dieser Dienst:

Datenbanken

„World-voices.com vermittelt Ihnen professionelle Sprecher in Englisch, Spanisch, Französisch und in vielen anderen Sprachen oder Dialekten. World-voices.com bietet die perfekte Ansage nach Ihren Wünschen für Computer, Multimedia, Radio, Telefon u. s. w. World-voices.com garantiert die prompte Bearbeitung Ihres Auftrages."

Weitere Anbieter für die Vermittlung von professionellen Sprechern sind z. B.: wiesefilm (http://www.sprecher-service.de/), MPC (http://www.mpc-film.de/model_sprecher_vermittlung.htm).

8.5
Studien

Zum Einsatz von Audio liegen bislang nur sehr wenige empirische Studien vor. Ein Beispiel ist die Untersuchung von Barron & Kysilka (1993). Hier wurde der Einfluss von Audio auf die Lernleistung und Bearbeitungszeit untersucht. Gegenstand war eine CD-ROM zum Thema „CD-ROM-Technologie". Dabei wurden 60 Versuchspersonen zufällig drei Versuchsbedingungen zugeteilt: In der ersten Variante bekamen die Probanden die Informationen zum Thema auf dem Bildschirm nur über einen Text präsentiert. In der zweiten Variante wurde die Information visuell und auditiv dargeboten. Der zu lesende Text wurde hierbei Wort für Wort vorgelesen. Die dritte Form beinhaltete eine textuelle und auditive Präsentation der Information. Dabei wurde allerdings der Text nicht wortwörtlich vorgelesen, sondern in Stichpunkten zusammengefasst. Alle drei Versuchsbedingungen erwiesen sich als sehr effektiv (Vorher-Nachher-Vergleich). So nahm die Leistung in allen drei Formen zu. Es zeigte sich allerdings auch, dass sich die drei Gruppen nicht signifikant voneinander unterschieden. Der Leistungszuwachs konnte somit nicht auf eine der drei Präsentationen (Text ohne Audio, Text mit vollem Audio sowie Text mit Stichpunkte-Audio) zurückgeführt werden. Hier sind weitere Untersuchungen notwendig.

Hinsichtlich der Bearbeitungszeit fand sich ein signifikanter Unterschied zwischen der Gruppe „nur Text" (Bearbeitungszeit durchschnittlich 1002,50 sec) und der Gruppe „Text und Audio identisch" (Bearbeitungszeit durchschnittlich 1158,45 sec). Gemessen wurde auch, wie häufig die Probanden Optionen zur Wiederholung in Anspruch nahmen. Hier konnte kein Unterschied zwischen den Gruppen nachgewiesen werden. Die unterschiedlichen Präsentationsformen scheinen somit gleichwertig zu sein.

Allerdings wirft die Studie eine Reihe von Fragen auf, die nur durch eine Serie von Experimenten geklärt werden könnten.

Der Einsatz von Audio kann aber auch nachteilig sein. Aus dem Bereich des schulischen Unterrichts sind einige Nachteile des Einsatzes von Tonmedien bekannt (Maier, 1998), die zum Teil auch bei multimedialen Anwendungen auftreten können. So erfordert die auditive Darbietung die volle Konzentration und Vorstellungskraft des Zuhörers, wenn Wissen transportiert werden soll. Tonmedien allein erreichen darüber hinaus nur selten die Attraktivität eines bewegten Bildes.

9 Didaktische Gestaltung und Konzeption von Animationen

9.1 Animation, Visualisierung und Simulation

9.1.1 Was ist Animation?

Seit es computerbasiertes Lernen gibt, werden grafische Animationen verwendet; sie gelten als bewährt (Rieber, 1990; Rieber & Kini, 1991). Eine didaktische Funktion ist allerdings keineswegs immer erkennbar: „(...) animation is often used with the intent to impress rather than to teach" (Rieber, 1990).

Deshalb gilt, insbesondere auch im Bereich des E-Learning: Vor dem Einsatz einer Animation muss Klarheit darüber bestehen, welches Ziel mit der Animation erreicht werden soll, ob die ausgewählte Animation überhaupt geeignet ist und ob sie sinnvoll in den Geamtkontext eingebettet werden kann.

Mit einer Animation wird:

> „die Wiedergabe einer Folge unbewegter Einzelbilder bezeichnet, bei der der Eindruck von Bewegung entstehen kann – jedoch nicht zwangsläufig entstehen muss." (Rada, 2002, S. 58)

Etymologisch leitet sich das Wort Animation vom lateinischen „anima" ab, das so viel wie Lufthauch, Atem oder auch Seele bedeutet.

Es können alle visuellen Merkmale eines Objektes animiert werden, z. B. Position, Form, Farbe, Textur. Aber auch die Beleuchtung (z. B. Lichttemperatur, Lichtintensität, Beleuchtungswinkel) oder der Standpunkt der virtuellen Kamera sind veränderbar (Rada, 2002).

Bei einer Animation werden die Bilder einzeln produziert und anschließend zusammengesetzt. Darin liegt auch der Unterschied zum Video oder Film, denn sowohl beim Video als auch beim Film werden die Bilder kontinuierlich mit einer Kamera aufgezeichnet.

Verwandt mit dem Begriff der Animation sind Visualisierungen und Simulationen.

9.1.2
Was ist Visualisierung?

Definitionen Visualisierung

Visualisierung bezeichnet den Vorgang der Sichtbarmachung von Materie, Energie, Information oder Prozessen. Eine Einführung in Grundlagen und allgemeine Methoden der Visualisierung geben Schuhmann & Müller (2000). Aus der Sicht des Grafikdesigns liefern die Bücher von Tufte (1990, 1997) vielerlei Anregungen für die Visualisierung auch schwieriger Sachverhalte.

9.1.3
Was ist Simulation?

Simulationen ermöglichen, komplexe Systeme zu erkunden

Simulation bezeichnet ein Modell eines (dynamischen) realen Systems (vgl. Dick, 2000). In vielen Fällen beruht eine solche Simulation auf einem System von Differentialgleichungen (z. B. Wachstumssimulationen).

Neben den bekannten Möglichkeiten, die Kontrolle über komplexe Systeme auch unter extremen und gefährlichen Bedingungen zu erlernen und zu üben (z. B. Flugsimulator, Steuerung von Kraftwerken) ist die Simulation von Experimenten für das E-Learning besonders interessant. Ein Beispiel zeigt Abb. 9.1.

Der Lerner kann in einer Simulation durch die Eingabe bzw. die Manipulation unterschiedlicher Parameter Wirkzusammenhänge in einem System virtuell erkunden (exploratives Lernen), und zwar auch in solchen Bereichen, in denen reale Experimente gar nicht oder nicht in der verfügbaren Zeit durchgeführt werden könnten. Beispiele sind die Simulation von Züchtungen in der Biologie (Genetik), physikalische Experimente unter den Bedingungen des Mondes statt der Erde, gefährliche chemische Experimente oder die Regierung eines virtuellen Staates.

In virtuellen Laboren können auch komplexe Prozeduren (z. B. in einem Genlabor) gefahrlos eingeübt werden (Appelrath & Schlattmann, 2003).

Gestaltungselemente einer Simulation

Zu jeder effizienten Gestaltung von Simulationen gehören folgende Elemente:

- Das *Szenario* der Simulation. Zu klären ist jeweils die Frage, inwieweit es den Bedingungen des simulierten Realitätsausschnitts Rechnung trägt. Festzulegen ist, was passiert, wo es

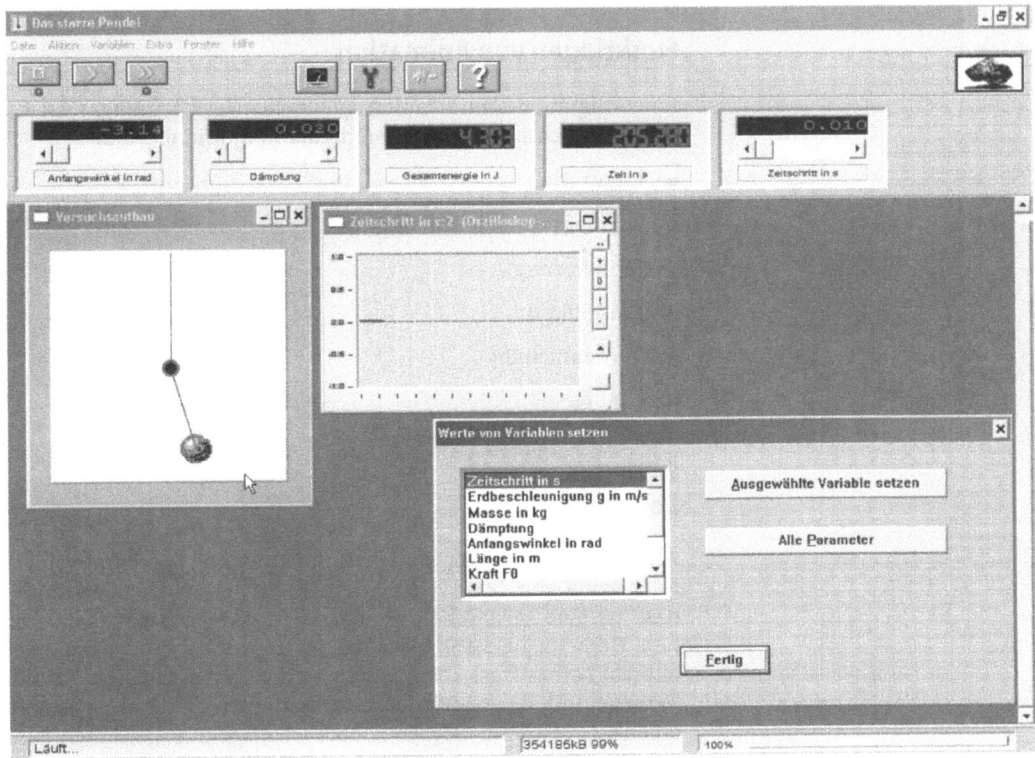

Abb. 9.1: Simulation zu einem Experiment „Starres Pendel" (Software „Albert", Springer-Verlag 1994)

geschieht, welche Charaktere mit dabei sind, welche Gegenstände vorkommen und welche Rolle der Lernende einnimmt.

- Das zugrunde liegende *Modell*. Meist ist damit ein mathematisches Modell gemeint, das von Experten entwickelt wird und die grundlegenden Beziehungen und die manipulierbaren Parameter festlegt.

- Die *instruktionale Strategie*. Mit der Strategie wird bestimmt, wie die Adressaten lernen sollen. Außerdem wird versucht, auf die Motivation der Lernenden einen positiven Einfluss auszuüben. (Reigeluth & Schwartz, 1989)

9.2
Funktionen von Animation

Eine Animation kann zu unterschiedlichen Zwecken eingesetzt werden. Die wichtigsten (angenommenen) Funktionen sind:

- Dekoration
- Aufmerksamkeitslenkung
- Motivierung
- Präsentation
- Verdeutlichung
- Übung

9.2.1
Dekoration

Animationen können u. U. lernhemmend wirken

Ähnlich wie Abbilder werden Animationen zur dekorativen Anreicherung von Lernsystemen eingesetzt. Es wird angenommen, dass sie eine Lerneinheit attraktiver für die Lerner machen können. Dementsprechend gestaltete Animationen wirken sich kaum auf den Lernprozess aus. Sie können die Lernenden sogar von der Verarbeitung der relevanten Informationen zum Lerngegenstand ablenken. Mitunter werden zudem wichtige Informationen falsch oder gar nicht verstanden. Als Empfehlung halten Weiss, Knowlton & Morrison (2002) fest, dass Entwickler von E-Learning-Angeboten beim Einsatz einer Animation zum Zwecke der Dekoration sehr vorsichtig sein sollen, um negative Effekte zu vermeiden (s. auch Kap. 12).

9.2.2
Aufmerksamkeitslenkung

Im Sinne der Empfehlungen in Kellers ARCS-Modell (s. Kap. 13) können Animationen zur Generierung, Lenkung und Aufrechterhaltung der Aufmerksamkeit verwendet werden. Dies ist gerade zu Beginn einer Lerneinheit von besonderer Bedeutung: Nur wenn die Aufmerksamkeit des Lerners von Anfang an eingefangen wird, ist es auch möglich, dass er bis zum Ende der Unterweisung bei der Sache bleibt. Beispiele für solche Animationen sind visualisierte Formen so genannter „Pädagogischer Agenten" (Craig, Gholson & Driscoll, 2002).

9.2.3
Motivierung

Ist die Aufmerksamkeit der Lernenden erreicht, kann sich eine Animation grundsätzlich auch auf den weiteren Lernverlauf motivierend auswirken. Besonders geeignet hierfür sind Rückmeldungen an den Lerner durch Animationen. Es gelten hier allerdings auch einige Einschränkungen. So sollte z. B. ein positives Feedback (beispielsweise ein animiertes Feuerwerk) nicht nach einer mittelmäßigen oder gar falschen Antwort gegeben werden. (Detaillierte Hinweise für eine motivierende Gestaltung von Rückmeldungen gibt Musch (1999), s. Kap. 13.)

9.2.4
Präsentation

In den meisten Fällen werden Animationen zum Zweck der Präsentation eines bestimmten Sachverhalts eingesetzt, z. B. um komplizierte dynamische Prozesse, die nicht direkt beobachtbar sind, zu veranschaulichen (Abläufe in einem chemischen Reaktor, wirtschaftliche Prozesse, Blutkreislauf, Ökosysteme, Steuerung durch Hormone usw).

9.2.5
Verdeutlichung

Eng verwandt mit der Präsentationsfunktion ist der Einsatz von Animationen zur Verdeutlichung komplexer Sachverhalte aus unterschiedlichen Perspektiven. Animationen können eine wichtige Rolle spielen beim Aufbau „mentaler Modelle" (Salomon, 1979; Seel, 1991).

9.2.6
Übung

Rieber (1990) unterscheidet mehrere Übungsstrategien, angeordnet auf einem Kontinuum von hoch strukturiert (im Ablauf vorgegeben) bis (selbständig) entdeckend. Hoch strukturiert wären z. B. animierte Frage-und-Antwort-Übungen. Aber auch Prinzipien des angeleiteten entdeckenden Lernens lassen sich mit Animationen realisieren (z. B. Flugsimulationen).

9.3
Didaktische Empfehlungen für Animationen

Ausgehend von vorliegenden Befunden postulieren Milheim (1993) und Windchitl (1996) eine Reihe von Empfehlungen für die Gestaltung und den Einsatz von Animationen:

Didaktische Empfehlungen zum Einsatz von Animationen

Animationen sollten in folgenden Situationen eingesetzt werden:

- Der Lerngegenstand enthält Bewegungsabläufe.
- Die Vermittlung des Stoffes erfordert Veranschaulichung, besonders bei räumlich-orientierten Informationen.
- Die Aufmerksamkeit und Motivation der Lerner soll erreicht werden.
- Eine Präsentation durch ein Video würde die Lerner mit zu vielen Details überlasten (Thibodeau, 2002).
- Nicht sichtbare Elemente sollen visualisiert werden.

Dabei sind aber folgende Punkte zu beachten:

- Der übermäßige Einsatz von Animationen kann die Lernenden ablenken.
- Animationen sollten bei Anfängern eher sparsam eingesetzt werden: Sie sind u. U. nicht in der Lage, sich auf relevante Dinge während der Animation zu konzentrieren.
- Ihr Einsatz nur dann sinnvoll ist, wenn ihre Eigenschaften passend zum Lerngegenstand sind (siehe Abschnitt 9.2, „Funktionen von Animationen"). Es ist ratsam, sehr genau zu überlegen, ob eine Animation für die Vermittlung eines bestimmten Sachverhalts auch einen positiven Effekt auf das Lernen ausüben kann. So fand z. B. die Entwicklergruppe um Windchitl (1996) heraus, dass eine animierte Darstellung von Kreisläufen nicht unbedingt zu einer verbesserten Effizienz führen muss.
- Der Einsatz von besonders abstrakten Charakteren in einer Animation wird nur dann empfohlen, wenn die Lerner über zumindest durchschnittliche intellektuelle Fähigkeiten verfügen. Nachteilige Effekte sind zu erwarten, wenn die Lerner nicht in der Lage sind, sofort die Wirkungsweise und Funktion eines Charakters zu erkennen und zu verarbeiten. Allerdings bieten sich im Bereich der Entwicklung „Pädagogischer Agenten" vielversprechende Möglichkeiten (siehe z. B. Craig et al., 2002).

Ein solcher Agent kann z. B. bestimmte Prozeduren vormachen, Fragen beantworten und erläutern und mit dem Lerner über Sprache, Gestik und Blickrichtung kommunizieren.

Empfehlungen zur Erstellung von Animationen geben Milheim (1993) und Windchitl (1996). Die einzelnen Punkte werden in Abb. 9.2 genannt und anschließend genauer erläutert.

Abb. 9.2: Empfehlungen für die Erstellung von Animationen (Milheim, 1993; Windchitl, 1996)

> **Empfehlungen für die Erstellung von Animationen**
> 1. Eher einfache als komplizierte Animationen
> 2. Anbieten von Steuerungsmöglichkeiten
> 3. Eine Animation sollte stets in einem unmittelbaren Zusammenhang zum gerade vermittelten Lerngegenstand stehen.
> 4. Zeit zur Reflexion
> 5. Einsatz von dynamischen, interaktiven Grafiken
> 6. Vorurteile und Stereotypen sind zu vermeiden
> 7. Anpassung an die technischen Bedingungen der Endverbraucher

1. *Eher einfache als komplizierte Animationen:* „Weniger kann oft mehr sein": Das Design der Animation sollte nicht zu kompliziert gestaltet werden. Es ist eine Vielzahl an Programmen verfügbar, die immer kompliziertere Anwendungsmöglichkeiten bieten (z. B. Macromedia Flash). Deren exzessive Nutzung kann allerdings auch zu geringen oder negativen Lerneffekten führen, wenn die Lerner durch die Animation überfordert werden. Weiterhin haben gerade schwächere Lerner oft Schwierigkeiten, ihre Aufmerksamkeit auf die relevanten Aspekte einer Animation zu lenken. Dem kann z. B. durch den Einsatz von besonderen Hervorhebungen in Form von Pfeilen, unterschiedliche Einfärbung etc. begegnet werden.

2. *Anbieten von Steuerungsmöglichkeiten:* Die Bedeutung von Möglichkeiten zur Steuerung der Ablaufgeschwindigkeit liegt darin, dass bestimmte Aspekte der Animation besonders hervorgehoben werden können. Weiterhin sind sinnvolle Ergänzungen auch die Funktionen Rücklauf, Vorlauf der Animation oder die Option zum Verlassen der Animation. Sie ermöglichen Benutzerfreundlichkeit und bieten so Adaptivität an die Lernerbedürfnisse.

3. *Eine Animation sollte stets in einem unmittelbaren Zusammenhang zum gerade vermittelten Lerngegenstand stehen:* Wenn eine Animation nur am Rande mit dem momentanen Lerninhalt zu tun hat, kann es zu Ablenkungen und Verwirrung der Erwartungen auf Seiten der Lernenden kommen.

4. *Zeit zur Reflexion:* Vor und nach dem Ablauf einer Animation sollte dem Lerner Zeit zur Reflexion eingeräumt und ihm Hilfen zur Interpretation gegeben werden.

5. *Einsatz von dynamischen, interaktiven Grafiken:* Es ist sinnvoll, dynamische, interaktive Grafiken einzusetzen. Rieber (1990) bezeichnet interaktive Grafiken auch als wichtigsten Beitrag der Animation zum computergestützten Lernen.

6. *Vorurteile und Stereotypen sind zu vermeiden:* Bei der Konzeption einer Animation sollten Vorurteile und Stereotypen unbedingt vermieden, kulturelle Besonderheiten hingegen beachtet werden (Thibodeau, 2002).

7. *Anpassung an die technischen Bedingungen der Endverbraucher:* Die technischen Bedingungen der Endverbraucher sind das Maß, an dem sich die Entwicklung der Animation orientieren muss. Nur dann ist gewährleistet, dass sie der Lernende auch zum Wissenserwerb nutzen kann. Dazu hilfreich ist eine Zielgruppenanalyse bezüglich der technischen Voraussetzungen. Dabei spielen neben der Schnelligkeit des Internetzuganges oder der Leistung des Prozessors vor allem grafische Aspekte (Bildschirmauflösung, Grafikkarte) eine gewichtige Rolle.

Die hier vorgestellten Empfehlungen resultieren zum einen aus Erkenntnissen der Forschung, zum anderen aus praktischen Erfahrungen.

9.4
Erhöhte Effektivität durch den Einsatz von Animationen? – Empirische Befunde –

Der Einsatz von Animationen in einer E-Learning-Umgebung sollte nie Selbstzweck, sondern stets mit einer pädagogischen Absicht verbunden sein. Es gibt eine Reihe von Studien, die sich der Effektivität von Animationen auf den Lernprozess widmen.

In einer Studie von Spotts & Dwyer (1996) wurde die Frage untersucht, wie sich der Einsatz von Animationen auf die Leistung von Studierenden auswirkt. Dazu wurden 63 Studierende zufällig drei

Versuchsbedingungen einer computergestützten Unterweisung zugeteilt. In der ersten Variante erhielten die Versuchspersonen textbuchartige Informationen ergänzt durch statische Abbildungen. Die zweite Form beinhaltete textbuchartige Informationen plus dynamische Visualisierungen. In der dritten Präsentation wurden Text und eine Animation gegeben. Es zeigte sich, dass Versuchspersonen, die dynamische Visualisierungen und Animationen präsentiert bekommen hatten, signifikant bessere Leistungen erzielten als Probanden der Nur-Text-Bedingung.

Inwieweit die Kontrolle der Lernenden über eine Animation deren Einstellungen zur Methode und Lernleistungen beeinflusste, untersuchte Lai (2001). Dabei wurden Personen mit unterschiedlichen mathematischen Fähigkeiten (niedrige vs. hohe) zufällig einer von drei Gruppen zugeteilt. In der ersten Versuchsbedingung lief die Animation vollständig programmgesteuert ab. Der Lerner konnte lediglich am Ende die Animation wieder von vorne starten. Die zweite Form ermöglichte dem Lernenden, die Animation nach bestimmten Sequenzen zu unterbrechen und beliebig oft zu wiederholen. Die Sequenzen liefen allerdings linear ab und der Proband konnte nach Ende der Animation wieder zum Anfang gehen. Die dritte Variante räumte dem Lerner das größte Ausmaß an Kontrolle ein. Er konnte je nach Wunsch in jede beliebige Sequenz einsteigen, die zudem nicht linear angeordnet waren.

Animationen helfen Lernleistungen zu verbessern

Die wichtigsten Ergebnisse dieser Studien waren:

- Probanden mit hohen mathematischen Fähigkeiten zeigten unter der ersten Bedingung bessere Leistungen als Personen mit niedrigen Fähigkeiten. Die letztgenannten wiederum erbrachten die schlechtesten Leistungen in der dritten Präsentationsform.

- Probanden mit niedrigen Fähigkeiten zeigten eine positive Einstellung gegenüber dem linearen Ablauf, während Personen mit hohen Fähigkeiten die dritte Bedingung (Selbstkontrolle) bevorzugten.

Steuerungsmöglichkeiten sind für die meisten Lernenden sehr wichtig

Es gibt eine Reihe weiterer Studien, die allerdings nicht alle experimentell kontrolliert sind. Rieber (1990) führt einige Beispiele hierzu auf. In vielen Fällen konnten positive Effekte von Animationen auf den Lernprozess ermittelt werden.

Animationen können sich dann positiv auf den Lern-Erfolg auswirken, wenn folgende Aspekte beachtet werden (Lewalter, 1997):

- Veränderungen, Bewegungen oder Bewegungsbahnen werden in ihrem zeitlichen Ablauf dargestellt und beziehen sich unmittelbar auf relevante Aspekte des Lerngegenstandes.

- Lerner mit geringem Vorwissen werden vor Beginn der Präsentation auf die wichtigen Aspekte der Animation aufmerksam gemacht. Damit kann einer selektiven Wahrnehmung der Animation aufgrund falscher Erwartungen vorgebeugt werden.

Es gibt offenbar keine Belege für eine Verbesserung des Lernens alleine aufgrund eines erhöhten „Spaßfaktors" durch Animationen; es spricht im Gegenteil vieles dafür, dass überflüssige Animationen sich negativ auf die Lernleistungen auswirken können.

9.5 Beispiele und Anwendung

Das Programm Movie Gear (http://www.gamani.com./) bietet die Möglichkeit zur Animation von Bildreihen, die z. B. für die Sportlehrerausbildung eingesetzt werden können (http://www.sportunterricht.de/animation/).

Dies hat u. a. folgende Vorteile:

- Die Bewegung wird aus verschiedenen Perspektiven gleichzeitig dargestellt.
- Der Bewegungsablauf wird nach und nach zu einer Bildreihe zusammengefügt.
- Zyklische Bewegungen oder sich wiederholende Übungen können unendlich und ineinander übergehend dargestellt werden.
- Links- und Rechtsseitigkeiten können berücksichtigt werden.
- Taktische Elemente werden besser nachvollziehbar.
- Animierte Lehrbildreihen verhindern falsche räumliche Vorstellungen von der Bewegung.

Mit dem Programm *Flash®* ist es mittlerweile auch technisch weniger versierten Anwendern möglich, anspruchsvolle Animationen zu erstellen. Zu diesem Programm gibt es zahlreiche Hilfen, Tipps und Tricks im WWW, z. B.:

- Foren (http://www.flashforum.de/)
- Tutorien (http://www.flash-school.de/, http://www.flash-up.de/Dr_Flash/Tutorials/)
- Webseiten (http://www.3dvisuals.de/, http://www.flashworker.de)

Zusammenfassend sei hier festgestellt: Der Einsatz von Animationen ist zunehmend beliebter geworden. Empirische Befunde zeigen, dass positive Wirkungen auf die Lernleistungen möglich sind. Allerdings sind Animationen nicht per se lernwirksam: Sie müssen relevante Merkmale des Lehrstoffs repräsentieren.

10 Video in E-Learning-Umgebungen

10.1
Video und Film

„Video" steht hier für elektronisch (analog oder digital) übermittelte bzw. gespeicherte (Ton-)Filmaufnahmen. Spätestens seit der Verbreitung von CD-ROM als Speichermedum ist es ohne wesentliche Probleme möglich, Videosequenzen auf einem Computermonitor darzubieten und somit auch in E-Learning-Programme einzubinden.

Das Internet bietet seit geraumer Zeit an, Videofilme unmittelbar zu versenden (streaming). Diese Möglichkeit besteht auch bei reinen Web-Lernangeboten.

Bereits vor der Erfindung der Videotechnik hatten Filme einen festen Platz in der Mediendidaktik: Saettler (1990) datiert den ersten „Bildungsfilm" auf 1902.

Seit 100 Jahren Bildungsfilm

Bis heute sind (Video-)Filme in der Schule nach Tafel und OH-Projektor das meistverwendete Medium. Medienprojekte von Schülern befassen sich zu einem großen Teil mit Eigenproduktionen von Videos.

In die ohnehin unscharfen Kategorien „alte" und „neue" Medien lässt sich Video nicht klar einordnen. Die Kombination von Symbolsystemen (Codes) und angesprochenen Sinneskanälen (Modalitäten) ist in der Regel die gleiche wie beim Film; auch in den Intentionen gibt es keine nennenswerten Unterschiede. Lediglich das Trägermedium wurde ausgetauscht, die Produktionstechnik ersetzt.

Video – altes oder neues Medium?

Im Kontext von E-Learning spielt Video insofern eine wichtige Rolle, als längere oder kürzere Videosequenzen zunehmend Teil multimedialer Lernumgebungen sind.

10.2
Funktionen von Video in Multimedia-Anwendungen

Video als multimediale Informationspräsentation weist gegenüber reinen bild- oder textbasierten Formen der Informations- und Wissensvermittlung eine Reihe von Vorteilen auf (Schwan, 2000):

Vorteile von Video gegenüber einer bild- oder textbasierten Wissensvermittlung

- *Informationsdichte:* Durch die Optik der Filmkamera lässt sich alles erfassen, was in ihrem Blickwinkel erscheint, und das in einer hohen Auflösung. Film ist damit als Darstellungsmedium der Sprache weit überlegen, vor allem, wenn es darum geht, viele detaillierte Informationen zu übermitteln.

- *Zeitbezug:* Mit einer Videosequenz lässt sich ein Vorgang in Echtzeit abbilden. Gefilmte Zeit und die Zeit im Film sind grundsätzlich identisch. Dadurch ist die Darstellung zeitgebundener Abläufe, Handlungen, Bewegungsformen, Produktionsprozesse, dynamischer Prozesse usw. möglich. Hinzu kommt die Möglichkeit, durch technische oder dramaturgische Mittel die dargestellte Zeit zu dehnen (Zeitlupe) oder zu komprimieren (Zeitraffer).

- *Realitätsnähe:* Film ist zurzeit die genaueste und beste Möglichkeit, Realität abzubilden. Form, Farbe, Bewegung und Ton werden von der Kamera synchron zum Bild konserviert

- *Veranschaulichung raumzeitlicher Abläufe, dreidimensionaler Verhältnisse* oder *komplexer Bewegungs-* und *Interaktionsverläufe:* Beispiele hierzu sind Herstellungs- und Produktionsabläufe, Besichtigungstouren durch Städte oder Gebäude, Demonstrationen von Bewegungen im Sport, Produktpräsentationen sowie Mitarbeitergespräche oder Therapiesitzungen. Im Vergleich zu einer Animation lassen sich mit einer Videosequenz vor allem reale Abläufe für konkrete Sachverhalte demonstrieren (Unz, 1998).

- *Verbesserte Behaltens-* und *Verstehensleistungen:* Die Darstellung gleicher Informationen durch verschiedene Symbolsysteme führt zu einer kognitiven „Summation", d.h. zur Generierung multipler, modalitätsspezifischer mentaler Repräsentationen. Studien zur Theorie der Dualen Codierung bestätigen diese Annahme (Paivio, 1986).

- Große *Anschaulichkeit* und *Authentizität:* Die Ergänzung von textbasierten Lernangeboten durch Abbildungen und Video verspricht neben großer Auswahl und Authentizität auch einen verbesserten Wissenserwerb und Wissenstransfer.

- *Hinwendungs-* und *Orientierungsreaktionen* beim Rezipienten: Dynamische und visuelle Medien bewirken durch ihre abrupten Veränderungen psychische Reaktionen, die in besonderer Weise zur Aktivierung und Aufmerksamkeitssteuerung geeignet sind.

- *Interaktionsmöglichkeiten:* Der Nutzer kann die Informationsaufnahme an seine persönlichen Lernziele, seine Lernstrategien und an sein Lerntempo anpassen. Durch die Möglichkeit, den Nutzer mit in das Geschehen einzubeziehen, erfüllt Video auch eine Motivierungsfunktion (Unz, 1998). Neben der Einbettung in narrative Kontexte oder authentische Situationen ist es mit Video auch möglich, dramaturgische Elemente wie Spannung, Unterhaltung oder Überraschung zu realisieren (s. u. „Emotionalität"). Ein Anwendungsbeispiel hierfür sind „Video-Guides". Diese führen den Nutzer durch das Programm, geben Hinweise und Hilfestellungen zur Bedienung und sollen bewirken, dass sich der Lerner mit ihnen in gewisser Weise identifiziert und so stärker in das Geschehen einbezogen wird.
  Darüber hinaus eröffnet sich durch spezielle technische Möglichkeiten (z. B. Standbild- oder Zeitlupenwiedergabe) eine Qualität der geistigen Auseinandersetzung mit dem Gezeigten, die in dieser Form kein anderes Medium bieten kann (Seel & Dörr, 1997).

- *Emotionalität:* Ein Film wirkt – ähnlich wie Musik – emotional. Die ganze Filmindustrie baut auf die leuchtenden oder feuchten Augen der Kinobesucher. Mit Dramaturgie, Schnitt, Beleuchtung, Perspektive, Filmmusik lassen sich bestimmte Stimmungen wie z. B. Heiterkeit, Trauer oder Angst erzeugen. Eine emotionale Gestaltung kann allerdings auch zu negativen Effekten führen. Dies ist dann der Fall, wenn sie unmittelbar mit der Informationsdarbietung konkurriert (Maier, 1998). Weiterhin stellte Zillmann (1989) fest, dass auf Szenen mit ausgeprägtem emotionalen Charakter (z. B. Gewaltdarstellung) zunächst eine Aufmerksamkeitslücke folgt. Diese Lücke ist umso stärker, je höher die emotionale Erregung ausfällt. Eine Informationsaufnahme ist während dieser Zeit nur beschränkt möglich. Die Aufmerksamkeit nimmt zwar wieder zu und es kommt zu einer verbesserten Lernleistung, jedoch nicht in dieser Phase der Erregung.
  Als Empfehlung hieraus kann festgehalten werden, dass bei Sequenzen mit besonderer emotionaler Intensität die Platzierung in einer Lernumgebung besonders sorgfältig geplant werden muss.

10.3
Besonderheiten des Mediums Film

Neben den gerade beschriebenen möglichen Funktionen weist das Medium Film eine Reihe von Besonderheiten auf, die bei der Gestaltung von multimedialen Lehr-/Lernangeboten zu berücksichtigen sind (Maier, 1998).

10.3.1
Informationsvielfalt und Vieldeutigkeit

Videosequenzen zeichnen sich häufig durch eine große Informationsdichte aus. Schnelle, kurze Schnitte, somit ein rascher Wechsel verschiedener Szenen erfordert vom Betrachter eine sehr hohe Wahrnehmungsleistung. Auch bei längerer Darbietungszeit kann der Rezipient lediglich sieben bis neun Elemente einer Einstellung erkennen und abspeichern (Wetzel et al., 1994). Eine rasche Überforderung kann somit die Folge sein. Informationen werden dann nur bruchstückweise und nicht in ihrem vollen Gehalt wahrgenommen. Zu hohe Informationsdichte bewirkt daher eine selektive Wahrnehmung sowie ein Abschweifen zum Belanglosen und Unwesentlichen.

10.3.2
Darbietungszeit

Sehr kurze Darbietungszeiten können zu Schwierigkeiten bei der kognitiven Verarbeitung des Filminhaltes führen.

Untersuchungen zum Phänomen der kurzen Darbietungszeit (z. B. Sturm, 1989) ergaben, dass eine rasch wechselnde Bildfolge zu Schwierigkeiten bei der kognitiven Verarbeitung des Gezeigten führt. Der Zuschauer wird quasi von einem Bild zum nächsten getrieben, ohne dass er die Möglichkeit hat, das Gesehene „zeitadäquat" zu verarbeiten. Auch eine Kategorisierung in eigene kognitive oder emotionale Bezugssysteme ist dadurch erschwert. Sturm (1989) schloss hieraus, dass der Film ein Erlebnis mit einer zeitstabilen emotionalen Erinnerung ist, mit begrenzter Lernwirksamkeit. Inwieweit die multimedialen bzw. interaktiven Darbietungsmöglichkeiten die von Sturm gefundenen Effekte relativieren, bedarf noch weiterführender Forschung.

10.4
Video als didaktisches Medium

Video bietet vielfältige Möglichkeiten, Lehr-/Lernprozesse zu optimieren. Dies gilt insbesondere dann, wenn Video von den Lernenden nicht in „Konsumhaltung" rezipiert wird, sondern als Lernchance gesehen wird und die gebotenen Informationen elobarativ verarbeitet werden (z. B. aktive Verknüpfungen mit Vorwissen, episodischem Wissen) (vgl. Salomon, 1984).

Videos sollen funktional in den Gesamtkontext integriert werden

Dazu ist es erforderlich, dass das Video in den Gesamtkontext des Lernprozesses „funktional integriert" wird (Boyle, 1997). So kann z. B. der Bildschirm entsprechend der Bedeutung der medialen Elemente aufgeteilt werden.

Die beiden nachfolgenden Beispiele zeigen mögliche Einsatzfelder für die Einbindung von Video. Das erste Beispiel demonstriert zugleich eine gelungene Form von „blended learning", das zweite Beispiel ist eine (seltene) Realisierung von „interaktivem Video".

10.4.1
Beispiel 1: Die Abenteuer des Jasper Woodbury

Die „Cognition and Technology Group at Vanderbilt" um J. Bransford entwickelte als Basis für die Anwendung des „Anchored Instruction"-Ansatzes (s. Kap. 2) videogestützte Materialien. Es handelt sich dabei um „Anker" für ein problembasiertes Lernen in der 5. und 6. Klassenstufe. Im Mittelpunkt dieser insgesamt zwölf Episoden umfassenden Serie stehen jeweils komplexe mathematische Aufgabenstellungen, daneben sind weitere Schulfächer involviert. Identifikationsfigur und Namensgeber der Serie ist die Rolle des Jasper Woodbury. Die Problemstellung und alle zur Lösung notwendigen Informationen sind jeweils in einer 15–20-minütigen filmischen Geschichte verpackt. Alle Geschichten (im „narrativen Format") sind abgeschlossen. Um den Transfer zu fördern, gibt es zu jedem Problem zwei unterschiedliche Geschichten.

Die Videos sind auf CDs verfügbar. Es gibt Buttons, mit denen auf einfache Weise einzelne Szenen des Films, in denen potenziell lösungsrelevante Informationen enthalten sind, angesteuert und wiederholt angeschaut werden können. Die Problemlösungen durch die Schüler erfolgen jeweils kooperativ in Gruppenarbeit, moderiert vom Lehrer.

Dieser Einsatz von Videos stellt eine gelungene Form von Blended Learning dar: Computer und Video liefern Anstöße und dienen als Werkzeug; konkretes Handeln und Problemlösen in der Gruppe sollen den Aufbau transferwirksamen und dauerhaften Wissens sichern.

10.4.2
Beispiel 2: Trainingsprogramm „Der persönliche Berater" mit interaktivem Video

Ein Lehrprogramm der Fa. IWL GmbH, München („Der persönliche Berater") hat das Ziel, den Adressaten (in erster Linie berufstätige Erwachsene) zu zeigen, wie sie ihre Selbsteinschätzung hinsichtlich der Möglichkeit, das eigene Leben zu gestalten statt zu erdulden, verbessern können.

Unter anderem werden dabei Videosequenzen eingesetzt, die eine kurze Szene zeigen, die jeweils eine Entscheidung verlangt. Danach wird der Lerner aufgefordert, stellvertretend für den Akteur im Film eine Handlungsentscheidung zu treffen (per Mehrauswahl). Nach Wahl einer Alternative wird in einem Folgevideo gezeigt, welche Folgen die gewählte Entscheidung nach sich zieht und weshalb die jeweilige stellvertretende Handlungsentscheidung gut bzw. nicht gut war. Nach diesem Schema werden unterschiedliche Episoden aus einem Tag im Leben eines Versicherungsangestellten dargeboten (s. Abb. 10.1).

Es handelt sich hier um eine Form des „interaktiven Videos", integriert in eine computerbasierte Lernumgebung, die auch schrift-

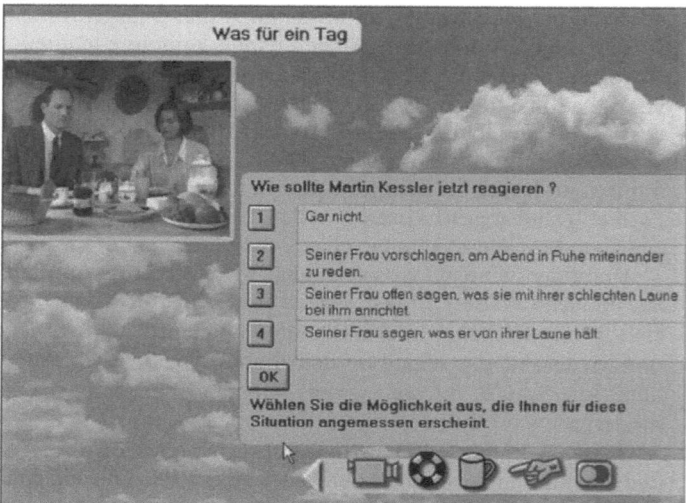

Abb. 10.1: Screenshot aus dem Lernprogramm „Der persönliche Berater"

liches Arbeitsmaterial umfasst. Das Programm wurde erfolgreich evaluiert, allerdings musste dabei auf die Prüfung von Lerneffekten verzichtet werden.

10.5
Didaktische Empfehlungen

10.5.1
Videoeinsatz

Video hat den Vorteil, dass sich nicht nur Orientierungswissen, sondern auch ein vertieftes Wissen vermitteln lässt. Weiterhin kann Video Lernende zu einer intensiveren Auseinandersetzung mit dem Stoff anleiten. Dazu kann es zweckmäßig sein, den Lernern ein hohes Maß an Kontrolle über die Videosequenz zu ermöglichen. Zumindest sollten die Funktionen *Stopp*, *Pause*, *Wiederholung* und *Zeitlupe* vorhanden sein.

Video kann zur Unterstützung einer textlichen, grafischen oder auditiven Darstellung eines Gegenstandes eingesetzt werden. Die Lernenden sollten durch das Video aber nicht vom Lerngegenstand abgelenkt werden. Mit eher kurzen Sequenzen lässt sich die unterstützende Funktion am besten realisieren (Lee & Owens, 2000).

Videosequenzen sollten in einem Fenster mit ausreichend dicken Rahmen abgespielt werden. Dadurch heben sich die wechselnden Hell-Dunkel- und Farbwerte des Films besser vom Hintergrund des Bildschirms ab.

Mit Schrifteinblendungen lassen sich komplizierte Teile (z. B. aus dem Maschinenbau) besser erklären und komplizierte Prozesse strukturieren. Zur Erläuterung eines bestimmten Sachverhaltes ist darauf zu achten, dass die Sprechertexte jeweils gut zum dargestellten Bild synchronisiert werden.

Video ist neben Animation und Simulation gut geeignet, besonders komplizierte Zusammenhänge zu vermitteln. Mit diesen Medien ist es möglich:

Video ist neben Animationen gut geeignet, komplizierte Zusammenhänge zu vermitteln

- Komplizierte Zusammenhänge, die schwer in Worte zu fassen sind, zu veranschaulichen (z. B. kausale Zusammenhänge).

- Räumliche Perspektiven zur Orientierung darzustellen.

Mit Videosequenzen können Lernende dazu angeregt werden, sich mit einer bestimmten Aufgabenstellung lange und eingehend zu beschäftigen. Allerdings ist es dabei ratsam, die Sequenz sowohl inhaltlich als auch formal so zu segmentieren, dass Lerner die In-

Lerner sollten Videos unterbrechen können

formationsdarbietung an didaktisch relevanten Stellen (Sinnabschnitten) unterbrechen und beliebig oft abspielen können (Seel & Dörr, 1997).

Eine weitere Frage ist, wie Videosequenzen in eine E-Learning-Umgebung eingebaut werden sollen. Schwan (2000) unterscheidet hier zwei Strategien: die Wahl einer linearen und die einer parallelen Struktur.

10.5.2
Einbindung einer Videosequenz in einer linearen Struktur

Die Einbindung in einer linearen Form stellt die einfachste Möglichkeit dar (Schwan, 2000). Die Videosequenz wird in einer abgestimmten Form mit anderen Symbolsystemen bzw. Präsentationsformen dargeboten und vom Lerner linear abgearbeitet. Geeignet ist diese Form, wenn ein schwieriger Sachverhalt veranschaulicht werden soll. Dabei empfiehlt es sich, diesen komplizierten Zusammenhang mittels Text zu beschreiben und über eine Videosequenz zu veranschaulichen Wichtig ist eine kurze Abspieldauer der Sequenz. Umfangreiche Sachverhalte sollten in kurze, abgeschlossene Einzelszenen untergliedert werden.

Beim Einsatz unterschiedlicher Symbolsysteme ist weiterhin zu beachten, dass sich die Inhalte explizit aufeinander beziehen. Dies ermöglicht eine integrierte kognitive Repräsentation beim Lernenden. Realisieren lässt sich dies z. B. dadurch, dass ein Standbild eines Videoclips auch auf weiterfolgenden Bildschirmseiten gezeigt wird und ein verbaler Kommentar direkt auf die Videosequenz Bezug nimmt.

10.5.3
Einbindung einer Videosequenz in einer parallelen Struktur

Die simultane und parallele Präsentation unterschiedlicher Symbolsysteme auf dem Bildschirm stellt nach Mayer (1997) den „Idealfall" von Multimedia dar. Analog der Empfehlung bei linearer Präsentation ist es auch bei dieser Form sehr wichtig, dass sich die Informationen, die über die unterschiedlichen Medien transportiert werden, unmittelbar und explizit aufeinander beziehen. Denn durch die simultane Präsentation wird eine ungleich höhere Verarbeitungsleistung des Gedächtnisses erforderlich als bei paralleler Präsentation. Mittlerweile liegen mehrere Strategien vor, wie mit solchen Anforderungen umzugehen ist (Schwan, 2000):

- Die Videosequenz wird wie ein statisches Standbild in einem festen, unveränderten Kontext eingebunden. Der Nutzer kann die Sequenz nach eigenem Bedarf abrufen. Es wird somit keine Verlagerung der Aufmerksamkeit notwendig, da die Kontextinformationen sowohl vorher als auch nachher verfügbar sind.

- Die zweite Strategie besteht darin, zwischen den verschiedenen Symbolsystemen die größtmögliche Redundanz anzustreben. Die gleiche Information wird auf unterschiedliche Weise vermittelt, wie z. B. in multimedialen Vortragspräsentationen. Durch eine Verlagerung der Aufmerksamkeit geht dem Nutzer keine Information verloren, er wechselt lediglich in eine andere Darstellungsform.

- Eine weitere Variante besteht in der Verwendung visuell dynamischer Informationen in Kombination mit veränderlichem Text. Dabei sollte der Text kurz und prägnant gehalten werden. Außerdem sollte er nicht ständig, sondern nur an bestimmten Stellen von Zeit zu Zeit auftauchen und ansonsten unverändert stehen bleiben. Das Beispiel „virtueller Stadtrundgang" verdeutlicht dieses Prinzip.

10.6 Fazit

Film- bzw. Videosequenzen verbinden die Basismedien Ton und Bild und sind somit multimedial (Maier, 1998). Dies ermöglicht eine hohes Maß an Realitätsnähe (z. B. durch ergänzende Geräusche), Informationsdichte (z. B. durch Kommentare) und Emotionalität (z. B. durch Musik). Der Einsatz eines didaktisch gut aufbereiteten Films in einer multimedialen Lernumgebung bietet damit Gestaltungsmöglichkeiten wie kein anderes Lehr-/Lern-Arrangement. Viele konzeptionelle Alternativen sind bisher allerdings noch nicht empirisch geprüft.

Teil IV
Gestaltung

11 Packen wir es auf den Bildschirm – Gestaltung von Text und Bild

11.1
Rolle der Text- und Bildgestaltung im E-Learning – eine kurze Einführung

Bilder und Texte sind seit Comenius' „Orbis Pictus" essentieller Bestandteil von Lernmaterialien. Sie spielen auch im Rahmen der Konzeption und Gestaltung eines E-Learning-Angebotes eine wesentliche Rolle, da mit ihrer Hilfe die Lerninhalte vermittelt werden.

Im Gegensatz zum klassischen Lernmedium, dem Buch oder dem Arbeitsheft, gelten für die Darstellung von Text- und Bildinhalten auf dem Bildschirm einige Besonderheiten.

Diese werden nachfolgend getrennt für Texte und Bilder dargestellt und ihre Konsequenzen für die Gestaltung eines E-Learning-Angebotes diskutiert.

Es ist weder didaktisch sinnvoll, noch lässt es einen guten Lernerfolg erwarten, wenn in einer Lernumgebung ausschließlich Texte oder Bilder zum Lernen angeboten werden. Deshalb ist es erfolgversprechender, Texte und Bilder didaktisch klug miteinander zu kombinieren. Dazu ist es jedoch erforderlich, die Besonderheiten der Anordnung von Text- und Bildinformationen auf dem Bildschirm zu kennen, die im Abschnitt 11.10 „Text und Bild gemeinsam auf dem Bildschirm" vorgestellt werden.

11.2
Die Bedeutung von Texten im E-Learning

Seit fünf Jahrhunderten wird über das gedruckte Buch Wissen verbreitet und an nachfolgende Generationen weitergegeben. Die Verschriftlichung unseres Wissens ist ein bedeutender Aspekt unserer Kultur. Für jedes Kind ist es wichtig, lesen und schreiben zu lernen. Es beginnt sehr schnell aus Bildern sowie spätestens in der Schule aus geschriebenem Text Wissen zu erwerben.

Für das Lernen hat das geschriebene Wort eine große Bedeutung. Demzufolge ist es auch unabdingbar, will man multimedial Wissen vermitteln und Lernen anregen, größere Mengen Text auf dem Bildschirm zu präsentieren.

Längerer Text lässt sich schwerer auf dem Bildschirm als in einem Buch lesen

Genau das ist jedoch das Problem. Der Bildschirm ist für die Präsentation von längeren Texten nicht geeignet. Es ist viel mühsamer und anstrengender Texte am Bildschirm zu lesen als gedruckt in einem Buch.

Welche Variablen für den Unterschied in der Lesegeschwindigkeit von Text in einem Buch und der von Text auf dem Bildschirm relevant sind, ist noch nicht vollständig geklärt. Aber es ist davon auszugehen, dass mehrere Variablen, wie Schriftbild, Schriftart, Monitorgröße, Blickwinkel, Bildfrequenz (Flimmern) und Leseabstand durchaus einen Einfluss haben.

Deshalb ist es wichtig, Text am Bildschirm so lesefreundlich wie möglich darzubieten

Will man dennoch längere Texte auf dem Bildschirm darstellen, ist Scrollen unumgänglich. Dabei rückt der Text entweder Bildschirmseite für Bildschirmseite weiter oder kontinuierlich Zeile für Zeile. Bisher ist nicht eindeutig geklärt, welche Form für das Lesen und Lernen die geeignetste ist. Lediglich horizontales Scrollen, bei dem der Text Buchstabe für Buchstabe und Wort für Wort in Leserichtung weiterrückt, sollte vermieden werden, da sich horizontales Scrollen negativ auf die Lesegeschwindigkeit auswirkt.

Bevor jedoch darauf eingegangen wird, wie Text am günstigsten auf dem Bildschirm dargestellt werden kann, müssen die kognitiven Prozesse näher betrachtet werden, die der Textverarbeitung zugrunde liegen, und nur mit Hilfe ihrer Kenntnis können sinnvolle inhaltliche, didaktische und gestalterische Orientierungshilfen für die Konzeption und Gestaltung von E-Learning-Angeboten abgeleitet werden.

11.3
Kognitive Prozesse der Textverarbeitung

Bei der Textverarbeitung laufen viele Prozesse parallel ab

Eine verbreitete Vorstellung ist, dass wir beim Lesen zunächst Buchstabe für Buchstabe, dann Wörter, Sätze usw. erkennen. Der Leseprozess ist aber sehr viel komplizierter und keineswegs so linear, wie man denken könnte, viele Prozesse laufen parallel ab.

Man unterscheidet mehrere Phasen der Textverarbeitung. Hier soll von einer Einteilung in basale Verarbeitung, semantisch-syntaktische Verarbeitung, elaborative und reduktive Verarbeitung ausgegangen werden (Ballstaedt, 1997b).

11.3.1
Basale Verarbeitung

Während der basalen Verarbeitung laufen die Verarbeitungsprozesse weitgehend automatisch ab. Es werden Zeichen entziffert und Wörter erkannt. Dabei gleitet der Blick nicht Buchstabe für Buchstabe vorwärts, sondern in Sprüngen und zwar vorwärts und rückwärts. Zwischen den Sprüngen wird die entsprechende Textstelle etwa eine Viertelsekunde fixiert. Im Mittel werden bei jedem Vorwärtssprung (Vorwärtssakkade) jeweils acht Buchstaben „übersprungen". Rückwärtssprünge (Rückwärtssakkaden) sind notwendig, wenn Verstehensprobleme auftreten.

Viele Verarbeitungsprozesse laufen automatisch ab

Wie die Worterkennung genau abläuft, ist bisher noch nicht vollständig bekannt. Sicher jedoch ist, dass ein geübter Leser größere Einheiten erfasst, z. B. Silben oder Wortstämme.

Wörter zu erkennen bedeutet auch, ihnen eine sinnvolle Bedeutung zuzuordnen. Dabei reicht es aus, wenn bereits einige Fragmente des Wortes erkannt werden, um den sinnvollen Begriff zuzuordnen. Dies funktioniert allerdings nicht, wenn der Lesende das Wort durch die Abfolge seiner Buchstaben zwar buchstabieren kann, den Begriff, den das Wort ausdrückt, aber nicht kennt. Es wird somit auch verständlich, dass ein Begriff, umso leichter und schneller gelesen bzw. aktiviert werden kann, je geläufiger er dem Lesenden ist.

Demnach ist ein Text schwer verständlich, wenn er viele ungeläufige oder unbekannte Wörter, z. B. Fremdwörter, beinhaltet. Jedoch ist die Einschätzung des Schwierigkeitsgrades abhängig vom Wortschatz und dem Wissen des Lernenden. Damit wird bereits klar, dass es keine objektiv schwierigen oder objektiv leichten Texte gibt: Die Schwierigkeit eines Textes ist stets eine Wechselwirkung zwischen Merkmalen des Lesers (u. a. Verfügbarkeit von Begriffen, Allgemein- oder Fachwissen) und Eigenschaften des Texts (u. a. verwendete Wörter). Der gleiche Text kann für eine Person (z. B. einen Experten) eher leicht verständlich sein, während er für einen Laien nahezu unverständlich ist.

Während der basalen Verarbeitung werden Silben und ganze Wortstämme erkannt sowie Wörtern ihre Bedeutung zugeordnet

Neben dem Wissen des Lesenden haben aber auch typografische Merkmale der Schrift, wie Schrifttyp, Schriftgröße, Zeilenlänge und Kontrast zwischen Schrift und Hintergrund, einen messbaren Einfluss auf Lesegeschwindigkeit und Lesefehler (Ballstaedt, 1997b).

Merkmale des Lernenden, aber auch typografische Merkmale haben einen Einfluss auf Lesegeschwindigkeit und Lesefehler

11.3.2
Semantisch-syntaktische Verarbeitung

Um einen längeren Text zu verstehen, muss der Lesende nicht nur die Begriffe aktivieren, sondern sie auch in inhaltliche Beziehungen zueinander bringen und damit Wissen konstruieren. Dies gilt sowohl für die Begriffe im Satz untereinander als auch über Satzgrenzen hinweg. Reißt dieser Prozess zu keiner Zeit ab und gelingt es dem Lesenden deshalb leicht, den Inhalt des Textes zu erfassen, ist der Text leicht zu lesen und kohärent.

Begriffe und Sätze werden miteinander in inhaltliche Beziehung gebracht und so Wissen konstruiert

Die Kohärenz eines Textes bezieht sich auf dessen Syntax (syntaktische Kohärenz) und Semantik (semantische Kohärenz).

Syntaktische Kohärenz bezieht sich auf einen korrekten Satzbau, indem z. B. das gleiche Wort mehrmals verwendet wird oder Konjunktionen oder Proformen (z. B. Pronomen) gebildet werden.

Beispiel: Der Attentäter schoss zweimal auf den vorbeifahrenden Präsidenten. Der Präsident brach sofort zusammen. Er starb später im Krankenhaus.

Die Kohärenz zwischen den beiden ersten Sätzen wird durch die Wiederholung des Nomens „Präsident" hergestellt. Zwischen dem zweiten und dritten Satz erfolgt die Kohärenzherstellung durch die Verwendung des Personalpronomens „er", für das sich im zweiten Satz ein eindeutiger Bezug (Referenz) finden lässt.

Unter bestimmten Bedingungen verstehen wir jedoch auch Sätze, die keine syntaktische Kohärenz aufweisen.

Beispiel: Er warf die Zigarettenkippe achtlos weg. Der Brandschaden betrug mehrere Millionen.

Diese beiden Sätze sind syntaktisch in keiner Weise verknüpft. Mit Hilfe unseres allgemeinen Weltwissens können wir dennoch eine klare Beziehung zwischen den beiden Sätzen herstellen: Wenn wir wissen, dass eine Zigarettenkippe glühen kann, dass Glut einen Waldbrand verursachen kann und dass Waldbrände hohe Schäden verursachen können, werden wir diese Sätze ohne Schwierigkeit als durchaus kohärent ansehen. Sie sind semantisch kohärent. Allerdings nur für diejenigen Leser, die über das erforderliche Wissen zum Verständnis des Textabschnittes verfügen.

Für den Textproduzenten bedeutet dies, dass er das Vorwissen seiner Leser richtig einschätzen muss, wenn er sich darauf verlassen will, dass sein syntaktisch nicht kohärenter Text verstanden werden soll.

11.3.3
Elaborative Verarbeitung

Während des Lesens eines Textes, z. B. über Australien, würden die meisten Lesenden zu irgendeinem Zeitpunkt innehalten und ihre Gedanken schweifen lassen. Das Ergebnis könnten z. B. nachfolgende Assoziationen, Einfälle oder Ideen sein:

Beispiele: „Die australischen Ureinwohner hatten Bumerangs."
„Ich habe den Film über die Meuterei auf der Bounty gesehen."
„In Australien gibt es Kängurus; ich mag diese Tiere."
„In Australien gab es letztes Jahr verheerende Waldbrände"
usw.

Assoziationen stehen im Vordergrund und helfen an Vorwissen anzuknüpfen

Auch visuelles Wissen kann aktiviert werden: Vorstellungen auf der Basis von früher gesehenen Bildern, z. B. von Surfern vor der Küste, von Ayers Rock, von der Silhouette Sydneys oder einer Steppe. Auch selbst generierte bildliche oder szenische Vorstellungen auf der Grundlage des allgemeinen Weltwissens kommen häufig vor.

Solche Assoziationen, Einfälle oder Ideen werden als Elaborationen bezeichnet. Sie aktivieren das Vorwissen und regen so die Verknüpfung von neuem Wissen, aus dem gelesenen Text, mit dem bereits vorhandenen Wissen an.

Die Bedeutung solcher Elaborationen liegt in ihrer behaltensfördernden Wirkung. Wie Mandl & Ballstaedt (1982) zeigen konnten, behielten Personen, die viele Einfälle zu einem vorgegebenen Text hatten, diesen deutlich besser als Personen, die wenig Einfälle produzierten (lediglich bei einigen Versuchspersonen mit extrem vielen Elaborationen galt dies nicht mehr).

Assoziationen und Einfälle wirken behaltensfördernd

Zur Erklärung dieser Funktion wird auf die Annahme eines netzwerkartig organisierten Langzeitgedächtnisses zurückgegriffen: Wer sich Gedanken zum Lesestoff macht oder Vorstellungen erzeugt, verknüpft damit die neuen Informationen mit seinem Vorwissen, stellt Beziehungen her. Durch die vielfältigeren Verbindungen zum Vorwissen fällt es dann leichter, auf das neue Wissen zuzugreifen und es wieder zu erinnern.

Um das Behalten und Erinnern zu fördern, liefert dieser Sachverhalt die Grundlage für Lernstrategien, die darin bestehen, sich gezielt dazu anzuhalten, eigene Beispiele zu finden, Verknüpfungen mit dem Vorwissen und visuelle Vorstellungen zu generieren, eigene Fragen zu formulieren usw. Diese Fähigkeit muss allerdings erlernt werden (Weinstein, 1978).

Bei der Entwicklung von Lehrtexten in multimedialen Lernumgebungen ist es demnach empfehlenswert, entsprechende Anregungen oder Aufforderungen zum Elaborieren an geeigneter Stelle in den Text einzubauen.

Lernende zur Produktion von Assoziationen und Einfällen anregen

11.3.4
Reduktive Verarbeitung

Normalerweise kann niemand alles behalten, was er liest. Es kommt darauf an, „das Wesentliche" zu behalten. Was für einen bestimmten Lerner das Wesentliche ist oder sein soll, hängt ab von dessen eigenen Zielen bzw. den Lehrzielen des Textautors.

Inwieweit es im Einzelfall gelungen ist, das Wesentliche oder das, was dafür gehalten wird, zu erfassen, konnte in Untersuchungen durch den Vergleich zwischen Originaltext und der zu diesem vom Lesenden erstellten Zusammenfassung gezeigt werden.

Es stellte sich heraus, dass beim Zusammenfassen insbesondere drei informationverdichtende Prozesse eine Rolle spielen, (a) die Selektion, (b) die Generalisierung und (c) die Konstruktion, die damit auch wesentlich für die reduktive Verarbeitung sind.

Reduktive Verarbeitung verdichtet durch Selektion, Generalisierung und Konstruktion das erworbene Wissen

Bei der *Selektion* werden bestimmte für wichtig gehaltene Aussagen aus dem Text ausgewählt und gehen praktisch unverändert in die Zusammenfassung ein, andere Aussagen werden ausgelassen.

Beispiel: Es war zunächst ein schöner Sommertag. Am Abend kamen Wolken auf. In der Nacht brach ein fürchterliches Gewitter herein.
→ Auf einen schönen Sommertag folgte in der Nacht ein fürchterliches Gewitter.

Die *Generalisierung* fasst mehrere Aussagen verallgemeinernd zusammen.

Beispiel: Der Vater mäht den Rasen, die Mutter jätet Unkraut und die Tochter schneidet die Rosen.
→ Die ganze Familie arbeitet im Garten.

Die Zusammenfassung mehrerer Aussagen unter einem übergeordneten begrifflichen oder prozeduralen Schema wird als *Konstruktion* bezeichnet.

Beispiel: Zunächst sind alle Einzelwerte zu addieren. Die Summe ist dann durch die Anzahl der aufaddierten Werte zu dividieren.
→ Es ist das arithmetische Mittel zu bilden.

Um es Lernenden zu erleichtern, aus einem Text das herauszufiltern, was besonders wichtig ist, können vom Autor verschiedene Hinweise und Markierungen gegeben werden.

In didaktisch aufbereiteten Texten finden sich am Anfang oder am Ende auch häufig Zusammenfassungen oder Zwischenüberschriften, manchmal auch Spitzmarken (s. Abschnitt 11.5.3).

11.3.5
Rekonstruktive Verarbeitung

Neben der Aufnahme von Wissen ist aber auch dessen Abruf aus dem Gedächtnis ein entscheidender Aspekt des Lernens. Reproduzieren und Erinnern von Wissen ist aber keineswegs eine schlichte Entnahme der gewünschten Information von einer Stelle aus dem Gedächtnis. Vielmehr ist es schon während des Verarbeitens und Speicherns des Wissens wichtig, möglichst viele Verbindungen zu anderen im Gedächtnis vorhandenen Wissensinhalten zu knüpfen, wie dies im Rahmen der elaborativen Verarbeitung erfolgt. Denn je mehr solcher Verknüpfungen oder präziser Spuren existieren, desto besser kann der Wissensinhalt wieder abgerufen werden, da man davon ausgeht, dass diese Spuren helfen, das gewünschte Wissen zu rekonstruieren. Wie gut ein bestimmter Wissensinhalt rekonstruiert werden kann, hängt also davon ab, wie häufig diese Spuren aktiviert wurden.

Es ist demnach wichtig, das Gelesene und Gelernte sich immer wieder ins Gedächtnis zu rufen, entweder durch Wiederholung oder durch Verknüpfung mit neuem Wissen.

Wiederholung und Elaboration unterstützen den schnellen Abruf von Wissen

Ein häufig von Lernenden geschildertes Problem, wie „ich habe das eigentlich gewusst, aber ich bin nicht darauf gekommen", verweist auf „träges Wissen" (Renkl, 1994) zu dem die Verknüpfungen zwischen relevantem Wissen und Merkmalen der Problemsituation fehlen.

11.4
Inhaltliche und didaktische Aspekte der Präsentation von Text am Bildschirm

Soll ein Text für das E-Learning ausgearbeitet werden, so müssen zunächst das Thema und die Inhalte festgelegt werden, über die der Text berichten wird.

Jedoch reicht dies allein nicht aus, um einen nach didaktischen Gesichtspunkten „lernfördernden" Text zu schreiben. Es müssen noch weitere Aspekte vor dem Schreiben betrachtet werden, wie:

- *Information über die Lehrziele:* Der Lernende soll erfahren, warum es aus Autorensicht sinnvoll und wünschenswert ist, diesen Text zu lesen.

- *Sach- und didaktische Strukturierung:* Welche Abfolge der einzelnen Inhaltsaspekte ist am geeignetsten, damit der Lernende den Text versteht und der Argumentation folgen kann?

- *Hilfen zur Anknüpfung an das Vorwissen:* Welchen Kenntnisstand des Lernenden zu diesem Thema kann der Autor voraussetzen und welchen nicht?

- *Zusammenfassungen:* Ist eine Gesamtzusammenfassung am Ende sinnvoll oder mehrere einzelne, jeweils hinter jedem größeren Textabschnitt?

11.4.1
Angabe der Lehrziele

Lehrziele dienen der Orientierung und gezielten Informationsaufnahme

Die explizite Angabe von Lehrzielen vor bzw. in einem Lehrtext liefert den Adressaten des Textes eine Orientierung und ermöglicht ihnen so eine gezielte Informationsaufnahme.

Lernfördernde Effekte solcher Zielangaben sind empirisch gut belegt, allerdings hat sich auch gezeigt, dass dieser Effekt auf Kosten der Inhalte geht, die nicht durch ein Lehrziel abgedeckt wurden (Rothkopf & Billington, 1979; Hager & Westermann, 1986; Hager et al., 1989).

Lehrtextautoren müssen sich daher überlegen, wie sie mit diesem Seiteneffekt umgehen wollen. Ballstaedt (1997b) nennt folgende Fälle, in denen die explizite Angabe der Lehrziele sinnvoll erscheint:

- Bei großer Stofffülle als Orientierung im Hinblick auf Prüfungen.

- Bei knapper Zeit, die zu einer vollständigen Lektüre der Texte nicht ausreicht.

- Wenn angestrebt wird, dass die Lernenden einen Text unter einer speziellen oder vom Üblichen abweichenden Perspektive lesen (z. B. ein Parteiprogramm unter dem Aspekt der Einstellung zu staatlichen Bildungsaufgaben).

- Wenn der Lehrtext teilweise aus Quellen besteht, denen ursprünglich keine Instruktionsintention zugrunde lag („schlechte Lehrtexte").

Bei der Formulierung von Lehrzielen gilt es, einige Regeln zu beachten:

- Lehrziele, die den Adressaten mitgeteilt werden, müssen für diese verständlich sein.

- Lehrziele müssen informativ sein.

- Lehrziele sollen so formuliert sein, dass sie beobachtbare Veränderungen der Kompetenz der Lernenden möglichst genau bezeichnen.

Ausführliche Hinweise zur Formulierung von Lernzielen sind nachzulesen bei (Oser & Baeriswyl, 2001) und (Anderson & Krathwohl, 2001).

11.4.2
Sach- und didaktische Strukturierung

Die Sach- und didaktische Strukturierung bezeichnet die Auswahl und Sequenzierung der Textinhalte. Beide sind voneinander untrennbar, da ein Text bestimmt ist durch die Auswahl der Inhalte anhand ihrer subjektiven Gewichtung durch den Autor und die Abfolge dieser Inhalte. Mögliche Kriterien für Entscheidung des Autors über die Abfolge der Textinhalte könnten u. a. sein: Deduktiv (vom Allgemeinen zum Besonderen), induktiv (vom Besonderen zum Allgemeinen), differentiell (vom Einfachen zum Komplexeren) oder elaborativ (vom Komplexen zum Einfachen).

Sequenzierung und Festlegung der Art und des Umfangs der Textinhalte

Wissensstrukturierung erschöpft sich jedoch nicht in Fragen der Sequenzierung und Auswahl der Inhalte. Auch die Frage, welche Wissensarten (Orientierungswissen, Handlungswissen, Fehlerwissen, Faktenwissen, episodisches Wissen) in welchem Umfang und welchen Anteilen in einem Text verteilt sind, ist jeweils zu klären. Wissenschaftliche Befunde hierzu sind allerdings noch rar.

Jeder Text sollte sachstrukturell und didaktisch geprüft werden. Die sachstrukturelle Prüfung erfolgt auf folgende Punkte hin:

- *Vollständigkeit:* Keine unvertretbaren Lücken
- *Aktualität:* State-of-the-Art im Rahmen von Relevanzüberlegungen
- *Korrektheit:* Keine sachlichen Fehler
- *Objektivität:* Keine Voreingenommenheiten oder Einseitigkeiten in der Darstellung

Die didaktische Prüfung erstreckt sich auf folgende Aspekte:

- Die *Orientierung am Vorwissen der Adressaten*, z. B. durch Einstieg anhand vertrauter Beispiele, Fälle usw.
- *Klarheit und Nachvollziehbarkeit der Argumentation* für die Adressaten, insbesondere durch deutlich abgrenzbare Argumente und Stringenz

- Herausgehobene Darstellung der wichtigsten Inhalte z. B. durch typografische Mittel

- Angemessene *Repräsentation der relevanten Wissensarten* – konkretes Handlungswissen sollte anders dargestellt werden als theoretisches Hintergrundwissen

- *Vermeiden einer kognitiven Überlastung*, z. B. durch klare Trennung unterschiedlicher Argumentationsebenen

- Lernwirksame *Art, Sequenz und Zusammenstellung der Beispiele, Negativbeispiele und Übungsaufgaben* beim Vermitteln von neuen Begriffen; z. B. indem ein prototypisches Beispiel am Anfang eingeführt wird, später einzelne verwechslungsträchtige Merkmale variiert werden und besonders extreme Positivbeispiele neben besonders leicht zu verwechselnden Negativbeispielen dargestellt werden.

11.4.3
Hilfen zur Anknüpfung an das Vorwissen

Advance Organizer, Beispiele und Analogien bzw. Vergleiche aktivieren das Vorwissen, an das angeknüpft werden soll

Es gibt wohl keinen besseren Prädiktor für den Lernerfolg als das Vorwissen. Wenn dieses sich aber auf den Erwerb neuen Wissens auswirken soll, muss es aktiviert werden, d. h. es muss sichergestellt werden, dass die Vermittlung des neuen Wissens an das Vorwissen anknüpft. Die Wirksamkeit unterschiedlicher Maßnahmen des Anknüpfens an das Vorwissen der Lernenden ist vielfach empirisch belegt (Ausubel, 1963; Mandl et al., 1983; Mayer, 1979, 1984).

Die wichtigsten didaktischen Hilfsmittel, Vorwissen zu aktivieren und so das Anknüpfen zu erleichtern, sind: Advance Organizers (Vorstrukturierung), Beispiele und Analogien bzw. Vergleiche.

Advance Organizer wurden zuerst von Ausubel (1963) vorgeschlagen: Im Unterschied zu Zusammenfassungen handelt es sich dabei um vorangestellte Texte, die Vorwissen explizit thematisieren und mit der Zielsetzung oder der Kernidee des neu zu erwerbenden Wissens verknüpfen.

- Advance Organizer können vergleichend konstruiert sein.

    Beispiel: Um Wissen über eine fremde Religion zu vermitteln, werden wesentliche Merkmale der bekannten Religion ins Gedächtnis gerufen und kontrastiert.

- Sie können sich aber auch an Analogien orientieren.

    Beispiel: Um Begriffsnetzverfahren einzuführen wird an das Eisenbahnnetz- oder Straßennetz erinnert und deren Nützlichkeit im Vergleich zu verbalen Beschreibungen plausibel gemacht.

Die Funktionsweise von Advance Organizers ist nicht eindeutig geklärt, wohl aber, dass sie lernwirksam sind (Ballstaedt, 1997b; Mayer, 1979, 1984).

Die Rolle von *Beispielen* für den Wissenserwerb ist in letzter Zeit unabhängig vom Lernen aus Texten mehrfach bestätigt worden (Mandl et al., 1997).

Hier geht es jedoch um Beispiele, die den Lernenden bereits bekannt sind und daher als Brücken zu ihrem Vorwissen dienen können.

Um den neuen Lehrstoff mit dem Vorwissen zu verknüpfen, sind dementsprechend Beispiele für Aspekte des neuen Lehrstoffs aus dem Erfahrungsbereich der Lerner zu finden.

Eine *Analogie* kennzeichnet eine Beziehung zwischen zwei Systemen: Entsprechen wesentliche Beziehungen zwischen den Elementen eines Systems umkehrbar eindeutig den Beziehungen zwischen den Elementen eines anderen Systems, ohne dass eine Entsprechung zwischen den Elementen selbst bestehen muss, so liegt eine Analogie vor (Issing & Klimsa, 1995). Unterschieden werden strukturelle und funktionale Analogien:

Ein Beispiel für eine strukturelle Analogie findet man bei der Verwendung des Planetensystems als Atommodell. Eine funktionale Analogie liegt vor beim Vergleich des Wasserkreislaufs mit dem Stromkreislauf. Hier zeigt sich auch gleich die Problematik von Analogien: Die Definition betont zwar „wesentliche Beziehungen", dennoch bleibt unklar, wann im Einzelfall Beziehungen wesentlich sind. Zudem stimmen aus Sicht der meisten Physikdidaktiker einige wesentliche Beziehungen innerhalb von Wasser- und Stromkreislauf nicht überein. Diese Defizite hinsichtlich der Entsprechung können bei den Lernenden zu *Misskonzeptualisierungen* führen, sie können jedoch auch im Sinne „dosierter Diskrepanzerlebnisse" das Denken bzw. Elaborieren anregen.

Das Erkennen einer Analogie setzt das Wahrnehmen und Verstehen von gemeinsamen Relationen und Strukturen in den beiden zu vergleichenden Systemen voraus; d. h., es erfordert z. T. beträchtliche Abstraktionsleistungen. Beim Gebrauch von Analogien als didaktisches Vehikel muss daher vorab klar sein, dass die Lernenden in der Lage sind, die geforderten Abstraktionsleistungen zu erbringen.

Didaktisch gute Analogien zu finden, erfordert einige Mühe; die Lernwirksamkeit guter Analogien ist jedoch empirisch gesichert (u. a. Gentner, 1983).

11.4.4
Zusammenfassungen

Zusammenfassungen sind lernwirksam, weil sie die wichtigsten Informationen des Textes komprimieren und diese so besser behalten werden können

In längeren Texten bündeln Zusammenfassungen die wichtigsten Begriffe und Aussagen des Textes, wobei die inhaltliche und formale Organisation erhalten bleibt.

Sie sind eine wichtige Hilfe für die reduktive Verarbeitung von Texten.

Zudem sind Zusammenfassungen lernwirksam, da sie das Behalten der wesentlichen Informationen eines Textes positiv beeinflussen. Hartley & Trueman (1982) fanden sogar bessere Behaltensleistungen, wenn lediglich die Zusammenfassung gelesen wurde, im Vergleich zu einer Gruppe Lesender, die den Basistext und die Zusammenfassung erhielten (Reder & Anderson, 1980).

Ballstaedt (1997b) unterscheidet je nach didaktischer Funktion verschiedene Arten von Zusammenfassungen: Überblick, Rückblick, Epitom (ähnlich einer vollthematischen Überschrift) und Syntheziser (Verknüpfung von Aussagen, die an verschiedenen, auseinander liegenden Textstellen getroffen wurden) sowie Begriffsnetzdarstellungen.

11.5
Gestalterische Möglichkeiten der Präsentation von Text am Bildschirm

Ein Text, der inhaltlich präzise, didaktisch durchdacht, sinnvoll sequenziert und inhaltlich auf die Zielgruppe zugeschnitten ist, kann dennoch zum Lernen ungeeignet sein, wenn er weder Strukturierung noch einen angepassten Sprachstil oder Orientierungsmarken aufweist.

Textgliederung, lernerbezogene Wortwahl und Satzbau sowie Orientierungsmarken helfen einen Text übersichtlich und lesefreundlich zu gestalten

Die Gliederung eines Textes in Abschnitte, die Verwendung von Überschriften, einer lernerbezogenen Wortwahl sowie eines einfachen Satzbaus und das Setzen von Orientierungsmarken sind wesentliche Voraussetzungen dafür, dass ein Text für den Lernenden leicht zu lesen und gut verständlich ist.

11.5.1
Überschriften

Überschriften als knappe einleitende Formulierung informieren über den Inhalt des nachfolgenden Textes. Damit unterbrechen sie den Gesamttext und gliedern diesen in kleinere Informationseinheiten zu bestimmten Unterthemen.

Es können verschiedene Typen von Überschriften unterschieden werden:

- *Formale Überschriften* zeigen nur den Gliederungspunkt an, wie Einleitung, Hauptteil, Zusammenfassung.

- *Thematische Überschriften* sprechen das Thema des nachfolgenden Abschnittes an, indem sie auf seine zentralen Aussagen hinweisen.

- *Perspektivische Überschriften*, wie z. B. „Wider dem Methodenzwang", geben die Meinung oder Position des Autors thesenartig wieder.

Es gibt keine Belege dafür, dass formale Überschriften lernwirksam sind. Sinnvoll sind sie am ehesten dann, wenn sie, wie *Abstract*, *Zusammenfassung* oder *Vorwort* kennzeichnen, dass der nachfolgende Text eine besondere Funktion hat.

Demgegenüber üben thematische und perspektivische Überschriften einen selektiven Einfluss auf die Verarbeitung des nachfolgenden Textes aus und sind somit lernwirksam (Niegemann, 1982; Bock, 1980; Hartley & Jonassen, 1985).

Insofern eignen sich thematische Überschriften am besten für das E-Learning, wenn man bedenkt, dass perspektivische Überschriften nur sparsam eingesetzt werden sollten, damit sie ihr Ziel erreichen.

11.5.2
Wortwahl, Satzbau, eindeutige Bezüge

Bereits im Rahmen der semantisch-syntaktischen Verarbeitung von Text beim Lesen wurde darauf eingegangen, dass der Leser geläufige Wörter schneller aktiviert als ungeläufige.

Deshalb ist die *Wortwahl* bei der Konzeption eines Textes für das E-Learning von entscheidender Bedeutung. Sie sollte sich am Wortschatz des potenziellen Lernenden orientieren, so wenig wie möglich Fremdwörter enthalten und Fachausdrücke mit für den Lernenden verständlichen Wörtern einführen und definieren. Enthält ein Text viele unbekannte Fachausdrücke, so kann ein Glossar hilfreich sein, das, zusammengefasst und alphabetisch geordnet, wichtige Begriffe definiert.

Lernerorientierte Wortwahl, vorwissensorientierten Wortschatz, wenige Fremdwörter verwenden

Auch Komposita erschweren das Lesen eines Textes. Deshalb sind Wortungetüme, wie „E-Learningqualitätsbeurteilung" zu vermeiden. Sie können verständlicher ausgedrückt werden, indem von einer Beurteilung der Qualität eines E-Learning-Angebotes gesprochen wird.

Für leichtes Lesen: einfache Satzkonstruktionen, ohne Komposita; dennoch Stakkato Stil vermeiden

Genauso wie ungeläufige Wörter behindern *unübersichtliche Satzkonstruktionen* das Verstehen von Texten. Unübersichtliche Sätze entstehen insbesondere durch:

- **Umklammerung: Auseinander gerissene Verbformen**

    Beispiel: Nach Auswertung der Daten musste die Nullhypothese, die besagt, dass kein Zusammenhang zwischen den Variablen „Selbstwirksamkeitsüberzeugung" und „Anwenden von Lernstrategien" besteht, verworfen werden.

    Alternative: Die Nullhypothese besagte, dass kein Zusammenhang zwischen den Variablen „Selbstwirksamkeitsüberzeugung" und „Anwenden von Lernstrategien" besteht. Sie musste nach Auswertung der Daten verworfen werden.

- **Einschübe**

    Beispiel: Die Regierung hat diese Entscheidungen getroffen, so teilte der Sprecher des Landwirtschaftsministeriums, Prof. Dr. Hans van Dingens mit, um dem Missbrauch der Subventionen entgegenzutreten.

    Alternative: Die Regierungsentscheidungen sollen den Missbrauch von Subventionen verhindern, sagte der Sprecher des Landwirtschaftsministeriums, Prof. Dr. Hans van Dingens.

- **Nominalisierung**

    Beispiel: Bitte versehen Sie dieses Formular mit Ihrer Unterschrift und geben Sie es in kürzester Zeit auf den Postweg.

    Alternative: Bitte unterschreiben Sie dieses Formular und senden Sie es uns umgehend zu.

- **Schachtelsätze**

    Beispiel: Die Schauspielerin, die die Hauptrolle im Film „Titanic" gespielt hatte, bekam den Oscar, auf den sie so sehr gehofft hatte, nicht, obwohl die meisten Pressevertreter dies erwartet hatten und es ihr sicher zu gönnen gewesen wäre.

    Alternative Anders als die Presse erwartet hatte, bekam die Hauptdarstellerin aus dem Film „Titanic" den erhofften Oscar nicht. Sicher hätte man es ihr gegönnt.

- **Füllfloskeln**

    Beispiel: Wie die gemachten Erfahrungen meines Erachtens zeigen, lassen sich lange Sätze in vielen Fällen ohne Sinnverlust verkürzen.

    Alternative: Erfahrungsgemäß lassen sich lange Sätze ohne Sinnverlust kürzen.

Ballstaedt weist mit Recht darauf hin, dass es keine Lösung ist, ausschließlich kurze Hauptsätze zu verwenden. Abgesehen davon, dass ein solcher Stil ermüdend wirkt, erfordert er satzübergreifende Kohärenzstiftungen, was den Text insgesamt unübersichtlich machen kann (Ballstaedt, 1997b).

- *Eindeutige Bezüge* zwischen Sätzen bzw. Propositionen werden insbesondere durch gemeinsame Elemente hergestellt. Da die Wiederholung ein und desselben Wortes in mehreren aufeinander folgenden Sätzen stilistisch unschön ist, werden gerne Pronomen verwendet. Dabei kann es jedoch passieren, dass der Bezug verloren geht bzw. mehrdeutig wird.

    Beispiel: Der Mann hielt den Hund in einem Zwinger. Hasso hasste ihn.

- *Synonyme:* Ähnlich ist es mit der Verwendung von Synonymen: Ein Autor muss sich sicher sein, dass verwendete Synonyme den Lesern hinreichend vertraut sind, da sonst die Kohärenzherstellung misslingt.

Gerade für Lernende mit geringem Vorwissen sind eindeutige Bezüge besonders wichtig.

11.5.3
Orientierungsmarken

Neben Überschriften sollten insbesondere beim E-Learning noch weitere Orientierungsmarken angebracht werden, die Textteile oder bestimmte Wörter optisch hervorheben. Orientierungsmarken eignen sich auch gut dazu, dem Lernenden seinen Standort im E-Learning-Angebot zu verdeutlichen.

Ein häufiger Fehler besteht darin, in einem Text zu viele Orientierungsmarken auf einer Bildschirmseite anzubringen, wodurch sich deren Wirkungen gegenseitig nivellieren.

Es gibt unterschiedliche Möglichkeiten, Orientierungsmarken zu setzen, u. a. durch:

- *Spitzmarken:* Typografisch ausgezeichnete Wörter, die am Anfang des Absatzes platziert sind.

- *Kasten:* Umrahmung eines Textteils. Wichtig: Es muss ein deutlicher Abstand zwischen Kasten und Text existieren.

- *Unterlegung* eines Textteils mit Farbe: Sparsam verwenden und auf die Leserlichkeit achten, bestimmte Kontraste sind zu vermeiden, z. B. grün-rot, blau-schwarz.

- *Auszeichnungsschrift:* Markierung von wichtigen Wörtern in einer anderen Schriftart oder Schriftfamilie. Es sollte keine schwer lesbare Schrift verwendet werden, und am Bildschirm eignet sich besser fette als kursive Schrift.

Orientierungsmarken heben Wesentliches hervor, z. B. durch Farbe oder Pfeile

Abb. 11.1: Screenshot eines multimedialen Lernprogramms (Zander et al., 2003)

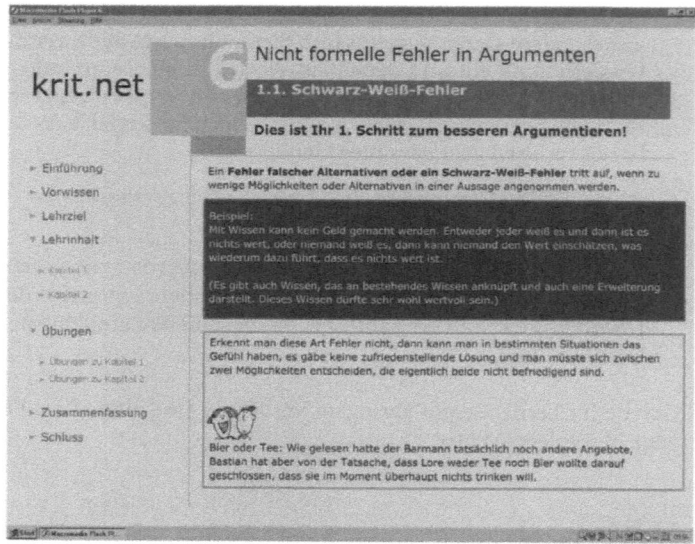

- *Farbige Schrift:* Sehr wirksames Mittel zur Steuerung der Aufmerksamkeit. Achtung: Nicht zu viele Farben bunt durcheinander verwenden, zudem haben einige Farben bestimmte Wirkungen, z. B. hebt Rot etwas besonders hervor, da es sich um eine Signalfarbe handelt.
- *Spiegelstriche oder Nummerierungen:* eignen sich für Aufzählungen und für die Aneinanderreihung kurzer Textteile.
- *Piktogramme:* Dazu gehören Pfeile, Ausrufezeichen oder Balken auf dem Rand.

Viele der gerade genannten Typen von Orientierungsmarken zeigt der Screenshot eines multimedialen Lernprogramms zum Thema Kritisches Denken in Abb 11.1.

11.5.4
Typografische Aspekte

Typografische Merkmale wie Schriftart, Schriftgröße und Schriftfarbe beeinflussen das Lesen von Text während der basalen und der semantisch-syntaktischen Verarbeitung

Die kognitiven Prozesse der Textverarbeitung, insbesondere die basale und die semantisch-syntaktische Verarbeitung beim Lesen eines Textes sind durch typografische Merkmale beeinflussbar.

Die typografische Gestaltung eines Textes ist eine seit Jahrhunderten gepflegte Kunst, die man sich nicht so einfach nebenbei aneignen kann. Es ist hier nicht der Platz, alle wichtigen Prinzipien der typografischen Gestaltung darzustellen; dazu sei auf spezielle Literatur verwiesen (Siemoneit, 1989; Böhringer et al., 2001). Dennoch sollen hier die wichtigsten Merkmale, auf die bei der Gestaltung von Text zu achten ist, erwähnt werden (Ballstaedt, 1997b):

- *Wahl der Druckschrift:* Bei kleinen Schriften sind Serifen nicht ratsam und Schriften ohne Serifen diesen vorzuziehen.

- *Schriftgrad (Schriftgröße):* Eine Schriftgröße zwischen 12 und 14 pt für normale Schrift ist auf den meisten Bildschirmen gut lesbar.

- *Schriftstärke:* Schmallaufende Schriften sind zu bevorzugen, da sie schneller gelesen werden können.

- *Schriftlage bzw. -stil (kursiv, normal):* Kursive Schriften sind auch auf dem Bildschirm schwerer zu lesen als normale, ähnlich wie bei Printmaterial.

- *Auszeichnungen* (fett, petit): Fett gedruckte Wörter, sind geeigneter als unterstrichene, da diese mit Links verwechselt werden könnten. Es sollten aber nicht zu viele Wörter oder zu lange Satzteile fett markiert werden, damit die aufmerksamkeitssteuernde Wirkung nicht verloren geht.

- *Schriftmischung* (unterschiedliche Schriften im gleichen Text): Insbesondere sollten nicht zu viele verschiedene Schriften miteinander gemixt werden (maximal zwei).

- *Buchstaben und Wortabstände:* Ein Text wird dann schwer lesbar, wenn die einzelnen Buchstaben entweder zu nah aneinander gereiht sind, so dass die einzelnen Buchstaben ineinander laufen, oder zu weit auseinander stehen. Im letzteren Fall müssen die Augen häufiger das Wort fixieren, um alle Buchstaben oder zumindest so viele Buchstaben zu erkennen, dass der entsprechende Begriff aktiviert werden kann.

- *Zeilenabstand:* Eine Zeile muss mühelos ohne ablenkende Seitensprünge zu durchmustern sein.

- *Zeilenlänge:* Acht bis zehn Wörter, das entspricht etwa 60 bis 80 Buchstaben sind am Bildschirm gut zu lesen. Eine Bildschirmzeile kann also länger als eine Zeile auf dem Papier sein.

- *Kontrast (Papierfarbe, Buchstabenfarbe):* Farben können zur Hervorhebung oder Gruppierung von Zusammengehörigem verwendet werden. Häufig wird auch ein farblicher Hintergrund gewählt.

- *Seitenaufteilung:* Wie viel Text präsentiert werden sollte, kann bisher noch nicht gesagt werden, da es keine einheitlichen Richtlinien gibt. Jedoch wirkt ein mit Text überladener Monitor noch unerfreulicher als eine vollgestopfte Papierseite.

11.6
Die Bedeutung von Bildern im E-Learning

Bilder können mehr als tausend Worte ausdrücken, denn aus ihnen werden Informationen schneller und einfacher entnommen als aus Texten. Das zeigten eine größere Anzahl von Studien, die die Effektivität der Speicherung und Reproduktion dargebotener Information von Bildern mit denen von Texten verglichen (u. a. Levie & Dickie, 1973; Zimmer, 1989).

Allerdings ist auch zu bedenken, dass Bilder manchmal oberflächlicher als Text wahrgenommen und verarbeitet werden.

Bilder zeigen oft nur die Oberfläche von Gegenständen und lassen Mehrdeutigkeiten zu. So kann deren Interpretation sehr unterschiedlich und eine Quelle von Missverständnissen sein (Schnotz, 2001).

Bilder sprechen durch ihre sinnliche und anschauliche Aussagekraft an. Sie können räumliche Orientierung vermitteln und motivieren

Die Stärken von Bildern liegen in ihrer sinnlichen, anschaulichen Aussagekraft von Formen, Farben und Texturen. Sie können eine räumliche Orientierung liefern, die sprachlich schwer zu beschreiben wäre, sowie motivierend wirken, indem sie die Aufmerksamkeit auf sich lenken.

Da der Bildschirm für längeres Lesen wenig geeignet ist, kommt Bildern im E-Learning eine besondere Bedeutung zu. Gestützt wird dieser Aspekt auch dadurch, dass Lernmaterial mit Bildern positiver von den Lernenden eingeschätzt wird als solches ohne Bilder (Ballstaedt, 1997b). Zudem konnten Levie & Lentz (1982), aber auch Levin et al. (1987) zeigen, dass sich Bilder durchaus positiv auf das Lernen und die Lernleistung auswirken.

Es spricht viel dafür, Bilder neben der Darbietung von Text im E-Learning einzusetzen.

Deshalb soll hier auf die Besonderheiten von Bildern im E-Learning eingegangen werden. Dazu werden zunächst die kognitiven Prozesse der Bildverarbeitung und die verschiedenen Arten von Bildern betrachtet, bevor didaktische und medienspezifische Aspekte vorgestellt werden.

11.7
Kognitive Prozesse der Bildverarbeitung

Die Wahrnehmungspsychologie geht heute davon aus, dass die Bildverarbeitung auf mehreren Ebenen abläuft, wobei die einzelnen kognitiven Prozesse nicht nur sequenziell, sondern viele auch parallel ablaufen.

Diese werden nachfolgend vorgestellt. Dabei orientiert sich die Darstellung an der von Ballstaedt (1997) getroffenen Untergliederung der einzelnen Ebenen.

11.7.1
Voraufmerksame Verarbeitung

Während der voraufmerksamen (präattentiven) Verarbeitung erhält der Betrachtende einen ersten Eindruck des Bildes. Zunächst erfasst er das komplexe Ganze, bevor er seinen Blick auf einzelne Bildelemente konzentriert, die sich aus diesem Ganzen herausheben, z. B. bunt gemusterte Objekte vor einem einfarbigen Hintergrund.

Die voraufmerksame Verarbeitung ermöglicht einen ersten Gesamteindruck des Bildes

Allerdings ist die Erforschung des visuellen Systems noch nicht so weit, dass der Ablauf aller Prozesse vollständig geklärt wäre (Ballstaedt, 1997a).

Sicher ist aber, dass die komplexe visuelle Information schon während der voraufmerksamen Verarbeitung in elementare visuelle Merkmale zerlegt wird. Ein wichtiger Schritt ist insbesondere das betrachtete Bild nach seiner Figur-Grund-Einteilung zu ordnen und anschließend entsprechend der Gestaltfaktoren zu gruppieren (Wertheimer, 1922).

Insbesondere die Prozesse zur Ordnung des Bildes hinsichtlich seiner Figur-Grund-Einteilung und der Gruppierung der Bildmerkmale entsprechend der Gestaltfaktoren spielen eine wesentliche Rolle

So können Fragen, wie „Springen Details ins Auge?" oder „Ist das Bild übersichtlich gegliedert?", schon nach der voraufmerksamen Verarbeitung beantwortet werden.

11.7.2
Aufmerksame Verarbeitung

Während der aufmerksamen (bewussten) Verarbeitung beginnt der Betrachter das Bild im Detail auszuwerten. Er wendet sich nacheinander besonders informationshaltigen Bildausschnitten zu. Dabei steuert er seine Augenbewegungen willentlich, d. h., er bestimmt selbst, was er sich genauer ansieht und wie lange. Allerdings ziehen z. B. grelle Farben oder Areale mit hoher Informationshaltigkeit

Aufmerksame Verarbeitung = Detailauswertung

Zentrale Prozesse: automatische und willentliche Steuerung der Bildauswertung

unbewusst die Aufmerksamkeit auf sich, so dass automatisch gesteuerte Augenbewegungen hinzukommen.

Insbesondere die willentlich gesteuerte Bildauswertung erschwert den didaktischen Einsatz von Bildern. Da die Möglichkeit, ein Bild nach eigenen Präferenzen zu betrachten, oft dazu führt, dass der Betrachtende andere Details des Bildes genauer und länger ansieht als die, die sich der Autor wünschen würde, wird damit womöglich die instruktionale Wirkung des Bildes abgeschwächt.

Während der aufmerksamen Verarbeitung laufen parallel sprachliche Prozesse ab, die ein Objekt oder eine Person benennen und die Beziehungen zwischen ihnen beschreiben.

Untersuchungen konnten belegen, dass die Produktion von Verbalisierungen zu komplexen Bildern deren Wiedererkennung erleichterte, umgekehrt wurde nachgewiesen, dass die Unterdrückung von Verbalisierungen die Wiedererkennung erschweren (Bartlett et al., 1980).

Somit kann der Blickverlauf und damit auch die Verarbeitung von Bildinhalten nur begrenzt beeinflusst werden, z. B. durch Hervorhebungen, die die automatische Bildauswertung beeinflussen, oder z. B. durch Kommentare, Begleittexte oder Legenden, die die willentliche Steuerung eingrenzen (Zimmer, 1983).

11.7.3
Elaborative Verarbeitung

Elaborative Verarbeitung zielt auf ein vertieftes Verstehen durch die Produktion von Assoziationen und Einfällen zum Bildinhalt ab

Auf dieser Ebene geht es um ein vertieftes Verstehen des Bildinhaltes, aber auch der Mitteilung, die über das Bild transportiert werden soll.

Auf der Inhaltsebene geht es darum, Assoziationen, Schlussfolgerungen und Vorstellungen zum Bildinhalt zu generieren und so die Inhalte des Bildes in einen größeren Zusammenhang einzuordnen und Interpretationen zu produzieren.

Verstehen des Bildinhaltes bedeutet in diesem Zusammenhang zu begreifen, warum das Bild in diesem Kontext gezeigt wird. Das ist nicht immer einfach, da anders als beim Lesen von Texten, wo durch Worte, wie „hiermit wollte ich Folgendes sagen", die Intention des Autors konkret ausgedrückt werden kann, bei der Bildinterpretation sich der Betrachter des Bildes die Intentionen des Autors selbst erschließen muss.

Das Verstehen des Inhaltes eines Bildes ist sehr störanfällig, denn jeder Betrachter kann dieses unterschiedlich lange, unterschiedlich detailliert betrachten und so auch dessen Botschaft unterschiedlich interpretieren. Zudem müssen diese Fähigkeiten trainiert und geübt werden, andernfalls wird die elaborative Verarbeitung nur eingeschränkt stattfinden.

So ist die Bildverarbeitung auf elaborativer Ebene schwierig zu beeinflussen, lediglich sprachliche Anstöße stehen als didaktisches Mittel zur Verfügung.

11.7.4 Rekonstruktive Verarbeitung

Anders als man vielleicht vermuten könnte, wird ein Bild nicht als komplexes Ganzes im Gedächtnis abgespeichert und so wieder abgerufen. Vielmehr muss zunächst möglichst viel eingeprägt werden: wesentliche Objekte des Bildes, strukturelle Anordnung, farbliche Gestaltung und Aussage des Bildes. Nur was zuvor eingeprägt wurde, kann später rekonstruiert werden. Da es schwierig ist, sich alle Details eines Bildes einzuprägen, wirken Rekonstruktionen häufig merkmalsärmer als ihre Originale.

Rekonstruktionen von Bildern wirken häufig merkmalsärmer als ihre Originale, da jedes Bilddetail erinnert werden muss

Allerdings kann selbst nach Tagen ein ehemals präsentiertes Bild richtig wiedererkannt werden (Ballstaedt, 1997b).

11.8 Arten von Bildern

Schnotz (2001) unterscheidet realistische Bilder (Abbilder) und logische Bilder, wobei Abbilder einen Ausschnitt der Realität in niedrigerem oder höherem Abstraktionsgrad zeigen, logische Bilder hingegen, wie Diagramme, sind durch ihre Strukturmerkmale mit dem Bezeichneten verknüpft.

Bilder lassen sich in Abbilder und logische Bilder untergliedern

11.8.1 Abbilder

Zu den Abbildern zählen nach Ballstaedt (1997b) realistische Abbilder, texturierte Abbilder, Linienabbilder und schematische Abbilder, die nachfolgend kurz charakterisiert werden sollen.

- *Realistische Abbilder* zeigen einen Ausschnitt der Realität von einem festen Ort aus und aus einer bestimmten Perspektive. Dadurch wird die individuelle Sichtweise des Autors ausgedrückt, da nur das auf dem Bild gezeigt wird, was der Autor zeigen möchte.

Abb. 11.2: *Beide Fotografien entstanden in Chicago, dennoch zeigt jedes Foto einen anderen Blick auf die Stadt*

- *Texturierte Abbilder* zeigen ebenfalls einen Ausschnitt der Realität aus Autorensicht, jedoch in Schwarz-Weiß. Hier konzentriert sich die Aussagekraft des Bildes auf Flächen, Formen und Strukturen.

- *Linienabbilder* zeigen eine Person oder ein Objekt in einer Darstellungsform aus Linien, Ecken und Kanten. Ein Beispiel ist das Strichmännchen. Es werden vor allem Umrisse, aber weniger die innere Struktur erkennbar.

- *Schematische Abbilder* betonen die Strukturen von Objekten, sie reduzieren Komplexität, wobei die topologischen Beziehungen erhalten bleiben. Ein Beispiel eines schematischen Abbildes wäre ein elektronischer Schaltplan.

11.8.2
Logische Bilder

Zu den logischen Bildern zählen Charts, Diagramme und Tabellen. Sie sind nur auf struktureller Ebene mit dem Sachverhalt, den sie abbilden, verbunden.

- *Charts* repräsentieren qualitative Zusammenhänge zwischen Begriffen, Kategorien und Aussagen. Ein Beispiel ist die Mindmap, eine Form der Begriffsnetzdarstellung (s. Kap. 3).
  Charts ordnen Wissen und erleichtern das Einprägen dieses Wissens durch ihre übersichtliche und vereinfachte Strukturierung und Orientierung. Darüber hinaus helfen sie beim Explorieren von komplexen Strukturen.

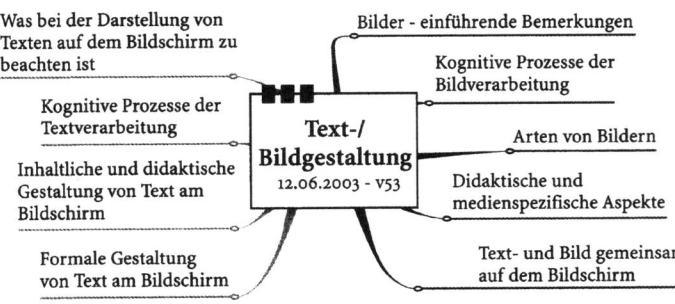

Abb. 11.3: Dies ist eine Mindmap, die als Vorarbeit zu diesem Kapitel erstellt wurde

- *Tabellen* stellen quantitative Daten in einer Matrix aus Zeilen und Spalten dar. Sie sind dann zur Visualisierung sinnvoll, wenn exakte Zahlen wiedergegeben werden sollen. Zudem lassen sich neben exakten Zahlenwerten auch Gruppierungen und Trends ablesen.

Vergleich der Leistungen aus Vor- und Nachtest für Aufgaben aus dem Lernprogramm Grammatik der Filmsprache		
	Anzahl Teilnehmer	Mittelwerte der erreichten Leistungen
Vorwissen		
Aufgabe 1	110	,23
Aufgabe 2	110	,45
Aufgabe 3	110	,63
Wissen Nachtext		
Aufgabe 1	110	,66
Aufgabe 2	110	,70
Aufgabe 3	110	,67

Abb. 11.4: Beispiel für eine Tabellendarstellung

- *Diagramme* präsentieren verdichtet und anschaulich nicht sichtbare quantitative Zusammenhänge durch Balken, Linien, Punkte oder Flächen. Kreis-, Punkt-, Linien und Säulendiagramme sind hierfür Beispiele. Zu beachten ist, dass Kreisdiagramme am besten die Untergliederung eines Ganzen in seine Teile, Liniendiagramme Entwicklungsverläufe, Balken- und Säulendiagrame voneinander abgrenzbare Merkmalsausprägungen illustrieren.

Abb. 11.5: Diese Grafik illustriert den Lernzuwachs mit dem Lernprogramm „Grammatik und Filmsprache"

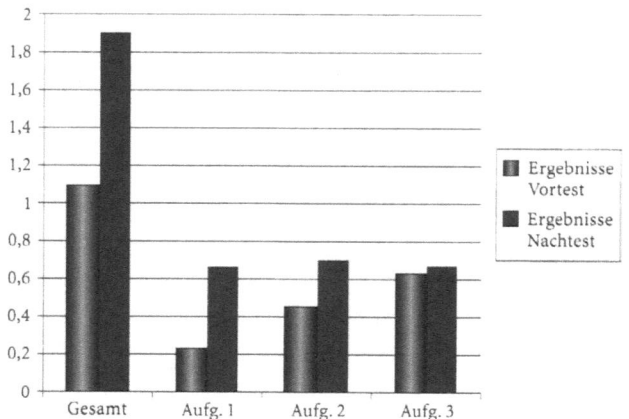

11.9
Didaktische und medienspezifische Aspekte

Sollen Bilder im Rahmen von Instruktion eingesetzt werden, so stellen sich Fragen wie: Können kognitive und emotionale Prozesse durch Bilder angeregt werden? Welche Präsentationsform ist die Geeignetste? Was soll mit dem Bild vermittelt werden?

Die Effektivität der Bildgestaltung hängt von mehreren Lernvariablen ab

Dwyer (1978) fand heraus, dass die Effektivität der Bildgestaltung von mehreren Lernvariablen abhängt. Mittlere Realitätsnähe und ein mittlerer Grad an Komplexität wirkte sich bei vielen Lernenden positiv auf den Lern-Erfolg aus. Zudem konnten Mayer & Gallini (1990) zeigen, dass Lernende mit mittlerem Vorwissen am meisten von bildhaften Darstellungen profitierten.

Um Bilder gezielt und effektiv im multimedialen Lernkontext einsetzen zu können, ist es notwendig, Überlegungen zu folgenden Aspekten anzustellen:

- *Über welches Vorwissen verfügen die Lernenden?* Wie bereits angesprochen, profitieren Lernende mit mittlerem Vorwissen am meisten von bildhaften Darstellungen, Lernende mit gutem Vorwissen dagegen weniger (Mayer & Gallini, 1990). Zudem lernen diejenigen mit geringem Vorwissen aus Bildern eher räumlich-visuell, Lernende mit großem Vorwissen eher domänenspezifisch und sprachgebunden.

- *Welche instruktionale Funktion hat das Bild?* Bilder können nur dann lernfördernd wirken, wenn sie einen Bezug zum vermittelten Lerninhalt haben. Sie müssen entweder eine darstellende, organisierende oder interpretierende Funktion haben. Sie eignen sich insbesondere zur Motivation (z. B. durch Karrikaturen). Es gilt: Je mehr Worte zur Veranschaulichung eines bestimmten Sachverhaltes benötigt werden, desto günstiger ist es, ihn als Bild darzustellen.

- *Wurde der darzustellende Sachverhalt räumlich korrekt dargestellt?* Da es mehrere Möglichkeiten gibt, Gegenstände im Raum zwei- oder dreidimensional abzubilden, ist die entscheidende didaktische Frage: Wurde ein aussagefähiger Blickwinkel gewählt, so dass Details auf die es ankommt, nicht verkleinert, sondern besser vergrößert dargestellt werden? Existiert zudem die Möglichkeit, die Präsentation zu jeder Zeit anzuhalten, so dass auch Zwischenstufen sichtbar werden.

- *Wurde die Komplexitätsebene richtig gewählt?* Bezogen auf die Ergebnisse der Untersuchungen von Mayer & Gallini, in denen sich ein mittlerer Komplexitätsgrad eines Bildes für die meisten Lernenden am lernförderlichsten herausstellte, ist bei der Auswahl der Komplexität einer Abbildung darauf zu achten, Unwichtiges wegzulassen und nicht zu viele Gruppierungen in einem Bild zu bündeln (Mayer & Gallini, 1990). Insbesondere beim Lernen mit Abbildern hat sich gezeigt, dass abhängig von der Lernzeit, Lernende die selbst gesteuert lernten, mit realistischen Abbildern den größten Lernerfolg erzielten. Findet die Lernsituation unter Zeitdruck statt, so sind Strichzeichnungen am besten geeignet.

- *Wie kann die Bildauswertung gesteuert werden?* Wie bereits dargelegt, ist eine Steuerung der Bildauswertung vor allem in der voraufmerksamen und aufmerksamen Phase der kognitiven Bildverarbeitung möglich. So werden farbige Wörter inmitten von einfarbigem Text oder große Gegenstände inmitten kleinerer die Aufmerksamkeit des Lernenden auf sich ziehen. Auch können Blickpfade angelegt werden, die bestimmte Sachverhalte hervorheben, z. B. durch den Einsatz von Pfeilen, Farbe und Umrahmungen. Werden jedoch diese Effekte zu häufig auf einer Bildschirmseite genutzt, nivellieren sie sich. Wichtig ist es demzufolge, nur einige wenige Details hervorzuheben, die für das Verständnis des Lerngegenstandes am wichtigsten sind. Sobald jedoch die willentliche Steuerung der Bildverarbeitung einsetzt, wird es schwierig, diese gezielt zu beeinflussen. Es kommen dann nur sprachlich formulierte Instruktionen in Frage.

- *Welche visuelle Organisation ist geeignet?* Damit der Lernende schnell erfasst, was auf dem Bild dargestellt ist, muss z. B. durch Eingrenzung und Abstände eine eindeutige Figur-Grundeinteilung vorhanden sein. Durch sie sind die relevanten Komponenten des Bildes erkennbar und diskriminierbar. Auch der Einsatz von Farbe kann sich lohnen, damit eine eindeutige Figur-Grundeinteilung entsteht. Zudem ist mit farbigem Material die Behaltensleistung besser als mit nicht farbigem (Ballstaedt, 1997b). Dabei ist zu beachten, dass nicht zu viele unterschiedliche Farben eingesetzt werden und deren Bedeutung immer dieselbe ist, z. B. kann Rot immer dann verwendet werden, wenn auf das wichtigste Detail im Bild hingewiesen wird.

- *Was ist bei logischen Bildern zu beachten?*
  - *Charts* dienen der kognitiven Vorstrukturierung des Lernstoffes oder können als Zwischenzusammenfassungen genutzt werden. Sie sollen übersichtlich gestaltet sein, wobei kurze Bezeichnungen unabdingbar sind. Darüber hinaus sollen inhaltlich verschiedene Einheiten und Verbindungen als solche erkennbar sein und auch die kognitive Topologie muss adäquat abgebildet werden, also z. B. Ursache-Wirkungs-Beziehungen von links nach rechts, übergeordnete Einheiten über Untergeordneten, zeitliche Abfolgen, von rechts nach links und wiederholende Ereignisse in Kreisform.
  - *Tabellen* müssen eine Beschriftung aufweisen, um die Bedeutung von Zahlen zu erläutern. Auch in Tabellen ist die Nutzung von Farbe sinnvoll, um wichtige Zahlen oder Trends innerhalb der Zahlen hervorzuheben.

11.10
Text und Bild gemeinsam auf dem Bildschirm

Text ist zwar entscheidend, um Wissensinhalte adäquat zu vermitteln, allein jedoch wirkt er schnell anstrengend und ermüdend. Bilder, egal ob statisch oder bewegt (s. Kap. 9) reichern das Lernmaterial an, motivieren oder erleichtern dessen Verständlichkeit.

Bild- und Textinformationen sollten immer aufeinander bezogen dargeboten werden, andernfalls ist die Lernwirksamkeit der Darstellung fraglich

Studien von Levie & Lentz (1982) haben gezeigt, dass Textinformationen, die mit zusätzlichen Bildern dargeboten wurden, nur zur Verbesserung der Lernleistung führten, wenn Text und Bild sich aufeinander bezogen und besonders relevante Textinformationen bildlich dargestellt wurden.

Werden Text und Bild gemeinsam präsentiert, ist das didaktisch angestrebte Ziel immer die mentale Integration von Text- und Bildinformation. Diese ist dann erreicht, wenn Textverstehen und Bildanalyse sich gegenseitig beeinflussen. Dies kann erreicht werden, indem Textinformation und Bildinformation entweder in kongruenter, komplementärer oder elaborativer Beziehung zueinander stehen.

- *Kongruente Beziehungen:* Bild- und Textmaterial ergänzen sich gegenseitig. So kann der Lernende seine bevorzugte Art, Wissen zu erwerben, auswählen. Zudem fördert die redundante Darbietung der Information das Einprägen.

- *Komplementäre Beziehungen:* Sowohl Text als auch das Bild präsentieren unterschiedliche Informationen. Der Lernende muss sowohl den Text als auch das Bild vollständig verstehen und beide Informationen aufeinander beziehen, bevor er die gesamte Information verstanden hat. Es ist in diesem Fall insbesondere wichtig, das Vorwissen der Lernenden richtig einzuschätzen, denn das Zusammenfügen von Text- und Bildinformation zur Gesamtinformation erfordert zusätzliche kognitive Anstrengungen, die von den Lernenden erbracht werden müssen. Haben sie allerdings diese Voraussetzungen, ist komplementäre Darbietung von Text- und Bildinformation didaktisch sehr geeignet, da sie zum Nachdenken und zur integrativen Verarbeitung anregt.

- *Elaborative Beziehungen:* Entweder die über den Text vermittelte Information oder die des Bildes geht über die jeweils andere hinaus. Auch hier ist es wichtig, das Vorwissen der Lernenden genau zu kennen, damit sichergestellt ist, dass sie die erweiterten Informationen überhaupt verstehen.

Es gibt nicht nur für die Beziehungen zwischen Text- und Bildinformationen didaktisch motivierte Empfehlungen, sondern auch für die Anordnung von Text und Bild.

Auf die Frage, ob ein Text über, neben oder unter einem Bild präsentiert werden sollte, antworten Koran & Koran, dass eine auf die Funktion der Illustration abgestimmte Darstellung von Text möglichst kurz davor oder danach von großer Bedeutung ist (Koran & Koran, 1980). In neueren Untersuchungen konnte Sweller zeigen, dass der Text in das Bild eingebunden werden sollte (Sweller, 1999; s. Kap. 12). Dadurch minimieren sich die Suchprozesse zwischen Text- und passender Bildinformation und umgekehrt. Es werden beim Lernenden freie kognitive Ressourcen geschaffen, die z. B. für Verarbeitungs- und Behaltensprozesse, wie Elaborieren, genutzt werden können.

Weniger erfolgreich ist die grafische Darstellung am Anfang eines umfassenden Textblockes, z. B. in Form einer Mindmap. Nur wenn die Lernenden aufgefordert wurden, die im Text dargebotene

Information mit der in der Mindmap zu vergleichen, profitierten insbesondere Lernende mit geringem Vorwissen von dieser Hilfe (Dean & Kulhavy, 1981).

Es lässt sich als Fazit formulieren, dass Text- und Bilddarstellung höchstwahrscheinlich nur dann lernwirksam sind, wenn sich Text- und Bildinformation eng aufeinander beziehen und zusammengehörige Informationen räumlich eng beieinander präsentiert werden.

12 Achtung „Overload":
Präsentation von Text, Bild und Ton am Bildschirm

12.1
Plausible Annahmen und die Multimedia-Forschung

In der Frühzeit des multimedialen Lernens war eine verbreitete Vorstellung „Viel hilft viel", will sagen: Lernerfolge sind umso eher zu erwarten, je mehr Sinneskanäle angesprochen werden und je mehr unterschiedliche Symbolsysteme verwendet werden. Diese durchaus plausiblen Annahmen wurden seit Ende der achtziger Jahre durch Forschungsarbeiten von Sweller und Chandler in Australien (Chandler & Sweller, 1991; Sweller & Chandler, 1991; Sweller et al., 1990) einerseits und Mayer und Mitarbeiter (zusammenfassend: Mayer, 2001) in Kalifornien andererseits auf der Grundlage theoretischer Annahmen zur Struktur des menschlichen Gedächtnisses experimentell geprüft. Das sich daraus entwickelnde Forschungsparadigma erwies sich als ausgesprochen erfolgreich, seit Ende der neunziger Jahre wurden auch in den Niederlanden und in Deutschland diverse Studien durchgeführt, in denen sich die Tragfähigkeit des theoretischen Ansatzes immer wieder bestätigte (insbesondere: Kirschner, 2002; van Bruggen et al., 2002; van Gerven et al., 2002; van Merriënboer et al., 2002; Brünken et al., 2003; Gerjets & Scheiter, 2003; Renkl & Atkinson, 2003). Einen Überblick über den aktuellen Stand der Forschung geben Paas et al. (2003). Die folgenden Abschnitte enthalten einen Abriss des Theorieansatzes.

„Viel hilft viel" oder „Weniger ist mehr"?

12.2
Das SOI-Modell für multimediales Lernen

12.2.1
Theoretischer Hintergrund des Modells

Das SOI-Modell (Selection – Organization – Integration) basiert auf den in Tabelle 12.1 zusammengefassten theoretischen Ansätzen.

Tabelle 12.1: Zusammenstellung der theoretischen Basis des SOI-Modells (Mayer, 2001)

	Annahmen, auf denen das SOI-Modell aufbaut	Grundlagen zur Entwicklung des Modells
Duale Codierung der Informationen	Informationsverarbeitung erfolgt getrennt nach visuell und auditiv dargebotener Information.	(Paivio, 1986) (Baddeley, 1992)
Begrenzte Kapazität des Arbeitsgedächtnisses	Die Kapazität des Arbeitsgedächtnisses und jedes Verarbeitungskanals ist begrenzt.	(Baddeley, 1992) (Chandler & Sweller, 1991)
Aktive Verarbeitungsprozesse	Wesentliche Lernaktivitäten sind: die aktive Auswahl, Strukturierung neuer Informationen, der Aufbau eines mentalen Modells und die Verknüpfung neu erworbenen Wissens mit bereits Gelerntem.	(Mayer, 1999) (Wittrock, 1989)

Informationsverarbeitung erfolgt durch duale Codierung

Duale Codierung

Das Konzept, nach dem unterschiedliche Informationen über verschiedene Kanäle aufgenommen werden, hat eine lange Tradition in der Kognitionspsychologie. Insbesondere Paivio mit seiner Arbeit zur Dualen Codierungstheorie und Baddeley mit seinem Modell des Arbeitsgedächtnisses sind in diesem Zusammenhang zu nennen (Paivio, 1986; Baddeley, 1992).

Sie postulieren als zentrale Annahme ihrer Theorien, dass sich die menschliche Informationsverarbeitung danach unterscheidet, ob auditive oder visuelle Informationen aufgenommen werden müssen. Um die dargebotenen Informationen zu verarbeiten, werden jeweils unterschiedliche Kanäle angesprochen, für visuelle Informationen der visuell/bildhaft/nonverbale Kanal und für verbale Informationen der auditiv/verbale Kanal.

Obwohl Informationen gewöhnlich über einen Kanal das Arbeitsgedächtnis erreichen, muss manchmal auch während der Informationsverarbeitung der Kanal gewechselt werden, z. B. bei der Verarbeitung von geschriebenem Text. Solche Sprünge zwischen den Kanälen erfordern hohe kognitive Ressourcen, so dass es sinnvoll erscheint, derartige Materialien in multimedialen Lernumgebungen möglichst sparsam einzusetzen.

Kapazitätsbegrenzung des Arbeitsgedächtnisses

Cognitiv Load Theory

Es ist zu beobachten, dass Lernende sich einen Text mehrmals durchlesen oder ein Bild sehr lange oder wiederholt betrachten, um alle relevanten Informationen aufzunehmen. Erklären lässt sich diese Beobachtung damit, dass die Kapazität der menschlichen Informationsverarbeitung begrenzt ist und nicht alle Informationen auf einmal aufgenommen werden können. Jeder Kanal verfügt nur über eine begrenzte Kapazität. Wenn Lernende also Informationen z. B. als Illustrationen oder Animationen aufnehmen, können sie nur einige wenige Inhalte gleichzeitig im Arbeitsgedächtnis verarbeiten. Um alles Wichtige zu erfassen, müssen sie deshalb mehrmals diese Illustration oder Animation betrachten und diese nach und nach im Arbeitsgedächtnis verarbeiten.

Die Annahme über die Begrenzung der Kapazität des Arbeitsgedächtnisses hat eine lange Tradition in der psychologischen Forschung (Miller, 1956; Simon 1974; Baddeley, 1992, 1996, 1999; Chandler & Sweller, 1991; Sweller & Chandler, 1991).

Bekannt sind die Forschungsarbeiten zur „magischen Zahl 7" (Miller, 1956; Simon, 1974). In den Untersuchungen wurde jedem Probanden eine sinnlose Silbe bzw. eine Zahl pro Sekunde präsentiert und im Anschluss gemessen, wie viele Silben bzw. Zahlen ohne Fehler erinnert werden konnten. Der Durchschnitt aller Probanden lag bei 7, wobei die Spannweite 2 betrug. Das heißt, die meisten Probanden erinnerten ohne Fehler zwischen 5 und 9 Silben oder Zahlen.

„Die magische Zahl 7"

Das Bilden von „Chunks" hilft die Erinnerungsleistung zu verbessern. Chunks fassen Informationseinheiten zusammen, z. B. die sieben einzelnen Zahlen 2-5-4-1-6-7-4 einer Telefonnummer zu den Einheiten 254-16-74. So können noch weitere zwei Einheiten behalten werden, bis die Kapazitätsgrenze des Arbeitsgedächtnisses erreicht ist.

Das Ergebnis dieser Forschung ist, dass das menschliche Arbeitsgedächtnis 7 plus oder minus 2 Informationseinheiten gleichzeitig verarbeiten kann.

Für differenziertere Aussagen über die kognitive Belastung des Arbeitsgedächtnisses bietet sich die Cognitive-Load-Theorie als geeignetes Erklärungsmodell an (Chandler & Sweller, 1991; Sweller & Chandler, 1991). Es werden unterschiedliche Quellen von Cognitiv Load in der Theorie unterschieden, „Intrinsic Coginitve Load", „Extraneous Cognitive Load" und „Germane Cognitiv Load".

Der *Intrinsic Cognitiv Load* ist abhängig von dem Schwierigkeitsgrad des Lernmaterials. Ist das Lernmaterial inhaltlich sehr komplex und müssen die Lernenden umfangreiche kognitive Ressourcen zur Bildung eines kohärenten mentalen Modells aufwenden, ist der Intrinsic Cognitiv Load sehr hoch. Das ist beispielsweise der Fall, wenn sehr viele Zusammenhänge zwischen den einzelnen Inhalten von den Lernenden konstruiert werden müssen, um den

Intrinsic, Extraneous, Germane Cognitiv Load

Sachverhalt angemessen zu verstehen. Demgegenüber ist der Intrinsic Cognitiv Load relativ niedrig, wenn Lernende die einzelnen Inhalte separat lernen können. Instruktional ist der Intrinsic Cognitiv Load nicht zu beeinflussen.

Der *Extraneous Cognitiv Load* ist abhängig von der Gestaltung des Lernmaterials. Müssen Lernende beim Durcharbeiten einer multimedialen Lerneinheit viele irrelevante, wenig zielführende und ineffektive kognitive Anstrengungen aufbringen, um die relevanten Informationen aus dem Lernmaterial zu extrahieren, ist der Extraneous Cognitiv Load hoch. Finden Lernende schnell die relevante Information, in leicht verständlicher Form, dann ist der Extraneous Cognitiv Load gering. Techniken, die helfen, den Extraneous Cognitiv Load so gering wie möglich zu halten, werden in den folgenden Abschnitten dargestellt (s. Abschnitt. 12.3).

Auch der *Germane* oder *Effectiv Cognitiv Load* kann indirekt durch die Lernumgebung beeinflusst werden. Er resultiert aus der Bildung kognitiver Schemata. Im Gegensatz zum Extraneous Cognitive Load, der das Lernen negativ beeinflussen kann, verbessert der Germane Cognitiv Load den Lernerfolg bzw. die Lernmotivation. Voraussetzung dafür ist, dass der Intrinsic Cognitiv Load gering ist und die Gestaltung der Lernumgebung einen geringen Extraneous Cognitiv Load beim Lernenden erwarten lässt. So können die im Arbeitsgedächtnis noch freien kognitiven Ressourcen zur Elaboration und Konstruktion von Schemata, also verstärkt für den Wissenserwerb, genutzt werden. Ziel der Gestaltung multimedialer Lernumgebungen muss es demnach sein, diese so zu konzipieren, dass Lernende möglichst viele kognitive Ressourcen allein für den Germane Cognitiv Load frei verfügbar haben.

Aktive Verarbeitungsprozesse

Aktives Lernen
Um Wissen zu erwerben, ist es notwendig, sich aktiv ein kohärentes mentales Modell des Lerngegenstandes zu konstruieren. Dazu sind kognitive Prozesse erforderlich, um relevante Informationen auszuwählen, einzuprägen, neues Wissen zu strukturieren und mit bereits erworbenem Wissen in Verbindung zu setzen (Mayer, 1999; Wittrock, 1989). Die basalen kognitiven Prozesse, die den Aufbau eines kohärenten mentalen Modells ermöglichen, sind nach Cambliss & Calfee (1998) und Cook & Mayer (1988):

- Suche nach Ursache-Wirkungs-Ketten, einschließlich der Erklärungen ihrer Beziehungen untereinander

    Beispiel: Das Lernen der Zusammenhänge im volkswirtschaftlichen Geldkreislauf ist nur erfolgreich, wenn Ursache-Wirkungs-Beziehungen erkannt und beschrieben werden können.

- Vergleichen von Informationen

    Beispiel: Wenn Gemeinsamkeiten zwischen Strom-, Blut- und Geldkreislauf gefunden werden sollen, müssen alle drei Modelle hinsichtlich ihrer Gemeinsamkeiten und Unterschiede geprüft werden.

- Generalisieren bzw. Verallgemeinern von Wissen

    Kinder müssen beispielsweise lernen, dass sowohl Erdbeeren als auch Himbeeren oder Äpfel mit dem allgemeineren Begriff „Früchte" bezeichnet werden können.

- Aufzählen bzw. Zusammenstellen von Sachverhalten

    Beispiel: Das Lernen der deutschen Bundesländer und ihrer Hauptstädte.

- Klassifizieren bzw. Einordnen von Informationen

    Beispiel: Das biologische Klassifikationssystem der Tiere oder das Periodensystem der Elemente.

Insbesondere die Möglichkeiten der Interaktivität (s. Kap. 7), Adaptivität und des lernerbezogenen Feedbacks (Kap. 14) sind interessante Gestaltungsmöglichkeiten multimedialen Lernens, um aktives Lernen zu motivieren und zu unterstützen; es muss jedoch jeweils auf die kognitive Belastung geachtet werden.

12.2.2
Kernaspekte des Modells

Im Rahmen der kognitven Theorie multimedialen Lernens bzw. des SOI-Modells (Selection-Organization-Integration) wird Folgendes vermutet:

SOI-Modell

- Text-, Bild-, Sprach- und Audioinformationen werden dual codiert. Diese Verarbeitung erfolgt für Text- und Bildinhalte über den Kanal für visuell/bildhafte Verarbeitung und für gesprochene Sprache, Töne und Musik über den Kanal für die auditiv/verbale Verarbeitung.

- Jeder der beiden Kanäle hat eine begrenzte Verarbeitungskapazität und es können somit auch nur eine begrenzte Anzahl kognitiver Prozesse gleichzeitig gesteuert werden.

- Fünf kognitive Prozesse sind zentral am Lernen mit Multimedia beteiligt:
    1. Auswahl (selection) von relevanten bzw. als wichtig erachteten Wörtern

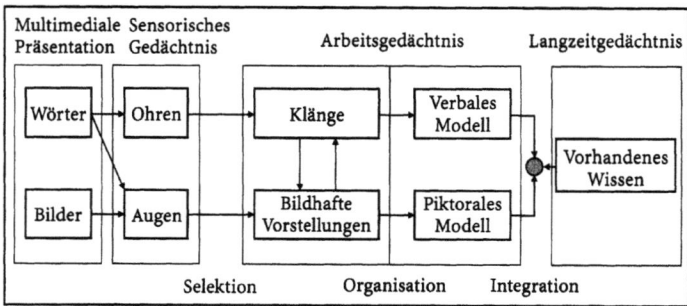

Abb. 12.1: SOI-Modell nach Mayer (2001, S. 47)

2. Auswahl von relevanten Bildinhalten
3. Strukturierung (organization) dieser Textinhalte und Bildung eines kohärenten verbalen Modells
4. Strukturierung der als wichtig erachteten Bildinhalte zu einem kohärenten bildhaften Modell
5. Verknüpfen (integration) der Textrepräsentation mit der Bildrepräsentation und Verknüpfung von neuem Wissen mit bereits erworbenem aus dem Langzeitgedächtnis.

Während des Lernens werden permanent gesprochener oder geschriebener Text sowie Bildinformationen im Gedächtnis verarbeitet.

Zunächst gelangen Text- und Bildinformationen, über die Augen und Ohren aufgenommen, in das sensorische Gedächtnis (s. Abb. 12.1), wo die Informationen für sehr kurze Zeit präsent gehalten werden, um über den weiteren Verarbeitungsprozess zu entscheiden. Als wichtig ausgewählte, über die Ohren aufgenomme, gesprochene Wörter bzw. Informationen werden über den auditiv/verbalen Kanal an das Arbeitsgedächtnis weiter geleitet; relevante visuelle Informationen erreichen das Arbeitsgedächtnis jedoch über den visuell/bildhaften Kanal.

Für gedruckte Wörter gilt allerdings die Besonderheit, dass sie zunächst im visuell/bildlichen Kanal verarbeitet werden und dann in den auditiv/verbalen Kanal wechseln. Folglich müssen für geschriebenen Text aus beiden Kanälen kognitive Ressourcen zu Verfügung gestellt werden, um die Informationen adäquat zu verarbeiten.

Das Arbeitsgedächtnis ist der zentrale Ort des Gedächtnissystems, an dem multimediales Lernen stattfindet. Es hält die Information, getrennt im visuell/bildhaften und auditiv/verbalen Kanal, präsent und ermöglicht eine aktive Verarbeitung der neuen Informationen. Dabei werden relevante Informationen ausgewählt, strukturiert und zu einem mentalen Modell zusammengefügt. Erst wenn sowohl ein visuell/bildhaftes als auch auditiv/verbales Modell vorhanden ist, wird aus beiden Modellen ein gemeinsames Modell konstruiert, der mit dem aus dem Langzeitgedächtnis abgerufenen Vorwissen ergänzt und verknüpft wird.

Zwei wesentliche Konsequenzen für die Gestaltung von E-Learning lassen sich aus diesem Modell ableiten:

Konsequenzen für die Gestaltung von E-Learning

1. Sobald dem Lernenden zu viele Informationen gemeinsam über einen Kanal angeboten werden, ist das Arbeitsgedächtnis überlastet und der Wissenserwerb behindert. Dies ist z. B. der Fall, wenn hintereinander schnell wechselnde Bildsequenzen in einer Animation zusammengestellt werden und zudem noch viel erklärender Text zu den Inhalten angeboten wird. Denn beide Informationen werden über den visuell/bildhaften Kanal verarbeitet.

2. Das Arbeitsgedächtnis ist ebenso überfordert, wenn zu viele Informationen gleichzeitig auf beiden Kanälen zu verarbeiten sind. Denn in diesem Fall muss das Arbeitsgedächtnis sehr viele Informationen gleichzeitig aktiv halten. Ein Beispiel: Werden auf einer Bildschirmseite viele informationshaltige Bilder mit ausführlichen visuell präsentierten Erläuterungen dargestellt, so ist die kognitive Überlastung des Arbeitsgedächtnisses sehr wahrscheinlich. Hier muss nicht nur die visuelle Bildinformation über den visuell/bildhaften Kanal verarbeitet werden, sondern zunächst auch der geschriebene Text, bevor der auditiv/verbale Kanal die Weiterverarbeitung übernimmt. Selbst danach muss das Arbeitsgedächtnis umfangreiche Ressourcen für die Integration von Text- und Bildinformation zu einem mentalen Modell zur Verfügung stellen, da erst der permanente Vergleich von beiden Informationen die Integration zu einem kohärenten Modell ermöglicht.

12.3
Sechs Prinzipien zur Gestaltung von E-Learning

Vor dem Hintergrund des SOI-Modells und der Split-Attention-Theorie (Sweller, 1999) untersuchten (Mayer, 2001) und Mitarbeiter instruktionspsychlogische Bedingungen multimedialen Lernens.

Die Ergebnisse mit praktischer Relevanz fasste er zu sechs Gestaltungsprinzipien für E-Learning zusammen:

Sechs Gestaltungsprinzipien für E-Learning

Tabelle 12.2: Sechs Prinzipien zur Gestaltung von Multimedia (Clark & Mayer, 2002)

1. Multimediaprinzip	Eine Kombination von Text und Grafik ist besser als Text allein.
2. Kontiguitätsprinzip	Zusammengehörende Worte und Grafiken sind nahe beieinander zu platzieren.
3. Modalitätsprinzip	Zur Erläuterung von Grafiken oder Animationen eignet sich gesprochener Text besser als geschriebener.
4. Redundanzprinzip	Die gleichzeitige Darbietung von geschriebenem und gesprochenem Text kann das Lernen beinträchtigen.
5. Kohärenzprinzip	Das Anreichern mit „interessantem Material" kann das Lernen beeinträchtigen.
6. Personalisierungsprinzip	Umgangssprachlicher Stil und pädagogische Agenten können das Lernen unterstützen.

12.3.1
Das Multimediaprinzip: Die Kombination von Text und Grafik ist besser als Text allein

Dieses Prinzip ist keinesfalls trivial, da es in diesem Zusammenhang nicht nur darauf ankommt, den Text mit Grafiken anzureichern, sondern beide sinnvoll miteinander zu kombinieren. Der Einsatz von Grafiken erfolgt oft intuitiv und ist nicht per se lernwirksam. Ein besseres Verständnis wird durch rein dekorative Grafiken kaum erreicht.

Beispiele für lernwirksame Grafiken

Als lernwirksam erwiesen haben sich u. a.:

- *Grafiken zur thematischen Organisation:* Dazu gehören illustrierte Inhaltsübersichten oder Beziehungen zwischen einzelnen Themengebieten.

- *Grafiken zur Veranschaulichung von Beziehungen:* Besonders geeignet sind diese für die Darstellung nicht sichtbarer Phänomene und deren Beziehungen (z. B. das Wachstum von Bakterien in Abhängigkeit von den Kochtemperaturen bei der Zubereitung von Speisen).

- *Grafiken als Schnittstelle zur Aufgabe:* Je nach Thematik können Grafiken zur Präsentation von Fallstudien oder Aufgaben verwendet werden; bspw. ein virtuelles Büro in einem Kurs für Bankkaufleute, in dem die Lernenden direkt auf Telefon, Bücher oder Faxgerät zugreifen können.

In einer Reihe von Studien konnte Mayer das Multimedia-Prinzip eindrucksvoll belegen. Lerner, die mit Text und Grafiken lernten, erzielten 55 bis 121 % höhere Transferleistungen als Lerner, denen nur Text präsentiert wurde.

In der theoretischen Begründung weist Mayer dem Lerner eine aktive Rolle bei der Informationsverarbeitung zu. Lernen wird als ein Versuch aufgefasst, geeignete kognitive Prozesse beim Lerner zu fördern. Reine Informationsdarbietung reicht dafür nicht aus; vielmehr sollten die Lerner dabei unterstützt werden, sich aktiv mit den Lerninhalten auseinander zu setzen. Ein besonders wichtiger Teil der aktiven Verarbeitung ist der mentale Aufbau textlicher und bildhafter Repräsentationen des Lehrstoffs sowie deren Verknüpfung.

12.3.2
Das Kontiguitätsprinzip: Zusammengehörende Worte und Grafiken nahe beieinander platzieren

Während das Multimedia-Prinzip den Einsatz relevanter Grafiken fordert, beinhaltet das Kontiguitätsprinzip Hinweise zur Anordnung von Text und Bild.

Viele E-Learning-Kurse verwenden Grafiken, deren zugehörige Erläuterung auf einer anderen Bildschirmseite zu finden ist oder nur durch Scrollen erreicht werden kann. Diese Art der Bildschirmgestaltung beeinträchtigt das Lernen: Die physikalische Trennung von Text und Bild erfordert zusätzliche kognitive Ressourcen zum Auffinden und mentalen Verknüpfen bedeutsamer Beziehungen zwischen Text und Grafik. Entsprechend weniger Ressourcen stehen dann für das Verständnis des eigentlichen Lerninhaltes zur Verfügung.

Die Integration von Text und Grafik oder zumindest deren räumliche Nähe kann folgendermaßen erreicht werden:

Gestaltungsvorschläge für die Integration von Text und Grafik

- Worte in der Nähe der dazugehörigen Grafikbestandteile platzieren und mit einer Linie mit ihnen verbinden.

- Erläuterungen eines Zustandes oder Ereignisses als Pop-up-Text erscheinen lassen, wenn die Maus die Grafik berührt (mouseover).

- Grafik und Text sind immer gleichzeitig sichtbar; die Verdeckung eines der beiden durch Scrollen ist unbedingt zu vermeiden. „Mouse-over" oder kleinere Grafiken können dabei helfen.

- Das Kontiguitätsprinzip gilt auch für die Präsentation von Feedback. Frage, Antwort und Feedback auf derselben Bildschirmseite darbieten.

- Links zu weiterführenden Informationen sollen weder die Frage noch damit zusammenhängende Informationen in dem ursprünglichen Fenster verdecken.

- Erläuterungen und Anleitungen zu Übungen nicht von der Übung trennen, sondern mit ihr gemeinsam präsentieren, so dass beides vollständig sichtbar ist.

Die Wirksamkeit des Kontiguitätsprinzips ist mehrfach empirisch belegt. Probanden, die eine integrierte Version der Grafik erhielten, erreichten 43–89 % mehr Lösungen als jene, denen Text und Grafik separat dargeboten wurde.

In Studien mit Blickbewegungsaufzeichnung (eye tracking) konnte darüber hinaus festgestellt werden, dass Lerner dazu tendieren, den erläuternden Text „häppchenweise" zu lesen. Nach jedem Teilstück betrachten sie den entsprechenden Aspekt in der Grafik. Dieser Prozess kann bedeutend vereinfacht werden, indem der Text in sinnvolle Einheiten zerlegt und jeweils dem betreffenden Teil der Grafik zugeordnet wird.

12.3.3
Das Modalitätsprinzip:
Zur Erläuterung von Grafiken oder Animationen eignet sich gesprochener Text besser als geschriebener

Erklärung nach dem SOI-Modell

Die Verwendung von Audiosequenzen anstelle von geschriebenem Text hat sich unter bestimmten Bedingungen als lernwirksam erwiesen. Dieser Effekt lässt sich anhand des SOI-Modells von Mayer (2001) (s. oben) erklären: Der psychologische Vorteil der auditiven Präsentation der Erläuterungen von Grafiken ergibt sich aus der Organisation der menschlichen Informationsverarbeitung in zwei Kanäle – den auditiven und den visuellen. Wird einer dieser Kanäle zu sehr beansprucht, kann es zu einer kognitiven Überlastung kommen. In diesem Fall ist es dem Lerner nicht möglich, Text und Grafik gleichzeitig (simultan) zu verarbeiten. Es kommt zu einer Aufteilung der Aufmerksamkeit zwischen den beiden Informationsquellen (split attention). Durch die Verwendung gesprochener Erläuterungen wird der visuelle Verarbeitungskanal entlastet.

Wann ist gesprochener Text sinnvoll?

Gesprochener Text sollte dann bevorzugt eingesetzt werden, wenn darin die Grafik oder Animation erläutert und beides gleichzeitig dargeboten wird. Dies trifft insbesondere zu bei einem schnellen Wechsel der Inhalte einer Animation. Diese Empfehlung gilt jedoch nur für die simultane Präsentation von Text und Grafik und kann nicht auf für sich stehenden Text verallgemeinert werden.

In der Praxis ist es jedoch nicht immer möglich, das Modalitätsprinzip zu implementieren. Die Produktion der Audiosequenzen kann bspw. die technischen Grenzen des geplanten E-Learning-Angebotes sprengen (Bandbreite, Soundkarten, Headsets usw.). Ferner fallen erhebliche finanzielle Ausgaben an und es ist schwierig, schnell wechselnde Informationen auf den neuesten Stand zu bringen.

Geschriebener und gesprochener Text zur Erläuterung einer Grafik oder Animation können sich auch sinnvoll ergänzen. So sollte z. B. eine mathematische Formel, die Teil der auditiven Erläuterung ist, auch visuell dargeboten werden, da ihre Komplexität so besser erfasst werden kann. Ebenso können Schlüsselwörter, die Teilschritte eines Prozesses benennen, als geschriebener Text präsentiert werden, während jeder Schritt innerhalb der Audiosequenz erklärt und diskutiert wird.

Wann ist geschriebener und gesprochener Text zur Erläuterung einer Grafik sinnvoll?

Das Modalitätsprinzip konnte in mehreren Studien empirisch bestätigt werden: Versuchspersonen, die zu einer Animation eine gesprochene Erklärung bekamen, erzielten mehr richtige Lösungen in einem anschließenden Test als Probanden, die die Erklärung als geschriebenen Text erhielten. In beiden Bedingungen waren Animation und Erklärung identisch.

Entscheidungen hinsichtlich des Einsatzes von Audiosequenzen in E-Learning sollten sich stets an theoretischen Konzeptionen zur menschlichen Informationsverarbeitung orientieren.

12.3.4
Das Redundanzprinzip: Die gleichzeitige Darbietung von geschriebenem und gesprochenem Text kann das Lernen beinträchtigen

In einigen E-Learning-Kursen werden Erläuterungen zu bestimmten Sachverhalten sowohl als gesprochener als auch als geschriebener Text dargeboten. Das führt allerdings nicht in jedem Fall zu einem Mehrwert für den Lerner, weil der psychologische Vorteil gesprochener Erläuterungen, nämlich die Entlastung des visuellen Kanals, damit verloren geht. Dennoch gibt es Situationen, in denen Lernende von der gleichzeitigen Darbietung von geschriebenem und gesprochenem Text profitieren.

Clark und Mayer postulieren zwei Redundanzprinzipien:

1. Vermeide die Präsentation von Audiosequenzen und identischem Text zur Erläuterung von Grafiken

Redundante Bildschirmtexte sollten nicht verwendet werden, wenn gleichzeitig Grafiken (Animation, Video, logische Bilder oder Fotos) abgebildet sind. Lernende schenken der Grafik zu wenig Aufmerksamkeit, wenn sie gleichzeitig den geschriebenen Text betrachten.

Die Lernstil-Hypothese als Erklärungsmodell

Es ist eine weit verbreitete Annahme, dass unterschiedliche Lernstile existieren, d. h., dass einige Menschen besser mit visueller und andere besser mit auditiver Information lernen (Lernstil-Hypothese). Vor diesem Hintergrund ist es nur konsequent, sowohl Audio als auch Text anzubieten, um dem Lerner die Wahl seiner bevorzugten Variante zu ermöglichen. Die Annahme über die Lernstile basiert auf der Information Delivery Theory, die besagt, dass es besser ist, drei Varianten der Information darzubieten als zwei. Demnach würde diese Theorie einen größeren Lernerfolg bei der gleichzeitigen Präsentation von Grafik, Text und Audio vorhersagen. Diese Theorie enthält jedoch unzulässige Vereinfachungen: Es wird nicht berücksichtigt, dass separate Kanäle für visuelles und auditives Material existieren und dass deren Kapazität begrenzt ist.

Das SOI-Modell als Erklärungsmodell

Beide Annahmen sind im SOI-Modell enthalten und dessen Vorhersage, dass die simultane Darbietung von Text, Grafik und Audio zu einer kognitiven Überlastung führt, wurde empirisch mehrfach bestätigt. Die Probandengruppe ohne redundante Präsentation von geschriebenem und gesprochenem Text erreichte 43–69 % mehr richtige Lösungen als die Vergleichsgruppe, die alle drei Modalitäten zur Verfügung hatte.

„Weniger ist mehr""

Zusammenfassend gilt unter Berücksichtigung der menschlichen Informationsverarbeitung: „Weniger ist mehr" statt „Viel hilft viel".

2. Die redundante Präsentation von Audio und Text kann unter spezifischen Bedingungen sinnvoll sein

Die gleichzeitige Präsentation von geschriebenem und gesprochenem Text kann jedoch sinnvoll sein, wenn

Wann ist die redundante Präsentation von Audio und Text sinnvoll?

1. auf dem Bildschirm keine Grafiken abgebildet sind,
2. es ausreichend Zeit gibt, die bildliche Information zu verarbeiten (z. B. bei sequentieller Anordnung von Text und zugehöriger Grafik oder bei angemessener Ablaufgeschwindigkeit), und
3. es den Lerner viel größere Anstrengungen kostet den gesprochenen Erläuterungen zu folgen, als den Text zu lesen (z. B.

wenn es sich nicht um die Muttersprache des Lernenden handelt, der Lernende spezielle Lernbehinderungen hat oder das verbale Material sehr lang, komplex und mit vielen Fremdwörtern versehen ist).

Ausnahmen vom Redundanzprinzip sind dann gegeben, wenn der zusätzlich geschriebene Text die Anforderungen an die Informationsverarbeitung nicht erhöht oder sie sogar senkt.

Für die genannten Situationen wurde der Vorteil der redundanten Darbietung von Text und Audio empirisch bestätigt. Die Probanden produzierten bis zu dreimal mehr richtige Antworten, wenn in Abwesenheit einer grafischen Darstellung sowohl der gesprochene als auch der geschriebene Text angeboten wurde.

12.3.5
Das Kohärenzprinzip:
Das Anreichern mit „interessantem Material" kann das Lernen beeinträchtigen

Viele E-Learning-Kurse verzeichnen hohe Abbrecherraten. Entwickler und Designer versuchen daher oft, das Programm durch unterhaltsame Elemente interessanter zu gestalten. Dies kann sich nachteilig auf den Lernprozess auswirken. Die Ergebnisse der empirischen Forschung sprechen eher für die Reduktion sachfremder Informationen als für deren Integration. Diese Zusätze beeinträchtigen das Lernen und führen zu kognitiver Überlastung, die in niedrigeren Behaltens- und Transferleistungen resultiert. Folgende Elemente sollten vermieden werden:

- Unterhaltsame Geschichten, die zwar inhaltlich dazu passen, aber nicht unbedingt notwendig sind
- Hintergrundmusik
- Detaillierte Beschreibungen in Textform

Elemente, die im E-Learning vermieden werden sollten

Die Integration interessanter, aber sachlich irrelevanter Informationen kann den Lernprozess auf verschiedene Weise beeinträchtigen:

- *Ablenkung:* Die begrenzte Aufmerksamkeit der Lernenden wird auf irrelevantes Material gelenkt.
- *Unterbrechung:* Die irrelevanten Informationen behindern die Lernenden bei der sinnvollen Verbindung wichtiger Aspekte des Lernstoffs.

Beeinträchtigungen des Lernprozesses durch irrelevantes Material

- *Verlockung:* Die Nutzung von unpassendem existierendem Wissen zur Organisation der Inhalte wird verstärkt.

Clark & Mayer (2002) unterscheiden drei Kohärenzprinzipien:

1. Vermeide irrelevante Hintergrundmusik oder Sounds

Hintergrundmusik oder Umgebungsgeräusche, die in einen E-Learning-Kurs integriert werden, können das Arbeitsgedächtnis überlasten; insbesondere dann, wenn das Material neu ist oder in schneller Abfolge präsentiert wird. Zusätzliche Geräusche können den Lerner ablenken oder schlicht überfordern. Bisher gibt es noch keine Erkenntnisse über eventuelle Ausnahmen von dieser Regel. Situationen, in denen Hintergrundmusik von Vorteil sein kann, müssen noch identifiziert werden.

Hintergrundmusik

Empirisch belegt wurde dieses Prinzip u. a. von Moreno & Mayer (2000a). Die Ergebnisse zeigen, dass Lerner, die dasselbe Material ohne Hintergrundmusik erhielten, 20–67 % mehr Punkte erreichten als Lerner, denen eine Animation präsentiert wurde, die durch ein unauffälliges, leises Instrumentalstück begleitet wurde.

Umgebungsgeräusche

Die Verwendung von zusätzlichen Umgebungsgeräuschen erbrachte differenzierte Ergebnisse. Beim Lernen mit einer Animation zur Erläuterung der Entstehung von Blitzen gab es keinen Unterschied hinsichtlich des Lernerfolgs, wenn passende Umweltgeräusche, wie z. B. Wind, zu hören waren. Demgegenüber erwiesen sich Maschinengeräusche in einer Animation zur Funktionsweise von hydraulischen Bremsen als nachteilig für die Lernenden.

Bei gleichzeitiger Verwendung von Hintergrundmusik und -geräuschen erzielten die Lernenden sogar 61–149 % schlechtere Ergebnisse als ohne zusätzliche Audiosequenzen.

2. Vermeide irrelevante Grafiken

Auch für den Einsatz von Grafiken (Video, Animation, Fotos, logische Bilder usw.) gilt, dass die Einbindung vorgeblich „interessanter" oder „motivierender" Abbildungen keineswegs in einem höheren Lernerfolg resultiert; in den meisten Fällen wird das Lernen sogar beeinträchtigt. Rein dekorative Bilder unterbrechen den Lernprozess und lenken ab.

Auch dieses Prinzip konnte empirisch belegt werden. Es ließ sich zeigen, dass zusätzliche, aber für das Verständnis des Lerngegenstandes unwichtige Videos oder Abbildungen zu schlechteren Behaltens- und Transferleistungen führten als die Präsentation des Lernmaterials allein. Sogar vornehmlich anschauliche Geschichten, wie ein Video über einen Blitzeinschlag mit Ankunft des Krankenwagens, Abtransport des Opfers usw., wirken nicht lernförderlich für das Verständnis der Entstehung eines Blitzes.

3. Vermeide irrelevante Wörter

Zusätzliche kleine Geschichten lenken nicht nur ab, sie verlängern den Text und machen ihn so unübersichtlich. Kurze und knappe Texte sind für das Lernen am Bildschirm vorteilhafter als lange, ausführliche Beschreibungen. Weiterführende Informationen können durch Links präsentiert werden.

Texte ohne zusätzliche Erzählungen erwiesen sich in empirischen Studien als lernwirksamer. Mayer et al. (1996) untersuchten die Behaltens- und Transferleistung der Lernenden, wenn sie a) eine ausführliche Beschreibung der Entstehung eines Blitzes erhielten (600 Wörter und 5 Abbildungen) oder b) eine Zusammenfassung desselben Textes (80 Wörter und 5 Abbildungen). Die Probanden, die mit der Zusammenfassung lernten, erzielten bessere Ergebnisse.

Mit kurzen Texten kann am Bildschirm besser gelernt werden.

12.3.6
Das Personalisierungsprinzip: Personalisierter Sprachstil und pädagogische Agenten können das Lernen unterstützen

Im Gegensatz zu der weit verbreiteten Ansicht, dass ein sachlicher Sprachstil für das Lernen als ernsthafte Angelegenheit angemessen ist, postuliert Mayer das Personalisierungsprinzip. Ein sachlicher Stil bei der Vermittlung von Informationen wirkt unpersönlich und distanziert. Mayer empfiehlt dagegen in der ersten oder zweiten Person zu schreiben, da dieser Stil der natürlichen Kommunikation mit einem Gegenüber am ähnlichsten ist.

Personalisierung kann auch über sog. pädagogische Agenten realisiert werden. Damit sind Charaktere gemeint, die den Lernprozess unterstützend begleiten. Sie können verschiedenartig dargestellt werden, z. B. als animierte, cartoonähnliche Figur oder als reale Person mittels Videomaterial. Vorliegende Studien zeigen, dass sich pädagogische Agenten hilfreich auf den Lernprozess auswirken können.

Beide Prinzipien, die Nutzung eines personalisierten Sprachstils und die Einbindung pädagogischer Agenten, können den von Reeves & Nass (1996) beschriebenen Effekt verstärken, dass der Computer als sozialer Interaktionspartner angesehen wird und dementsprechend soziale Verhaltensnormen auf ihn angewendet werden (vgl. Kap. 7).

Nutze eher einen personalisierten als einen formellen Sprachstil

Was spricht also gegen das Argument, dass ein personalisierter Sprachstil von der Ernsthaftigkeit des Themas ablenkt? Lernen ist weit mehr als pure Informationsaufnahme: Wissen wird nicht aufgenommen, sondern konstruiert, indem der Lerner dem Lerninhalt Sinn gibt. Dies erfordert bestimmte kognitive Prozesse. Die Instruktion hat also nicht nur die Aufgabe, Information zu präsentieren; sie sollte darüber hinaus kognitive Prozesse anregen. Aus der Diskursforschung ist bekannt, dass Lernende sich mehr anstrengen, das Lernmaterial zu verstehen, wenn sie im Dialog mit einem Partner stehen, statt lediglich Informationen dargeboten zu bekommen.

Lernende strengen sich mehr an, das Lernmaterial zu verstehen, wenn sie im Dialog mit einem Partner stehen.

Ein personalisierter Sprachstil in einem E-Learning-Kurs soll dem Lerner den Eindruck vermitteln, dass es wichtig ist, den Interaktionspartner (in diesem Fall den Erzähler des Lerninhaltes) so gut wie möglich zu verstehen.

Obwohl die Forschung zu diesem Prinzip erst begonnen hat, gibt es bereits Ergebnisse, die es bestätigen. Moreno & Mayer (2000b) konnten zeigen, dass Lernende von einer personalisierten Version desselben Textes profitierten. Lerner, die direkt angesprochen wurden, fanden in Transfertests 20–46 % mehr richtige Lösungen als Probanden mit einem sachlichen Sprachstil.

Der personalisierte Sprachstil darf aber nicht als Patentrezept verstanden werden. Ein übertrieben informeller Ton kann die Lernenden ablenken oder unangemessen für Thema und Zielgruppe sein. Meist reicht es schon aus, einige Pronomen in der ersten oder zweiten Person zu verwenden, um den gewünschten Effekt zu erzielen.

Mayer konnte darüber hinaus nachweisen, dass Erklärungen durch eine menschliche Stimme zu besseren Lernleistungen führen als eine computersimulierte Stimme. Dieses Ergebnis geht mit den Annahmen und Untersuchungen von Reeves & Nass (1996) konform.

Nutze pädagogische Agenten, um das Lernen zu fördern

Die Nutzung pädagogischer Agenten in E-Learning ist ein relativ neues Forschungsthema. Die entscheidende Frage ist, inwieweit sie das Lernen unterstützen.

Beispiel für einen animierten pädagogischen Agenten

Ein Beispiel für einen animierten pädagogischen Agenten ist Herman the Bug (vgl. Abb. 12.2). Er führt durch die interaktive Lernumgebung „Design-A-Plant", die an der North Carolina State University entwickelt wurde. In „Design-A-Plant" steht entdeckendes Lernen und Problemlösen im Vordergrund. Die Lernenden sollen ein Verständnis für die Anatomie und Physiologie von Pflanzen entwickeln. Dazu reisen sie mit Herman und seinem Raumschiff „Green Bean" von Planet zu Planet und entscheiden mit seiner Hilfe, wie Wurzel, Stiel und Blätter einer Pflanze beschaffen sein müssten, um in dieser Umgebung zu überleben. Die Umweltbe-

Abb. 12.2: Der animierte pädagogische Agent „Herman the Bug" in der Lernumgebung „Design-A-Plant" (Höök, 2003)

dingungen werden dem Lerner im oberen Teil des Bildschirms angegeben und er kann jeweils zwischen verschiedenen Varianten von Wurzeln, Stielen bzw. Blättern wählen (vgl. Abb. 12.2). Herman the Bug stellt Aufgaben, die der Lernende lösen soll, gibt Feedback zur Auswahl des Lerners und führt generell durch das Programm.

Untersuchungen zur Effektivität von pädagogischen Agenten wurden u. a. von Moreno et al. (2001) durchgeführt. Sie nutzten dafür die Lernumgebung Design-A-Plant und bestätigten die Lernwirksamkeit von Herman the Bug in zwei Experimenten, in denen Lernende, die mit dem Agenten lernten, 24–48 % mehr Lösungen produzierten.

Hinsichtlich der Gestaltung von pädagogischen Agenten gibt Mayer folgende Hinweise:

Hinweise zur Gestaltung von pädagogischen Agenten

- *Effektive Agenten müssen keine naturgetreuen Abbilder sein* (d. h., sie müssen nicht besonders echt aussehen): Die Darstellung des Agenten (realer vs. Cartoon-Charakter) hat keinen Effekt auf den Lernerfolg; es hat auch keinen Einfluss, ob der Agent sichtbar ist, solange seine Stimme gehört werden kann.

- *Die Stimme des Agenten ist eine wichtige Voraussetzung für seine instruktionale Effektivität:* Der Lernerfolg ist höher bei gesprochenem als bei geschriebenem Text (konform mit dem Modalitätsprinzip). Auch die Überlegenheit des persönlichen Sprachstils über den sachlichen, lässt sich auf Agenten übertragen (Personalisierungsprinzip), und eine menschliche Stimme ist besser geeignet als eine computersimulierte.

Auch Agenten sind nicht immer, sondern nur unter bestimmten Bedingungen lernwirksam. Sie sollten nicht zu dekorativen oder Unterhaltungszwecken eingesetzt werden (vgl. Kohärenzprinzip), sondern dem Instruktionsziel dienen, indem sie Hinweise, Beispiele, Demonstrationen und Erklärungen geben.

13 Dranbleiben und weiterlernen: Nun motiviert mich mal!

13.1
Wer oder was motiviert wen?

E-Learning ist zunächst Lernen, und Lernen ist ein vielschichtiger Prozess, bei dem mehrere zentrale psychologische Phänomene (Motivation, Emotion, Kognition) zusammenwirken. Informations- und Kommunikationstechnologien erlauben Formen des Lernens, die sich durch eine weitgehende Selbständigkeit der Lernenden auszeichnen. Der einzelne Lerner kann und muss selbst bestimmen, wann, wo, wie und mit wem er lernen möchte. Lehrer oder Dozent treten als „Motivatoren" ganz oder zumindest teilweise zurück. Offensichtlich haben viele Lerner mit solchen Lernsituationen Probleme; dies zeigt sich z. B. in Studien über das Abbrechen (Drop-out) von Telelernkursen (Astleitner, 2000c).

Problem: Selbständiges Lernen

Lernende müssen über das Organisatorische hinaus auch ihren Lernprozess selbst planen, durchführen und überwachen. Sie müssen sich selbst motivieren, selbst „antreiben" und sich selbst davor bewahren, anderen Motivationen nachzugehen bzw. während des Lernprozesses anderen Handlungszielen Priorität einzuräumen.

Es kommt hier also auf die willentliche Handlungskontrolle, die „Volition" an.

Willentliche Handlungskontrolle

Für die Konzeption von E-Learning ergeben sich folgende Fragen:

- Wie kann die notwendige Motivation Lernender in E-Learning-Arrangements initiiert und aufrechterhalten werden?

- Wie kann Demotivation, z. B. durch Ärger, Angst usw., vermieden werden?

- Wie kann Lernenden geholfen werden, bei der Verfolgung selbst gesetzter Lernziele durchzuhalten und konkurrierende Handlungsziele hinreichend lange abzuwehren?

In diesem Kontext von Motivation und Volition gehört auch die selten gestellte Frage nach Gefühlen (Emotionen), die Lernende während des Lernprozesses wahrnehmen und die den Lernprozess beeinflussen können.

13.2
Motivation

13.2.1
Was ist Motivation

Begriff „Motivation" in Alltag und Wissenschaft

Der Begriff „Motivation" ist bereits vor längerer Zeit von der Wissenschaft in die Alltagssprache „abgesunken" und wird dort teilweise exzessiv verwendet.

Alltagssprachlich ist Motivation meist positiv besetzt, z. B. wünscht sicher wohl jeder Vorgesetzte „motivierte" Mitarbeiter, erkennbar an Verhaltensmerkmalen wie Eifer, Engagement, Einsatz. „Unmotivierte" Mitarbeiter sind solche, die ein träges und lethargisches Verhalten zeigen. Motivation wird hier also als etwas aufgefasst, von dem man mal mehr, mal weniger „hat" oder das mehr oder weniger stark auf einen „einwirkt".

Definition von Motivation

Die wissenschaftliche Psychologie begreift Motivation als ein hypothetisches Konstrukt. Es ist äußerlich keineswegs offensichtlich erkennbar, wie stark jemand motiviert ist. Wichtige Komponenten der Motivation werden durch die Definition von Rheinberg (2000) deutlich: Motivation ist danach die „aktivierende Ausrichtung des momentanen Lebensvollzugs auf einen positiv bewerteten Zielzustand". Sie ist nicht in allen Lebenslagen gleich „groß", sondern abhängig von Merkmalen der Person (Motive) und situativen Bedingungen. Fügen sich beide Faktoren auf eine günstige Art zusammen, resultiert hieraus eine motivierte Handlung, so z. B. bei einer leistungsmotivierten Person, wenn sie in eine wettkampfähnliche Situation kommt.

Eine hohe Motivation beeinflusst Lernverhalten und Lernergebnisse. Das ist sicher eine pädagogische Binsenweisheit. Sie findet sich auch in alltagspsychologischen Vorstellungen wieder: „Ohne Fleiß, kein Preis!"

Intrinsische Motivation

In einer Reihe von Studien konnte gezeigt werden, dass auf der Grundlage so genannter „intrinsischer Motivation" beruhendes Lernen positiv mit Schul- und Studienleistungen korreliert (Schiefele & Schreyer, 1994). „Intrinsisch" bezeichnet eine Form der Motivation, bei der die Person eine Handlung um ihrer selbst willen ausführt; häufig vorzufinden bei Freizeitaktivitäten (z. B. Bergsteigen, Motorradfahren, Musizieren), individuell variierend, auch bei bestimmten Lehrinhalten.

Die Erwartung, dass Schüler, Studenten oder berufstätige Lernende in allen Bereichen intrinsisch motiviert sein bzw. werden könnten, ist allerdings völlig illusorisch. Es ist akzeptabel, wenn Studierende einsehen, dass sie Statistik lernen müssen, weil dies u. a. eine wichtige Grundlage für das Verständnis empirischer Forschungsarbeiten ist. Wird gelernt, um ein außerhalb der Sache selbst liegendes Ziel zu erreichen (z. B. gute Note, Belohnung, Prüfungszulassung, Geld, Vermeiden von Nachteilen), so spricht man von extrinsischer Motivation. Um seiner selbst willen werden nur wenige dieses Fach lernen. Einen Theorieansatz, der Zwischenstufen einer motivationalen Orientierung zwischen „Amotiviert" und intrinsischer Motivation beinhaltet, haben Deci & Ryan (1993) publiziert.

Extrinsische Motivation

Wenn aber intrinsische Motivation nicht einmal bei einer Mehrheit der Lernenden vorausgesetzt werden kann, stellt sich die Frage, was auf Seiten des Instruktionsdesigns getan werden kann, um die nötige Lernmotivation zu fördern.

Auf der Basis einer Analyse motivationspsychologischer Prinzipien hat John Keller (Keller, 1983; Keller & Kopp, 1987) Anfang der achtziger Jahre ein Modell entwickelt (ARCS-Modell), das einigen Kritikern theoretisch eklektisch erscheinen mag, das sich jedoch in der Praxis bewährt hat.

13.2.2
Das ARCS-Modell

Keller unterscheidet vier Hauptkategorien, nach deren (englischen) Anfangsbuchstaben das ARCS-Modell benannt ist. Diese Hauptkategorien sind Aufmerksamkeit, Bedeutung des Lehrstoffes, Erfolgszuversicht und Zufriedenheit. Für jede dieser Hauptkategorien werden Unterkategorien formuliert und Empfehlungen zur Konkretisierung in multimedialen Lernumgebungen gegeben (Keller & Suzuki, 1988; Niegemann, 1995).

Motivationsdesign

Aufmerksamkeit erlangen (Attention)
Der erste Schritt jeder Lernmotivierung besteht darin, die Aufmerksamkeit bzw. das Interesse des Lerners zu erlangen und aufrechtzuerhalten. Neugier, Reizsuche und ähnliche Faktoren spielen hierbei eine wichtige Rolle.

Aufmerksamkeit und Interesse

Unterkategorien sind:

Orientierungsverhalten provozieren

A.1 Orientierungsverhalten provozieren (perceptual arousal): Gewinnen und Aufrechterhalten der Aufmerksamkeit der Lerner durch das Verwenden neuer, überraschender, widersprüchlicher oder ungewisser Ereignisse.

Empfehlungen für die Konkretisierung in einer multimedialen Lernumgebung:

- Audiovisuelle Effekte: Animierte Grafiken, inverse Darstellung, Blinken, Töne und Sprache
- Unübliche oder unerwartete Ereignisse oder Inhalte: Provokative oder widersprüchlich wirkende Aussagen bzw. Bildinhalte; hierbei ist die angemessene „Dosierung" zu beachten.
- Vermeiden von Ablenkungen: Der falsche, insbesondere übertriebene Einsatz von Mitteln zur Erlangung von Aufmerksamkeit kann die Konzentration der Lerner beeinträchtigen und den Lernprozess stören.

Neugier anregen

A.2 Neugier bzw. Fragehaltungen anregen (inquiry arousal): Informationssuchendes Verhalten soll stimuliert werden, indem Lernende mit Fragen oder zu lösenden Problemen konfrontiert werden, bzw. veranlasst werden, Fragen oder Probleme selbst zu formulieren.

Empfehlungen für die Konkretisierung in einer multimedialen Lernumgebung:

- Lernerreaktionen herausfordern: „Frage-Antwort-Rückmeldung"-Sequenzen, die ein Mitdenken erfordern, können das Interesse der Lernenden anregen.
- Die Lernenden veranlassen, sich selbst Aufgaben zu stellen, deren Lösungen dann vom Programm bewertet werden: Bei Simulationsprogrammen können Lernende selbst die Parameter für die Aufgabenstellungen auswählen oder eingeben.
- Entdecken und Erforschen lassen: Darbieten von Problemlösesituationen in einem Kontext, der das Explorieren ermöglicht und unterstützt (siehe z. B. ID-Modell „Goal-Based Scenarios", Kap. 2).

Abwechslung

A.3 Abwechslung (variability): Die Variation der Instruktionselemente ist eine der wichtigsten Maßnahmen zur Aufrechterhaltung des Lernerinteresses.

Empfehlungen für die Konkretisierung in einer multimedialen Lernumgebung:

- Kurze Instruktionseinheiten
- Abwechslung zwischen darstellenden und interaktiven bzw. Lerneraktivität erfordernden Bildschirmseiten
- Variation des Bildschirmformates: Generell soll ein bestimmtes Bildschirmformat beibehalten werden; gelegentliche Abweichungen von diesem Standard können jedoch die Aufmerksamkeit erhalten; die Abweichungen sollten allerdings stets zweckmäßig sein.
- Verschiedene Codes oder Modi sollten sich abwechseln; allerdings sollten die Wechsel stets didaktisch sinnvoll sein.

Relevanz bzw. Bedeutsamkeit des Lehrstoffs vermitteln (Relevance)

Es werden Ziel- und Prozessaspekt der Relevanz unterschieden. Ein Lehrstoff kann als nützlich für das Erreichen bestimmter Ziele betrachtet werden: Das spätere Bestehen einer Prüfung, der Erwerb von Fähigkeiten, die auf dem aktuellen Lehrstoff aufbauen, die zukünftige Anwendung für bestimmte Zwecke, dies alles ist typisch für eine Relevanz hinsichtlich bestimmter Ziele. Dies setzt seitens der Lerner eine bestimmte Zeitperspektive voraus. Relevanz kann für den Lerner jedoch auch aus dem Lehr-/Lernprozess selbst hergeleitet sein: z. B. Gruppenarbeit, Experimentieren und Computerlernen. Merkmale der Lehrmethode können für sich bereits motivierend wirken.

Relevanz des Lehrstoffs

Unterkategorien sind:

R.1 *Vertrautheit (familiarity): Verwendung eines konkreten Sprachstils, anschauliche Begriffe und Beispiele, die Bezüge zu Erfahrungen bzw. Werten der Lerner aufweisen.*

Vertrautheit

Empfehlungen für die Konkretisierung in einer multimedialen Lernumgebung:

- Personalisierte Sprache: Empfehlenswert ist es, Personalpronomen und den Namen des Lerners zu verwenden.
- Die durchgängige Verwendung einer sympathischen Figur: Personen oder Tiere, die abgebildet oder gezeichnet sind, eignen sich besonders für die Vermittlung bestimmter Informationen anstelle von unpersönlichen Erklärungstexten.
- Analogien und Methaphern können eingesetzt werden, um abstrakte bzw. nicht vertraute Begriffe in einem vertrauten Kontext darzustellen.

- Vertraute Beispiele und Situationen: Bei der Auswahl von Beispielen sollten die jeweiligen Erfahrungsbereiche der Lernenden berücksichtigt werden.

Lehrzielorientierung **R.2** *Lehrzielorientierung (goal orientation): Aussagen oder Beispiele zu den Zielen und zur Nützlichkeit der Instruktion; Ziele für (hohe) Leistungen; Möglichkeit geben, sie durch den Lerner selbst festlegen zu lassen.*

Empfehlungen für die Konkretisierung in einer multimedialen Lernumgebung:

- Die Lehrziele sollten mit Hinweisen auf die Wichtigkeit bzw. den Nutzen des jeweiligen Lehrinhalts dargeboten werden.
- Zur Vermittlung der Ziele können auch geeignete Spiele oder Simulationen verwendet werden.
- Um unterschiedlichen Lernzielen verschiedener Adressaten gerecht zu werden, sollte den Lernern eine Auswahl angeboten werden, die sich hinsichtlich der Lehrmethoden oder des Anwendungsbereichs unterscheiden.

Anpassen an Lernermotivation **R.3** *Anpassung an Motivationsprofile (motive matching): Bevorzugung von Lehrstrategien, die zu den jeweiligen Motivationsprofilen der Lerner passen.*

Empfehlungen für die Konkretisierung in einer multimedialen Lernumgebung:

- Ein Angebot unterschiedlich schieriger Übungsaufgaben ermöglicht die Wahl eines individuellen Anspruchsniveaus.
- Um dem Leistungsstreben Rechnung zu tragen, sollte ein transparentes Bewertungssystem (z. B. Punkte) eingeführt werden, das für Rückmeldungen über erbrachte Leistungen verwendet wird.
- Damit weniger wettbewerbsorientierte Lerner nicht entmutigt werden, sollten Wettbewerbsspiele in Lernprogrammen lediglich als Option angeboten werden.
- Wenn technisch und situativ möglich, sollte kooperatives Lernen mit Lernpartnern angeboten werden.

Erfolgszuversicht (Confidence)

Erfolgszuversicht Positive Erfolgserwartung ist die dritte Bedingung, die gegeben sein muss, um Lerner zu motivieren. Zwar wird oft eine Herausforderung gesucht, das Risiko, zu scheitern, sollte dabei jedoch

innerhalb bestimmter Grenzen liegen. Unterschieden werden drei Dimensionen der Erfolgszuversicht: Wahrgenommene Kompetenz (Kompetenzmeinung), wahrgenommene Kontrolle (Kontrollmeinung) und Erfolgserwartung.
Unterkategorien sind

C.1 Lernanforderungen (learning requirements): Bewusstmachen der Leistungsanforderungen und Bewertungskriterien.

Lernanforderungen

Empfehlungen für die Konkretisierung in einer multimedialen Lernumgebung:

- Die mit Hilfe des Lernangebots erreichbaren Lernziele und ein Überblick über die Struktur des Lernangebots sollten klar dargeboten werden.

- Die Bewertungskriterien sollten jeweils erläutert werden.

- Fähigkeiten, Fertigkeiten, Vorwissen und ggf. Einstellungen, die zur Bewältigung der jeweiligen Lernaufgaben notwendig oder nützlich sind, sollten vorab genannt werden.

- Bei Tests – auch bei Selbsttests – sollte den Lernenden zuvor mitgeteilt werden, wie viele Aufgaben sie erwarten und ob eine Zeitbeschränkung vorgesehen ist oder nicht.

C.2 Gelegenheiten für Erfolgserlebnisse (success opportunities) bieten: Innerhalb eines Lehrprogramms sollten unterschiedliche Leistungsniveaus angeboten werden, die es dem Lerner gestatten, individuelle Anspruchsniveaus und persönliche Leistungsstandards zu setzen. Es sollten Gelegenheiten geboten werden, Leistungen zu erbringen und Erfolgserlebnisse zu haben.

Erfolgserlebnisse

Empfehlungen für die Konkretisierung in einer multimedialen Lernumgebung:

- Während der Einführung in einen neuen Lehrstoff sollte grundsätzlich nach dem Prinzip „vom Einfachen zum Komplexen" vorgegangen werden; Rückmeldungen sollten in dieser Phase besonders häufig gegeben werden.

- Um weder Langeweile noch Überforderung aufkommen zu lassen, empfiehlt sich eine Konzeption der Lernumgebung, bei der die Lernanforderungen jeweils an das Vorwissen, die Fähigkeiten und Fertigkeiten des Lernenden angepasst werden (adaptiv).

- Soweit sinnvoll, sollten je nach Vorwissen unterschiedliche Einstiegsmöglichkeiten in das Lernprogramm und verschiedene Lernwege angeboten werden. Als Grundlage entsprechender Empfehlungen sollte ein Einstiegstest offeriert werden.

- In der Einstiegsphase sollte die Zusammenstellung der Übungsaufgaben bestimmten Regeln folgen. Danach ist es vorteilhafter, die Übungen nach dem Zufallsprinzip anzuordnen, um durch ein gewisses Maß an Unbestimmtheit den Herausforderungscharakter der Aufgaben zu verstärken.

- Die Schwierigkeitsniveaus sollten hinsichtlich Komplexität, Zeitbegrenzungen u. Ä. variabel gestaltet werden.

Selbstkontrolle

C.3 *Selbstkontrolle: Vorzugsweise in Form von Rückmeldungen, die die Fähigkeit und Anstrengung des Lerners als Erfolgsursachen betonen.*

Empfehlungen für die Konkretisierung in einer multimedialen Lernumgebung:

- Jeder Lerner sollte das gerade bearbeitete Kapitel bzw. das Lehrprogramm insgesamt jederzeit abbrechen bzw. unterbrechen können. Auch ein beliebiges „Zurückblättern" sollte jederzeit möglich sein.

- Lerner sollten ihr Lerntempo generell selbst steuern können; der Wechsel zur nächsten Bildschirmseite oder zum nächsten „Ereignis" sollte nicht automatisch erfolgen.

- Einführende Darstellungen und Erläuterungen zur Handhabung sollten übersprungen werden können, um direkt zum Auswahlmenü für die Lehrinhalte zu gelangen.

- Jeder Lerner sollte prinzipiell selbst entscheiden, welchen Teil des Lehrstoffs er aktuell bearbeitet.

- Insbesondere bei Rückmeldungen sollte stets darauf geachtet werden, dass die Ursachen für Erfolg oder Misserfolg in erster Linie der Anstrengung des Lerners zugeschrieben werden. „Pech gehabt" bzw. „Glück gehabt" sollte vermieden werden. Aussagen zur Begabung des Lernenden sind insbesondere bei schwachen Lernleistungen innerhalb eines Lernprogramm ein didaktischer Kunstfehler.

Zufriedenheit, Befriedigung (Satisfaction)

Zufriedenheit der Lerner

Lernende können sehr schnell demotiviert werden, wenn die Folgen ihrer Anstrengung von den Erwartungen abweichen.

Unterkategorien sind:

S.1 Natürliche Konsequenzen: Gelegenheiten bieten, neu erworbenes Wissen bzw. neu erworbene Fähigkeiten in realen oder simulierten Umgebungen anzuwenden.

Natürliche Konsequenzen und Rückmeldung

Empfehlungen für die Konkretisierung in einer multimedialen Lernumgebung:

- Es sollten Übungen angeboten werden, in denen zuvor neu erworbenes Wissen und erlernte Fähigkeiten angewendet werden können.

- Tutorielle Lernprogramme sollten so aufgebaut sein, dass in nachfolgenden Einheiten jeweils auf zuvor neu Gelerntes zurückgegriffen werden muss. Soweit sinnvoll sollte auch explizit darauf verwiesen werden, dass neues Wissen bzw. neue Fähigkeiten angewendet werden.

- Nach Einführung des Grundlagenwissens sollte eine Simulation oder ein Lernspiel angeboten werden, in denen eine Anwendung des Gelernten ermöglicht und gefordert wird (siehe auch die auf ein exploratorisches Lernen angelegten Instruktionsdesign-Modelle in Kap. 2).

S.2 Positive Folgen: Rückmeldungen und Bekräftigungen, die geeignet sind, das jeweils erwünschte Verhalten aufrechtzuerhalten.

Positive Folgen

Empfehlungen für die Konkretisierung in einer multimedialen Lernumgebung:

- In einem einführenden Tutorial sollten positive, motivierende Rückmeldungen nach jeder richtigen Antwort gegeben werden; bei anwendungsbezogenen Übungen jeweils erst nach Abschluss einer sinnvollen Aufgabeneinheit.

- Übertriebenes Lob für einfache Aufgaben kann sich negativ auswirken, weil Lernende annehmen könnten, es würde ihnen nichts zugetraut und sie würden deshalb wegen Kleinigkeiten gelobt.

- Bei „Belohnungen" durch Spielangebote, Animationen oder sonstige Bildschirmdarbietungen sollte darauf geachtet werden, dass die Belohnungen nicht wesentlich interessanter sind als die Instruktion.

- Nach Möglichkeit sollen Belohnungsformen adaptiv gestaltet werden, evtl. auch vom Lerner selbst vorab gewählt werden können, um unbeabsichtigte Effekte einer Fremdsteuerung zu vermeiden.

Beurteilungsmaßstäbe *S.3 Gleichheit, Gerechtigkeit: Beurteilungsmaßstäbe und Konsequenzen erbrachter Leistungen müssen stets in sich stimmig sein.*

Empfehlungen für die Konkretisierung in einer multimedialen Lernumgebung:

- Inhalt und Struktur jeder Lektion wie auch des ganzen Programms sollten mit den angegebenen Zielen und der Überblicksdarstellung übereinstimmen.
- Übungen und Testaufgaben sollten untereinander stimmig und auf die Lernziele abgestimmt sein.
- Bei Bewertungen müssen die Bewertungsmaßstäbe und ihre Anwendung transparent und nachvollziehbar sein.

Einsatz des ARCS-Modells

ARCS-Modell verwenden Das ARCS-Modell kann sicherlich nicht in dem Sinne eingesetzt werden, dass die einzelnen Empfehlungen einem Unterricht oder Lehrprogramm beliebiger Qualität hinzugefügt werden, um die Motivation der Lernenden zu verbessern. Die vier Hauptkategorien definieren Mindestanforderungen jeder Instruktion. Es besteht eine weitgehende Überlappung mit neueren, theoretisch konsistenten Ansätzen, wie etwa dem von Prenzel und Mitarbeitern (Prenzel et al., 1998): Prenzel postuliert folgende Faktoren als notwendige Bedingungen für die Entwicklung einer selbstbestimmten Lernmotivation:

Autonomie
- Wahrgenommene Autonomieunterstützung (sinnvolle Wahlmöglichkeiten für die Lernenden)

Kompetenz
- Kompetenzunterstützung (Förderung der Erfolgszuversichtlichkeit, angemessene Rückmeldung)

Qualität
- Wahrgenommene Instruktionsqualität (u.a. Strukturiertheit, Transparenz, Anpassung an die Lernvoraussetzungen der Lernenden)

Soziale Einbindung
- Wahrgenommene soziale Einbindung (Integration der Lernenden in Lernergruppen, kollegialer Umgang, Empathie, kooperatives Arbeiten, entspannte freundliche Lernatmosphäre)

Interesse der Lehrenden
- Wahrgenommenes Interesse der Lehrenden am Lehrstoff (z.B. Ausdrücken von Einstellungen zum Lehrstoff, Engagement, Enthusiasmus)

Relevanz
- Wahrgenommene inhaltliche Relevanz

Mehr noch als bei Keller wird hier deutlich, dass die Motivierung dem Unterricht nicht beliebig nachträglich hinzugefügt werden kann, sondern als wesentliches Gestaltungsprinzip den gesamten Designprozess bestimmen muss.

Klein & Freitag (1992) konnten in einer Studie nachweisen, dass durch die Implementation der Kategorie „Relevanz" Studierende eine Lernaufgabe für sich als relevant erlebten. Neuere Arbeiten zur empirischen Überprüfung des Modells referiert Astleitner (2000b). Über Beispiele für die systematische Anwendung des Modells bei der Entwicklung multimedialer Lernumgebungen berichtet Keller (1999a, 1999b). Daneben gibt es Ansätze, die auf bestimmte Aspekte von E-Learning abstellen: so genannte motivationale Botschaften (Visser & Keller, 1990; Visser et al., 2002).

13.3 Emotion

13.3.1 Was sind Emotionen?

Emotionen, umgangssprachlich „Gefühle" sind wohl die am meisten unterschätzten Faktoren menschlicher Handlungsregulation. Ihr Einfluss auf Lernprozesse und -ergebnisse steht außer Frage. Die Freude über ein gutes Lern-Ergebnis einerseits und die Angst vor Leistungs- und Verhaltensbewertungen andererseits sind aber nur die allseits bekannten Beispiele.

Gefühle

Bislang wurden Schul- und Prüfungsangst in zahlreichen Studien erforscht (Strittmatter, 1993) und Programme zur Reduktion dieser Ängste entwickelt. Pekrun (1998) fordert daher eine Erweiterung der Analyseperspektive von Emotionen in Lern- und Leistungssituationen.

Schul- und Prüfungsangst

Dabei stellt sich zunächst die Frage, welche Emotionen im Lehr-/Lernkontext relevant sind. In mehreren explorativen Studien befragten Pekrun und Mitarbeiter (Pekrun, 2002; Pekrun et al., 2002; Pekrun & Hofmann, 1999; Titz, 2001) Personen retrospektiv hinsichtlich ihrer Emotionen in Lern- und Leistungssituationen. Die ermittelten Emotionen lassen sich wie in Tabelle. 13.1 gezeigt klassifizieren.

Wie die Übersicht zeigt, ist in Lern- und Leistungssituationen ein breites Spektrum von Emotionen relevant. Es ist plausibel, dass die ermittelten Emotionstypen nicht nur in traditionellen Lehr-/Lernformen, sondern auch beim Lernen mit interaktiven Medien eine Rolle spielen. Durch die Besonderheiten solcher Arrangements

Tabelle 13.1: Klassifikation von Lern- und Leistungsemotionen (Pekrun, 1998, S. 234)

		Positiv	Negativ
Tätigkeits-bezogen		Lernfreude	Langeweile
Aufgaben-bezogen	prospektiv	Hoffnung Vorfreude	Angst Hoffnungslosigkeit
	retrospektiv	Ergebnisfreude Erleichterung Stolz	Traurigkeit Enttäuschung Scham/Schuld
Sozial		Dankbarkeit Empathie Bewunderung Sympathie/Liebe	Ärger Neid Verachtung Antipathie/Hass

(z. B. ein virtuelles Seminar) bestehen allerdings Affinitäten zu bestimmten Kategorien. Das Misslingen von Versuchen, innerhalb einer bestimmten Lernplattform eine Datei hochzuladen, oder lange und teure Ladezeiten können zweifellos Ärger auslösen. Astleitner & Sindler (1999) stellten fest, dass Tutoren in einem Online-Seminar keinerlei emotionale Beziehung zu den Lernenden aufgebaut haben. Dafür, dass bei der Gestaltung von E-Learning-Angeboten emotionale Aspekte des Lernens kaum berücksichtigt werden, sieht Astleitner (2002) zwei Gründe:

- „Kalte Technologien" können mit so komplexen Phänomenen wie menschlichen Emotionen nicht umgehen.

- Emotionen erschweren eher das Erlernen komplizierter Sachverhalte.

13.3.2
FEASP-Modell

Grundlagen

Positive Gefühle fördern, ungünstige unterbinden

Mit dem FEASP-Modell, das in diesem Abschnitt vorgestellt wird, unternimmt Astleitner (1999, 2000a) den Versuch, für den Lernprozess positive Emotionen gezielt zu fördern und hinderliche Emotionen zu unterbinden.

Die Leitidee dabei ist, Unterricht oder webbasierte Instruktion emotional „stimmig" zu gestalten. Das bedeutet nicht, dass die Lerner in zusätzlichen Kursen lernen sollen, was Emotionen sind und welche Bedeutung sie für sie persönlich haben. Vielmehr sollen verschiedene Emotionskategorien in den jeweiligen Unterricht integriert werden. Für die Gestaltung einer E-Learning-Umgebung lässt sich dieser Ansatz ebenfalls gut einsetzen. Er bietet eine Reihe von Strategien, die je nach äußeren Bedingungen (z. B. Teilnehmerzahl, Kursdauer) realisiert werden können.

Im FEASP-Modell werden fünf Kategorien von Emotionen unterschieden.

F = Fear	Angst	bezieht sich auf ein negatives Gefühl, das von der Einschätzung der Bedrohlichkeit einer Situation abhängt
E = Envy	Neid	bezieht sich auf ein negatives Gefühl, das im Wunsch besteht, etwas zu bekommen, das anderen gehört, oder etwas nicht zu verlieren, das man selbst besitzt
A = Anger	Ärger	stellt ein negatives Gefühl dar, das dann entsteht, wenn man an einer Zielerreichung gehindert und zu einer zusätzlichen Handlung gezwungen wird
S = Sympathy	Sympathie	ist ein positives Gefühl, das auf andere Menschen bezogen ist, die Hilfe benötigen
P = Pleasure	Vergnügen	stellt ein positives Gefühl dar, das beim Beherrschen einer Situation auftritt und eine tiefe Hingabe an die Tätigkeit anzeigt

Tabelle 13.2: Fünf Kategorien von Emotionen im FEASP-Modell

Die Kategorien im Einzelnen

Jede der fünf Kategorien enthält verschiedene Mikro-Konzepte bzw. Theorien aus der Emotionsforschung und bezieht sich auf eine für den Unterricht zentrale emotionale Bedingung, der mit passenden Lehrmaßnahmen begegnet werden muss, damit die gewünschten emotionalen Effekte bei den Lernern wahrscheinlich werden.

Das FEASP-Modell ähnelt formal dem ARCS. Es gibt dem Entwickler Hinweise und Empfehlungen an die Hand, welche Emotionen auf welche Art und Weise gefördert bzw. gemindert werden können. In ersten Studien konnte die Wirksamkeit und Akzeptanz des FEASP-Modells empirisch bestätigt werden (Astleitner, 2001).

Emotion	Lehrstrategie		Beispiele für E-Learning
Fear (Angst)	F1	Stelle Erfolge beim Lernen sicher.	Nutze gut erprobte motivationale und kognitive Instruktionsstrategien.
	F2	Akzeptiere Fehler als Chancen zum Lernen.	Fragen und Antworten (Q & A); Erfolgsstatistiken
	F3	Erzeuge eine entspannte Situation.	Verwendung multimedialer Entspannungstrainings (Techniken der progressiven Muskelentspannung, Meditation o. Ä.).
	F4	Rege kritisches Denken an, aber halte eine positive Orientierung aufrecht.	Übe bei den Lernenden kritisches Denken ein, stelle aber auch die „Schönheit" der Dinge heraus (Einsatz kognitiver Werkzeuge wie Hypertext).
Envy (Neid)	E1	Ermutige Vergleiche unter individueller und kriterialer (sachlicher) und nicht unter sozialer Bezugsnorm.	Zeige den Lernenden ihren individuellen Lernverlauf/ihre Lerngeschichte; kommentiere im Hinblick auf eigene Leistungssteigerungen, auf Annäherungen an Leistungsstandards; vermeide Vergleiche mit anderen Lernern oder mit dem Gruppendurchschnitt.
	E2	Installiere eine konsistente und transparente Leistungsbewertung.	Informiere die Lernenden detailliert über die Richtlinien der Bewertung, implementiere automatische Leistungsbewertung.
	E3	Rege Echtheit und Offenheit an.	Richte ein (virtuelles) Schwarzes Brett zur Biographie der beteiligten Personen (Dozent, Lerner) ein, um anderen zu zeigen „wer ist wer?".
	E4	Vermeide ungleich verteilte Privilegien.	Implementiere Belohnungssysteme.

Tabelle 13.3: Allgemeine Lehrstrategien des FEASP-Ansatzes 1 (vgl. Astleitner, 2000)

13.4 Volition

Absicht und Wollen

Auch unter Berücksichtigung emotionaler Faktoren sind erfolgreiche Lernprozess noch nicht garantiert. Lernende müssen sich oft erst dazu durchringen, auch das zu tun, wozu sie grundsätzlich motiviert sind. Dies bedarf oft einer *Willensanstrengung*.

Volition kann mit willentlicher Handlungskontrolle umschrieben werden. Wenn Hindernisse, Ablenkungen oder andere Schwierigkeiten das Erreichen einer zuvor gebildeten Intention (Absicht, Handlungsziel) zu verhindern drohen, muss das Verhalten willentlich gesteuert werden, damit es nicht zum Abbruch der Handlung

Emotion		Lehrstrategie	Beispiele für E-Learning
Anger (Ärger)	A1	Stimuliere Ärgerkontrolle.	Zeige den Lernenden, wie Ärger abgebaut werden kann (z. B. über die multimediale Vermittlung von Strategien zur Ärgerkontrolle).
	A2	Zeige flexible Sichtweisen von Dingen.	Zeige, wie man ein Problem auf verschiedene Weisen lösen kann, z. B. durch Links zu anderen Darstellungen.
	A3	Lasse einen konstruktiven Ärgerausdruck zu.	Biete eine Ärger-Hilfe an.
	A4	Zeige und akzeptiere keine Form von Gewalt.	Implementiere keine gewalthaltige Action.
Sympathy (Sympathie)	S1	Intensiviere Beziehungen.	Mache die Lerner wenn möglich mit anderen Lernern bekannt; fördere den Austausch von privaten Informationen: Angebot asynchroner und synchroner Kommunikationsmittel, z. B. Chat.
	S2	Installiere sensitive Beziehungen.	Steigere die direkte Nachfrage nach Hilfe; implementiere On- und Offline-Trainings für empathische Kommunikation.
	S3	Etabliere kooperative Lernstrukturen.	Verwende Forschungsbefunde über Gruppen zur Kooperation und Groupware bzw. ähnliche Software.
	S4	Etabliere Hilfeprogramme.	Lass Lernende Patenschaften für Neulinge oder Personen in Not übernehmen; etabliere soziale Netzwerke im Internet
Pleasure (Vergnügen)	P1	Erhöhe das allgemeine Wohlbefinden.	Implementiere eine benutzerfreundliche Lernumgebung.
	P2	Richte offene Lernumgebungen ein.	Richte einen virtuellen Klassenraum ein.
	P3	Sei humorvoll.	Verwende ab und an lustige Comics in den Lehrmaterialien oder Diskussionsforen.
	P4	Nutze spielähnliche Aktivitäten	Verwende simulationsartige Spiele und instruktive Computerspiele.

Tabelle 13.4: Allgemeine Lehrstrategien des FEASP-Ansatzes 2 (vgl. Astleitner, 2000)

kommt. Die handeln<de Person wechselt von der motivationalen Steuerungslage in die volitionale Steuerungslage. Das Handeln wird dann als subjektiv anstrengend und bewusst gewollt erlebt (Heckhausen, 1989; Sokolowski, 1993; Kuhl, 1996).

13.4.1
Volitionale Theorien und Modelle

Rubikon-Modell: Jetzt tue ich es wirklich!

Während es in der Motivationsforschung um die Bildung von Intentionen geht, d. h. um das Abwägen von Gründen, etwas zu tun oder nicht zu tun, steht in der Volitionsforschung die konkrete Ausführung von Handlungen im Mittelpunkt. Kuhl (1983) unterscheidet dabei Selektionsmotivation und Realisationsmotivation. Heckhausen (1989) entwickelte dann das so genannte Rubikon-Modell, das eine konzeptionelle Verbindung zwischen Motivation und Volition herstellt. Der Name des Modells entstand in Anlehnung an Cäsars Ausspruch „Die Würfel sind gefallen" vor seiner Entscheidung zum gesetzwidrigen Überschreiten des Grenzflusses Rubikon.

Rubikon-Modell

Im Rubikon-Modell ist das Handlungsgeschehen in vier Stadien eingeteilt. Es gibt zwei motivationale und zwei volitionale Stadien. Die prädezisionale Phase (bevor die Entscheidung gefallen ist) ist motivational und durch Realitätsorientierung geprägt; sie ist gekennzeichnet durch Vergegenwärtigung von Handlungsoptionen, das Abwägen von antizipierten Handlungsfolgen und Einschätzen der Eintrittswahrscheinlichkeit verschiedener Ereignisse.

Abgeschlossen wird die Phase mit der Intentionsbildung, an die sich die Initiierung der Handlungsabsicht in der präaktionalen Phase (bevor die Handlung ausgeführt wird) anschließt. Die präaktionale Phase ist die erste der zwei sich anschließenden volitionalen Phasen, die durch Realisierungsorientierung gekennzeichnet

Abb. 13.1: Das Rubikon-Modell

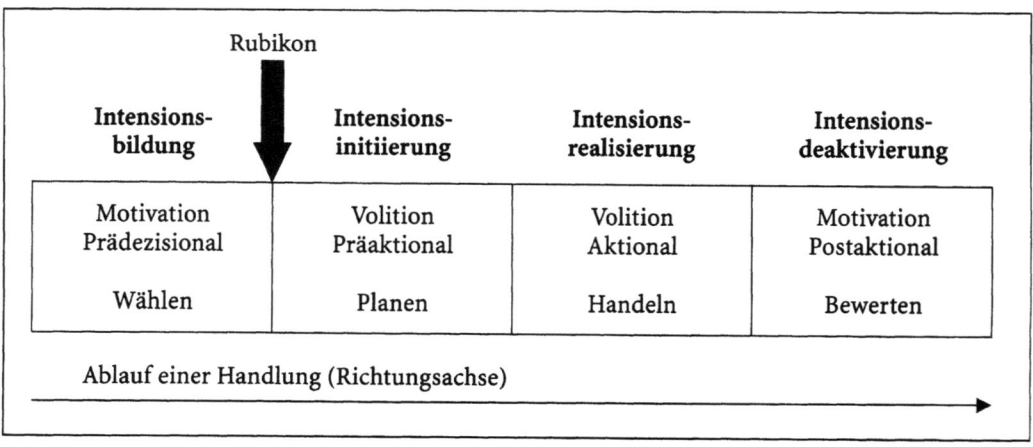

sind. In der handlungsvorbereitenden Phase konkurrieren mehrere Zielintentionen und es wird die mit der stärksten „Fiat-Tendenz" (fiat: lateinisch für „es geschehe!") ausgeführt. Die Fiat-Tendenz ist abhängig vom Vorhandensein einer günstigen Gelegenheit, von der Dringlichkeit des angestrebten Ziels und der Anzahl bereits missglückter Realisierungsversuche. In der aktionalen Phase wird die Handlung durchgeführt. Die Ausdauer und Intensität hängt von der Volitionsstärke der Zielintention ab, die sich aus den Implikationen der Durchführung ergeben, wie z. B. Erfüllen von Teilzielen und der Erfolgsrückmeldung darüber. Die postaktionale Phase ist motivational geprägt und dient der Bewertung des Handlungsgeschehens (Verlauf, Ergebnis) einschließlich der Feststellung der vollständigen oder teilweisen Zielerreichung und der Modifizierung oder Aufgabe des ursprünglichen (Teil-)Ziels.

Nach Heckhausen (1989) (mit Verweis auf Ajzen & Fishbein, 1977) sind für die Handlungsinitiierung folgende Fragen von Bedeutung:

Handlungsinitiierung

- Was wird getan (action)?
- Im Hinblick auf wen oder was wird gehandelt (target)?
- In welchem Ausführungskontext wird gehandelt (context)?
- Zu welchem Zeitpunkt wird gehandelt (time)?

Dazu ein Beispiel: Ein Student hat die Aufgabe, ein Referat auszuarbeiten (action). Die Veranstaltung an der Universität, die er besucht, wird mit Ausnahme weniger Präsenzphasen über eine Lernplattform organisiert. Wenn er noch Fragen bezüglich seines Referats klären möchte, muss er drei Unterrichtseinheiten bis zur nächsten Präsenzphase durcharbeiten (target). Er beschließt deshalb, für den Rest der Woche jeden Abend zwei Stunden (time) zur Bewältigung dieser Aufgabe vor dem Computer zu verbringen (context).

Es wird mit diesem vierstufigen „Rezept" eine einfache und leicht durchführbare Handlungsanleitung gegeben, die gerade für E-Learning von Bedeutung ist, weil sie das geforderte selbständige Handeln strukturiert.

Motivationale versus volitionale Erlebnisqualität

Eine wichtige Frage ist nun, wie motivationale und volitionale Steuerungslagen subjektiv erlebt werden (Sokolowski, 1993; s. Tabelle 13.5). Es müssen nicht immer Hindernisse oder Ablenkungen den Ablauf des Handlungsgeschehens stören, wodurch die Notwendigkeit eintritt, dass Verhalten volitional gesteuert werden muss.

Motivation und Volition

Tabelle 13.5: Motivationale und volitionale Steuerungslage

	Handlungssteuerung	
	Motivational	**Volitional**
Strukturelle Komponenten (Ziel-, Gelegenheits- und Tätigkeitsbestimmung)	Nicht notwendig	Notwendig
Dynamische Komponenten (Aufmerksamkeitssteuerung)	Unwillkürlich, kaum ablenkbar	Kontrolliert, ablenkbar
Handlungsorientierung	Unwillkürlich	Kontrolliert
Emotionen	Förderlich, unkontrolliert, handlungszentriert	Störend, kontrolliert, ergebniszentriert
Kognitionsinhalte	Unwillkürlich	Kontrolliert
Bei Hindernissen	Unwillkürliche Anstrengungssteigerung	Zusätzliche Kontrollvorgänge
Erlebte Anstrengung	Niedrig	Hoch
Zeiterleben	Schnell	Langsam

Motivationale Steuerungslage ist hauptsächlich durch unwillkürliche Kontrolle des Verhaltens und relativ gering erlebte subjektive Anstrengung gekennzeichnet, volitionale Steuerungslage dagegen durch willkürliche Kontrolle des Verhaltens und relativ stark erlebte subjektive Anstrengung. Motivational gesteuertes Verhalten kann sogar „Flow-Erleben" bedeuten, ein zeit- und selbstvergessenes Aufgehen in der Tätigkeit (Csikszentmihalyi, 1985; Rheinberg & Fries, 1998).

13.4.2
Volitionale Strategien

Strategien zur Volitions-Lernkontrolle

Kernstück verschiedener volitionspsychologischer Ansätze (z. B. Corno & Kanfer, 1993; Kuhl, 1996) sind Strategien, die es einer Person erlauben, eine abnehmende Motivation zu stärken und somit die Handlung auf Kurs zu halten. Beispiele solcher Strategien sind u. a.:

- Aufmerksamkeitskontrolle und Aufrechterhaltung des Ziels
- Enkodierkontrolle
- Misserfolgs- und Aktivierungskontrolle

- Initiierungskontrolle (einschließlich der Abstimmung der einzelnen Handlungsschritte und der Sparsamkeit der Informationsverarbeitung im Sinne der Vermeidung überlanger Entscheidungsprozesse, welche die Handlungsinitiierung verhindern)
- Emotionskontrolle
- Motivationskontrolle
- Lernumgebungs- und Peer-Kontrolle sowie Kontrolle über Lehrpersonen

13.4.3
Handlungsorientierung versus Lageorientierung

Je nachdem, welche Tendenzen überwiegen, lassen sich Handelnde analytisch einteilen in eher Handlungsorientierte und eher Lageorientierte (Kuhl, 1982, 1983). Handlungsorientierte verfügen öfter über erfolgreiche Strategien der Handlungskontrolle und setzen diese ein, wenn innere oder äußere Hindernisse die Umsetzung ihrer Absichten (Intentionsrealisation) zu verhindern drohen oder eine relativ schwache Motivationstendenz wegen kurzfristig günstiger Gelegenheit zum Zuge kam und nun gegen stärkere Tendenzen abgeschirmt werden muss. Handlungsorientierte können eine Handlungsabsicht besser vollständig und adäquat abbilden. Sie sind häufig erfolgreich darin, ihre Absichten in die Tat umzusetzen.

Eher handlungsorientierte Personen

Die vier Elemente einer Handlungsabsicht sind:

1. Der angestrebte zukünftige Zustand
2. Der zu verändernde gegenwärtige Zustand
3. Die zu überwindende Diskrepanz zwischen Ist- und Soll-Zustand
4. Die beabsichtigte Handlung, mit der die Diskrepanz reduziert werden soll

Bei eher lageorientierten Personen tritt häufiger der Fall ein, dass zumindest ein Element der Handlungsabsicht nicht gegeben ist. Die Absicht kann dennoch bestehen bleiben und Aufmerksamkeit binden und so andere Aktivitäten behindern. Kuhl spricht dann von degenerierten Absichten: Die Gedanken kreisen um jetzige, aber auch um vergangene oder zukünftige Zustände bzw. Lagen.

Eher lageorientierten Personen

Auch wenn Lageorientierte nicht über eine gut ausgeprägte volitionale Kompetenz verfügen, handelt es sich hierbei um eine zumindest teilweise trainierbare Fähigkeit. Entscheidend bei dem Training volitionaler Kompetenz sind die unterschiedlichen Startbedingungen der einzelnen Lerner, die generell (Treatmentvarianten) oder individuell (Einzeldiagnostik) berücksichtigt werden sollten.

Das Strategiekonzept geht über eine Handlungsstrukturierung wie beim Rubikon-Modell hinaus. Es wird differenzierter dargestellt, worauf es beim Handeln bzw. Lernen ankommt, um seine Ziele zu erreichen – ein Kernproblem bei E-Learning. Es hat sich erwiesen, dass es nicht selbstverständlich ist, über volitionale Kompetenz zu verfügen oder sie sich anzueignen.

13.4.4
Förderung der Volition?

ID-Modell zur Volitionsförderung?   Zur Förderung der Volition gibt es derzeit noch kein Instruktionsdesign-Modell vergleichbar dem ARCS- oder FEASP-Modell. An der Entwicklung eines solchen Modells wird jedoch gearbeitet. Grundlagen dieser Entwicklungsarbeit sind Programme zur Förderung der Volition, wie sie insbesondere Trawick & Corno (1995) vorgestellt haben.

13.5
Integration: Aus drei mach eins

Die Strategien zur Förderung von Motivation, Emotion und Volition überschneiden sich teilweise.

Als grober Leitfaden zur Förderung von Motivation, positiven Emotionen und Volition kann die folgende Kriterienliste dienen.

Einstellung zum Lehrstoff fördern	■ Aufmerksamkeit, Interesse und Vorfreude wecken ■ Schwierigkeitsgrad des Lernmaterials an Vorwissen und Fähigkeiten der Lerner adaptieren ■ Relevanz, Bedeutsamkeit aufzeigen ■ Lernfreude wecken ■ Wichtige und relevante Informationen oder Aufgabenmerkmale selektieren	
Individuelle Merkmale berücksichtigen	■ Erfolgszuversicht und -erwartung, Hoffnung generieren ■ Ziele und Zeitplan festlegen ■ Lernumgebung an individuelle Bedürfnisse anpassen ■ Kooperationen mit anderen Lernenden und Lehrkräften aufbauen ■ Flexibles und kritisches Denken anregen ■ Hilfen anbieten und die Annahme von Hilfen erleichtern bzw. fördern ■ Fehler als Chance für die Lernenden sehen ■ Konsistente, transparente und individuell orientierte Leistungsbewertung durchführen	
Günstige Lernstimmung erzeugen oder bewahren	■ Entspannte Situationen z. B. durch Entspannungstechniken erzeugen ■ Empathie, Echtheit und Offenheit, Gerechtigkeit einbringen ■ Humorvolle oder spielerische Elemente integrieren	
Zufriedenheit und Freude am Erreichen fördern	■ Zufriedenheit ■ Ergebnisfreude ■ Informatives Feedback	

Tabelle 13.6: Checkliste zur Förderung der Motivation

14 Rückmeldung erbeten: Feedback

14.1
Feedback und Lernen

„Über eine gelegentliche Rückmeldung würde ich mich freuen."
Diesen oder einen ähnlichen Satz lesen oder hören Hochschullehrer nicht selten, wenn ihnen ein Sonderdruck, ein Manuskript oder Ähnliches von einem Kollegen überreicht wird.

In einem älteren Lehrbuch der Lern- und Gedächtnispsychologie heißt es: „Skinner ... entwickelte ... eine Lehrmaschine, durch die eine Lernsituation hergestellt werden sollte, in der immer bessere Approximationen an das erwünschte Verhalten möglich sind und richtiges Verhalten *sofort* rückgemeldet (verstärkt) werden kann." (Bredenkamp & Wippich, 1977, S. 79). Hier wird Rückmeldung mit Verstärkung gleichgesetzt, was beim Wunsch eines Kollegen wohl weniger der Fall ist.

Was bedeutet „Rückmeldung" bzw. „Feedback"?

Was ist gemeint, wenn im Kontext von E-Learning von „Rückmeldun" bzw. „Feedback" die Rede ist?

„Feedback" oder „Rückmeldung" definieren wir als die von einem informationsverarbeitenden System als Folge eigener Verhaltensäußerungen wahrgenommenen Umgebungsveränderungen. Oder anders ausgedrückt: Das Ergebnis eines selbst initiierten Ereignisses dient als Information.

Definition „Feedback"

In der Lerntheorie kennen wir seit 1898 (Thorndike) das Gesetz des Effekts:

„Gesetz des Effekts"

Eine Handlung, die zu einem befriedigenden Ergebnis führt, tritt unter ähnlichen Umständen mit erhöhter Wahrscheinlichkeit wieder auf.

Skinners Untersuchungen zur operanten Konditionierung haben den Zusammenhang zwischen einer Verstärkung (reinforcement, Bekräftigung) und der erhöhten Wiederholungswahrscheinlichkeit bestätigt. Aus theoretischer Sicht ergibt sich jedoch eine Reihe von Fragen.

14.2
Theoretische Grundlagen und Befunde

Operantes Konditionieren

Beim operanten Lernen werden Reaktionen gelernt, die zu Belohnungen führen (Skinners Tauben bekamen Körner, die Ratten und Mäuse in vielen anderen Untersuchungen bekamen Futterpillen und der Hund, dem man im Alltag das „Pfötchengeben" beibringt, bekommt „Streicheleinheiten").

Kritik

Für das menschliche Lernen im Sinne des Wissenserwerbs (Aufbau von Wissensstrukturen) liefern das Gesetz des Effekts oder Skinners operantes Konditionieren aber keine hinreichenden Erklärungen (vgl. Lindsay & Norman, 1981):

1. Das Gesetz des Effekts enthält keinerlei Annahmen über die Prozesse der Informationsverarbeitung, die dem „Empfang" der Belohnung folgen; Aussagen über die Zeit, die zwischen einem Verhalten und seiner Verstärkung liegen kann, sind bestenfalls vage.

2. Die Notwendigkeit kausaler Beziehungen zwischen Handlungen und ihren Ergebnissen wird nicht thematisiert oder gar in Abrede gestellt.

3. Das Gesetz des Effekts stellt ab auf den bekräftigenden Effekt einer Verhaltensfolge; der Informationsgehalt des Ergebnisses wird weitgehend ignoriert, die Verstärkung wird lediglich insoweit als Signal betrachtet, als dem Organismus angezeigt wird, welche Bedingungen erwünscht bzw. unerwünscht sind.

Programmierte Instruktion der 60er Jahre

Bei der programmierten Instruktion, die Skinner als Anwendung des Prinzips des operanten Konditionierens kreiert hat, wurde in der Tat angenommen, dass die Rückmeldung eine bekräftigende Wirkung hatte, entweder unmittelbar als Lob oder als Signal für eine Belohnung. Dementsprechend sollten die Lernschritte auch von vornherein so einfach sein, dass Fehler gar nicht auftreten konnten, es konnte nur darum gehen, ein erwünschtes Verhalten zu bekräftigen. Die Frage, weshalb ein standardmäßiges verbales Lob für das Lösen einer ausgesprochen simplen Aufgabe eine nachhaltige Bekräftigungswirkung haben soll, wurde anscheinend gar nicht gestellt.

Signalwirkungen kann ein Verstärker im Rahmen des Paradigmas der operanten Konditionierung außerdem nur haben, wenn das Signal eindeutig ist, d.h., wenn klar ist, welches Verhalten verstärkt wird. Dies ist meist nur möglich, wenn die Verstärkung unmittelbar erfolgt. Nicht vorgesehen sind in diesem theoretischen

Rahmen so etwas wie Zielvorstellungen und damit eine Unterscheidung von Verhalten und (stets zielgerichtetem) Handeln.

Einen empirischen Beleg gegen die Annahme der Verstärkungswirkung lieferten Anderson et al. (1971), die zeigen konnten, dass eine Versuchgruppe, die bei computerbasiertem Lernen nur nach falschen Antworten ein negatives Feedback erhielt, bessere Lernerfolge erzielte als eine Gruppe, die nur nach richtigen Antworten ein positives (verstärkendes) Feedback erhielt. Auch Untersuchungen zur Anwendung von Verstärkungsplänen im Sinne des operanten Konditionierens beim programmierten Unterricht waren ohne Ausnahme erfolglos (Kulhavy & Wager, 1993).

E-Learning funktioniert nicht nach den Prinzipien des operanten Konditionierens

Ein einfaches, aber sehr einflussreiches Handlungsmodell haben Miller et al. (1960) vorgeschlagen:

Der Organismus, der ein bestimmtes Ziel erreichen möchte, prüft zunächst seinen gegenwärtigen Ausgangszustand und vergleicht ihn mit dem Zielzustand. Sind beide noch nicht ähnlich genug, wird eine Handlung (Operation) ausgeführt, entweder physisch oder in Gedanken (mental). Der sich als Folge des Operierens ergebende Zustand wird wiederum geprüft (Test). Wenn die Übereinstimmung mit dem Ziel noch immer nicht hinreichend ist, wird eine neue Handlung initiiert, und zwar so lange, bis der Zielzustand erreicht ist und das Handeln beendet werden kann (Exit).

TOTE-Einheiten

Miller et al. (1960) sahen in solchen TOTE-Einheiten (*T*est-*O*perate-*T*est-*E*xit) einen grundlegenden Funktionsmechanismus menschlicher Denkoperationen (Posner, 1976; Dörner, 1976).

Worauf es in diesem Zusammenhang ankommt, ist die in den „Test"-Phasen implizierte *Rückmeldung (Feedback-Schleife)*: Es wird jeweils geprüft (Information eingeholt bzw. verarbeitet), ob das eigene Handeln zu Veränderungen geführt hat, die als Annäherung an das Ziel gedeutet werden können.

Rückmeldungen liefern Informationen

Rückmeldung im Sinne dieses Modells hat offensichtlich eine andere Bedeutung als Rückmeldung im Sinne von Verstärkung, und das gilt es bei der Interpretation von Forschungsbefunden zu Feedback zu beachten.

Außerhalb des Lernens mit Medien haben Hargreaves et al. (2000) Feedback in Grundschulklassen untersucht. Sie definieren als Feedback alle direkt mitgeteilten Urteile von Lehrenden an Lernende über Lernstrategien, Lernfähigkeiten oder die Lernzielerreichung. Unterschieden wird, ob das Feedback an die Gruppe gegeben wird oder an Einzelne, verbal, nonverbal oder schriftlich. Ferner differenzieren die Autoren zwischen evaluativem und deskriptivem Feedback. Sie kommen zu folgenden Analysekategorien:

Kategorien von Feedback

Evaluatives Feedback

- Belohnung oder Bestrafung
- Anerkennung oder Missbilligung

Deskriptives Feedback

- Information über die Richtigkeit einer Antwort (richtig, falsch)
- Erklären, warum eine Antwort richtig oder falsch ist
- Dem Lerner mitteilen, was er geleistet hat und was nicht
- Einen besseren Weg zur Zielerreichung aufzeigen
- Verschiedene Wege aufzeigen, wie sich ein Lerner verbessern kann

Diese Kategorien können auch beim E-Learning verwendet werden.

Fehler und Feedback

Rückmeldungen spielen auch eine wichtige Rolle unter dem Aspekt der Förderung einer angemessenen Fehlerkultur (Oser & Hascher, 1997; Oser et al., 1997; Spychiger et al., 1997). Eine günstige Fehlerkultur liegt unter anderem dann vor, wenn Fehler stets als Lernchancen begriffen werden und Rückmeldungen des Lehrenden als Hilfen gesehen werden (Rollett, 1999). Rückmeldungen werden positiv attribuiert und sind für Lernende motivierend, wenn folgende Vorgehensweise innerhalb eines positiven emotionalen Klimas befolgt wird:

Bei Misserfolg/Fehler:

- Sachliche Rückmeldung ohne Tadel in freundlichem und interessiertem Tonfall; Aufforderung, den Fehler zu verbessern
- Unmittelbare Fehlerkorrektur, nötigenfalls Hilfen zur Fehlerverbesserung geben
- Lob nach der Fehlerkorrektur

Obwohl auch diese Studien sich nicht auf das Lernen mit Medien bezogen haben, gibt es keinen Grund, die Prinzipien nicht zu übertragen.

Differenziertes Feedback

Dass ein differenzierendes Feedback den Lernerfolg fördert, liegt theoretisch auf der Hand: Ohne Hinweise auf die richtige Lösung bzw. Gründe, weshalb eine Lösung falsch war, kann in vielen Fällen die Wissensstruktur des Lernenden nicht revidiert oder erweitert werden. Die Mitteilung der richtigen Lösung und fehleranalytisch begründete Erklärungen zum richtigen Lösungsweg können gleichermaßen effektiv sein (Reimann, 1997). Voraussetzung für die Wirksamkeit elaborierter Rückmeldungen scheint aber eine gewisse Komplexität des Lehrstoffs zu sein (Bangert-Drowns et al., 1991).

Insbesondere im Hinblick auf ein selbst reguliertes Lernen ist auch die Unterscheidung zwischen internem und externem Feedback wichtig. Internes Feedback, d. h. Feedback, das sich ein Lernender selbst verschafft, beruht auf der Überprüfung verfügbarer Schemata auf ihre Passung mit Ergebnissen eigenen Handelns durch einen „inneren Dialog" (Butler & Winne, 1995; Niegemann & Hofer, 1997; Eckert & Hofer, 1999). Wichtig ist, dass dazu geeignete Hilfen zur Verfügung stehen (vgl. Kap. 15).

Internes und externes Feedback

Eine Variable, welche die Wirksamkeit von Feedback beeinflussen kann, ist auch die Sicherheit (Konfidenz) des Lerners hinsichtlich der Korrektheit seiner Antwort. Bei geringer Sicherheit ist der Nutzen des Feedbacks nach einem Modell von Kulhavy & Stock (1989) eher gering; bei hoher Konfidenz dagegen kommt es auf die Korrektheit an: War die Antwort richtig, spielt die (bestätigende) Rückmeldung kaum eine Rolle, war die Antwort aber zur Überraschung des Lerners doch falsch, wird dieser sich eher mit dem Sachverhalt näher und vor allem länger beschäftigen und davon profitieren. Diese Prognose konnte empirisch bestätigt werden (Musch, 1999).

Antwortsicherheit von Lernern triggert Feedback-Wirkung

Ein weiterer Aspekt betrifft die „Lernorientierung" im Sinne von Dweck & Legget (1988): Unterschieden werden hier Lernende, die hinsichtlich ihrer allgemeinen Zielsetzung eher am sozialen Vergleich interessiert sind (performanzorientierte), und solche, die eher daran interessiert sind, ihre eigene Kompetenz zu verbessern (aufgabenorientierte). Bei auftretenden Schwierigkeiten und arbeitsaufwändigen Aufgaben sind aufgabenorientierte Lerner den performanzorientierten oft überlegen; letztere wählen seltener schwierige Aufgaben und tendieren bei Schwierigkeiten zu Meidungsverhalten und Abwertung der Aufgaben. Musch (1999) folgert daraus, dass durch Feedback versucht werden soll, eine aufgaben- bzw. lernorientierte Zielsetzung zu unterstützen. Praktisch bedeutet das, dass beim Feedback eher die Bedeutung der Anstrengung betont werden sollte. Ein Wettbewerbscharakter von Lernaufgaben sollte eher vermieden werden.

Lernorientierung: Aufgabenorientierung vs. sozialer Vergleich

Bei Leistungsrückmeldungen sollte zudem eine individuelle Bezugsnorm („du hast gegenüber der letzten Arbeit gute Fortschritte gemacht") einer sozialen Bezugsnorm („deine Leistungen liegen etwas unter dem Durchschnitt der Gruppe") vorgezogen werden. Möglich ist auch eine sachliche (kriteriumsorientierte) Bezugsnorm („jetzt hast du das Rechnen mit ungleichnamigen Brüchen

Bezugsnormorientierung

verstanden"). Diese Empfehlungen werden u. a. durch Interventionsstudien von Rheinberg & Krug (1993) gestützt.

Paradoxe Wirkung: Lob kann schaden

Gerade beim E-Learning ist auch die Warnung vor paradoxen Wirkungen von Lob angebracht. Überschwängliches Lob bei simplen Aufgaben oder nach einer richtigen Lösung im dritten Versuch mit massiven Hilfen findet man nicht selten. Das kann wie im Schulunterricht dazu führen, dass Lernende folgern, das Programm würde ihre Fähigkeiten als sehr gering einschätzen, was auf Dauer den Selbstwert beschädigen kann (Musch, 1999).

14.3
Formen und Gestaltungsmöglichkeiten

Zeitpunkt. Da reines „Richtig/Falsch"-Feedback bei komplexeren Lehrstoffen kaum Wirkungen zeigt, bleibt die Frage nach Gestaltungsmöglichkeiten differenzierter Feedbacks.

Wann Feedback?

Eine einfach handhabbare Gestaltungsvariable ist der Zeitpunkt des Feedbacks: Während sich in vielen Unterrichtsstudien ein unmittelbares Feedback den verzögerten Rückmeldungen als überlegen erwies, gibt es auch Bedingungen, unter denen die Verzögerung zu besseren Lernleistungen führt (Kulhavy & Wager, 1993; Musch, 1999). Als Erklärung werden Interferenzen zwischen der Erinnerung an die falsche Antwort und der Information über die richtige Lösung genannt; häufig scheint jedoch eine Rolle gespielt zu haben, dass die verzögerte Rückmeldung eine wiederholte Darbietung der zu lernenden Information implizierte, so dass die Lernenden in den Genuss einer zweiten Lernphase kamen.

Bangert-Drowns et al. (1991) kommen nach einer umfangreichen Metaanalyse zum Schluss, dass verzögertes Feedback nur bei komplexem Lehrstoff vorteilhaft sein könnte (Musch, 1999).

Fehlerdiagnose

Fehleranalytisches Feedback. Fehlerdiagnostische Rückmeldungen erfordern einen erheblichen Entwicklungsaufwand, wenn die Fragen und Aufgaben nicht fest im Programm gespeichert sind, sondern während der Laufzeit generiert werden. Das gilt z. B. für Programme zum Üben des Rechnens, bei denen die Zahlen jeweils zufällig erzeugt werden. Ein Problem dabei ist, dass eine einzelne falsche Antwort sich nicht notwendigerweise genau einem „Wissens- oder Denkfehler" zuordnen lässt. Das ist zum Beispiel beim schriftlichen Subtrahieren der Fall. Erst nach mehreren Fehlern lässt sich dann die Fehlerursache sicher diagnostizieren und entsprechende Rückmeldung geben.

AutoTutor

Automatischer Tutor. Auf der Basis von Studien zu Rückmeldungen und den effektiven Umgang mit Fehlern bei menschlichen

Tutoren (Graesser et al., 1995) entwickelten A. Graesser und seine Mitarbeiter an der Universität von Memphis das System AutoTutor (Graesser et al., 1999).

Zunächst liefert dieses Programm dem Lernenden je nach Lösungsqualität unmittelbar verschiedene Formen von Feedback:

- Positives Feedback („Bravo, das ist richtig")
- Neutrales Feedback („Okay")
- Negatives Feedback („Nein, nicht ganz")

Danach verfügt das System über ein Repertoire an Dialogschritten:

- *Pumping* (Aushorchen): Der Tutor fordert vom Lerner zusätzliche Information an. Neben positivem und neutralem Feedback wird explizit nach mehr Informationen gefragt („Erzähl mir mehr", „Was weiter?"). Pumping hilft, unvollständige Lösungen durch exaktere Angaben des Lerners zu vervollständigen, regt zum Nachdenken an, bringt Wissen zum Vorschein und fordert mehr Eigenbeteiligung ein.

- *Prompting* (Soufflieren, Hinweis): Ein Aufgabenansatz wird vom Tutor vorstrukturiert, der Lerner wird auf den richtigen Weg gebracht und löst dabei auch Teile der Aufgabe.

- *Hinting* (Hinweise, Hilfen geben): Verschiedene Formen von Hilfen werden gegeben, wenn der Lerner Schwierigkeiten mit dem Lösen von Aufgaben hat: Fakten, Regeln, zielführende Fragen, Umformulierung des Problems usw.

- *Elaborating*: Fehlende Information, die aus Sicht des Tutors oder des Lerners für das Verständnis wichtig ist, wird vom Tutor ergänzt.

- *Splicing/correcting*: Offensichtliche Flüchtigkeitsfehler werden einfach vom Tutor korrigiert.

- *Summarizing*: Der Lerner soll angehalten werden, eine Zusammenfassung selbst zu konstruieren. Dies fördert eine aktive Wissenskonstruktion.

AutoTutor ist ein KI-basiertes System, das sich des Verfahrens der Latent Semantic Analysis (LSA) bedient (s. Kap. 17). Die didaktische Effektivität von „AutoTutor" konnte in einigen Studien belegt werden (Person et al., 2001; Link et al., 2001).

AutoTutor ist bisher wohl das einzige nachweisbar funktionierende E-Learning-System, das in der Lage ist, Rückmeldung zu relativ komplexen Lerneräußerungen zu geben. Da dieses System

Feedback per Musterlösung und Kriterienliste

nicht leicht zu implementieren ist, wird meist von vornherein darauf verzichtet, Lernende zu komplexeren Lösungen anzuhalten.

Selbstreguliertes Feedback. Eine technisch einfache Möglichkeit wurde von Niegemann et al. (2003, im Druck) geprüft:

Innerhalb eines webbasierten Programms zum Thema „Kameraeinstellungen" hatten die Lernenden die Aufgabe, zu schriftlich beschriebenen Filmszenen jeweils eine sinnvolle Abfolge unterschiedlicher Kameraeinstellungen festzulegen. Die Studierenden wurden vier Versuchsbedingungen per Zufall (Reihenfolge des Einloggens) zugeordnet: Gruppe A erhielt als Rückmeldung die eigene Lösung und eine Musterlösung, Gruppe B erhielt die eigene Lösung, eine Musterlösung und eine Kriterienliste als Grundlage für den Vergleich, Gruppe C erhielt neben der eigenen Lösung lediglich die Kriterienliste und Gruppe D – als Kontrollgruppe – sollte sich lediglich die eigene Lösung anschauen. Alle Versuchspersonen waren aufgefordert, sich intensiv mit dem als Rückmeldung vorgelegten Material zu beschäftigen, analog zu Selbsterklärungsstudien mit ausgearbeiteten Lösungsbeispielen (Reimann, 1997; Renkl, 2002). Es zeigte sich, dass die beiden Gruppen mit den Kriterienlisten den beiden anderen Gruppen überlegen waren. Wegen einiger technischer Unzulänglichkeiten bei der Versuchsdurchführung muss vor Generalisierungen des Ergebnisses eine Replikation des Experiments abgewartet werden. Die Möglichkeit, selbstregulierte Rückmeldungen durch Musterlösungen und Kriterien zu unterstützen, kann aber in jedem Fall genutzt werden. Es gibt keinen Grund anzunehmen, dass ein völliger Verzicht auf anspruchsvolle Aufgabenstellungen zu besseren Lernergebnissen führt.

Schau halt, was passiert!

Natürliche Konsequenzen. In multimedialen problembasierten Lernumgebungen bietet es sich oft an, anstelle expliziten Feedbacks dafür zu sorgen, dass den Lernenden die „natürlichen Konsequenzen" ihres Handelns vor Augen geführt werden: Wenn ein Lernender sieht, dass ein Versuch im (simulierten) Genlabor nicht funktioniert, dass ein Fehler beim Landeanflug im Flugsimulator zu einem Absturz führt, dass seine Entscheidungen bei der „Regierung" eines simulierten Staatswesens dieses in den Ruin führt, dann benötigt er keinen Hinweis mehr, dass etwas falsch war. Umso wichtiger sind in diesen Fällen allerdings Hilfen, die eine Analyse und Erklärung der gemachten Fehler erlauben.

15 Die Ideen aus Konzeption und Gestaltung zum Anfassen: Storyboard

15.1
Manifestation und Präsentation der Konzeptions- und Gestaltungsideen

Wenn alle Designentscheidungen im weitesten Sinne getroffen sind (s. Kap. 2) – was dann? An dieser Stelle sind wieder operativ-technologische Aussagen gefragt. Alle Ideen müssen nun in geeigneter, präsentabler Form manifestiert werden, bevor die Produktion des „E-Learning-Produkts" beginnen kann.

In jedem Fall benötigt die Produktion eine möglichst genaue Vorlage für die Umsetzung in ein Programm. Bei einem externen Auftraggeber ist es in der Regel zudem erwünscht und sinnvoll, vor Beginn der Produktion die Konzeption und Gestaltungsideen zu präsentieren und das Einverständnis der Geldgeber einzuholen. Spätere Änderungen am Softwareprodukt können erhebliche Kosten verursachen.

Kommunikation mit der Produktion

Üblicherweise wird daher ein „Storyboard" erstellt. Da es sich bei E-Learning-Angeboten aber im Allgemeinen nicht um eine lineare Abfolge von Bildschirmseiten handelt, ist es zweckmäßig, zusätzlich zum Storyboard ein Ablaufdiagramm zu erstellen.

15.2
Ablaufdiagramm

Bevor Texte, Bilder, Video- und Audioelemente (Assets) didaktisch sinnvoll zusammengeführt werden, gilt es, die Gesamtstruktur des Multimedia-Produkts zu definieren. Auf der Grundlage der Entscheidungen über die zu vermittelnden Inhalte, ihre Segmentierung (Aufteilung in Schritte bzw. Kapitel und Unterkapitel) und die Sequenzierung im Kontext des gewählten didaktischen Designmodells einerseits, den Entscheidungen zur Adaptivität und zu den Formen der Interaktivität andererseits wird zunächst ein Strukturgraph entworfen: eine Darstellung aller Navigations- und Aktionsmöglichkeiten innerhalb des fertigen Produkts.

Ablauf- oder Flussdiagramm

Eine bewährte Repräsentationsform ist ein Ablauf- oder Flussdiagramm (Flowchart), wobei die Standardform oft an die speziellen Anforderungen der Darstellung angepasst wird. Meist entsteht der erste Entwurf mit Papier und Stift, für eine saubere Darstellung kann auf Softwaretools (z. B. Microsoft Visio) zurückgegriffen werden. Im Mittelpunkt stehen die Verzweigungen.

15.3 Storyboard

Screen für Screen alle Designentscheidungen realisiert

Ein Storyboard ist für eine digitale Lernumgebung, was ein detailliertes Drehbuch für einen Film ist: Eine genaue Anleitung für die informationstechnische Umsetzung der Konzeption in eine Software. Die Fertigstellung des Storyboards ist daher in der Regel auch ein wichtiger Meilenstein für das Projektmanagement. Das Storyboard erleichtert auch die endgültige Kalkulation der Entwicklungskosten. Seine Entwicklung beendet die Phase, in der alle Designentscheidungen getroffen und realisiert werden. Das fertige Storyboard repräsentiert das Design, die Konzeption einer Lernumgebung. Es müssen Screen für Screen alle Designentscheidungen deutlich werden. Möglichst schon zu Beginn der Storyboard-Entwicklung sind alle Standards der Produktion festzulegen (Schifman et al., 1999, S. 106 ff.):

- Screen-Layout (Standard-Bildschirmgröße, Aufteilung)
- Anordnung der Bedienelemente (Navigationsleiste, fixe Buttons)
- Standardschriften, Schriftgrößen, Textgestaltung
- Grafikformate (GIF, JPEG, SVG usw.)
- Layoutraster und Hintergrundgrafiken
- Farben, reservierte Farben
- Entwicklungstools (Autorensoftware, Grafikprogramme)
- Audioqualität (u. a. Samplingraten)
- Videoqualität (Videoformat, Digitalisierung)
- Animationsqualität (Clipanimationen, Pfadanimationen, Objektanimationen usw.)

- Funktionen der Menüs und der Bedienelemente
- Im Storyboard stehen alle Texte, die auf einem Bildschirm ohne Scrollen zu sehen sind; längere Texte, insbesondere Materialien, die z. B. als ladbare Dateien enthalten sind, müssen eindeutig beschrieben werden oder sie werden dem Storyboard als Anhang beigefügt.
- *Bilder:* Soweit die Beschaffung noch nicht erfolgt ist, müssen die Anforderungen an die zu beschaffenden Bilder möglichst genau beschrieben werden.
- Die Platzierung von Texten und Bildern soll in realistischer Proportionalität dargestellt werden.
- *Musik, Geräusche:* Genaue Beschreibung; falls ein Kompositionsauftrag vergeben werden soll, Angabe der zu vermittelnden Stimmung, Länge der Stücke usw.
- *Videoeinblendungen:* Soweit Archivmaterial verwendet wird, ist die genaue Bezeichnung anzugeben. Falls Videos noch zu produzieren sind, ist nach Möglichkeit das Drehbuch beizufügen oder nachzureichen.
- *Zeiten:* Soweit Darbietungszeiten nicht dem Lernenden überlassen werden, ist die genaue Angabe der Präsentationszeit erforderlich.
- *Navigationsmöglichkeiten bzw. Hyperlinks:* Zu jedem Hyperlink bzw. jedem Button (Schaltfläche) soll (möglichst am Rand) das Ziel der Verzweigung angegeben werden.
- Selbstablaufende Sequenzen von Bildschirmdarstellungen sollten nötigenfalls durch mehrere Seiten des Storyboards repräsentiert werden.
- Besondere Funktionen von Hyperlinks oder Buttons sollen ebenfalls beschrieben werden.
- Ein Storyboard sollte grobe Vorgaben bzw. Vorschläge für das grafische Screen-Design enthalten.

Dem Storyboard sollte eine Liste aller Assets (mediale Elemente) beigefügt werden, die verwendet werden sollen.

Wie das Storyboard im Einzelnen gestaltet ist, kann davon abhängig sein, welche Autorenwerkzeuge benutzt werden. Abbildungen 15.1 und 15.2 zeigen einfache Schemata für multimediale Lernprogramme bei einem vorwiegend seitenorientierten Design: Der größte Bereich gibt die Bildschirmdarstellung wieder. Es empfiehlt

Schemata für Storyboards

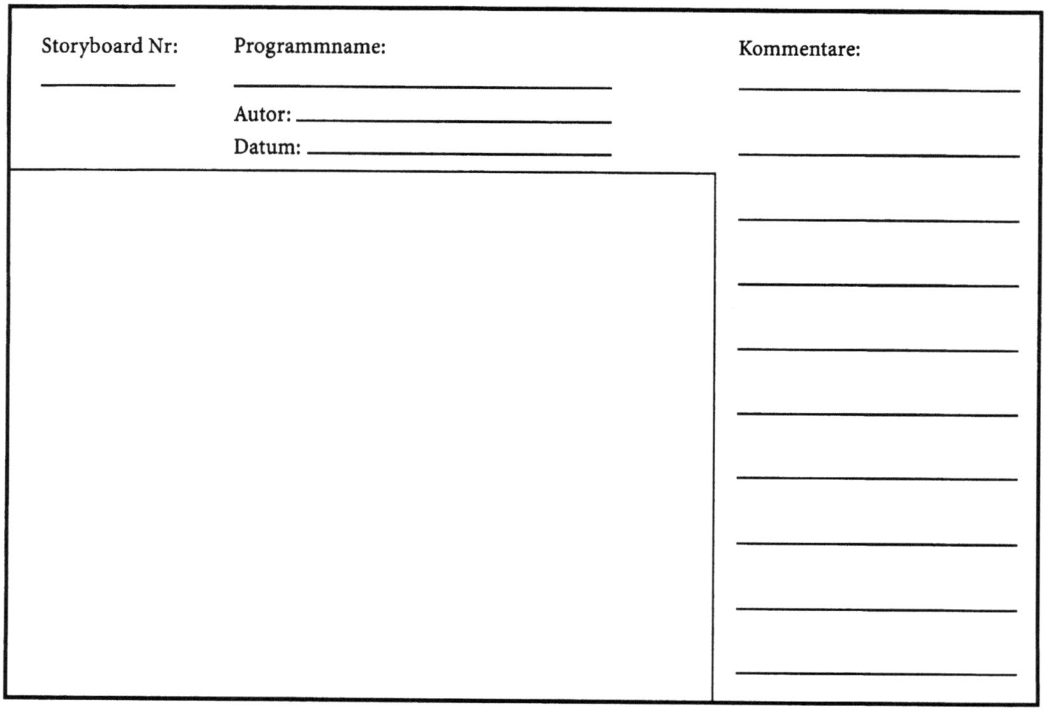

Abb. 15.1: Schema für ein einfaches Storyboard-Layout (nach Alessi & Trollip, 2001, S. 563)

sich, die Größe dieses Feldes proportional zur Bildschirmgröße zu wählen (4:3). Die Felder rechts und oben enthalten Hinweise für das Entwicklerteam, wobei die jeweiligen Verzweigungen (Links) besonders wichtig sind. Wenn das Storyboard am PC entwickelt wird, empfiehlt es sich, hierzu eine Dokumentvorlage (DIN A4 quer) zu entwickeln, in der die entsprechenden Felder jeweils vorgegeben sind.

Nachteile von Kopiervorlagen

Die Nachteile des Arbeitens mit Kopiervorlagen liegen auf der Hand, Änderungen sind relativ aufwändig, Präsentationen vor einer Gruppe schwierig. Die handschriftlichen Einträge entsprechen oft auch nicht der wünschenswerten Größendarstellung auf dem Bildschirm.

Man fragt sich natürlich, weshalb es anders als im Bereich der Drehbuchentwicklung für Filme (s. u.) bisher keine Softwaretools gibt, um die Storyboard-Erstellung zu unterstützen.

Wir haben daher an der Universität Erfurt selbst ein Werkzeug entwickelt, das uns hilft, Storyboards zu schreiben. Statt einer Neu-

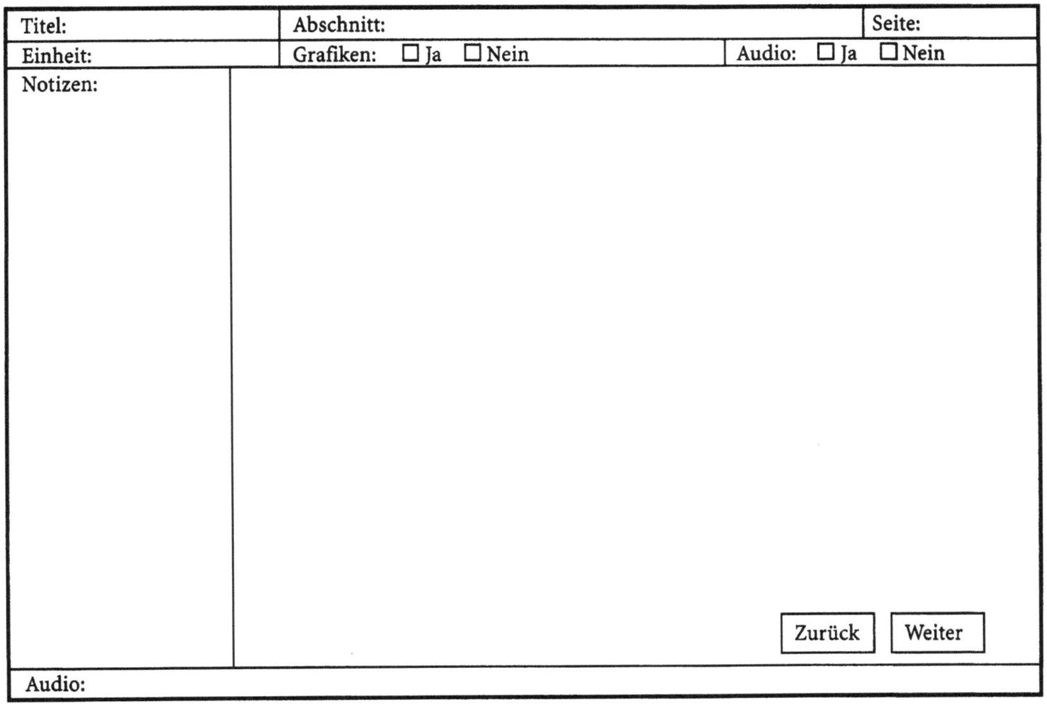

Titel:	Abschnitt:			Seite:	
Einheit:	Grafiken: ☐ Ja ☐ Nein		Audio: ☐ Ja ☐ Nein		
Notizen:					
				Zurück	Weiter
Audio:					

Abb. 15.2: Weiteres Schema für ein einfaches Storyboard-Layout (nach Alessi & Trollip, 2001, S. 564)

programmierung haben wir zunächst auf eine verbreitete Software zurückgegriffen: MS Powerpoint.

Der Vorteil einer Nutzung von Powerpoint (im Gegensatz zu MS Word zum Beispiel) liegt zunächst darin, dass alle Bildschirminhalte so platziert werden können, wie Sie später dargestellt werden sollen. Man ist gezwungen, den Bildschirm als Rahmen zu benutzen, und sieht unmittelbar, was sich unterbringen lässt und was zu viel ist.

Das Layout kann jeweils mit Hilfe der „Folienmaster" definiert werden und auch die Nutzung der Kommentarfunktionen (z. B. um den Entwicklern Hinweise zur Farbwahl usw. zu geben) ist recht praktisch (vgl. Abb. 15.3 & Abb. 15.4). Um die wichtigen Metadaten, Anweisungen, Linkbeschreibungen usw. systematisch darzustellen, wurde ein Add-in entwickelt. Dieses Add-in generiert eine Eingabemaske, in die alle entsprechenden Informationen eingegeben werden. Eine Untermaske erfasst alle Assets, die auf der entsprechenden Seite verwendet werden.

Storyboard-Tool auf der Grundlage von MS Powerpoint

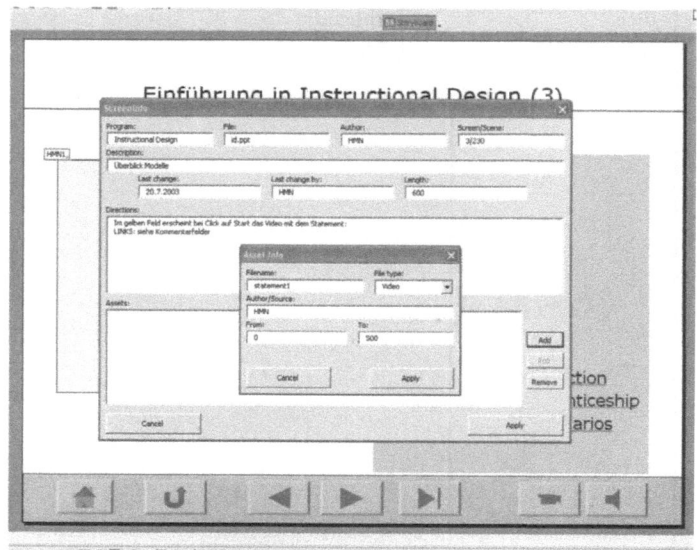

Abb. 15.3: Storyboard-Tool (Add-in für Powerpoint). Das Layout der Seite wird mit Hilfe der Folienmaster-Funktion festgelegt. Platz für Bilder oder für die Präsentation von Videos wird durch Rechtecke gekennzeichnet. Hier ist die Eingabemaske geöffnet mit den Metadaten und den Anweisungen für die Produktion, zusätzlich das Fenster zur Erfassung der auf dieser Seite verwendeten Assets (hier: eine Videodatei)

Nach Eintrag aller Informationen wird die Maske geschlossen und alle Eintragungen werden in das Notizfeld (unterhalb jeder Folie) geschrieben. Wenn die Powerpointdatei mit Notizfeld ausgedruckt wird, sind auf jedem Blatt oben die Bildschirmdarstellung zu sehen, darunter alle Metainformationen.

In einer neuen Version des Add-in ist es auch möglich, die Einträge eines Storyboards ohne die Bildschirmdarstellungen als Listen auszugeben. Die Vorteile des Tools sind die gute Präsentierbarkeit und die Möglichkeit, Assets (auch Videos) ohne großen Aufwand bereits einzubauen.

Tool für Film-Drehbücher

Wenn im Rahmen der Konzeption und Entwicklung eines E-Learning-Angebots auch Filme zu drehen sind und ein Drehbuch zu schreiben ist, kann auf das Werkzeug „Moving-Plot" zurückgegriffen werden. Es handelt sich dabei um ein Add-in für MS Word. (http://www.zweitausendeins.de/ und www.moving-plot.de/). Nützliche Hinweise zur Erstellung von Film-Drehbüchern finden sich u. a. in Cowgill (2001).

Wenn die Erstellung des Storyboards abgeschlossen und abgenommen ist, kann die Produktion im engeren Sinn beginnen: Softwareentwicklung, Herstellung von Fotos und Grafiken, gegebenenfalls Audio- und Videoproduktion.

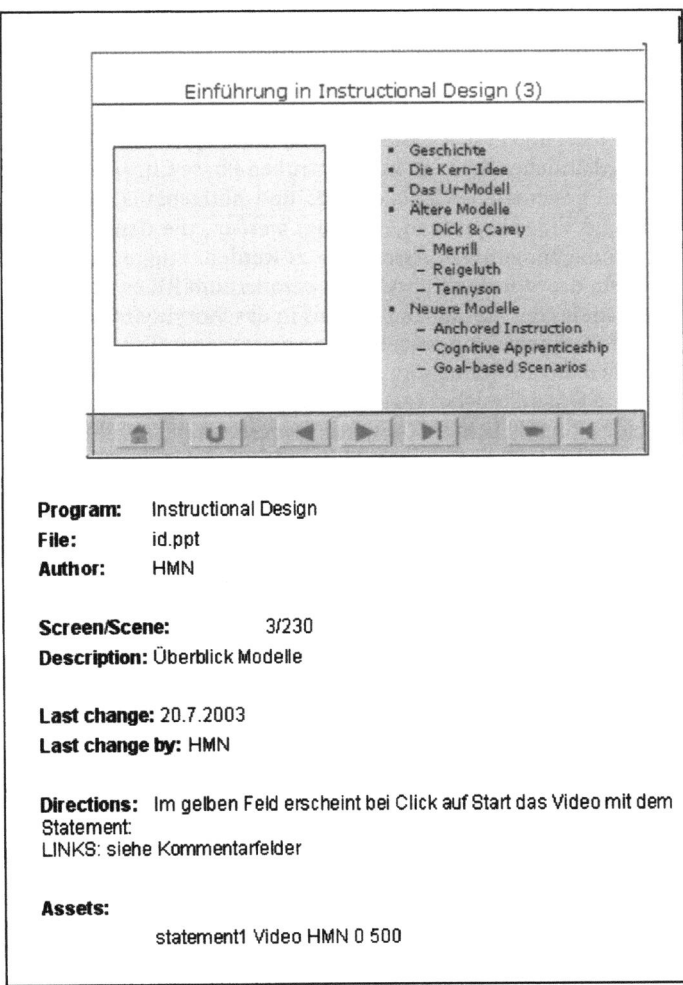

Abb. 15.4: Ausgedruckte Storyboard-Seite

15.4
Alternative Rapid Prototyping?

Diese bisher dargestellte Abfolge – erst Storyboard, dann Produktion – wird allerdings nicht immer so strikt gehandhabt. Eine gewisse Überlappung der Aufgaben gibt es, wenn die aus dem Bereich der systematischen Softwareentwicklung übernommene Strategie des „Rapid Prototyping" (Tripp & Bichelmeyer, 1990) gewählt wird.

Rapid Prototyping bei der Entwicklung von E-Learning-Angeboten

Beim Rapid Prototyping (RP) für die Entwicklung von Lernumgebungen werden alle Bildschirmseiten zunächst ohne Programmierung der Funktionalität grafisch erstellt, durch Hyperlinks verknüpft und nach Bestätigung von Qualität und Akzeptanz ausprogrammiert und grafisch komplettiert. Um die grafische Darstellung zu verdeutlichen, können in einer frühen Phase Clip-Art-Grafiken, schnell geschossene digitale Fotos und nötigenfalls sogar provisorische Videosequenzen eingefügt werden, die dann sukzessive durch die endgültigen Assets ersetzt werden. Einige Autoren entwickeln das Storyboard praktisch parallel zum RP, es werden dann Hardcopies der vorläufigen Screens in das Storyboard kopiert.

RP als Entwicklungsstrategie integriert wesentliche Funktionen der formativen Evaluation, sie erlaubt in mancher Beziehung eine bessere Qualitätssicherung. Die Verzahnung von Design und Entwicklung ermöglicht es, Gestaltungsalternativen am Bildschirm zu testen und die Designentscheidung auf der Basis der Prototypentwicklung zu treffen. Sehr früh können so auch schon Repräsentanten der Adressatengruppe oder Inhaltsexperten mit Merkmalen des Prototyps konfrontiert werden und gegebenenfalls Revisionen vorgenommen werden. Tripp & Bichelmeyer (1990) sowie Rieber (1994, S. 192 ff.) sehen in RP eine Alternative zur formativen Evaluation in der herkömmlichen Form, vorausgesetzt die während des RP zu treffenden Designentscheidungen sind jeweils reflektiert und es werden tatsächlich Alternativen geprüft.

Empfehlung: Storyboard erstellen

Wir empfehlen RP nur in Ausnahmefällen. Die Erstellung eines Storyboards sollte bei der E-Learning-Entwicklung die Standardprozedur sein.

# Teil V
Technische Umsetzung

16 Gestaltungsmöglichkeiten von E-Learning aus technischer Sicht

16.1 Technologische, systemtechnische und didaktisch-methodische Gestaltungsmöglichkeiten

Die technische Umsetzung von E-Learning-Lösungen ist „ein weites Feld", das trotz aller ernsthaften Bemühungen um Standardisierung und Vereinheitlichung immer noch den Charakter einer Spielwiese besitzt. Die vielen verschiedenen, sich bisweilen auf den ersten Blick ähnelnden Lösungen weisen im Detail erhebliche Unterschiede auf. Eine plattformübergreifende Integration interessanter Teillösungen kommt aus verschiedenen Gründen nur schleppend voran. Dieser Abschnitt will daher keine Übersicht aller für die technische Umsetzung von Lehr-/Lernumgebungen interessierenden Technologien und Systeme geben. Stattdessen skizziert er einen Rahmen, in dem eine Einordnung wichtiger Begriffe und Technologien gelingt. All jenen, die eine konkrete E-Learning-Lösung planen, hilft dieser Rahmen zugleich bei der Bestimmung von spezifischen Anforderungen.

Gestaltungsmöglichkeiten für E-Learning-Lösungen ergeben sich in mehrfacher Hinsicht: technologisch, systemtechnisch und didaktisch-methodisch.

16.1.1 Technologische und systemtechnische Möglichkeiten

Zum einen bestimmen die technologischen und systemtechnischen Möglichkeiten den Gestaltungsspielraum. Sie entfalten sich nach Back et al. (2001) auf drei Ebenen: der Ebene der Basistechnologien, der Ebene der Lerntechnologien sowie der Ebene der Lernsysteme. Diese Ebenen sind hierarchisch angeordnet. Die Funktionalitäten auf der jeweils höheren Ebene ergeben sich durch die Nutzung und Integration von Komponenten der darunter liegenden Ebene. Die

Technologische und systemtechnische Gestaltungsmöglichkeiten für Lernumgebungen entfalten sich auf drei Ebenen

funktionale Bedeutung der Technologien spielt bei dieser Einteilung keine Rolle, obgleich sie für das technische Verständnis von Lernumgebungen und anderen Lösungen elektronisch vermittelten Lernens unerlässlich ist. Die einzelnen Ebenen werden im Folgenden detailliert beschrieben. Zunächst wird jedoch auf didaktisch-methodische Aspekte der Gestaltung eingegangen.

16.1.2
Didaktisch-methodische Gestaltungsmöglichkeiten

„Blended Learning" markiert den methodischen Spielraum für Lernumgebungen

Neben technologischen Gesichtspunkten bestimmen aber auch didaktisch-methodische Aspekte den Gestaltungsspielraum für E-Learning-Lösungen. Am so genannten Blended-Learning-Modell (Back et al., 2001) wird das besonders sichtbar. Dieses Modell deutet den Begriff „E-Learning" im technologischen Kontext und ermöglicht damit eine Einschätzung, inwieweit methodisch denkbare E-Learning-Lösungen technisch möglich bzw. realisierbar sind. Folgt man diesem Modell, dann verschenken einseitig orientierte Ansätze wie reines Präsenz-Lernen mit klassischen Medien oder reines Tele-Lernen auf der Basis heutiger Informations- und Kommunikationstechnologien das in der Integration verschiedener methodischer Aspekte ruhende Potenzial.

Abb. 16.1: Gestaltungsmöglichkeiten für E-Learning-Lösungen

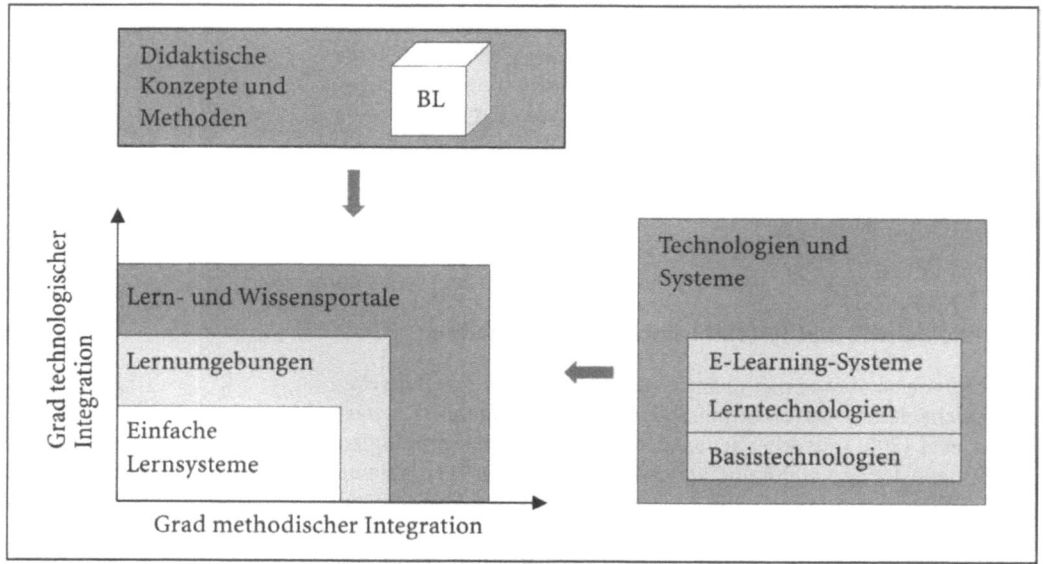

Abbildung 16.1 verdeutlicht das Zusammenwirken der technologischen, systemtechnischen und didaktisch-methodichen Aspekte bei der Gestaltung von E-Learning-Lösungen.

Blended Learning – Ein neues Modewort in der Welt des E-Learning?

Unabhängig von seiner Modernität bringt dieser Ausdruck einen wichtigen Aspekt der meisten Anwendungsszenarien auf den Punkt. E-Learning-Lösungen sind vor allem Bestandteile einer hybriden Lernumgebung: Virtuelle und reale Komponenten finden Verwendung, individuelles und kooperatives Lernen wechseln sich ab und es wird synchron und asynchron kommuniziert. Außerdem werden statische, aber auch dynamische Inhalte rezipiert und die Lernumgebungen müssen in zunehmendem Maße auch der Mobilität ihrer Nutzer gerecht werden.

Ursprünglich in Swider (2000) als Begriff für die Integration traditioneller und virtueller Lehr- und Lernformen geprägt, wurde Blended Learning in Back et al. (2001) zu einem integrierten Modell weiter entwickelt, das eine Vielzahl von Polpaaren einbezieht.

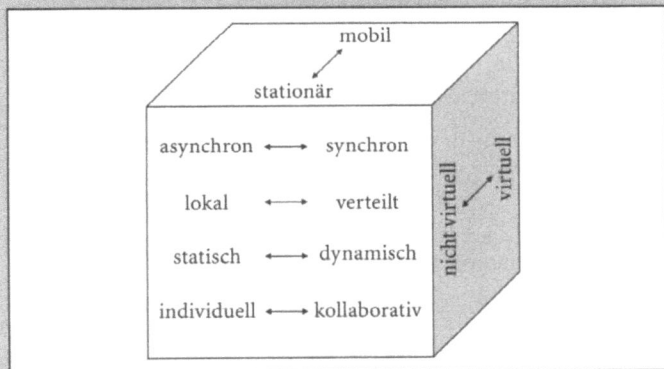

Die Dimensionen des Blended-Learning-Modells

Alle Pole kennzeichnen spezifische und unverzichtbare Qualitäten von Lehr- und Lernanwendungen, aber erst ihre Integration führt zur Entfaltung besonderer Qualitäten, die sie für die reale Anwendung prädestinieren. Das Blended-Learning-Modell legt damit den Schluss nahe, dass nur vollkommen integrierte Architekturen das gesamte auf Technologie- und Systemebene vorhandene Potenzial nutzen können.

Abb. 16.2: Blended Learning – Ein neues Modewort in der Welt des E-Learning?

16.2
Drei Ebenen der technischen und systemtechnischen Gestaltung

16.2.1
Basistechnologien

Basistechnologien haben nur mittelbaren Bezug zum E-Learning-Kontext

Unter den Begriff „Basistechnologien" fallen Applikationen, die eine eigenständig nutzbare, nicht auf den Bereich elektronisch vermittelten Lernens ausgerichtete Funktionalität zur Verfügung stellen. Typische Beispiele hierfür sind E-Mail und Suchmaschinen, aber auch hardwareseitige Technologien wie der Internetzugang. Konkrete E-Learning-Lösungen liegen also nicht auf der Ebene der Basistechnologien, nutzen und integrieren diese aber.

In Abb. 16.3 werden Basistechnologien in folgende Kategorien eingeteilt: Kommunikation, Informationsbeschaffung, Administration, Produktion, Evaluation und Hardware/Systemsoftware. Diese Kategorisierung ist bei weitem nicht vollständig, sondern erfasst nur besonders typische und nahe liegende Technologien.

Die Übersicht in Tabelle 16.1 ordnet den genannten Begriffen jeweils häufig verwendete Technologien zu.

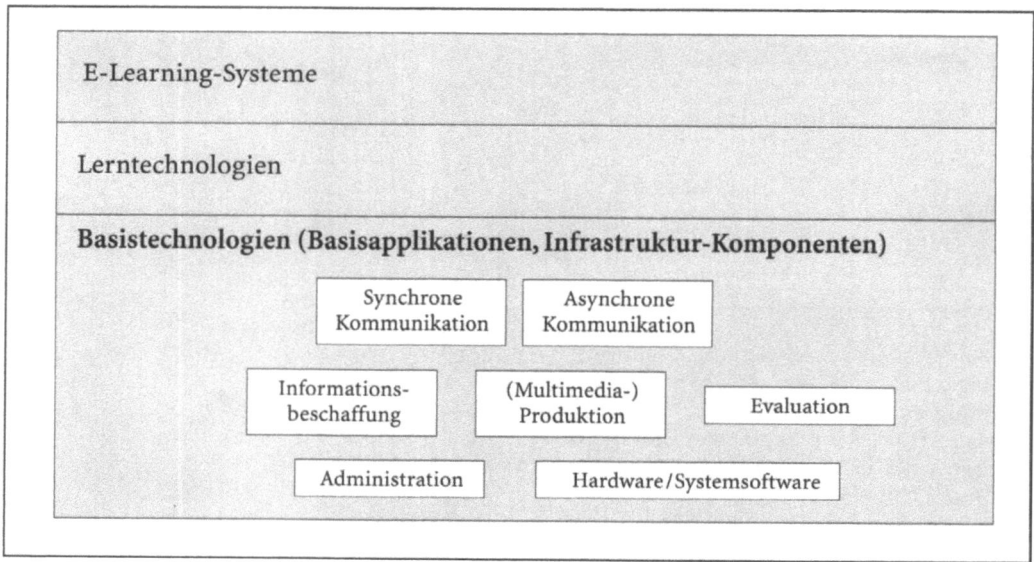

Abb. 16.3: Kategorisierung von Basistechnologien

Kommunikation (synchron)	Kommunikation (asynchron)
■ Chat, Instant Messaging	■ E-Mail
■ A/V-(Desktop)-Konferenzen	■ Foren, Newsgroups
■ Whiteboarding	■ Blackboard
■ Application-Sharing	■ Newsletter
■ Web-Safari	■ Elektronische Agenda, Group Calendaring
■ Online-Voting	
Informationsbeschaffung	**Administration**
■ Suchmaschinen	■ Zugriffs- und Benutzerverwaltung
■ Information Retrieval	
Produktion	**Evaluation**
■ Multimedia-Authoring	■ Logfile-Analyse
■ Entwicklungsumgebungen	■ Online-Befragung
■ (Multimedia-)Standards	
Hardware/Systemsoftware	
■ (Produktions-)Server, Streaming-Server, Webserver	
■ Internetzugang	
■ Sicherheitstechnologien, Verschlüsselung, Logging	
■ Datenbanken	

Tabelle 16.1: Beispiele für Basistechnologien

Diese Tabelle abstrahiert völlig von Fragen des Einsatzes der jeweiligen Technologie im Kontext von E-Learning-Lösungen, auch wenn die genannten Technologien wegen ihrer diesbezüglichen Relevanz aufgeführt wurden. Wie im nächsten Abschnitt näher ausgeführt wird, beruht die Einteilung in Basis- oder Lerntechnologien in vielen Fällen auf Festlegungen hinsichtlich des Anwendungskontextes, d.h. darauf, wer die jeweilige Technologie auf wen bzw. was anwendet. Im Falle der Lerntechnologien wird der Anwendungskontext auf den Bereich des Lernens mit Hilfe digitaler Informations- und Kommunikationstechnologien festgelegt. Die hier aufgeführten Basistechnologien im Bereich asynchroner bzw. synchroner Kommunikation könnten bei konkretem Bezug zum Lernkontext als Lerntechnologien z. B. unter dem Begriff „Meeting Support" subsumiert werden.

Tiefer gehende Ausführungen zu den architektonischen Komponenten von E-Learning-Systemen sind bei Coenen (2001) nachzulesen. Eine Übersicht zu Produkten im Bereich Basistechnologien findet sich unter thinkofit (2002).

16.3
Lerntechnologien

Lerntechnologien sind Applikationen, deren Funktionalität sich am Lernprozess orientiert oder die spezielle Problemlösungen im Kontext von E-Learning-Anwendungen darstellen. Sie sind gewissermaßen die „Bausteine" für komplexe E-Learning-Systeme. Typische Beispiele für solche Lerntechnologien sind Applikationen für einen „virtuellen Klassenraum", aber auch Komponenten von Learning-Management-Systemen, z. B. Curriculums-Verwaltung oder Teilnehmer-Verwaltung.

Lerntechnologien zeichnen sich durch ihren Bezug zum E-Learning-Kontext aus und unterscheiden sich dadurch von Basistechnologien

Generell lässt sich feststellen, dass Lerntechnologien auf der Funktionalität der Basistechnologien aufbauen und durch deren Integration spezifische neue Funktionalitäten ermöglichen. In vielen Fällen können Lerntechnologien aber auch als Konkretisierung von (abstrakten) Basistechnologien verstanden werden. Dann ist der spezifische Anwendungskontext ausschlaggebend für die unterschiedliche Zuordnung. Beispielsweise werden in (Back et al., 2001) Meeting Support, Online-Voting, und Projektmanagement als Lerntechnologien bezeichnet, obwohl die Anwendung dieser Technologien insbesondere im Bereich des computerunterstützten kooperativen Arbeitens (CSCW) erfolgt und damit nicht auf den Kontext von E-Learning-Anwendungen beschränkt ist. Die Abgrenzung von Lerntechnologien gegenüber Basistechnologien ergibt sich in diesem Fall durch den Bezug zum Anwendungskontext. Lerntechnologien unterscheiden sich von den Basistechnologien, indem sie sich auf den Lernkontext, d. h. auf die Lerngruppe und die im Lernprozess verwendeten Daten und Inhalte beziehen. Wenn dort also Projektmanagement, Meeting Support und Online-Voting als Lerntechnologien bezeichnet werden, heben die Autoren den speziellen Anwendungskontext des E-Learning hervor. Dieser wird in der nachfolgenden Abbildung (s. Abb. 16.4) durch die folgenden Datenbestände angedeutet: Personen- und Prozessdaten sowie Wissens- und Inhalts-Pool.

Lerntechnologien decken unterschiedliche funktionale Bereiche ab

Hinsichtlich ihres Einsatzes in konkreten Lernsystemen lassen sich Lerntechnologien unterschiedlichen funktionalen Kategorien zuordnen, von denen in (Baumgartner et al., 2002a) insgesamt fünf benannt werden:

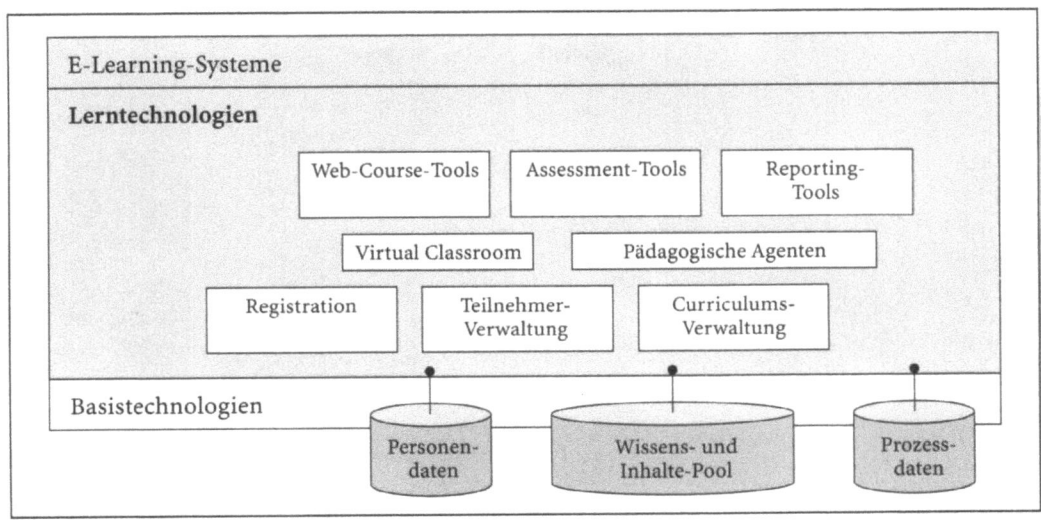

Abb. 16.4: Beispiele für Lerntechnologien

1. Erstellung von Inhalten (inkl. Aufgaben und Übungen)
2. Präsentation von Inhalten
3. Kommunikation
4. Evaluation und Bewertung
5. Administration

Der Erstellung und Präsentation von Inhalten dienen Web-Course-Tools. Die Kommunikation zwischen Lehrenden und Lernenden findet im virtuellen Klassenzimmer statt. Für Evaluation und Bewertung lassen sich Assessment-Tools sowie Reporting-Tools nutzen. In den administrativen Bereich fallen schließlich Technologien zur Teilnehmerverwaltung, inklusive Registration, sowie zur Curriculums-Verwaltung.

Bestimmte Lerntechnologien zeichnen sich aber auch durch die Integration verschiedener funktionaler Aspekte aus. Ein typisches Beispiel dafür sind pädagogische Agenten. So wird in Shaw et al. (1999) mit *ADELE* ein pädagogischer Agent beschrieben, der den Lernenden bei der Erarbeitung des Lernstoffes assistiert, indem er z. B. die Präsentation von Inhalten situationsbezogen adaptiert und dazu den Lernerfolg evaluiert. Auch als „persönliche Assistenten" der Lernenden haben solche Agenten ein hohes Potenzial. Sie können den Lernenden von administrativen und organisatori-

Abb. 16.5: Funktionale Bereiche von Lernsystemen

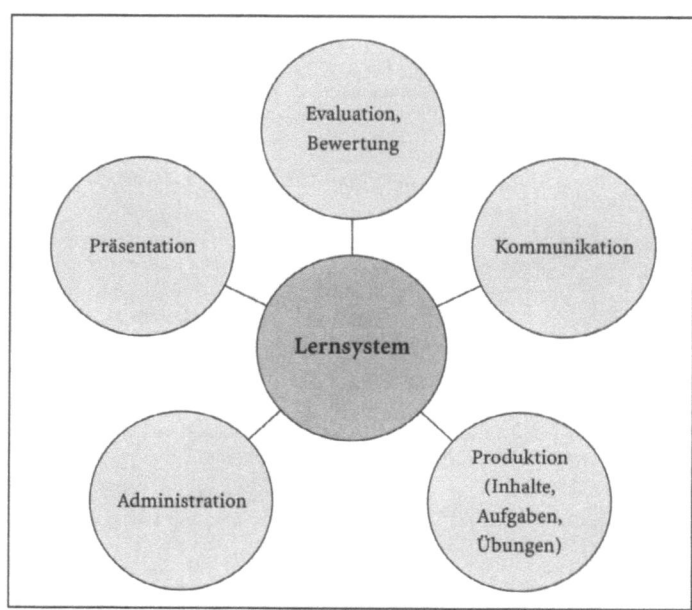

schen Aufgaben entlasten, indem sie z. B. Fragen der Kurs- oder Prüfungsanmeldung klären. Dabei tangieren sie auch die anderen Funktionsbereiche, z. B. dann, wenn Termine für Videokonferenzen zu koordinieren sind.

Lerntechnologien sind zunehmend als Standardapplikationen verfügbar

Lerntechnologien werden in zunehmendem Maße als Standardapplikationen erhältlich sein. Dafür gibt es vor allem zwei Gründe. Zum einen können durch die Verwendung von Anwendungsschablonen (Templates) auch Lehrende ohne Programmierkenntnisse E-Learning-Lösungen erstellen, indem sie in ein vorgegebenes Kursgerüst lediglich die Inhalte (Lernobjekte) einfügen müssen. Zum anderen besteht ein Anliegen der im Bereich E-Learning zu verzeichnenden Standardisierungsbemühungen in der Festlegung von Schnittstellenspezifikationen für das interoperable Zusammenwirken von E-Learning-Modulen.

Typische Produktbeispiele für Lerntechnologien und Angaben zur Einordnung von Lerntechnologien in das Blended-Learning-Modell finden sich in Back et al. (2001).

Auch einen Überblick zu pädagogischen Agenten geben Back et al. (2001). Ausführliche Beschreibungen zum Einsatz animierter pädagogischer Agenten finden sich unter CARTE (2000b) und CARTE (2000a). Die dort beschriebenen zwei Projekte bilden die Grundlage für weiter gehende Vorhaben, etwa das Virtual Factory

Teaching System (VFTS) (USC/ISI, 2002). Im deutschsprachigen Raum werden animierte pädagogische Agenten z. B. im Rahmen des TAPA-Projektes untersucht (Mohamad et al., 2002).

16.4 Lernsysteme

Während die Integration von Basistechnologien zu einer Lerntechnologie durch die Festlegung auf einen spezifischen Anwendungsbereich, das E-Learning,˙bestimmt wird, ist die Integration von Lerntechnologien zu einem Lernsystem vor allem durch die Konkretisierung des Anwendungskontextes mit Hilfe von Daten und Inhalten gekennzeichnet. Lernsysteme instanziieren gewissermaßen Lerntechnologien, d. h. E-Learning-Applikationen, indem sie diese mit konkreten Datenströmen und Inhalten verbinden. Dies

Lernsysteme verbinden Lerntechnologien mit konkreten Datenströmen

Abb. 16.6: Tele-Teaching – Kommunikationstechnologien aus didaktischer Sicht

---

Tele-Teaching – Kommunikationstechnologien aus didaktischer Sicht

Tele-Teaching (Tele-Learning) ist ein facettenreicher Begriff. Er bezeichnet Lehr-/Lernformen, bei denen räumliche Distanzen durch Einsatz von Informations- und Kommunikationstechnologien überbrückt werden. Die Kommunikation zwischen Lehrendem und Lernenden erfolgt aus didaktischen Erwägungen asynchron oder synchron vom Lehrenden zu den Lernenden (unidirektional) oder zwischen ihnen (bidirektional). Mit Blick auf die technische Umsetzung ergibt sich folgende grobe Einteilung der verschiedenen Tele-Teaching-Szenarien.

Szenario	*Didaktische Besonderheit*	*Technische Umsetzung*	*Kommunikative Form*
Tele-Vorlesung	Reine Wissensvermittlung	Unidirektionale Übertragung von Audio-/Videosignalen und Vorlesungsfolien	synchron
Tele-Seminar	Wissensvermittlung, moderiertes aktives Lernen und Üben	Bidirektionale Übertragung von Audio-/Videosignalen; Application-Sharing, FTP, E-Mail; u. U. Nutzung von pädagogischen Netzwerken	
Tele-Tutoring	Mederiertes aktives Lernen und Wissensaneignung	FTP, E-Mail, Newsgroups, Chat, Groupware, WWW	
Open Distance Learning	Nicht moderiertes aktives Lernen, Aneignung von Wissen, Unterstützung des Selbststudiums	Zeit- und ortsunabhängige Ablage von digitalisierten Lehrinhalten (Lecture on demand) mittels Wissensdatenbanken, CBT, WBT	asyncron

Typische Formen des Tele-Teaching

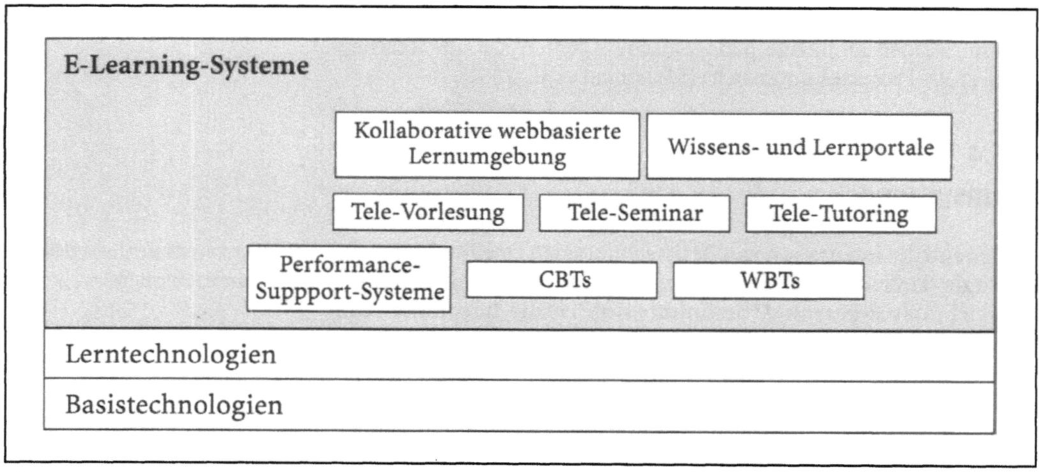

```
┌─────────────────────────────────────────────────────────────┐
│ E-Learning-Systeme                                          │
│        ┌──────────────────────┬──────────────────────┐      │
│        │ Kollaborative        │                      │      │
│        │ webbasierte          │ Wissens- und         │      │
│        │ Lernumgebung         │ Lernportale          │      │
│        ├──────────┬───────────┼─────────┬────────────┤      │
│        │ Tele-    │ Tele-     │ Tele-   │            │      │
│        │ Vorlesung│ Seminar   │ Tutoring│            │      │
│   ┌────┴──────┬───┴───────┬───┴─────────┘            │      │
│   │Performance│           │                          │      │
│   │-Suppport- │   CBTs    │   WBTs                   │      │
│   │Systeme    │           │                          │      │
│   └───────────┴───────────┴──────────────────────────┘      │
│ Lerntechnologien                                            │
│ Basistechnologien                                           │
└─────────────────────────────────────────────────────────────┘
```

Abb. 16.7: Kategorisierung von Lehr-/Lernsystemen

geschieht durch die Umsetzung konkreter didaktischer Konzepte und Methoden. Lernsysteme sind demnach konkrete E-Learning-Lösungen, die verschiedene Lerntechnologien in einen konkreten, durch Daten und Inhalte bestimmten Anwendungskontext integrieren und dabei spezifische didaktische Konzepte und Methoden umsetzen.

Lernsysteme lassen sich im Blended-Learning-Modell verorten

Anhand der verwendeten Lerntechnologien und der umgesetzten methodischen Konzepte lässt sich jede konkrete E-Learning-Lösung im Blended-Learning-Modell verorten. Dieses Modell bildet damit eine einheitliche Grundlage für den Vergleich von Lehr-/Lernsystemen. Viele in der Praxis existierende Lösungen stellen in diesem Modell Polarisierungen dar, so z. B. die verschiedenen Typen von Tele-Teaching-Applikationen.

Geht man von der voranschreitenden Integration der im Blended-Learning-Modell aufgeführten Kategorien aus, dann werden viele der nachfolgend dargestellten Typen von Lernsystemen in absehbarer Zeit durch andere Lösungen mit einem höheren Integrationsgrad abgelöst.

Hinweise zur Auswahl von webbasierten Lernumgebungen sind bei Piendl (2001) nachzulesen. Eine umfangreiche Evaluation am Markt befindlicher Lernumgebungen wird in Baumgartner et al. (2002b) vorgenommen. Erfahrungsberichte zum Einsatz konkreter Lernplattformen finden sich unter L3S (2003). Eine Übersicht von Open-Source-Projekten zum Aufbau virtueller Hochschulen enthält CampusSource (2003).

Umfangreiche Anregungen bieten die Workshops im Rahmen des Projektes KEVIH (Konzepte und Elemente virtueller Hochschulen) am Institut für Wissensmedien. Bisher wurden folgende Themen behandelt: Referenzmodelle, Lernplattformen, Didaktik, Evaluation sowie Medienkompetenz. Entsprechende Dokumentationen können dem Webauftritt des Projektes IWM (2002) entnommen werden.

17 Bausteine und Werkzeuge für E-Learning

17.1
Ein „Lego-Baukasten" für E-Learning-Anwendungen?

Angesichts der Bedeutung modularer Konzepte für die Initiativen zur Schaffung von E-Learning-Standards scheint es durchaus sinnvoll, von „E-Learning-Bausteinen" zu sprechen. Aus Gründen der Wieder- bzw. Weiterverwendbarkeit wird vorgeschlagen, Konzeptionen für Kurse und Lerneinheiten so lange zu zerteilen, bis sich atomare Lernressourcen, so genannte Lernobjekte, identifizieren lassen. Das Fernziel besteht in einer baukastenartigen Bibliothek elementarer Lerninhalte. Bis dahin sind allerdings zahlreiche praktische Hindernisse zu überwinden. So lassen sich nicht alle Lerninhalte gleichermaßen modularisieren und katalogisieren. Probleme bereitet die thematische Einordnung der Inhalte, aber auch deren „Tiefenschärfe", d.h. die Genauigkeit im Detail. Ein wünschenswerter, leider technisch kaum realisierbarer Ansatz wäre die „holografische" Darstellung von Inhalten. In jedem noch so kleinen inhaltlichen Bruchstück wäre stets der Bezug zum „großen Ganzen" enthalten und mit dem Hinzufügen weiterer Bruchstücke ließe sich praktisch jede beliebige Detailgenauigkeit erreichen.

Die Definition von Lernobjekten dient der Modularisierung von Inhalten

Diese stark vorangetriebene Modularisierung von Lerninhalten geht einher mit der Modularisierung auf technologischer Ebene. Lerntechnologien, so wurde bisher argumentiert, integrieren bzw. untersetzen Basistechnologien und bilden die funktionalen Komponenten konkreter Lernsysteme. Die Konsolidierung und Vereinheitlichung von Lerntechnologien müsste damit zu einem „Lego-Baukasten" für E-Learning-Anwendungen führen, der mit Hilfe von „Bauanleitungen" sogar Lehrende mit geringer Medienkompetenz in die Lage versetzt, ganze Lernsysteme aufzubauen.

Standardapplikationen für bestimmte Funktionen von Lernumgebungen forcieren die technische Modularität

Auf der anderen Seite ist aber auch zu fragen, inwieweit der Begriff „Bausteine" im Kontext von E-Learning-Lösungen überhaupt sinnvoll ist. Immerhin gibt es ernsthafte, vor allem didaktisch begründete Zweifel daran, ob ein „Lego-Baukasten" für E-Learning-

Besonders didaktische Erwägungen sprechen gegen eine zu starke Modularisierung

Anwendungen überhaupt zweckmäßig ist. Befürchtet wird ein Rückfall in die überwunden geglaubten Zeiten des computergestützten „Drill and Practice" (Stumpp, 2003) und ein Lernverhalten, das sich als „Fast-Food-Learning" bezeichnen ließe (Baumgartner et al., 2002b). Dem kann nur dadurch begegnet werden, dass didaktische Überlegungen in starkem Maße Eingang in die Initiativen zur Schaffung von E-Learning-Standards finden.

Im vorangegangenen Abschnitt wurde die Vorstellung entwickelt, dass Lerntechnologien in Lernsystemen als Bausteine instanziiert werden und auf konkrete Daten bzw. Inhalte Zugriff haben. Welcher Mix an Lerntechnologien dabei zum Einsatz kommt, wird offensichtlich durch die zugrunde liegenden didaktischen Konzepte bestimmt. Didaktische Konzepte sind „der Kitt" zwischen den Bausteinen und damit ein unverzichtbarer Bestandteil jeder konkreten E-Learning-Lösung. Da sie in diesem Buch aber an anderer Stelle ausführlicher betrachtet werden (s. Kap. 2–4), soll es im folgenden Abschnitt ausschließlich um ausgewählte technologische Bausteine sowie verschiedene Typen von Daten und Inhalten gehen.

17.2
Methoden und Technologien

Wie bereits erwähnt, können die in E-Learning-Lösungen zum Einsatz kommenden Methoden und Technologien auf unterschiedlichen Ebenen betrachtet werden, wobei die mittlere Ebene der Lerntechnologien besonders hervorzuheben ist. Die dort angesiedelten Technologien lassen sich wegen ihres spezifischen Anwendungskontextes gut eingrenzen und zeichnen sich durch ein moderates Maß an Integration aus, so dass sie hinsichtlich ihrer funktionalen Bedeutung für Lernsysteme kategorisiert werden können.

Stellvertretend für die zahlreichen, besonders in jüngster Zeit zunehmenden Lerntechnologien sollen hier drei Ansätze dargestellt werden, die den funktionalen Bereichen Kommunikation, Assessment und Präsentation zugeordnet werden können.

Webbasierte Praktika integrieren reale Laborversuche in virtuelle Lernwelten

Einen ausgesprochen interessanten Ansatz der Präsentation von Inhalten stellen webbasierte Praktika bzw. Experimente dar (Henke et al., 2002). Darunter sind reale Experimente zu verstehen, die über das Internet gesteuert, beobachtet und ausgewertet werden können. Sie werden nicht in virtuellen Welten durchgeführt, sondern beinhalten Laborversuche in einer realen Laborumgebung, unterstützt von multimedial aufbereiteten Lehr-/Lernmaterialien.

Webbasierte Laborversuche eignen sich für Grundlagenpraktika

Solche Experimente stellen erhöhte Anforderungen an die Fehlertoleranz und Systemsicherheit. Sie eignen sich daher vor allem im Bereich der Grundlagenpraktika bzw. zur Vorbereitung auf komplexe stationäre Laborversuche. Aber auch in webbasierten Vorlesungen (Tele-Vorlesungen) können sie problemlos integriert werden.

Der entscheidende Vorteil solcher webbasierter Experimente liegt in ihrer Realitätsnähe. Bei der Vorbereitung auf ein Lehrpraktikum können die Lernenden ihre Lösungsansätze häufig nur mit Hilfe von Simulationen überprüfen. Dabei wird das physikalische Verhalten des zu untersuchenden Modells, aber auch seine Umgebung rechentechnisch nachgebildet. Störeinflüsse, wie sie jede reale Situation mit sich bringt, können nur dann simuliert werden, wenn sie vorher festgelegt, d.h. explizit modelliert wurden. Reale Laborpraktika konfrontieren den Lernenden dagegen mit nicht vorhersehbaren realen Störungen und weisen daher einen deutlich engeren Praxisbezug auf.

Webbasierte Experimente sind authentischer als Simulationen

Auch gegenüber stationären Praktika bieten webbasierte Praktika einen Mehrwert. Die Lernenden erwerben gleichzeitig Kenntnisse und Erfahrungen auf dem Gebiet der Fernsteuerung, -beobachtung und -wartung von Prozessabläufen. Zudem erhöht sich die zeitliche und räumliche Flexibilität der Lernenden und auch die Auslastung der Versuchsanlagen wird verbessert.

Auf der anderen Seite sind bei der Vorbereitung webbasierter Experimente zusätzliche Vorkehrungen zu treffen. Das betrifft insbesondere folgende Punkte:

Webbasierte Praktika benötigen intensive Vorbereitung

- (Exklusive) Zugriffsteuerung
- Authentifizierung der Nutzer
- Möglichkeiten der interaktiven Prozessbeeinflussung
- Überwachung der Versuchsanordnung
- die Client-/serverseitige Gestaltung der Steueralgorithmen

Stellvertretend für die zahlreichen in E-Learning-Systemen verwendeten Kommunikationstechnologien soll an dieser Stelle der „Chat" unter dem Gesichtspunkt seines Potenzials für Lerntechnologien, z. B. den „Meeting Support", betrachtet werden.

Nur bestimmte Formen der Chat-Technologien eignen sich für den Einsatz im E-Learning

Von den vielen verschiedenen Chat-Typen kommen im pädagogisch-didaktischen Kontext vor allem drei Typen in Frage:

1. *Chat-Foren*, in denen die Nutzer permanent aktiv sind. Ein sehr großer Teilnehmerkreis ist notwendig, damit durchgängige Aktivität im Chat gesichert ist und die Teilnehmer nicht durch einen „toten" Chat demotiviert werden. Bei einer kleinen Lerngruppe ist es meist sinnvoll, einen bereits etablierten und gut

Abb. 17.1: Schematische Darstellung der Systemarchitektur für das webbasierte Praktikum

Das webbasierte Praktikum „Ansteuerung einer 2D-Laufkatze"

Am Institut TTI der TU Ilmenau wurde ein ferngesteuertes webbasiertes Praktikum im Fach „Schaltsysteme" realisiert. Als anzusteuerndes Labormodell dient eine Laufkatze, die sich in zwei Richtungen (links/rechts bzw. oben/unten) bewegen kann. Zur Positionsbestimmung dienen vier Endlagenschalter, die das Eintreffen der Laufkatze am jeweiligen Rand signalisieren.

Im Praktikum soll der Studierende einen Steuerungsalgorithmus erarbeiten, der die Laufkatze entlang eines vorgegebenen Weges bewegt. Über ein Web-Interface kann er folgende Arbeiten vornehmen:

- Seinen erarbeiteten Steuerungsalgorithmus eingeben.

- Den eigentlichen Versuchsablauf steuern (Start, Stop, Reset).

- Nach Bedarf „Umgebungsvariablen" verändern, indem er z. B. durch Einzelansteuerung der vier Motoren die Laufkatze vor dem Versuchsstart beliebig positioniert.

- Die Abarbeitung des Steueralgorithmus verfolgen, wobei er die Modell-/Umgebungsvariablen in einem I/O-Monitor überwacht oder das Hardwaremodell per Web-Cam beobachtet.

Er hat jederzeit die Möglichkeit, seinen Algorithmus zu korrigieren und somit schrittweise eine fehlerfreie Lösung zu erarbeiten. Die verwendete Systemarchitektur ist eine Client-Server-Lösung. Die clientseitigen Komponenten dienen zur Eingabe des Steueralgorithmus bzw. der Ablaufsteuerung sowie zur Überwachung bzw. Beobachtung des laufenden Versuches. Die serverseitigen Komponenten gewährleisten die Funktionalität der Versuchsanordnung.

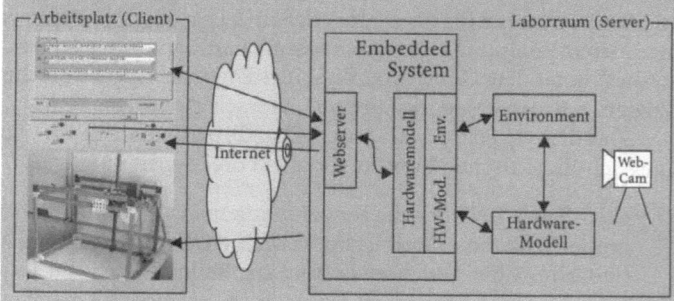

frequentierten, freien On-Topic-Chat (z. B. im IRC) mitzunutzen.

2. *Chat-Sitzungen* mit festgelegter Dauer (ca. 1 Stunde) zu festen Terminen. Sie erfordern eine Moderation und können bei Nutzung aufgabenspezifischer Chat-Tools sehr spezifische didaktische Formen annehmen, z. B. Rollenspiel oder Wissensquiz. Chat-Sitzungen empfehlen sich für kleine Lerngruppen, wo sie unter anderem der Strukturierung und Synchronisierung von zeitlich ausgedehnten Online-Kursen dienen. So kann in wöchentlichen Chat-Sitzungen mit Teilnahmepflicht der jeweilige Arbeits-/Lernstand diskutiert bzw. überprüft werden.

3. *Chat-Events* sind Chat-Sitzungen mit herausgehobenem Charakter, z. B. durch Teilnahme von externen Experten. Ein Chat-Event könnte z. B. den Höhepunkt eines Online-Kurses darstellen, in dem sich die Lerngruppe die Theorie einer bekannten zeitgenössischen Wissenschaftlerin erarbeitet. Im Rahmen des Chat-Events kann die Lerngruppe die Wissenschaftlerin dann interviewen bzw. mit ihr gemeinsam diskutieren.

Als Beispiel für Technologien, deren funktionale Bedeutung in der Evaluation bzw. Bewertung liegt, soll an dieser Stelle die Latente Semantische Analyse vorgestellt und ihr Einsatz in konkreten Lerntechnologien skizziert werden.

Die latente semantische Analyse (LSA) erfasst den Einfluss von Textdokumenten auf die Semantik der darin enthaltenen Worte und damit auf die Wissensbasis, die man benötigt, um die Qualität von (Text-)Inhalten zu bewerten.

Die latente semantische Analyse ist ein statistisches Verfahren mit hohem E-Learning-Potenzial

Im Bereich des E-Learning können verschiedene Applikationen das Potenzial dieses Verfahrens nutzen. Erfolgreich eingesetzt wurde die LSA bislang vor allem in folgenden Bereichen:

1. Bei der Auswahl von geeigneten Texten für Lernende mit unterschiedlich umfangreichem Hintergrundwissen (Wolfe et al., 1998)

2. Bei der automatisierten Bewertung des Inhalts von Aufsätzen (Laham, 1997)

3. Als Hilfe bei der Erstellung von Zusammenfassungen (Kintsch et al., 2000)

Die ursprünglich als mathematisch-statistisches Verfahren für automatisiertes Information Retrieval entwickelte LSA basiert nicht wie andere Verfahren auf der Verwendung von Schlüsselwörtern, sondern nutzt die in der textuellen Information enthaltene „latente semantische Struktur", indem es die vorkommenden Terme

Die LSA beschreibt Textpassagen anhand der Häufigkeit der in ihnen enthaltenen Wortformen

(Wortformen) mit einer Menge von Dokumenten, der Wissensbasis, assoziiert. In einer so genannten Term-Dokument-Matrix wird festgehalten, wie häufig ein Term in einem bestimmten Dokument enthalten ist. Die ermittelten Häufigkeitswerte erfahren dann eine Gewichtung in Bezug auf die lokale bzw. globale Relevanz jedes Terms. Anschließend wird die sehr hochdimensionale Assoziationsmatrix in eine reduzierte, ca. 100–500-dimensionale Repräsentation überführt. Diese numerisch sehr aufwändige Berechnung erfolgt mit Hilfe der Singulärwertzerlegung (singular value decomposition, SVD), einer allgemeinen Form der Faktoranalyse. Sie filtert weniger wichtige Terme, quasi das in den Dokumenten enthaltene Rauschen, heraus und bildet Dokumente mit ähnlicher Semantik, d.h. Dokumente mit synonym verwendeten Begriffen, auf gleiche oder benachbarte Regionen des durch die reduzierte Assoziationsmatrix aufgespannten hochdimensionalen Raumes ab.

Unbekannte Texte können so mit bekannten verglichen werden

Die reduzierte Assoziationsmatrix kann dann dazu benutzt werden, vektorielle Repräsentationen neuer Textpassagen zu erstellen. Diese lassen sich mit den vektoriellen Repräsentationen der Dokumente aus der Wissensbasis vergleichen. Aus dem Grad der Übereinstimmung werden dann Schlussfolgerungen im Sinne der oben genannten Anwendungsszenarien abgeleitet.

Die Tauglichkeit der LSA wird auf der LSA-Homepage (http://lsa.colorado.edu) gezeigt. Dort sind Demonstrationen zu den eingangs genannten drei Szenarien verfügbar.

Auch in Deutschland wurde das Verfahren bereits erfolgreich eingesetzt, so z.B. bei der Psychotherapieausbildung an der Universität Freiburg (Caspar et al., 2001). Die Lernenden werden mit Beschreibungen zu bestimmten Störungen bzw. Patienten konfrontiert und erarbeiten in textueller Form eine eigene Sicht des jeweiligen Falls. Die LSA gibt zu diesen Texten auf folgende Weise schnelles Feedback:

- Der Lernende wird auf inhaltliche Lücken aufmerksam gemacht.
- Der Text wird nach inhaltlichen Kategorien geordnet.
- Es wird aufgezeigt, wie Experten mit bestimmten Informationen umgegangen sind.

Zu webbasierten Praktika im Rahmen des FIPS-Projektes (Ferngesteuertes Internet Praktikum „Schaltsysteme") sei auf die Projekt-Homepage verwiesen (IHS, 2002).

Einen umfassenden Überblick zum Einsatz von Chats als synchrone Kommunikationstechnologie bietet die Chat-Bibliografie (Beißwenger, 2003).

LSA-Beispiel 1: Selektion von Texten

Das Beispiel beruht auf zwei empirisch gestützten Annahmen:

1. Die Fähigkeit, von einem Text zu lernen, hängt ab vom Hintergrundwissen des Lesenden zum fraglichen Thema.
2. Die Fähigkeit, von einem Text zu lernen, hängt ab von der Schwierigkeit der textuellen Information.

Mit Hilfe der LSA wird in diesem Fall vorausgesagt, wie viel ein Lesender lernen wird, wenn er einen bestimmten Text liest. Dazu wird die konzeptuelle Übereinstimmung zwischen einem kleinen Aufsatz, der das vorhandene Wissen des Lernenden widerspiegelt, und den zu lesenden Texten geschätzt.

LSA-Beispiel 2: Bewertung von Aufsätzen

In diesem Beispiel wird die LSA zunächst anhand domänenspezifischer Texte „trainiert", d. h., die Berechnung der reduzierten Assoziationsmatrix basiert auf diesen Texten. Die Aufsätze der Lernenden werden dann anhand der sie repräsentierenden LSA-Vektoren mit Aufsätzen bekannter Qualität hinsichtlich der konzeptuellen Relevanz und des Anteils relevanter Informationen verglichen.

Die LSA-Bewertung zielt damit vor allem auf die Korrektheit und Vollständigkeit des enthaltenen konzeptuellen Wissens. Andere Merkmale, etwa die Stichhaltigkeit der vorgebrachten Argumente, der Redefluss oder die Eleganz und Verständlichkeit des Geschriebenen, können ebenfalls mit Hilfe der LSA gemessen werden, erfordern aber eine genaue Kalibrierung des Verfahrens.

LSA-Beispiel 3: Bewertung von Zusammenfassungen

Dieses Beispiel ähnelt dem vorangegangenen. Auch hier werden die vektoriellen LSA-Repräsentationen der eingegebenen Texte der Lernenden mit der LSA-Wissensbasis verglichen. Als Ergebnis des Vergleichs erhalten die Lernenden anstelle einer Bewertung ein inhaltliches Feedback. Ihnen wird gezeigt, in welchen Punkten ihre Texte noch unzureichend sind und wie Experten diese Texte zusammenfassen würden.

Weiterführende Informationen zur latenten semantischen Analyse findet man im WWW. Geeignete Einstiegspunkte sind (Laham, 1998) und (Lemaire & Dessous, 2003). Die Beschreibung des Freiburger LSA-Projektes erreicht man unter (Caspar et al., 2001).

17.3
Daten und Inhalte

Daten und Inhalte, wie sie in E-Learning-Lösungen verwendet werden, lassen sich grob in drei Kategorien einteilen (Back et al., 2001):

1. Personendaten

2. Prozessdaten

3. Wissens- und Inhalte-Pool

Personendaten umfassen auch Angaben zu „E-Human-Ressources"

Zur ersten Kategorie zählen nicht nur personenbezogene Daten, die der Abwicklung organisatorischer Aufgaben dienen, sondern auch Übersichten zu möglichen Experten für spezifische Fragestellungen und Ähnliches. Dieser Art von Daten wird zunehmende Bedeutung beigemessen, was sich unter anderem in der Begriffsschöpfung „E-Human-Ressources" (Back et al., 2001) widerspiegelt. Das vorhandene Expertenwissen wird dabei als Ressource betrachtet. Sein Potenzial liegt vor allem in der Ausdeutung, spezifischen Untersetzung bzw. Ergänzung des Wissens- und Inhalte-Pools

Prozessdaten integrieren das Lernen in den Anwendungskontext

Prozessdaten bilden eine weitere Kategorie. Sie sollen vor allem die Realitätsnähe einer E-Learning-Lösung gewährleisten. Ihre Bedeutung kommt besonders in bestimmten Anwendungskontexten zum Tragen, z. B. bei Training-on-the-Job-Lösungen oder bei den bereits erwähnten webbasierten Experimenten/Praktika.

Der Wissens- und Inhalte-Pool enthält die eigentlichen Content-Bausteine

Die Kategorie Wissens- und Inhalte-Pool ist mengenmäßig am umfassendsten. Zu ihr zählt all das, was im engeren Sinne als „Content" bezeichnet wird und als Text, Video- oder Audiosequenz zur Verfügung steht (s. hierzu auch die Kap. 9–11).

Überwiegend textuelle Inhalte kommen vor allem in Form von Abhandlungen, speziell aufbereiteten Fachinformationen, Hilfetexten, Glossaren, FAQs, Linklisten oder Annotationen vor. In vielen Fällen sind sie grafisch angereichert und in zunehmendem Maße auch hypertextuell aufbereitet oder multimedial ergänzt.

Videobasierte Inhalte kommen besonders bei der realitätsnahen Wiedergabe von Abläufen zum Einsatz. Dazu zählen vor allem Interviews, Ausschnitte aus Fallstudien oder so genannte „Lehrclips", d. h. Aufzeichnungen typischer Lehrsituationen.

Auch reine Audiosequenzen sind als inhaltliche Bausteine denkbar, etwa als Aufzeichnung (telefonischer) Interviews oder als Aufzeichnung von Fallstudien zur verbalen Kommunikation.

17.4
Geräte

Die Ausstattung eines „E-Learning-Geräteparks" wird maßgeblich vom Entwicklungsstand im Bereich digitaler Informations- und Kommunikationstechnologien beeinflusst. Dieser Bereich entwickelt sich momentan rasant; ständig entstehen neue, auch für den Einsatz in Lehr- und Lernsituationen geeignete technische Lösungen. Vieles wird ausprobiert und etliches nach kurzer Zeit verworfen. Es lohnt sich daher kaum, auf spezielle Geräte einzugehen. Stattdessen soll gezeigt werden, dass die für eine konkrete E-Learning-Lösung erforderliche Geräteausstattung anhand des Blended-Learning-Modells abgeschätzt werden kann.

Die Geräteausstattung von E-Learning-Lösungen orientiert sich an der Entwicklung digitaler Informations- und Kommunikationstechnologien

Es ist leicht nachvollziehbar, dass die Realisierung jeder funktionalen Komponente, d. h. einer konkreten E-Learning-Lösung, eine bestimmte Geräteausstattung erfordert. Deren Umfang hängt insbesondere von den Technologien ab, mit denen diese Komponenten realisiert werden sollen, d. h. von den Technologien, mit denen Content produziert bzw. präsentiert, die Teilnehmerkommunikation gewährleistet und die Evaluation sowie die Administration erfolgen wird.

Damit sind zur Klärung des Gerätebedarfs Einflussfaktoren zu berücksichtigen wie der Anteil virtueller Elemente bzw. der Aufwand, diese als real erscheinen zu lassen, der Aufwand zur Unterstützung kollaborativen Lernens und Arbeitens sowie die Bedeutung von unterschiedlichen Kommunikationsformen. Je bedeutsamer synchrone Kommunikationskomponenten für das Gesamtkonzept sind und je höher der Anspruch an diese Komponenten ist, indem beispielsweise ein Videochat als unverzichtbar angesehen wird, desto aufwändiger gestaltet sich die erforderliche Geräteausstattung. Weitere Einflussfaktoren ergeben sich aus der Mobilität der Lernenden, der Verteiltheit von Lernressourcen etc. Offensichtlich lässt sich im konkreten Einzelfall nur durch die Ausdeutung des E-Learning-Funktionsmodells im Sinne des Blended-Learning-Modells eine ausreichende Einschätzung zum Umfang der erforderlichen Gerätebasis vornehmen.

An der Verortung im Blended-Learning-Modell lässt sich die Geräteausstattung für eine konkrete E-Learning-Lösung ermessen

Jede Form elektronisch vermittelten Lernens setzt mindestens ein Endgerät für den Lernenden voraus. Das wird im Normalfall, wenn ein stationäres Endgerät ausreicht, ein handelsüblicher

Die Endbenutzer von E-Learning-Lösungen benötigen einen Multimedia-PC oder ein mobiles Endgerät, z. B. Notebook

Multimedia-PC sein. Auf solchen Rechnern lassen sich in genügend guter Qualität Audio- und Videosequenzen abspielen. Die meisten dieser Geräte bringen zudem die technischen Voraussetzungen für die Internetnutzung über Modem oder LAN bzw. W-LAN mit und werden nicht selten in Verbindung mit einem Drucker, einem Scanner und einer Web-Cam angeboten. Mit Blick auf verteiltes Lehren und Lernen decken solche Rechner in Client-Server-Architekturen den Bereich der Clients ab. Alternativ dazu können sie auch als Knoten in Peer-to-Peer-Netzwerke integriert werden. Berücksichtigt man die Mobilität der Nutzer, treten an die Stelle des stationären Rechners mobile Endgeräte, z. B. Notebooks, Tablett-PCs, PDAs oder Handys.

Typisches Tele-Teaching erfordert zusätzliche E/A-Geräte

Verteiltes Lernen und Arbeiten, besonders im Verständnis von Tele-Vorlesung bzw. Tele-Seminar, erfordert großformatige E/A-Geräte, z. B. E-Whiteboards, Großbildprojektoren bzw. Beamer sowie Kameras zur Aufzeichnung von Live-Situationen wie Vorträgen und Diskussionsrunden, aber auch Versuchsanordnungen.

Verteiltes Lernen bedingt den Einsatz von leistungsfähigen Servern

Zur Bereitstellung von verteilt, d. h. nicht vollständig lokal gehaltenen Daten dienen im einfachsten Fall Webserver. Heute übliche, aufwändigere Anwendungen erfordern aber leistungsfähige Server-Rechner, die sich je nach Anwendungsfall durch hohe Rechenleistung und umfangreichen Arbeitsspeicher, redundante Festplattenspeicher großen Umfangs oder Spezialhardware, z. B. für die Echtzeitkodierung, auszeichnen. Sie dienen in Client-Server-Architekturen unter anderem zur Bereitstellung von Shared Workspace,

Abb. 17.2: Verschiedene Kategorien von Autorenwerkzeugen

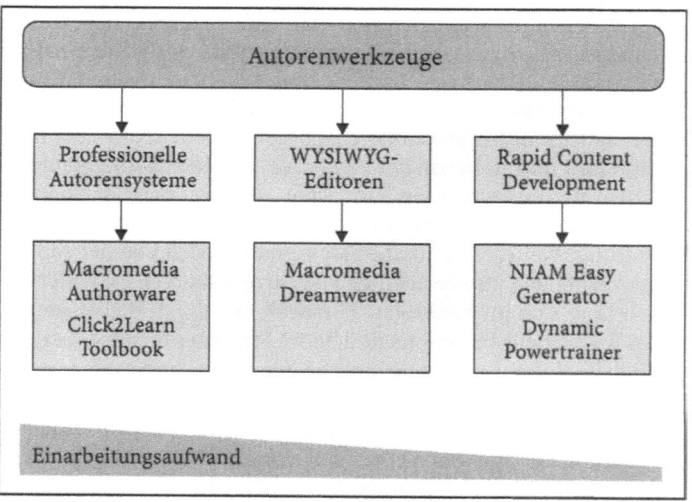

zur Anbindung von Datenbanken bzw. als Server für Streaming-Medien.

Die Vernetzung der verteilt existierenden Ressourcen und Nutzer erfolgt auf der Basis des Internets oder vergleichbarer Strukturen, z. B. Intranets.

Abschließend soll auf zwei weitere geräterelevante Aspekte hingewiesen werden, die nicht im Blended-Learning-Modell thematisiert werden, weil sie elektronisch vermitteltes Lernen bestenfalls tangieren. Gemeint sind die Authentifizierung bzw. die Bezahlung von E-Learning-Angeboten. Für beide, dem funktionalen Bereich der Administration zuzuordnenden Aspekte existieren Technologien, die auf spezielle Hardware zurückgreifen und daher in diesem Zusammenhang zumindest erwähnt werden müssen.

17.5
Werkzeuge

Der vorangegangene Abschnitt hat vor allem hardwareseitige Aspekte von Basistechnologien thematisiert. Eine vergleichbare Bedeutung hat aber auch die Softwareseite. Mit „Werkzeugen" ist in diesem Zusammenhang so etwas wie „E-Learning-Support" gemeint. Konkret sind darunter Anwendungen zu verstehen, die im Zusammenhang mit E-Learning-Aktivitäten zum Einsatz kommen, aber nicht in konkrete Lernsysteme integriert werden.

Es zeigt sich, dass die Überlegungen zum E-Learning-Support von dem bereits erwähnten Funktionsmodell für E-Learning-Lösungen abgeleitet werden können und dabei vor allem Fragen der Contenterstellung und -präsentation sowie der Evaluation betreffen. Bei den entsprechenden Werkzeugen handelt es sich vor allem um Textverarbeitungssysteme, Programme zur Bildbearbeitung, zur A/V-Bearbeitung sowie zum Authoring, d.h. zur Multimedia-Integration. Hinzu kommen für Fragen der Evaluation besondere Programme zur Verarbeitung statistischer Daten.

Zum weiteren Umfeld von E-Learning-Lösungen zählen auch softwaretechnische Hilfsmittel, z. B. für die Bearbeitung von Inhaltselementen

In den einzelnen Kategorien gibt es zum Teil erhebliche Unterschiede, wie am Beispiel der Autorenwerkzeuge deutlich wird. So unterscheidet (Baumgartner et al., 2002a) zwischen professionellem Autorenwerkzeuge, WYSIWYG-Editoren und „Rapid Content Development"-Systemen.

18 Standardisierung, Benutzerorientierung und Integration

18.1 Standardisierung

E-Learning-Lösungen werden in zunehmendem Maße auch danach beurteilt, welche Standards sie erfüllen. Das wirft die Frage auf, wer welchen Nutzen aus E-Learning-Standards ziehen kann. Hier sind vor allem Lernende bzw. Lernwillige zu nennen. Aber auch Lehrende, Autoren und Produzenten von Lernressourcen sowie Personen im organisatorisch-administrativen Bereich können Nutzen aus solchen Standards ziehen.

Lernwillige und lernende Personen suchen nach geeigneten Angeboten für ihren Aus- bzw. Weiterbildungsbedarf (Baumgartner et al., 2002). Zu den von ihnen benutzten Suchkriterien gehören u. a. die Qualität und Quantität der Lehrinhalte, methodische Aspekte, aber auch anfallende Kosten. Eine für jede gefundene Ressource verfügbare und nach einem einheitlichen Muster aufgebaute Kurzbeschreibung erleichtert ihnen die aufwändige Recherche und lässt sie schneller zum Kern ihres Bemühens, zur Wissensaneignung bzw. -vertiefung, vordringen. Aufgrund der auf unterschiedlichem Niveau vorhandenen Internet-Erfahrungen dieser Personen ist des Weiteren davon auszugehen, dass sie unterschiedlichste E-Learning-Systeme verwenden, von denen sie erwarten, dass sich neue Lernressourcen nahtlos oder mit nur geringem Zusatzaufwand, z. B. durch die Installation eines Plug-ins, darin darstellen lassen. Darüber hinaus bestehen Erwartungen hinsichtlich der Anerkennung bereits absolvierter Lernangebote.

Der mögliche Nutzen von E-Learning-Standards für Lehrende bezieht sich ebenfalls auf inhaltliche, aber noch mehr auf didaktische Aspekte. Sie interessiert dabei die Frage, wie sich einzelne Lernressourcen auch ohne umfassende Authoring-Kompetenzen möglichst problemlos und methodisch konsistent zu einem Kurs zusammenfügen lassen.

Ein wichtiges, an der Einhaltung von Standards beurteiltes Qualitätsmerkmal von E-Learning-Lösungen ist deren Integrationsfähigkeit

Der Wunsch nach einheitlicher Beschreibung von Lehrinhalten und nach Interoperabilität von Inhalten und Technologien fordert E-Learning-Standards heraus

Autoren und Produzenten von Lernressourcen eröffnet sich mit E-Learning-Standards die Möglichkeit, sich nicht mehr auf bestimmte Authoring-Werkzeuge festlegen zu müssen, und im administrativen Bereich bieten sie die Chance, organisatorische Abläufe transparent nach einheitlichen Schemen abzuwickeln.

Mit Hilfe von E-Learning-Standards lässt sich also die Recherchierbarkeit, Austauschbarkeit und Wieder- bzw. Weiterverwendung von Lernressourcen gewährleisten, indem sie mit Metadaten nach einem einheitlichen Muster in maschinenlesbarer Form beschrieben werden. Diese Standards sind eine zwingende Voraussetzung für die Interoperabilität von Lernressourcen und Lernsystemen, da sie Schnittstellen und Referenzmodelle für den E-Learning-Bereich definieren. Betrachtet man die Entwicklung des Internets, dann wird besonders dieser Aspekt über den langfristigen Erfolg des E-Learning entscheiden. Darüber hinaus bilden Standards die Grundlage für ein einheitliches Assessment der Lernenden und somit für die weltweite Anerkennung und Zertifizierung von E-Learning-Kursen. Nicht zuletzt ermöglichen sie die Personalisierung von Lösungen zum computergestützten Lernen und deren Interoperabilität in Bezug auf administrative Systeme.

Die Beschreibung von Lernressourcen mit Hilfe einheitlicher Metadaten hat ihren Ursprung in der Katalogisierung von Bibliotheksbeständen, die seit langem nach einheitlichem Muster, z. B. nach dem MARC-Standard (Machine Readable Cataloging Record) der amerikanischen National Library of Congress, erfolgt. Bezogen auf E-Learning sollten neben allgemeinen Kriterien wie z. B. Autor, Zeitpunkt der Veröffentlichung oder beschreibende Schlagwörter vor allem spezifische, auf diesen Bereich zugeschnittene Kriterien berücksichtigt werden.

Einer der ersten, allerdings nicht primär auf die Beschreibung von Lernressourcen ausgerichteten Anläufe zur Erfassung von Metadaten war die so genannte Dublin Core Initiative (DC). Ihr Fokus liegt auf der Beschreibung von digitalen, im Internet verfügbaren Inhalten. Eine spezielle Orientierung auf Lernressourcen ist ansatzweise nur mit dem Dublin Core – Educational Data (DC-ED) gegeben.

An Initiativen für E-Learning-Standards arbeiten mehrere, miteinander kooperierende Institutionen

Zu den wichtigsten Institutionen im Bereich der E-Learning-Standards gehören folgende Einrichtungen (unter Berücksichtigung der praktischen Relevanz der von ihnen ausgehenden Standardisierungsinitiativen) (Baumgartner et al., 2002b):

- AICC (Aviation Industry Computer Based Training Committee)
- ADL (Advanced Distributed Learning Initiative)

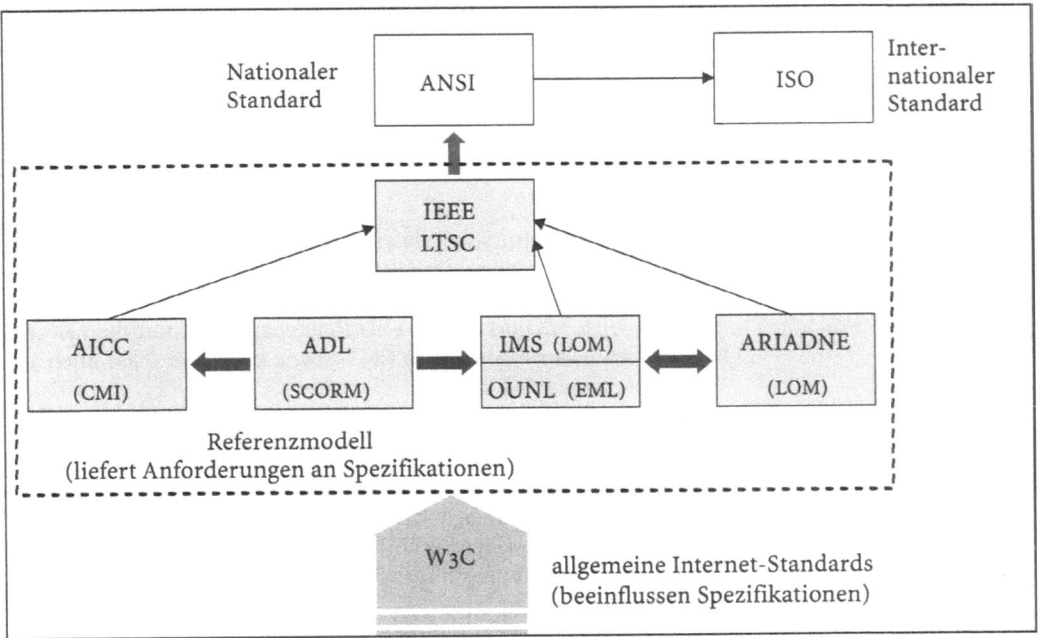

Abb. 18.1: Kooperationsnetzwerk bezüglich der Initiative zu E-Learning-Standards nach Baumgartner et al. (2002b)

- ARIADNE (Alliance of Remote Instructional Authoring and Distribution Networks for Europe)
- OUNL (Open University of the Netherlands)
- IEEE LTSC (Learning Technology Standards Committee des IEEE)
- IMS (Instructional Management Systems Project)

Diese Institutionen haben sich zu einer Zusammenarbeit bezüglich der von ihnen begründeten, zunächst unabhängig voneinander entwickelten Initiativen verpflichtet. Demnach kann nur die IEEE Empfehlungen für wirkliche Standards herausgeben, auf deren Grundlage die nationalen bzw. internationalen Standardisierungsbehörden Standards festlegen (s. Abb. 18.1). Die einzelnen Initiativen dienen der Entwicklung von Spezifikationen, d.h. Vorschlägen für Standardisierungsempfehlungen.

Die Zusammenarbeit der einzelnen Institutionen hat zu einem Kooperationsnetzwerk mit folgender Arbeitsteilung geführt:

- Das AICC liefert der LTSC-Arbeitsgruppe des IEEE Spezifikationen für Computer Managed Instruction Systems (CMI). Diese fixieren die Struktur eines Bildungsproduktes im Kontext definierter Lernziele sowie deren Distributions- und Tracking-Eigenschaften innerhalb einer Lernumgebung.

- Die Projekte IMS und ARIADNE liefern die Spezifikationen der Learning Object Metadata (LOM). Mit Hilfe dieses Datenschemas können Lernressourcen auf der Metaebene beschrieben werden.

- Die ADL-Initiative liefert mit dem Shareable Content Object Reference Model (SCORM) eine Empfehlung zur Standardisierung von Lernobjekten in Form eines universalen Inhaltsmodells. SCORM fungiert als Referenzmodell, mit dem konkrete Anforderungen an die CMI- sowie LOM-Spezifikationen abgeleitet werden können.

- Von der OUNL geht mit der Educational Modelling Language (EML) eine Initiative zur Schaffung eines Metamodells für die pädagogische Modellierung von Lernumgebungen aus. Die EML-Initiative hebt damit ebenfalls auf Spezifikationen für Metadaten ab. Über das IMS-Projekt liefert sie Spezifikationen für die Einbettung von Lernobjekten in einen didaktischen Kontext.

Der Beschreibung von Kernressourcen dienen die LOM-Spezifikationen

Mit der LOM-Spezifikation werden Lernressourcen (so genannte Lernobjekte) auf der Metaebene beschrieben, die im Rahmen computerunterstützten Lehrens und Lernens genutzt werden können. Zu solchen Lernobjekten zählen Lerneinheiten und Kurse, multimediale Objekte, aber auch Bücher und Trainer. Metadaten für Lernobjekte führen zu einer eindeutigen Identifizierung, so dass die beschriebenen Lernobjekte recherchierbar sind und verteilt bzw. wieder- oder weiterverwendet werden können. Allerdings sieht das LOM-Datenschema nur wenige pädagogische Merkmale vor. Es konzentriert sich damit auf die Beschreibung, was unterrichtet wird und nicht wie es unterrichtet wird (Allert & Qu, 2002).

Die von der IEEE LTSC empfohlenen LOM-Spezifikationen werden zunehmend in aktuelle Lernplattformen implementiert und erlangen damit immer mehr praktische Relevanz. Zugleich stellen sie aber auch die pädagogische Eignung dieser Lernumgebungen in Frage. Der Verzicht auf die Beschreibung didaktisch-methodischer Aspekte, z. B. der Verweis auf wichtige Kontextinformationen oder der Bezug zu konkreten Anwendungsszenarien, provoziert geradezu bereits jetzt zu beobachtende Extremformen des elektronisch vermittelten Lernens, die als „just enough learning", „granulares Lernen" und bisweilen auch als „Fast-Food-Learning" bezeichnet werden. Die Educational Modelling Language und andere Initiativen zur Schaffung von pädagogisch-didaktischen Metamodellen,

Educational Modelling Language – Standard für didaktische Modelle?

Der Begriff „Educational Modelling Language" (EML) wird in Koper (2002) beschrieben als „semantic rich information model and binding, describing the content and process with 'units of learning' from a pedagogical perspective". Er subsummiert verschiedene, vor allem europäische Standardisierungsinitiativen, deren Fokus auf der Lerneraktivität liegt. Diese kooperativen EML-Bemühungen ergänzen andere Initiativen, in denen Lernaktivitäten praktisch nicht repräsentiert werden und folglich keine Möglichkeit zur Wahl einer Lehr-/Lerntheorie besteht. Sie bilden die Grundlage für die Entwicklung eines umfassenden EML-Modells durch die Learning Design Workgroup des IMS. Zu den Kernbestandteilen dieses ausgewogenen didaktischen und technischen Metamodells zählen:

- Lehr- und Lerntheorien
- Lernermodell (Interaktionen in bestimmten Lernsituationen)
- Domänenmodell (Charakteristika von Wissensbereichen)
- Units of Study (Gestaltung der Lerneinheiten bei gegebenen Lerntheorien, Lernermodellen und Domänen)

Das EML-Modell ist damit viel komplexer als bisherige Lerntechnologie-Standards und demzufolge auch schwieriger für Autoren, Tutoren und Programmierer, so dass die breite Akzeptanz abzuwarten bleibt. Erste experimentelle EML-Tools sind der Edubox-Player (OTEC, 2003) und das Fle3-System (UHIAH, 2003).

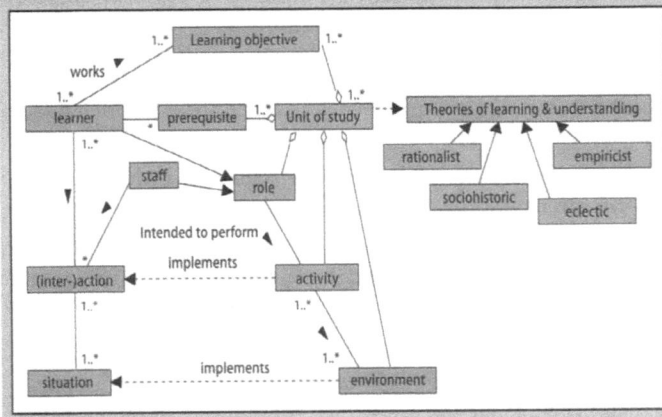

Abb. 18.2: Beziehungen zwischen den Elementen der EML

bei denen Lernobjekte in einen didaktischen Kontext eingebettet werden, können diesem Trend entgegentreten, haben andererseits aber ein wesentlich komplizierteres Metadatenschema zum Preis.

Die PAPI-Spezifikation widmet sich standardisierten Inforamtionen zur Personalisierung von Lernumgebungen

Eine weitere Empfehlung der IEEE-LTSC-Gruppe ist die PAPI-Spezifikation (Public and Private Information). Sie dient der Standardisierung von Informationen zur Personalisierung von Lernplattformen und sieht dazu Merkmale in den vier Kategorien persönliche Informationen, Präferenz-Informationen, leistungsbezogene Informationen sowie Portfolio-Informationen vor. Trotz ihres enormen Potenzials für die Personalisierung von Lernumgebungen und für die Effizienzsteigerung des Lernprozesses lässt sich gegenwärtig nur schwer abschätzen, welcher Erfolg dieser Standardisierungsempfehlung beschieden sein wird. Das Haupthindernis liegt hier in der Nichtexistenz wirksamer Rahmenbedingungen für den Schutz der Privatsphäre und persönlicher Daten.

Die interoperable Integration von rechnergestützten Trainings steht im Fokus der CMI-Spezifikation

Die ebenfalls von der IEEE-LTSC-Gruppe als Standard empfohlene CMI-Spezifikation beinhaltet Merkmale, mit denen umfangreiche Informationen für die interoperable, d. h. system-, plattform- bzw. applikationsunabhängige Integration von rechnergestützten Trainings in Learning-Management-Systeme erfasst werden können. Darin eingeschlossen sind auch personenbezogene Informationskategorien, z. B. zu Prüfungsleistungen, absolvierten Lerneinheiten, Sprache und Mediennutzung. Der Erfolg und damit die praktische Relevanz dieser Spezifikation hängt ebenso wie bei der PAPI-Spezifikation davon ab, inwieweit entsprechende Rahmenbedingungen für den Schutz persönlicher Daten und den Schutz der Privatsphäre wirksam werden.

Neben den Empfehlungen der IEEE LTSC gibt es weitere Spezifikationen mit einer hohen praktischen Relevanz. So wurden im Rahmen des IMS-Projektes, an dem viele namhafte Institutionen beteiligt sind und das vor allem praxisnahe und implementierbare Lösungen zur Verfügung stellen will, unter anderem folgende Spezifikationen definiert:

- Die auf LOM basierende Metadaten-Spezifikation zur Erfassung von Informationen über Lernressourcen
- Die Enterprise-Spezifikation für einen definierten Datenaustausch zwischen Web Based Trainings und Lernplattformen
- Die Content-Packaging-Spezifikation zur Definition einer auf Rekombination und Wiederverwendbarkeit abzielenden Beschreibung und Implementierung von Lernobjekten
- Die IMS-„Question and Test Interoperability"-Spezifikation (QTI), mit der ein einheitliches Format für das Assessment von Lernenden vorgeschlagen wird

Eine umfangreiche Linksammlung zur Standardisierungsdebatte im E-Learning-Bereich findet man auf edulinks.de (Bremer, 2002).

Erläuterungen sowie Hinweise auf weiterführende Informationen zu den E-Learning-Standards findet man auch in der E-Learning-Infothek des Learning Lab Lower Saxony (L3S, 2003).

Informationen zur Educational Modelling Language sowie zu „Learning Networks", dem EML-Anschlussprojekt, findet man im EML-Webauftritt. (OTEC, 2003). Mit den didaktischen Ontologien (Meder, 2000) und dem Essener Lernmodell ELM (Pawlowski, 2001) wurden auch zur Educational Modelling Language alternative didaktische Spezifikationen vorgeschlagen.

18.2
Benutzerorientierung

Bereits im Zusammenhang mit den Initiativen zur Standardisierung im Bereich E-Learning wurde die Bedeutung von Personalisierung in Lernsystemen hervorgehoben. Vor allem in administrativ-organisatorischer Hinsicht vermindert die Nutzung personenbezogener Daten Redundanzen und erhöht somit die Effizienz von Lernprozessen. Personenspezifische Informationen zu Präferenzen und Lerngewohnheiten können bei entsprechender Berücksichtigung aber auch einen positiven Effekt auf die Motivation des Lernenden haben.

Benutzerorientierung markiert einen wichtigen Trend in der aktuellen Entwicklung von E-Learning-Lösungen

Ein weiterer wichtiger Aspekt der Benutzerorientierung ist die Frage des Interfacedesigns bzw. der Benutzbarkeit von Lehr- und Lernangeboten. Viel zu oft muss der Mensch zunächst „die Sprache des Rechners" erlernen, d. h. sich mit programmiertechnisch bedingten Eigenheiten auseinander setzen, bevor er sich seinem eigentlichen Anliegen, der Erarbeitung von Lehrinhalten, zuwenden kann. Erst allmählich setzt in diesem Bereich ein Umdenken ein, das den Benutzer in den Mittelpunkt rückt, so dass der Rechner „die Sprache des Menschen spricht". Untersuchungen zum Einsatz anthropomorpher Agenten (Krämer et al., 2002) können hier als vielversprechender Ansatz betrachtet werden.

Neben der Personalisierung von Lernumgebungen bietet vor allem benutzerdefiniertes Interfacedesign große Entwicklungschancen

Ein dritter Aspekt ist die Anpassung von Lerntechnologien und -systemen im Verlauf des Lernprozesses. Solche zumeist mathematisch-statistisch funktionierenden Technologien wurden beispielhaft bereits im Zusammenhang mit der latenten semantischen Analyse vorgestellt. Das Potenzial solcher benutzeradaptiven Lerntechnologien tritt in besonderem Maße bei den so genannten pädagogischen Agenten zutage. Ein typisches Beispiel dafür ist der von Shaw et al. (1999) beschriebene pädagogische Agent *ADELE*. Er assistiert dem Lernenden bei der Erarbeitung des Lernstoffes, indem er z. B. die Präsentation von Inhalten situationsbezogen ad-

Benutzeradaptivität stellt einen ganz zentralen Aspekt der Benutzerorientierung dar und besitzt vielfältige Möglichkeiten der Anwendung

aptiert und dazu den Lern-Erfolg evaluiert. Auch als „persönliche Assistenten" der Lernenden haben solche Agenten ein hohes Potenzial. Sie können den Lernenden von ständig wiederkehrenden bzw. administrativen und organisatorischen Aufgaben entlasten. Dazu zählen aufwändige Recherchetätigkeiten, die Koordinierung von Meetings, z. B. in Form von Videokonferenzen, aber auch die Klärung von Fragen der Kurs- bzw. Prüfungsanmeldung.

Ein Beispiel dafür, wie Benutzerorientierung bei der Konzeption eines komplexen Lehr-/Lernangebots berücksichtigt wird, stellt das Projekt *EMILEA-Stat* dar. Dort werden für die Präsentation von Inhalten so genannte Views definiert. Je nachdem, über welches Hintergrundwissen der Lernende verfügt, bekommt er die Inhalte in unterschiedlicher Komplexität geboten. Ein vergleichbares Potenzial bietet auch die in einem späteren Abschnitt vorgestellte Plattform *metacoon*.

Zusammenfassend lässt sich feststellen, dass Lerntechnologien und -systeme, die sich an den Bedürfnissen der Benutzer orientieren bzw. diese proaktiv vorwegnehmen, an Bedeutung gewinnen werden. Damit verliert die Einhaltung von inhaltlichen und technologischen Standards den Charakter eines Alleinstellungsmerkmales. Gerade die verschiedenen Aspekte der Benutzerorientierung werden über den Erfolg einer Technologie oder eines Systems entscheiden.

Ein Überblick zu pädagogischen Agenten findet sich in Back et al. (2001, S. 270 ff.). Ausführliche Beschreibungen zum Einsatz animierter pädagogischer Agenten enthalten CARTE (2000b) und CARTE (2000a). Die dort beschriebenen zwei Projekte bilden die Grundlage für weiter gehende Vorhaben, etwa das Virtual Factory Teaching System (VFTS) (USC/ISI, 2002). Im deutschsprachigen Raum werden animierte pädagogische Agenten z. B. im Rahmen des TAPA-Projektes untersucht (Mohamad et al., 2002).

18.3
Integration

Im vorangegangenen Abschnitt wurden pädagogische Agenten als Beispiel innovativer benutzerorientierter Technologien vorgestellt. An ihnen wurde in besonderer Weise deutlich, welches Potenzial in der Integration mehrerer funktionaler Merkmale steckt.

Kennzeichnend für E-Learning-Lösungen ist die Integration verschiedenster Technologien

Integration ist ein ganz wesentliches Merkmal von E-Learning-Lösungen und bezieht sicher weniger auf das heute selbstverständliche, elektronisch vermittelte Nebeneinander von Text, Bild und Ton. Vielmehr zielt dieses Merkmal auf die Vernetzung verschiedenster Technologien ab. Das wird ganz allgemein am Ebenenkonzept der Basistechnologien, Lerntechnologien bzw. Lernsysteme und im Besonderen am Blended-Learning-Modell deutlich, wo die Integration verschiedener konzeptueller Dimensionen zum Schlüssel für das Modellverständnis wird. Belege für die zunehmende Integration sind nicht nur in der Entwicklung pädagogischer Agenten zu sehen, sondern auch in der Verschmelzung von Lernumgebungen und Content-Management-Systemen zu Learning-Content-Management-Systemen (Baumgartner et al., 2002). Noch deutlicher wird der Integrationsgedanke aber am Aufkommen des neuen Buzzwords „M-Learning" (Mobile Learning). Die Integration von Technologien aus dem Bereich der Mobilkommunikation in den Kontext des E-Learning bietet ein Potenzial, das in seiner ganzen Tragweite momentan noch gar nicht abgeschätzt werden kann.

19 Praktische Anwendungen: Zwei Lernplattformen

Stellvertretend für die Vielzahl existierender Lösungen werden nachfolgend zwei Open-Source-Projekte vorgestellt, die sich bewusst gegenüber professionellen Lösungen abgrenzen, gleichzeitig aber auch Kooperationsmöglichkeiten bieten. Interessante Bezüge zur E-Learning-Praxis sind darüber hinaus in Baumgartner et al. (2002) sowie in Piendl (2001) zu finden. Für Erfahrungsberichte zum Einsatz konkreter Lernumgebungen sei auf L3S (2003) verwiesen.

19.1 ILIAS

Das System *ILIAS* (Integriertes Lern-, Informations- und Arbeitskooperationssystem) entstand 1997 im Rahmen des VIRTUS-Projekts an der Wirtschafts- und Sozialwissenschaftlichen Fakultät der Universität zu Köln. Mittlerweile wird es an mehreren, zum Teil ausländischen Universitäten und Hochschulen eingesetzt und als Open-Source-Projekt gemeinsam von zahlreichen dieser Einrichtungen weiterentwickelt. Von Vorteil ist dabei, dass es ausschließlich auf Open-Source-Software setzt.

ILIAS gründet sich auf die Prinzipien selbst gesteuerten und kooperativen Lernens sowie auf die Integration der Erstellung, Bearbeitung und Darstellung von Lehrmaterialien in einer einheitlichen Umgebung. Es versteht sich als Plattform für virtuelle Lerneinheiten, die durch die konsequente Nutzung digitaler Informations- und Kommunikationstechnologien einen Mehrwert gegenüber traditionellen Präsenzveranstaltungen bieten und alternativ bzw. ergänzend zu diesen angeboten werden.

Das System gliedert sich in die drei funktionalen Bereiche: Persönliche Arbeitsumgebung, Lernumgebung und Autorenumgebung. Hinzu kommt eine Reihe von Kommunikationsmöglichkeiten für das kooperative Arbeiten und Lernen. Die Modellierung verschiedener Benutzerrollen, z. B. Lernender, Lehrender, Autor oder Tutor, erfolgt auf der Basis abgestufter Benutzerrechte. Über eine stets sichtbare Menüleiste erreicht man die wichtigsten Funktionen für das selbst gesteuerte und kooperative Arbeiten bzw. Lernen. Jeder Nutzer kann so immer zu den zentralen Hauptfunktionen gelangen, selbst wenn er sehr tief in einen bestimmten Bereich, z. B. eine stark strukturierte Lerneinheit, eingedrungen ist.

Arbeitsumgebung

Der Bereich „Persönlicher Schreibtisch", die individuelle *Arbeitsumgebung* jeder in *ILIAS* angemeldeten Person, bietet neben dem Zugang zur Verwaltung der persönlichen Daten eine Übersicht zu folgenden Informationen:

- Innerhalb des Systems verwaltete persönliche Nachrichten
- Besuchte Lerneinheiten
- Offene, noch nicht abgeschlossene Übungen
- Neue Beiträge in den vom Nutzer abonnierten Diskussionsforen

Lernumgebung

Die *Lernumgebung* dient in *ILIAS* zur Bearbeitung von Lerneinheiten. Sie fungiert als Container für die jeweilige Lerneinheit und ist in all ihren Funktionen kontextabhängig. Es hängt also vom Lernenden und seiner relativen Position innerhalb der Lerneinheit ab, welche der folgenden Funktionen ihm zur Verfügung stehen:

- Übersicht/Gliederung
- Suche in der Lerneinheit
- Drucken der Lerneinheit

Abb. 19.1: Der Bereich „Persönlicher Schreibtisch" in ILIAS

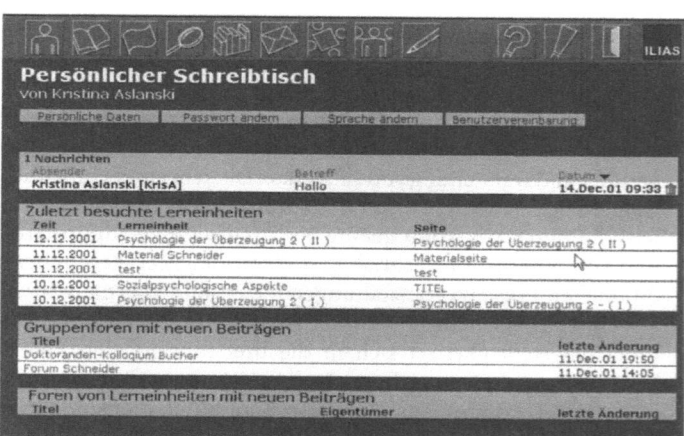

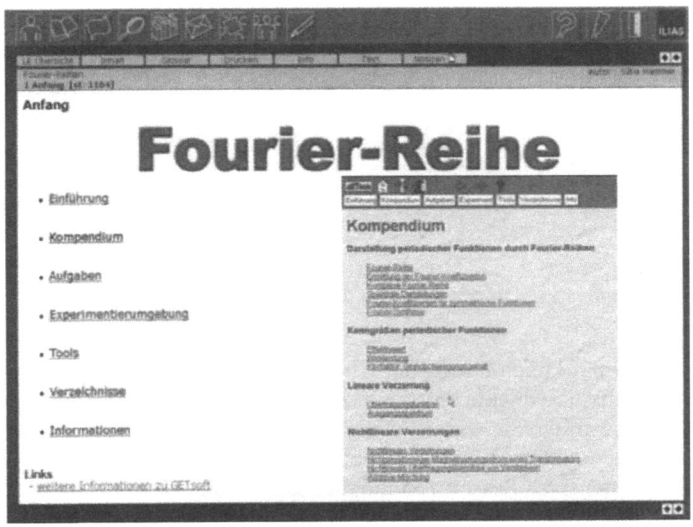

Abb. 19.2: *Beispiel für eine Lerneinheit in der Lernumgebung von ILIAS*

- Informationen zur Lerneinheit
- Notizen pro Seite
- Glossar
- Übungen/Fragen

Die *Autorenumgebung* dient der Erstellung bzw. Bearbeitung von Lerneinheiten und ist nur für Autoren bzw. Tutoren zugänglich. Sie wurde mit dem Ziel entwickelt, auch jenen Personen die Erstellung von Lerneinheiten zu ermöglichen, die keine Werkzeuge zur Entwicklung hypermedialer Informationsangebote beherrschen.

Autorenumgebung

Entsprechend dem *ILIAS*-Konzept zum Aufbau von Lerneinheiten bietet die Autorenumgebung folgende Funktionen:

- Mehrere Lerneinheiten zu einem Kurs zusammenfassen
- Gliederungen für Lerneinheiten erstellen
- Inhaltsseiten, d. h. Teile einer Lerneinheit, gestalten
- Bilder bzw. als Datei existierende Multimedia-Objekte auf den *ILIAS*-Server laden

Die Gliederung einer Lerneinheit muss sich nicht nur aus neu zu erstellenden Seiten zusammensetzen, sondern kann auch Verweise auf bereits vorhandene Seiten enthalten. Jede dieser Inhaltsseiten kann dann mit Hilfe von Texten, Tabellen, Untertiteln, Bildern,

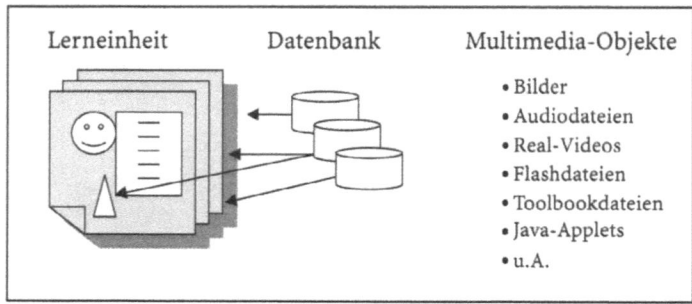

Abb. 19.3: Multimedia-Objekte in einer Lerneinheit

Imagemaps und Multimedia-Objekten gestaltet werden. Bilder und Multimedia-Objekte müssen dazu vorher auf den *ILIAS*-Server geladen werden. Sie werden dort in einer zentralen Datenbank vorgehalten, so dass eine Wieder- bzw. Weiterverwendung dieser speicherintensiven Ressourcen möglich ist.

Das *VIRTUS*-Projekt ist zwei Grundprinzipien verpflichtet: dem selbst gesteuerten und dem kooperativen Lernen. Dementsprechend verfügt *ILIAS* über eine ganze Reihe von Kommunikationsmöglichkeiten. Diese werden durch Gruppenbildung mit abgestufter Rechtevergabe gesteuert. Durch die Gruppenbildung sind sie teilweise auch direkt an die Lerneinheiten gekoppelt, so dass auftauchende Fragen oder Probleme zu bestimmten Lerninhalten im spezifischen Kontext von den Lernern selbständig untereinander oder in Kooperation mit einem Tutor besprochen und gelöst werden können. Andere Kommunikationsmöglichkeiten unterstreichen die Rolle von *ILIAS* als Kommunikationsplattform.

Aus technischer Sicht stehen den Nutzern des Systems Diskussionsforen, E-Mail sowie (textbasierter) Chat zur Verfügung. Hinzu kommt eine Dokumentenverwaltung, die den Austausch und das Tracking von Dateien ermöglicht.

Zum Funktionsumfang von *ILIAS* gehören darüber hinaus auch folgende Punkte:

- Suchfunktion mit den Kategorien Schlagwörter, Volltext, Benutzer, Gruppen, Notizen, Lerneinheiten und Metadaten
- Verwaltung von externen und internen Lesezeichen
- Literatur-Bookmarks, d. h. Verweise auf Einträge in serverseitig geführten Literaturdatenbanken
- XML-Import/Export (AICC-Schnittstelle)
- TeX-basierter Formeleditor

- Multiple-Choice-Tests zur individuellen Selbstkontrolle
- Pay-System

Für die Arbeit mit *ILIAS* wurde ein umfangreiches Metadaten-Konzept entwickelt, dem die Metadaten-Standards Dublin Core, ARIADNE, IMS und RDF zugrunde liegen.

In Anlehnung an das Content-Packaging-Konzept von IMS wird jede Lerneinheit, jede Kontextseite und jedes Element durch Metadaten beschrieben. Für eine eindeutige, nicht modifizierbare systemeigene Identifizierung jeder Ressource sorgt die Kennzeichnung mittels VRI (*VIRTUS* Resource Identifier).

Mehr Informationen sind dem *ILIAS*-Webauftritt zu entnehmen: *http://www.ilias.uni-koeln.de/ios/*.

19.2 metacoon

metacoon wurde an der Fakultät Medien der Bauhaus-Universität Weimar im Rahmen des Projektes m^2 [medienquadrat] entwickelt. Das Projekt wurde vom Bundesministerium für Bildung und Forschung (BMBF) im Programm „Neue Medien in der Hochschulbildung" von 2001 bis 2003 gefördert. Projektinhalt war die Entwicklung der adaptierbaren Lern- und Autorenumgebung *metacoon* und die Erarbeitung multimedialer Lerninhalte für projektorientiertes Studieren in der Medienausbildung.

Kernidee des Systemkonzeptes von *metacoon* ist die breite Unterstützung von einem projektorientierten Online-Studium. Neben Werkzeugen zur Koordination von Lern- und Projektgruppen wurden Funktionen zur dynamisch adaptierbaren Präsentation von Lernmaterialien sowie zur Interaktion mit und Kommunikation über diese Inhalte entwickelt.

Ein weiterer Fokus lag auf der Kommunikation zwischen Lehrenden und Lernenden. *metacoon* verwaltet einen gemeinsamen Pool an feingranularen Lerninhalten und -medien, welche einerseits zu komplexen Kursmaterialien integrierbar sind, andererseits aber auch in Form von Nachschlagewerken oder navigierbaren Wissensnetzwerken benutzbar sind.

Mit dem System können verschiedenste Aufgaben von Bildungseinrichtungen abgebildet werden. Das System basiert auf einem Ebenenkonzept. Eine Ebene repräsentiert eine Organisation (z. B. Hochschule, Weiterbildungseinrichtung), eine Organisationseinheit (z. B. Fakultät, Lehrstuhl), einen Kurs oder eine Person (individuelle Arbeitsumgebung des Lernenden/Lehrenden). Das Ebe-

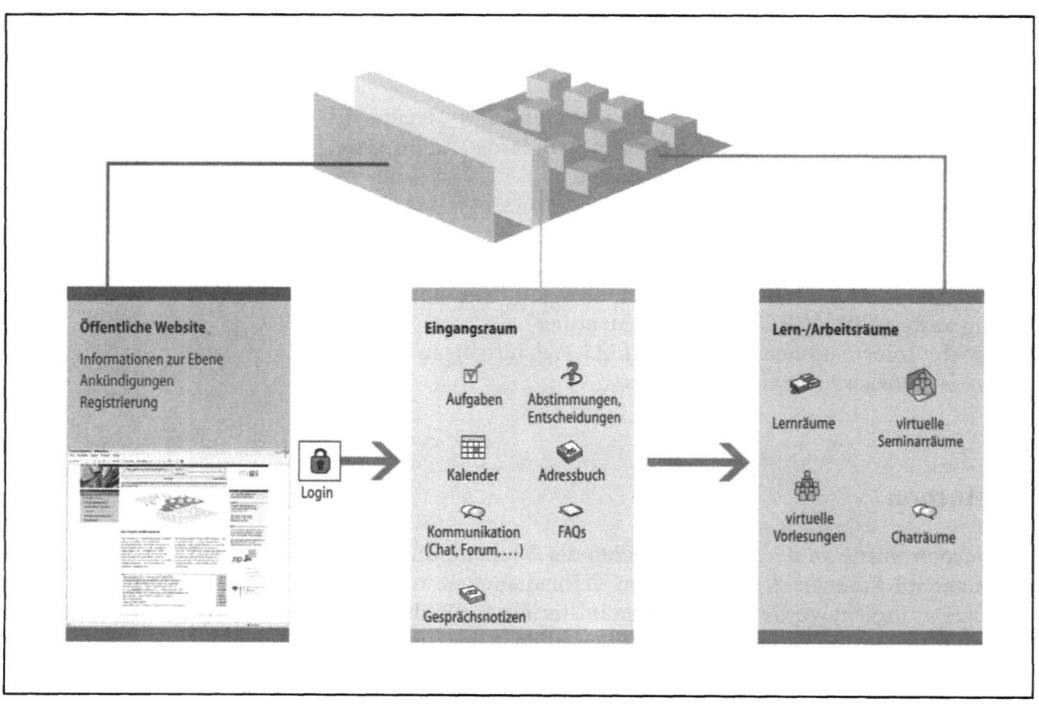

Abb. 19.4: Das Ebenenkonzept von metacoon

nenkonzept soll in der Endfassung des Systems für den Benutzer nicht sichtbar sein – alle für ihn bestimmten Inhalte werden in seiner persönlichen Ansicht integriert.

Jede Ebene besitzt eine externe Seite, welche für die Öffentlichkeit im World Wide Web freigegeben ist. Sie kann damit als Website der Organisation, einer ihrer Einheiten oder einer Person verwendet werden. Die äußere Seite wird dynamisch aus Inhalten erzeugt, welche im inneren Bereich der Ebene kooperativ gepflegt werden. Neue Benutzer melden sich auf der äußeren Seite an und erhalten nach Freischaltung durch Systemadministratoren einen passwortgeschützten Zugang zu den Eingangsräumen der Ebenen. Eingangsräume können individuell eingerichtet werden und dienen in der Regel der Koordination, Kommunikation und Verwaltung sowie als Zugang zu den Lern- und Arbeitsräumen.

Typische Koordinations- und Kooperationsfunktionen im Eingangsraum sind in Tabelle 19.1 aufgeführt.

Über die Eingangsräume erhält man Zugang zu den Lern- und Arbeitsräumen. Neben Standardräumen, z. B. Kursräumen oder

1. Funktionen zur Team-Abstimmung	2. Verwaltungs-Funktionen
■ Funktionen zur Team-Abstimmung ■ Aufgaben-Verwaltung ■ Kalender ■ Gesprächsprotokolle ■ Entscheidungen ■ FAQs	■ Verwaltung der externen Website ■ Verwaltung der internen Lernumgebung ■ Benutzer-Verwaltung ■ Gruppen- und Rechte-Verwaltung ■ Einschreibefunktion in Lehrveranstaltungen
3. Dokumentenpool	4. Kommunikationsfunktionen
■ Conceptmaps ■ XML-Lerninhalte (Aufsätze und Übungen) ■ Online-Vorträge ■ Binaries (Bilder, Animationen, ...) ■ Integrierte Formate (Office-Dokumente, PDFs, usw.), welche i.d.R. von Studierenden zur Bearbeitung von Studienleistungen verwendet werden	■ Adresszentrum mit E-Mail-Funktion ■ Mailinglisten ■ Diskussionsforen ■ Messenger-Funktionalität (Userliste – wer ist online, Sofortnachrichten) ■ Einrichtung von Chat-Räumen

Tabelle 19.1: Typische Koordinations- und Kooperationsfunktionen in metacoon

einer Rechercheumgebung, gibt es auch Räume, die individuell eingerichtet werden können.

In der Rechercheumgebung sammeln Studierende und Lehrende gemeinsam Informationen zu ihren Fachgebieten, z. B. Glossar, Literaturangaben und Bookmarks, Informationen zu Personen/Biographien, Projekten, Standards, Veranstaltungen/Kongressen. Diese Rechercheinhalte können in den Kursdokumenten wieder verwendet oder verlinkt werden.

In den Kursräumen erhält man Zugang zu den Lern- und Kursinhalten. Gleichzeitig stellen sie Tools zur Kursorganisation zur Verfügung, z. B. Studienaufgaben oder Feedback für Studienleistungen.

Lernende können mittels Kurs- und Wissenslandkarten durch Lerninhalte navigieren. Die Lernpfade können individuell verfolgt und visualisiert werden. Als Lerninhalte stehen so genannte Aufsatzstücke, Übungen, die kooperativ gesammelten Rechercheinhalte, Webvorträge sowie weitere internetfähige Dokumententypen zur Verfügung. Es besteht die Möglichkeit zur Markierung und Kommentierung der Inhalte. Konzeptionell ist die Integration der Lerninhalte mit Kommunikations- und Arbeitstools vorgesehen sowie Funktionen zur Auswahl/Adaptierung von Inhalten.

Autoren wird empfohlen, Kurs- und Wissenslandkarten zu entwickeln, in welchen alle relevanten Inhalte für das Fachgebiet verlinkt sind. Die Kurslandkarte wird nach Maßgabe des SCORM-Standards erstellt und die Wissenslandkarten entstehen durch Verlinkung der recherchierten Inhalte und der Lerndokumente, i. A. Aufsatzstücke und Übungen.

Die Lerninhalte werden in XML-Dokumenten vorgehalten und in lesbarer Form dynamisch erzeugt, so dass sie an die Bedürfnisse des Lernenden und seines Lernumfeldes anpassbar sind. Dazu wurde ein Metadaten-Konzept basierend auf LOM weiterentwickelt, in dem das Auszeichnen dafür relevanter Aufbereitungsvarianten vorgesehen ist.

Typische Anwendungsfälle für dynamisch erzeugte Repräsentationen ergeben sich, wenn ein Lernender anstelle eines abstrakten Aufsatzes lieber ein praktisches Beispiel wählen möchte oder er nicht über Geräte zur Wiedergabe von Animationen verfügt und daher auf ein alternatives Medium, z. B. Text, zurückgreifen muss. Natürlich müssen solche inhaltlichen Varianten im Pool der Lern-

Abb. 19.5: Dynamisch erzeugte Repräsentation in metacoon

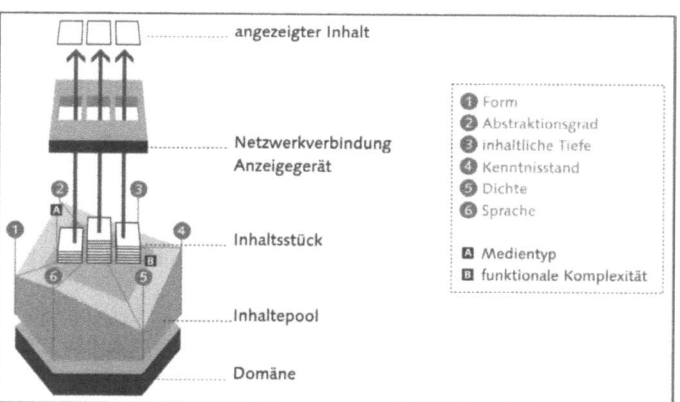

inhalte verfügbar sein. Deshalb sieht das Authoring-Konzept vor, dass Studierende diese Varianten mitentwickeln.

Das System selbst ist ebenfalls adaptierbar. Vorhandene Basisfunktionen können angepasst und erweitert werden. Auch der Inhalte-Pool ist anpassbar. So lassen sich gemeinsam gepflegte Rechercheinhalte auf der Grundlage spezieller Kurs- oder Fachgebietsanforderungen erweitern. Nicht zuletzt bietet auch das Interfacedesign von *metacoon* Anpassungsmöglichkeiten. So kann das Kurssystem an das Corporate Design einer Bildungsorganisation, eines Lehrstuhls oder an ein spezielles gewünschtes Kursdesign angepasst werden.

Nach dem Abschluss umfangreicher Evaluierungstests am Prototyp *metacoon 1.3* steht das System voraussichtlich ab 2004 als Open-Source-Produkt zur Verfügung.

Teil VI
Qualität für den Kunden

20 Top oder Flop – die Qualitätsbeurteilung von E-Learning

20.1 Einführung

In der produzierenden Wirtschaft ist es schon lange gängige Praxis, systematisch und kontinuierlich die Qualität der hergestellten Güter zu kontrollieren. Kontinuierliche Qualitätskontrolle gilt als wesentliche Voraussetzung für die Zufriedenheit des Kunden mit dem Produkt und dementsprechend für den erfolgreichen Verkauf.

Mittlerweile ist dieser Qualitätsgedanke auch im Bereich multimedialen Lernens bedeutsam, da sich eine Vielzahl an multimedialen Bildungsangeboten auf dem Markt befinden und miteinander konkurrieren. Zukünftig werden sich nur solche Produkte behaupten können, die sich an den Bedürfnissen ihrer Nutzer orientieren und dahingehend kontinuierlich optimiert werden.

Wie eine entsprechende Qualitätssicherung im Bereich des E-Learning erreicht werden kann, ist Thema dieses Kapitels. Zudem soll ein Überblick über die Grundlagen der Evaluation und ausgewählter Evaluationsinstrumentarien im Bereich multimedialen Lernens vermittelt werden.

20.2 Der Begriff „Evaluation"

Seit den 70er Jahren hat sich der Begriff „Evaluation" im Bildungsbereich durchgesetzt. Er beschreibt Ähnliches oder vielfach Gleiches wie folgende Begriffe: Qualitätskontrolle, Qualitätssicherung oder Wirkungskontrolle.

Wenn von Evaluation gesprochen wird, so geht es darum, ein Bildungsangebot oder eine einzelne Maßnahme hinsichtlich ihrer Qualität, Funktionalität, Wirkung und ihrem Nutzen zu analysieren und zu bewerten. Dies erfolgt auf Grundlage einer systematisch erhobenen Datenbasis, entweder während jeder oder nur in einer ausgewählten Phase, häufig nach dem Einsatz des Angebotes.

Evaluation bedeutet systematische Kontrolle von Qualität, Funktionalität, Wirkung und Nutzen.

20.3
Die Funktionen von Evaluation

Die Funktionen der Evaluation sind entsprechend der Vielfalt der Interessen, die mit ihr verbunden sind, sehr unterschiedlich.
Eine mögliche Systematisierung schlägt Rowntree (1992) vor. Er unterscheidet zwischen folgenden Funktionen:

- Strategisch-politische Funktion
- Kontroll- und Entscheidungsfunktion
- Erkenntnisfunktion

Strategisch-politische Funktion

Die *strategisch-politische Funktion* dient zumeist der Legitimation einer Bildungsmaßnahme bzw. eines Bildungsangebotes. Externe Förderer der Maßnahme sollen von deren Sinn und Nutzen überzeugt werden.

Kontroll- und Entscheidungsfunktion

Mit *Kontroll- und Entscheidungsfunktion* meint Rowntree, dass Evaluation dazu beiträgt kurz-, mittel- und langfristig das Bildungsangebot zu optimieren und dadurch dessen Qualität zu kontrollieren. Insbesondere fungiert sie hier zur Kontrolle gesetzter Ziele und zeigt damit gleichzeitig auf, über welche innovativen Elemente das E-Learning-Angebot bereits verfügt und wo Verbesserungen notwendig werden.

Erkenntnisfunktion

Wird *Evaluation mit dem Ziel der Erkenntnis* durchgeführt, so zielt sie auf die Prüfung von Effekten des Bildungsangebotes, häufig auch im Vergleich zu anderen Angeboten. Innovatives Potenzial soll dadurch entdeckt werden oder eine Einschätzung des Angebotes nach bestimmten Kriterien, z. B. pädagogisch-didaktische oder technische Qualität, erfolgen.

20.4
Typen der Evaluation

Evaluationsansätze können auch hinsichtlich des Charakters ihrer angestrebten Evaluationsergebnisse unterschieden werden, und zwar bezogen auf:

- Zeitpunkt der Datenerhebung
- Gegenstand der Evaluation
- Ihre grundlegende Ausrichtung
- Evaluierenden.

Eine gebräuchliche Einteilung anhand des *Zeitpunktes der Datenerhebung* eines Evaluationsvorhabens unterscheidet summative und formative Evaluation (Wottawa & Thierau, 1990). Die summative Evaluation findet am Ende einer Bildungsmaßnahme statt. Beispielsweise kann mit Hilfe einer summativen Evaluation überprüft werden, ob die Nutzer eines multimedialen Lernprogramms mit diesem subjektiv zufrieden waren und erfolgreich lernen konnten.

Formative vs. summative Evaluation

Ziel einer summativen Evaluation ist es demnach, festzustellen, ob das gesamte Bildungsangebot oder einzelne Komponenten den Erwartungen in der praktischen Anwendung gerecht werden. Meist werden dazu Daten zu Akzeptanz, Lernerfolg, Transferierbarkeit und Praxisrelevanz des Wissens erhoben.

Im Gegensatz zur summativen Evaluation wird mittels formativer Evaluation schon entwicklungsbegleitend geprüft, inwieweit das multimediale Lernangebot oder dessen Komponenten Schwachstellen aufweisen, z. B. in der Usability, in der didaktischen Gestaltung oder der Integration in das gesamte Lernsetting. Diese Kontrolle bezieht sich sowohl auf Aspekte der Usability als auch der Lernumgebung. Es werden Daten zu soft- oder hardwareseitigen Fehlern, zu Effektivität, Zufriedenheit, Darbietung des Lernstoffes, zu Lernschwierigkeiten oder zum Lernerfolg erhoben. Die Ergebnisse einer formativen Evaluation fließen direkt in die Verbesserung des zuvor evaluierten Lernangebotes.

Evaluationsansätze können auch nach dem *Gegenstand*, der mit ihrer Hilfe evaluiert werden soll, unterschieden werden, wobei die Evaluationsgegenstände entweder Prozesse oder Produkte sein können.

Prozessevaluation vs. Produktevaluation

Bei der Prozessevaluation wird der gesamte Prozess von der Konzeption über die Entwicklung bis hin zum Einsatz auf Schwachstellen im Verfahren der Planung und Abstimmung geprüft. Aber auch auf der Metaebene selbst werden Abläufe und Inhalte dahingehend analysiert, wo die Evaluation effektiver werden muss oder ob es Bereiche gibt, die bisher nur ungenügend evaluiert wurden.

Wird ein konkretes Produkt, also ein multimediales Lernangebot, oder einzelne Komponenten, daraufhin analysiert, ob sie die gesetzten Ziele, z. B. Erwerb von Wissen, erreichen, dann spricht man von Produktevaluation.

Werden die möglichen *grundlegenden Ausrichtungen einer Evaluation* betrachtet, so lassen sich praxis- und theorieorientierte Evaluation voneinander unterscheiden (Wottawa & Thierau, 1990).

Praxisevaluation vs. theorieorientierter Evaluation

Zielt die Evaluation ausschließlich auf die Bewertung konkreter Praxiseffekte, z. B. darauf, ob eine speziell zum multimedialen Lernprogramm angebotene tutorielle Unterstützung von den Lernenden positiv oder negativ bewertet wird, dann sprechen Wottawa und Thierau von einer praxisorientierten Evaluation. Diese ist meist dadurch gekennzeichnet, dass sie aus einer Zusammenstellung speziell interessierender Fragen besteht und häufig mittels Fragebogen oder informell durch Rückfragen an die Lernenden durchgeführt wird. Sie erfolgt eher sporadisch als systematisch kontinuierlich.

Im Gegensatz zur praxisorientierten Evaluation erfordert die theorieorientierte Evaluation eine systematische kontinuierliche Datenerhebung. Sie kann entwicklungsorientiert angelegt sein, dann untersucht sie die Verbesserung bestehender Interventionsmaßnahmen, oder zur Prüfung theoretischer Überlegungen beitragen. Eine sinnvolle Fragestellung im Rahmen des E-Learning wäre dann u. a., welche Präsentation des Lernmaterials bei den meisten Lernenden das Lernen unterstützt.

Selbstevaluation vs. Fremdevaluation

Werden die Evaluationsansätze danach unterteilt, ob eine Person bei der Planung, Entwicklung und im Einsatz des multimedialen Lernsystems beteiligt ist, so lassen sich Selbst- und Fremdevaluation unterscheiden.

Von Selbstevaluation wird dann gesprochen, wenn die Person in die Projektentwicklung mit einbezogen wurde. Bei einer Fremdevaluation ist dies nicht der Fall. Der externe Evaluator wird nur zum Zweck der Durchführung der Evaluation in das Projekt mit eingebunden. Beide Vorgehensweisen haben sowohl Vor- als auch Nachteile.

Wird Evaluation als Selbstevaluation durchgeführt, liegt der Vorteil darin, dass die Probleme, die während der Projektentwicklung auftraten, bekannt sind. So kann die Evaluation gezielter erfolgen. Jedoch fehlt eventuell die „kritische Distanz" zum eigenen Produkt, was möglicherweise die Sicht auf Qualitätsmängel verstellt. Dem kann jedoch begegnet werden, indem man sich an nachvollziehbaren methodischen Standards orientiert und diese ebenso offen legt, wie die darauf basierenden Verfahren der Datengewinnung und -auswertung. So ist eine kritische Auseinandersetzung mit dem eigenen Produkt gegeben. Allerdings kann es auch an Fachkompetenz mangeln. In diesem Fall ist es sinnvoller, eine externe Evaluation durchführen zu lassen.

Im Gegensatz zur Selbstevaluation ist bei einer externen Evaluation die „kritische Distanz" und hohe Fachkompetenz gegeben, aber es kann der Blick für Probleme, die während der Projektentwicklung auftraten, fehlen.

Um massive Beurteilungsfehler sowohl bei der Selbst- als auch bei der Fremdevaluation zu vermeiden, empfiehlt sich eine Kombination aus beiden, also Selbst- *und* Fremdevaluation.

Die eben vorgestellten Einteilungsmöglichkeiten schließen sich nicht gegenseitig aus, wie vielleicht die sequentielle Darstellung nahe legt, vielmehr werden sie in der Evaluationspraxis des Öfteren miteinander kombiniert. So kann ein Evaluationsvorhaben durchaus formativ angelegt sein und durch Selbst- sowie Fremdevaluation realisiert werden.

20.5
Der Evaluationsprozess

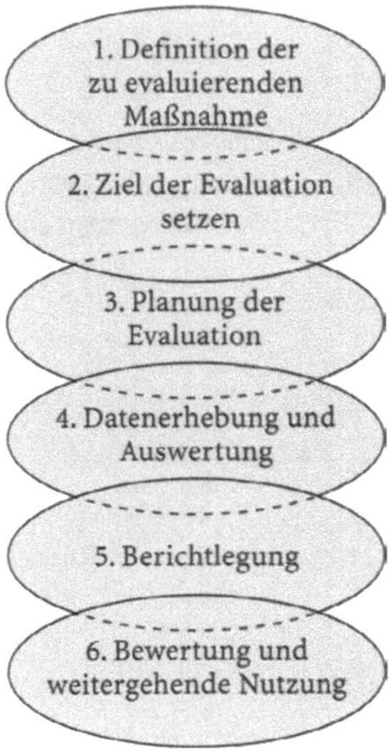

Ein Grundgerüst für den Ablauf einer Evaluation soll nachfolgend vorgestellt werden. Es gibt allerdings kein einheitliches Modell, stattdessen existieren die unterschiedlichsten Modelle nebeneinander: allgemeinere und sehr spezielle, die auf einen bestimmten Evaluationsfokus gerichtet sind. Das Evaluationsmodell von Kemp et al. (1998) beispielsweise eignet sich gut für formative Evaluationsvorhaben. Reigeluths Modell empfiehlt sich für die Evaluation von Lernumgebungen, die entsprechend dem Instruktionsdesign entwickelt wurden (Reigeluth, 1983).

Zur Veranschaulichung zeigt Abb. 20.1 ein eher allgemeines Modell eines Evaluationsprozesses. Die einzelnen Schritte werden nachfolgend genauer ausgeführt.

1. Definition der zu evaluierenden Maßnahme
2. Ziel der Evaluation setzen
3. Planung der Evaluation
4. Datenerhebung und Auswertung
5. Berichtlegung
6. Bewertung und weitergehende Nutzung

Abb. 20.1: Modell eines Evaluationsprozesses

20.5.1
Definition der zu evaluierenden Maßnahme

Dieser erste Schritt ermöglichst es, festzustellen, ob eine Evaluation erforderlich ist und in welchem Umfang.

Es wird zunächst zusammengetragen, welche Bedürfnisse hinsichtlich einer Evaluation existieren und ob es schon Hinweise auf Mängel gibt, deren Ursache festgestellt werden muss. Es empfiehlt sich darüber hinaus, eine grobe Anforderungsliste an die Evaluation zusammenzustellen und eine grobe Kostenschätzung hinzuzufügen. Zudem ist festzuhalten, wer die Ergebnisse in welcher Form erhalten soll, z. B. das Entwicklungsteam oder das Management.

In dieser ersten Phase können folgende Schwierigkeiten auftreten:

- Es existieren bestimmte Erwartungen seitens der Auftraggeber an das Evaluationsergebnis.
- Den Entscheidungsträgern fehlt es an Problembewusstsein.
- Den Evaluierenden mangelt es an methodischen Kenntnissen.
- Es werden Kosten gescheut.

Die Definition beinhaltet: Zusammentragen existierender Bedürfnisse, Anforderungsliste und eine grobe Kostenschätzung.

20.5.2
Zielsetzung der Evaluation

Die Zielsetzung basiert auf Wünschen, Vorstellungen, Interessen des Entwicklungsteams und des Auftraggebers.

Auf die Definition der zu evaluierenden Maßnahme folgt schon während des ersten Schrittes die Ausarbeitung der Zielsetzung der Evaluation. Hierbei spielen Wünsche, Vorstellungen und Interessen des Entwicklungsteams des multimedialen Lernprogramms bzw. des Auftraggebers eine entscheidende Rolle.

Im nun präzisierten Ziel muss enthalten sein, ob es z. B. um die Verbesserung des entwickelten Produktes bzw. einzelner Komponenten geht oder um die Erhöhung der Effizienz der Arbeitsabläufe oder ob das Produkt abschließend hinsichtlich des Erreichens ursprünglich gesetzter Ziele beurteilt werden soll.

20.5.3
Planung der Evaluation

Der Arbeitsplan enthält Aussagen zu Inhalten, Ressourcen, Methodik, Datenerfassungsverfahren und Berichtsinhalten.

Ergebnis der Planungsphase ist ein Arbeitsplan, der neben den zu evaluierenden Inhalten auch Ressourcen, einzusetzende Methodik und Evaluationsinstrumentarien, Datenerfassungsverfahren, Bewertungskriterien und Auswertungsstrategien sowie einen ersten Bericht und eine Planung weiterer Publikationen beinhalten sollte. Auch die Integration von Möglichkeiten der Kontrolle und des Feedbacks sind Bestandteile des Arbeitsplanes.

Nachfolgend werden einzelne Bestandteile des Arbeitsplanes näher charakterisiert:

- *Inhalte:* Zu den Inhalten zählen einerseits Aspekte, die die Auswahl, didaktische Konzeption und Darstellung der Lerninhalte sowie die Usability betreffen, aber auch Aspekte der Integration in das Gesamtlernsetting, z. B. die Integration des multimedialen Lernprogramms in Präsensveranstaltungen.

- *Ressourcen:* Eine Zeit- und Kostenschätzung, basierend auf einer soliden Personal- und Materialplanung, ist Bestandteil der Ressourcenplanung. Konkret beinhaltet eine solche Konzeption beispielsweise die Planung der Anzahl und Bezahlung der Evaluatoren und Testpersonen sowie die Planung benötigter Geräte (Videorecorder oder Audiokassetten für Aufzeichnungen). Für detailliertere Ausführungen in diesem Zusammenhang sei auf Abschnitt 3.3 verwiesen.

- *Methodik und Evaluationsinstrumente:* Es stellen sich im Rahmen dieses Planungsschrittes u. a. Fragen nach der Art der benötigten Daten und Informationen, der Größe der erforderlichen Stichprobe, der Auswahl der Erhebungsverfahren (Beobachtung, Befragung, Lernleistungstests) und der Instrumente (Kriterienkataloge oder theoretisch orientierte Evaluation).

- *Auswertungsstrategien:* Schon vor der Datenerhebung, aber spätestens vor Beginn der Datenauswertung müssen Auswertungsstrategien ausgearbeitet werden. Diese beinhalten Festlegungen über den Umfang, was ausgewertet werden soll, über die Exaktheit der Auswertung in statistischer Hinsicht, die Art der statistischen Analysen sowie einzusetzender Testverfahren.

- *Berichtlegung:* Erforderlich sind hier Überlegungen dahingehend, welche Ergebnisse, wann, wem in welcher Form präsentiert werden sollen. Es muss geklärt werden, ob unterschiedliche Arten von Berichten, u. a. wissenschaftlicher Bericht oder Managementreport, notwendig sind. Für die einzelnen Berichtarten ist es nun ratsam, Richtlinien zu deren Strukturierung und Layout zu erarbeiten.

20.5.4
Datenerhebung und Auswertung

Bei einer sorgfältigen Planung des Evaluationsvorhabens sind größere Probleme während der Datenerhebung selten. Dennoch können Versuchsleiter-Artefakte auftreten. Das sind Fehler im Verhalten z. B. des Versuchsleiters, von Interviewern oder Personen, die die Probanden instruieren.

Versuchsleiter-Artefakte in Form von Fehlverhalten von Versuchsleitern, Interviewern oder Personen, die die Teilnehmer instruieren, sind häufige Fehler während der Datenerhebung.

Einige häufige Fehler, durch verbale und nonverbale Kommunikation bedingt, seien nun angesprochen und betreffen folgende Situationen:

- *Die emotionale Atmosphäre, in der die Untersuchung stattfindet:* Ein ungeduldiger Versuchleiter wirkt anders auf den Probanden als ein geduldiger. Häufiger Blickkontakt seitens des Versuchsleiters zur Versuchsperson könnte diese als Zustimmung zu ihren Äußerungen werten, was ihr Verhalten ändert und dadurch möglicherweise das Untersuchungsergebnis verzerrt.

- *Unbeabsichtigtes Mitteilen der Hypothese an den Untersuchungsteilnehmer:* Mehrfaches Betonen eines bestimmten Sachverhaltes oder häufige gleichbedeutende Hinweisreize, wie Zeigen in eine bestimmte Richtung oder auf einen bestimmten Gegenstand, könnten den Untersuchungsteilnehmer das Ziel der Untersuchung erahnen lassen. Er wird dementsprechend sein Handeln auf erwünschtes Verhalten hin ausrichten und dadurch möglicherweise die Gültigkeit/Objektivität des Untersuchungsergebnisses negativ beeinflussen.

Um diesen Fehlern vorzubeugen, sollten folgende Prinzipien beachtet werden (Bortz & Döring, 1995):

- Alle Versuchsteilnehmer erhalten die gleiche und möglichst standardisierte Instruktion, z. B. schriftlich.
- Verständnisprobleme werden mit jedem Probanden individuell geklärt.
- Der Versuchsablauf ist bei allen Untersuchungsteilnehmern gleich, sofern nicht systematische Variationen und Sequenzeffekte geprüft werden.
- Zwischenfragen und unerwartete Ereignisse werden protokolliert.
- Der Untersuchungsablauf wird einmal prototypisch vor der eigentlichen Untersuchung vorgetestet, um störende Reize oder Inkonsistenzen erkennen und beheben zu können.
- Falls möglich wird der gesamte Untersuchungsablauf auf Video mitprotokolliert.
- Nach der eigentlichen Untersuchung findet eine Nachuntersuchung statt, in der die Probanden über Empfindungen, Stimmungen, Schwierigkeiten, Aufrichtigkeit, Interesse und Wirkung des Versuchsleiters berichten können.

20.5.5
Berichtlegung

Abhängig davon, was den Auftraggeber bzw. das Projektteam interessiert, kann der Bericht als reine Beschreibung und Ergebnisdarstellung verfasst werden. Dies wird häufig im Rahmen wissenschaftlicher Begleitforschung verlangt. Möglich ist auch ein Bericht mit konkret nutzungsbezogenen Ergebnissen, die Entscheidungshilfen zur Verfügung stellen. In letzterem Fall ist insbesondere auf eine zielbezogene Informationsverdichtung zu achten.

20.5.6
Bewertung und weiter gehende Nutzung

Auch die Bewertung und weiter gehende Nutzung der Evaluationsergebnisse sollte der Evaluator mit anstoßen, denn Evaluation geht über die reine Datenerhebung und Auswertung hinaus. Dementsprechend gehört es zu den Aufgaben des Evaluators, Ansatzpunkte aufzuzeigen, wie die Ergebnisse der Evaluation in die Praxis übertragen werden können und welche Schlussfolgerungen für weitere ähnliche Projekte zu ziehen sind.

20.6 Evaluationskriterien

Je nach Evaluationsfokus variieren auch die Kriterien, auf die sich die Evaluation bezieht.

So reicht das Spektrum der Evaluationskriterien von der inhaltlichen Darstellung oder dem didaktischen Konzept über den Lernprozess des Nutzers und die Lern-Ergebnisse, die er mit dem Angebot erzielt, bis hin zu softwareergonomischer Gestaltung des Lernangebotes oder der Integration des Angebotes in das gesamte Lernsetting.

Kriterienkomplexe sind (a) inhaltliche, didaktische Gestaltung, (b) Kriterien der Usability und Softwareergonomie, (c) der Nähe zum Curriculum.

Wird dieses Spektrum nun systematisiert, so lassen sich drei Kriterienkomplexe unterscheiden:

1. *Inhaltliche Gestaltung/didaktische Gestaltung:* Zur inhaltlichen Gestaltung zählen Kriterien zur Auswahl, Aktualität, Umfang und Tiefe sowie Schwierigkeitsgrad, Vielfalt und Komplexität des präsentierten Wissens, aber auch der Situiertheit und des Praxisbezuges. Zur didaktischen Gestaltung zählen Kriterien zum Vorwissen, zu angemessenen Instruktionsstrategien, Hilfen und Rückmeldungen, aber auch zu Interaktionsmöglichkeiten mit anderen Lernenden. Darüber hinaus beinhaltet der Kriterienkomplex Kriterien zum subjektiven und objektiven Lern-Erfolg.

2. *Usability/softwareergonomische Gestaltung:* Zu den Kriterien der Usability und Softwareergonomie gehören das Layout, die Benutzerführung, programmiertechnische Aspekte sowie Nutzerzufriedenheit. Unter Layout werden Kriterien zum angemessenen Einsatz von Text, Bild, Animationen und Video, farblicher Gestaltung und Ton subsumiert. Kriterien der Benutzerführung betreffen die Navigationsstruktur und die Navigationsmöglichkeiten. Zu den programmiertechnischen Aspekten zählen hauptsächlich Kriterien zu Prozeduren, die Programmierfehler aufdecken.

3. *Nähe zum Curriculum:* Ein multimediales Lernprogramm kann, muss aber nicht allein stehen. Gerade wenn es nicht isoliert

existiert, sollte es hinsichtlich seiner Abstimmung auf bereits bestehende Lernmodule evaluiert werden. Dabei spielen Kriterien wie Abstimmungsgrad auf bisher existierende Lernmodule oder Integrationsmöglichkeiten in schon vorhandene Lernensembles eine Rolle.

Über diese grobe Einteilung hinaus hängen die einzelnen Evaluationskriterien davon ab, auf welcher theoretischen Konzeption das multimediale Lernangebot aufbaut. Aus dieser theoretischen Konzeption lassen sich dann systematisch spezifischere Evaluationskriterien ableiten.

20.7
Evaluationsmethoden

Häufig angewendete Evaluationsmethoden sind Inhaltsanalyse, Befragung, Beobachtung, Verhaltensrecording und Tests.

Bestandteil jeder Evaluation ist die systematische Datensammlung. Diese kann zu den unterschiedlichsten Zeitpunkten erfolgen, vor Beginn der eigentlichen Intervention, während der Intervention oder danach. Häufig werden dazu folgende Erhebungsverfahren angewendet:

- Inhaltsanalyse
- Befragung
- Beobachtung
- Verhaltensrecording
- Tests

20.7.1
Inhaltsanalyse

Analyse von Literatur hinsichtlich relevanter Informationen z. B. zu Lernzielen, Lernaufgaben und didaktischen Konzepten

Mit Hilfe der Inhaltsanalyse, häufig in Form der Dokumentenanalyse durchgeführt, werden schon vor der Evaluation existierende Dokumente wie Fachliteratur, Lehrpläne, Prüfungsordnungen, Studien- und Kurspläne systematisch dahingehend analysiert, welche Informationen sie zur Konzeption eines multimedialen Lernprogramms, dessen Planung, Rahmenbedingungen und Einsatz enthalten. Das können Informationen zur Präzisierung relevanter Lernziele und Lernaufgaben, zur Entwicklung von didaktischen und gestalterischen Konzepten oder zur Formulierung und Präzisierung von Lernerfolgskriterien sein.

Auf der Website von Kukhartz (http://www.inhaltsanalyse.de) findet sich eine Zusammenstellung computergestützter Verfahren der Inhaltsanalyse.

20.7.2
Befragung

Die Befragung ist wohl die am häufigsten angewandte Evaluationsmethode. Ziel ist es, Informationen, Einschätzungen und Wertungen bestimmter Personen oder Personengruppen zu erhalten. Häufig werden in einer Evaluation die Lernenden beispielsweise zur Gestaltung des Lernprogramms, zur Akzeptanz und zu ihrem Lern-Erfolg befragt. Aber auch Experten, Lehrende oder die Entwickler können in die Evaluation je nach Evaluationsfragestellung mit einbezogen werden. Die durch Befragung erhobenen Daten werden hinsichtlich ihres Aussagegehaltes interpretiert und häufig nach Kriterien eingeschätzt.

Befragung ist die häufigste Evaluationsmethode. Sie wird über Fragebögen oder Interviews durchgeführt.

Eine Befragung kann mündlich oder schriftlich erfolgen. Der Unterschied zwischen mündlicher und schriftlicher Befragung liegt in der Erhebungssituation. Diese ist bei einer schriftlichen Befragung anonymer als bei einer mündlichen, was sich positiv auf die Ehrlichkeit der Aussagen auswirken kann. Bei einer schriftlichen Befragung ist jedoch nicht klar, ob die vorgegebene Reihenfolge bei der Beantwortung der Fragen eingehalten wurde und ob tatsächlich derjenige die Fragen beantwortete, der befragt werden sollte.

Mündliche vs. schriftliche Befragung

Eine schriftliche Befragung wird mittels Fragebogen oder Checkliste, die mündliche Befragung als Interview zwischen Interviewer und Interviewtem durchgeführt und kann mehr oder weniger standardisiert erfolgen. Der Grad der Standardisierung richtet sich danach, wie frei die Befragten ihre Informationen und Einschätzungen geben. Von einer standardisierten Befragung wird gesprochen, wenn die Fragen an die Probanden vorformuliert sind und sie innerhalb einer Einschätzungsskala ihre Antworten formulieren müssen. Bei einer halbstrukturierten oder offenen Befragung hingegen erhält der Befragte die Möglichkeit, sich in zusammenhängenden Sätzen zur Frage zu äußern oder im Fall der offenen Befragung zudem ihren weiteren Ablauf selbst durch seine Antworten zu bestimmen.

Standardisierte Befragung

20.7.3
Beobachtung

Beobachtung kann als Selbst- oder Fremdbeobachtung erfolgen. Es ist zu beachten, dass die Beobachtung zielgerichtet und standardisiert erfolgt, damit sie aussagekräftige Evaluationsergebnisse liefert.

Beobachtung als „das Sammeln von Erfahrungen in einem nicht kommunikativen Prozess mit Hilfe sämtlicher Wahrnehmungsmöglichkeiten" wird im pädagogischen Kontext traditionell häufig angewendet, man denke hierbei an Unterrichtsbeobachtungen bzw. Hospitationen von Unterricht in Schulen oder von Aus- und Weiterbildungsmaßnahmen (Laatz, 1993).

Auch im Kontext multimedialen Lernens sind Beobachtungen möglich, so ist beispielsweise denkbar, dass sich ein Lernender selbst beim Lernen mit einem multimedialen Lernprogramm beobachtet und seine Lernfortschritte in einem Lerntagebuch notiert. Eine andere Möglichkeit besteht darin, dass er beobachtet wird, wie er mit diesem Programm arbeitet. Sofern diese Lernumgebung für kooperatives Lernen ausgelegt ist, kann der Lernprozess einer ganzen Kleingruppe verfolgt werden. Es können je nach Evaluationsfragestellung aber auch Lehrende oder die Entwickler des multimedialen Lernangebotes bei ihrer Arbeit Gegenstand der Beobachtungen sein.

Dabei ist es notwendig, dass die Beobachtungen zielgerichtet, standardisiert und intersubjektiv nachprüfbar erfolgen, damit sie den Kriterien einer wissenschaftlichen Beobachtung genügen.

In den Beispielen wurden schon zwei unterschiedliche Formen der Beobachtung angesprochen, Selbst- und Fremdbeobachtung. Darüber hinaus muss noch zwischen teilnehmender und nicht teilnehmender, verdeckter und offener Beobachtung unterschieden werden.

Bei der Selbstbeobachtung ist der Beobachter aktiv am Geschehen beteiligt. Er beobachtet sich selbst, wie er vorgeht, wie er zu bestimmten Entscheidungen gelangt und diese dann bewertet, um das weitere Vorgehen festzulegen. Ein Beispiel einer Selbstbeobachtung ist ein Lernender, der seine Handlungen in einem Lerntagebuch protokolliert. Während einer Fremdbeobachtung wird der eigentliche Gegenstand der Beobachtung, z. B. der Lernende, durch einen Dritten beobachtet. Er protokolliert das Verhalten des Lernenden, z. B. die Häufigkeit der Klicks auf den Hilfe- Button.

Offene vs. verdeckte Beobachtung

Ob eine Beobachtung offen oder verdeckt stattfindet, hängt davon ab, ob sich der Beobachter zu erkennen gibt oder nicht. Beispielsweise ist die Beobachtungssituation offen, wenn der Beobachter neben dem Lernenden am Computer sitzt und dessen Handlungen protokolliert. Würde es sich um eine verdeckte Beobachtung handeln, ist dem Lernenden nicht bewusst, dass er beobachtet wird.

Der Unterschied zwischen einer teilnehmenden und einer nicht teilnehmenden Beobachtung besteht darin, dass der Beobachter im ersten Fall aktiv, im zweiten nicht aktiv in das Geschehen involviert ist. Im eben erwähnten Beispiel würde es sich um eine nicht teilnehmende Beobachtung handeln.

Teilnehmende vs. nicht teilnehmende Beobachtung

Beobachtungen sind im Rahmen von Evaluationen vielseitig einsetzbar. So können sie sinnvoll schriftliche Befragungen ergänzen und dadurch den Wahrheitsgehalt der Aussagen objektivieren. Ebenso lassen sich Daten über nonverbale, den Befragten nicht bewusste, aber beobachtbare Handlungen beim Lernen sammeln.

20.7.4
Verhaltensrecording

Das Verhaltensrecording (die Verhaltensaufzeichnung) ist eine eigenständige Methode der Beobachtung. Diese Methode erfasst mittels Computersoftware vorher definierte Aktionen des Lernenden in der multimedialen Lernumgebung, z. B. Tastatureingaben und Mausbewegungen. Das dadurch entstandene Beobachtungsprotokoll (Logfile) enthält detaillierte, vollständige und differenzierte Daten über das Benutzerverhalten, z. B. aufgerufene Bildschirmseiten, Häufigkeit ihrer Nutzung, Lernpfade und Lern- bzw. Verweilzeiten, verwendete Werkzeuge sowie Aufrufe der Hilfefunktion.

Verhaltensrecording ist eine geeignete Methode, um beispielsweise Daten über aufgerufene Bildschirmseiten, angeklickte Buttons oder Verweilzeiten zu sammeln.

Meist erfolgt das Verhaltensrecording verdeckt, so dass der Lernende nicht weiß, dass Daten seines Nutzungsverhaltens mittels Computersoftware aufgezeichnet werden und welche Daten dies im Einzelnen sind.

20.7.5
Tests

Im Kontext der Evaluation von E-Learning werden überwiegend Leistungstests eingesetzt: Daneben können auch Verfahren zur Messung anderer Personenmerkmale bedeutsam werden, z. B. Einstellungen, Erfahrungen mit Lernstrategien, Persönlichkeitsmerkmale wie Angst oder Selbstwirksamkeitsüberzeugungen.

Tests – zielführendes Mittel zum Messen des Lern-Erfolges

Ein Test als wissenschaftliches Routineverfahren dient der Untersuchung eines oder mehrerer empirisch abgrenzbarer Persönlichkeitsmerkmale mit dem Ziel einer möglichst qualitativen Aussage über den relativen Grad der individuellen Merkmalsausprägung (Lienert, 1969, S. 7).

In Leistungstests ist das abgrenzbare Persönlichkeitsmerkmal die Fähigkeit, innerhalb einer vordefinierten Zeit eine bestimmte

Normorientierte vs. Kriteriumsorientierte Tests

Anzahl von Aufgaben richtig zu lösen. Über die Anzahl der richtig gelösten Aufgaben lässt sich anschließend der Leistungsstand der Person feststellen.

Je nachdem, ob die Feststellung des individuellen Leistungsstandes des Lernenden anhand der Bezugsgruppe aller Lernenden erfolgt oder anhand eines gesetzten Ziels, beispielsweise einer Note, wird zwischen normorientierten und kriteriumsorientierten Tests unterschieden (Klauer, 1987, S. 3).

> *Normorientierte Tests* beurteilen die individuelle Testleistung anhand der durchschnittlichen Testleistung der gesamten Testgruppe.
> *Kriteriumsorientierte Tests* messen die individuelle Leistung anhand eines vorher definierten Kriteriums, wie etwa einem bestimmten Punktestand, der vom Testteilnehmer erreicht werden soll, oder einer bestimmten Note.

Tests können in der Evaluation beispielsweise eingesetzt werden, um den Leistungsstand jedes einzelnen Teilnehmers zu erfassen oder Veränderungen in der Lernleistung zu messen.

In der Evaluationspraxis werden im Gegensatz zur wissenschaftlichen Forschung üblicherweise informelle Tests verwendet, die nicht standardisiert und deren Gütekriterien nicht in dem Maße geprüft wurden, wie dies bei wissenschaftlichen Tests der Fall ist. Solche Tests werden meist anhand der Evaluationsziele von den Evaluatoren selbst entwickelt (Tergan, 2000).

20.8
Evaluationsinstrumentarien

Zur Evaluation von E-Learning gibt es die unterschiedlichsten Instrumentarien, je nach konkretem Einsatzgebiet. Das Spektrum reicht von Checklisten, Kriterienkatalogen mit vordefinierten Fragen und Antwortmöglichkeiten bis hin zu sehr offenen Instrumentarien, in denen nur Hinweise gegeben werden, worauf bei der Evaluation zu achten ist. Zudem gibt es unter diesen Instrumentarien solche, die eher aus der Evaluationspraxis heraus entstanden sind, ohne expliziten Verweis auf die zugrunde liegende Lerntheorie, und es sind solche verfügbar, die aus einer Lerntheorie abgeleitet, die Kriterien für die Evaluation entwickelten.

Die meisten der vorliegenden Evaluationsinstrumentarien wurden für eine Evaluation durch Experten entwickelt. Mehrere Experten prüfen dabei voneinander unabhängig die multimediale

Lernumgebung. Aus ihren Urteilen wird dann das Gesamturteil gebildet. Es gibt aber auch Evaluationsinstrumentarien, die für die Evaluation durch Lernende konzipiert wurden.

Zwei Gruppen von Evaluationsinstrumenten werden nachfolgend näher erläutert: theorieorientierte Instrumente und Kriterienkataloge.

20.8.1
Theorieorientierte Evaluationsinstrumente

Theorieorientierte Evaluationsinstrumente basieren auf einer Lerntheorie vor deren Hintergrund die Evaluationsergebnisse interpretiert werden. Damit ist zwar der Gültigkeitsbereich des entstandenen Evaluationsinstrumentes eingeschränkt, aber multimediales Lernen, das nach der entsprechenden Lerntheorie konzipiert ist, lässt sich mit solch einem Evaluationsinstrument erschöpfend evaluieren. Zudem sind Auswahl und Umfang der zu evaluierenden Kriterien durch die zugrunde liegende Lerntheorie festgelegt. Solche Instrumente sind meist eher offen gehalten, da sie nur den Rahmen für die Evaluation setzen, sie können individuell an die Anforderungen und Bedingungen der zu evaluierenden E-Learning-Umgebung angepasst werden. Die Anwendung dieser Instrumente setzt ein hohes Maß an Fachkompetenz und forschungsmethodischen Kenntnissen seitens des Evaluators voraus.

Theorieorientierte Evaluationsinstrumente basieren auf einer Lerntheorie, aus der die Kriterien für die Evaluation abgeleitet wurden.

Insbesondere zum Instruktionsdesign sind theorieorientierte Instrumente konzipiert worden, so u. a. das Evaluationsinstrument ELISE von Schott (2000) und Schott et al. (2000), der Leitfaden von Mc Bride et al. (1998) oder der Ansatz von Hannafin & Peck (1988). Letzterer soll hier stellvertretend dargestellt werden.

Der Ansatz von Hannafin und Peck orientiert sich am systematischen Instruktionsdesign (s. Kap. 2). Er geht somit von einem zunächst stärker fremdgesteuerten Lernprozess des Lernenden aus, der jedoch mit zunehmender Lern-Erfahrung und steigendem Wissensstand immer selbstbestimmter seine Lernaktivitäten plant und durchführt.

Hannafin und Peck konzipierten ihren Ansatz speziell für die formative Evaluation computerunterstützten Lernens.

Ihr Ansatz postuliert vier zentrale Dimensionen:

1. *Didaktische Angemessenheit (instructional adequacy):* In dieser Dimension wird das Lernprogramm daraufhin geprüft, ob es den Lernvoraussetzungen der Lernenden entsprechende und dem Lerninhalt adäquate Instruktionsstrategien und Hilfen zur Verfügung stellt, um die gestellten Lernziele zu erreichen. Bei-

Zentrale Dimensionen von Hannafin & Pecks Ansatz

spielsweise wäre in dieser Dimension festzustellen, ob Lernziele, vermittelte Inhalte und gestellte Übungsaufgaben aufeinander abgestimmt sind. Darüber hinaus gilt es zu evaluieren, ob die Instruktion klar formuliert, auf den Wissensstand der Lernenden abgestimmt wurde und die Übungsaufgaben im Schwierigkeitsgrad angemessen sind.

2. *Angemessenheit des Erscheinungsbildes (cosmetic adequacy):* Unter Angemessenheit des Erscheinungsbildes verstehen Hannafin und Peck die softwareergonomische und benutzerfreundliche Gestaltung der Bildschirmseiten. Insbesondere die Evaluation von Text-, Bild-, Farb- und Tongestaltung sowie einer insgesamt in sich konsistenten Gestaltung des Lernangebotes stehen im Zentrum der Analyse. Zudem interessiert in diesem Zusammenhang, ob der Lernende die gesuchte Information schnell und leicht auffindet und inwieweit diese für ihn leicht verständlich dargeboten wird.

3. *Programmtechnische Angemessenheit (program adequacy):* Programmierfehler wie Systemabstürze, Fehlermeldungen oder falsche Verknüpfungen von Bildschirmseiten werden in dieser Dimension erfasst.

4. *Curriculare Angemessenheit (curriculum adequacy):* Da ein Lernangebot selten allein existiert, sondern häufig auf andere, ähnliche schon existierende Angebote aufbaut oder ergänzend anknüpft, ist es notwendig, festzustellen, ob sich das neue Lernangebot effektiv und flexibel in bestehendes Lernmaterial und bestehende Lernformen integrieren lässt.

Es wird hier deutlich, dass dieses Konzept lediglich einen theoretischen Rahmen für die Evaluation bildet.

Beispielsweise fehlt diesem Ansatz eine Dimension, die sich mit Interaktionsmöglichkeiten beschäftigt und nach Möglichkeiten des kooperativen Lernens fragt. Dies ist eine Dimension, die gerade in letzter Zeit an Bedeutung gewonnen hat. Dementsprechend ist es die Aufgabe der Evaluatoren, das existierende Konzept an ihren speziellen Evaluationsfokus anzupassen und eventuell eigene Instrumente für spezielle Evaluationsfragestellungen zu entwickeln. Als Ergebnis entsteht mit hoher Wahrscheinlichkeit nicht unbedingt die kostengünstigste Evaluation, jedoch werden die Evaluationsergebnisse detailliert und ausführlich Stärken und Schwächen des Lernangebotes zeigen und es nicht bei einer allgemeinen oberflächlichen Beurteilung bewenden lassen.

20.8.2
Kriterienkataloge

Eine große Anzahl ausgearbeiteter Evaluationsinstrumente ist in Form von Checklisten oder Kriterienkatalogen formuliert. Sie sollen Praktikern eine schnellere Beurteilung von E-Learning-Angeboten ermöglichen, als es mit theorieorientierten Instrumenten in Evaluationsstudien möglich ist.

Kriterienkataloge werden in der Praxis häufig für die Evaluation eingesetzt. Allerdings sprechen viele Argumente gegen den alleinigen Einsatz.

Kern der Kriterienkataloge ist eine mehr oder weniger strukturierte Zusammenstellung von Qualitätskriterien in Form von Fragen und Einschätzungsskalen zur standardisierten Beurteilung.

Qualitätskriterien kennzeichnen „allgemeine Merkmale einer Lernsoftware, deren Lernwirksamkeit in einer Validitätsstudie nachgewiesen" wurde (Fricke, 2000). Fricke bemerkt hinsichtlich der in Kriterienkatalogen zusammengestellten Qualitätskriterien, dass der Begriff Qualitätskriterium allerdings schon dann verwendet wird, wenn lediglich Vermutungen über die Lernwirksamkeit eines Programmmerkmals vorliegen (Fricke, 2000, S. 75).

In Kriterienkatalogen werden somit häufig „valide" Merkmale einer Lernsoftware mit Merkmalen, denen aufgrund von Erfahrung oder plausiblen Schlüssen unterstellt wird, dass sie das Lernen positiv beeinflussen, vermischt und als Kriterien gleichberechtigt nebeneinander gestellt. Das hat fatale Folgen für die so ermittelten Ergebnisse. Es ist nun erstens nicht mehr nachweisbar, wie unabhängig die Ergebnisse vom jeweiligen Evaluator sind, zweitens, mit welcher Genauigkeit das geprüfte Merkmal gemessen wurde, und drittens, ob der Kriterienkatalog überhaupt das misst, was er zu messen beansprucht.

Genau das spricht Fricke an, wenn er folgende Argumente gegen die Verwendung von Kriterienkatalogen formuliert (vgl. Fricke, 2000):

- *Mangelnde Beurteilerübereinstimmung bei der Quantifizierung von Qualitätskriterien:* Hiermit ist gemeint, dass mit dem gleichen Kriterienkatalog unterschiedliche Beurteiler zu unterschiedlichen Bewertungen des gleichen Lernangebotes kommen. Es ist unmittelbar einsichtig, dass sich dadurch auch die Zuverlässigkeit der Messung reduziert.

Kritikpunkte an Kriterienkatalogen

- *Geringe praktische Signifikanz der Qualitätskriterien:* Die meisten der im Kriterienkatalog als lernwirksam aufgeführten Kriterien weisen in der Regel nur eine sehr geringe praktische Signifikanz auf. Dies ist verständlich, da der Lernerfolg von mehreren Kriterien und ihren Wechselwirkungen abhängt. Die Ergebnisse der Beurteilung können dementsprechend nur adäquat vor dem Hintergrund erklärender Lehr-/Lerntheorien interpretiert werden. Viele Kriterienkataloge lassen jedoch einen expliziten Rückgriff auf theoretische Modelle vermissen.

- *Differentielle Methodeneffekte bei Qualitätskriterien:* Je nach Rahmenbedingungen, unter denen das Lernangebot eingesetzt wird, kann die Effektivität der Lehrmethode unterschiedlich sein, was mit differentiellen Methodeneffekten bezeichnet wird. Dies hat zur Folge, „dass auch Lernprogramme, die mittels (didaktischer) Kriterienkataloge recht schlecht abschneiden [...] in bestimmten Situationen durchaus erfolgreich und effektiv eingesetzt werden können" (Baumgartner, 1995, S. 242).

- *Nichtberücksichtigung des Verwendungszusammenhangs einer Bildungssoftware:* In den Kriterienkatalogen wird der Verwendungszusammenhang, also die Bedingungen des Einsatzes (Adressaten, Domäne, Ziele usw.) außen vor gelassen. So kann es sein, dass ein multimediales Lernangebot auch dann eingesetzt wird, wenn die Ergebnisse der Evaluation mittels Kriterienkatalog ergeben haben, dass multimediales Lernen nicht effektiver ist als traditionelles Lernen, der Einsatz aber erhebliche Kosteneinsparungen mit sich bringt (Fricke, 2000).

Weitere Problembereiche führt Tergan an (Tergan, 2001).

Auf der Basis der eben beschriebenen Schwächen von Kriterienkatalogen ist genau abzuwägen, ob die Beurteilung durch einen Kriterienkatalog allein ausreicht, sich ein Urteil über die Qualität und den zu erwartenden Einsatzerfolg des E-Learning-Angebotes zu bilden.

Für einen ersten Überblick über mögliche Stärken und Schwächen des Angebotes und in Ergänzung zu anderen Methoden können Kriterienkataloge durchaus tauglich sein.

Zwischen den vorhandenen Kriterienkatalogen existieren große Unterschiede. Es gibt sowohl solche, die den Anspruch erheben, über vollständige Kriterienlisten zu verfügen, wie etwa MEDA und CCEM, oder solche, die für einen ganz bestimmten Einsatzbereich konzipiert wurden, u. a. EPASoft und IPN (Meier, 1995). Zudem bieten einige Instrumente die Möglichkeit, interessierende Evaluationskriterien aus dem angebotenen Gesamtrepertoire für die eigene Evaluation zusammenzustellen. Einen Überblick über gängige Evaluationsinstrumentarien gibt Meier (1995).

Welcher Kriterienkatalog am ehesten für die eigene Evaluation tauglich ist, muss dementsprechend vorher recherchiert werden. Stellvertretend für die Vielzahl der Kriterienkataloge wird hier der Kriterienkatalog MEDA vorgestellt (Gräber, 1990).

MEDA ist ein Analysewerkzeug für pädagogische Software, das im Rahmen eines Projektes, an dem Wissenschaftler aus verschiedenen europäischen Ländern beteiligt waren, gemeinsam entwickelt wurde. Es ist ein Instrument zur Evaluation durch Experten für den Bereich Erwachsenenbildung.

Die Grundidee von MEDA ist, dass sich der Evaluator sein eigenes Beurteilungssystem aus dem vorgegebenen Pool von 299 Fragen in MEDA bzw. 500 Fragen in dem weiterentwickelten MEDA 97, das in elektronischer Form vorliegt, zusammenstellt. Dabei wird der Evaluator durch ein hierarchisches System geführt.

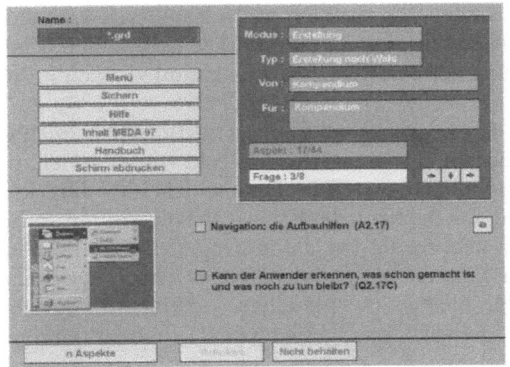

Abb. 20.2: Auswahl der Bewertungskriterien und -aspekte

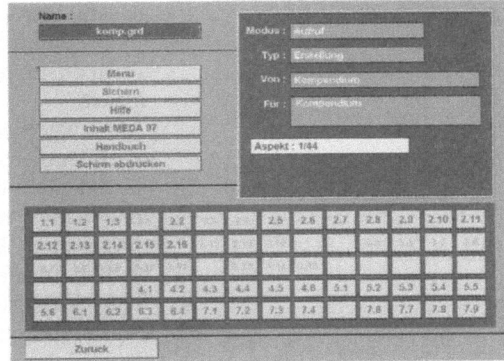

Abb. 20.3: Auswahl der relevanten Fragen zu den Einzelaspekten

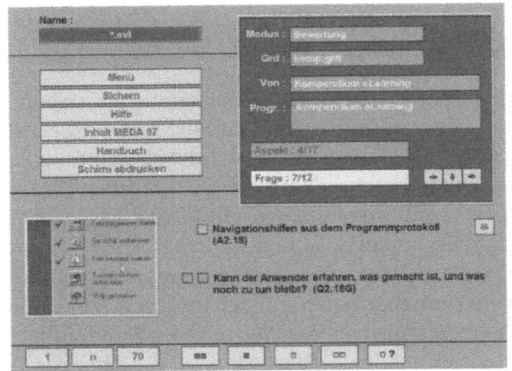

Abb. 20.4: Bewertung und Feststellung der aktuellen Qualität: Bewertung der Einzelfragen

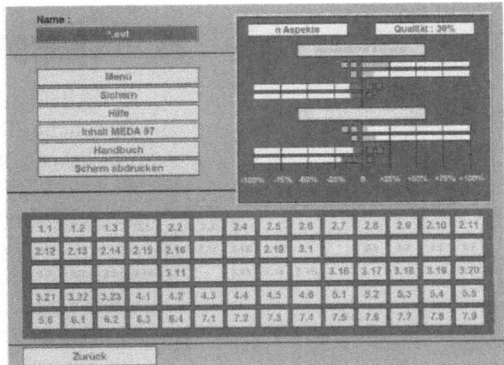

Abb. 20.5: Überblick über die Qualität des Produktes im Hinblick auf bisher bewertete Fragen und Aspekte (im Original verschieden farblich markiert, je nach Wichtigkeit)

Der Evaluator muss zunächst seine Arbeitsbereiche festlegen, dann seine Intentionen bzw. Interessenschwerpunkte auswählen und schließlich seine Kriterien bzw. Evaluationsaspekte bestimmen, zu denen das System dann Einzelfragen vorschlägt. Er muss schließlich noch festlegen, ob er alle vorgeschlagenen Fragen oder nur ausgewählte mit in die Evaluation einbeziehen will. Anhand des so entstandenen Rasters kann mit der eigentlichen Evaluation begonnen und die vordefinierten Fragen können auf einer fünfstufigen Skala beantwortet werden. Zu jedem Zeitpunkt wird ein Überblick über bereits bewertete Aspekte gegeben und die Qualität des zu evaluierenden Produktes zum aktuellen Zeitpunkt visualisiert.

MEDA vereint zwar eine Vielzahl von Fragen, aus denen jene gewählt werden können, die evaluiert werden sollen. Jedoch wird MEDA dadurch auch sehr umfangreich und zeitaufwändig. Schon allein die Erstellung des Bewertungsrasters nimmt viel Zeit in Anspruch.

Im Vergleich zu theorieorientierten Evaluationsinstrumenten wird deutlich, dass durch die immense Anzahl von Kriterien, die der Evaluator bearbeiten muss, die Evaluation nicht unbedingt kostengünstiger wird. Zudem kann der Kriterienkatalog nur in vorher festgelegtem Rahmen an die Evaluationsfragestellung angepasst werden. Insofern muss die Evaluation auf dem Niveau allgemeiner Beurteilung stehen bleiben, da speziellere, konkret auf das Lernangebot bezogene Evaluationsfragestellungen nicht oder nur oberflächlich beantwortet werden können.

20.9
Schlussbemerkung

Abschließend bleibt festzustellen, dass Evaluation als selbstverständlicher Bestandteil von Konzeption, Entwicklung und Einsatz von E-Learning-Angeboten begriffen werden muss, wenn die entwickelten Produkte eine hohe didaktische Qualität und Effizienz aufweisen sollen. Das heißt vor allem, dass die formative Evaluation in den Mittelpunkt rücken muss. Es bedeutet auch, dass Bildungsverantwortliche, Entwickler und Evaluatoren langfristig und vor allem frühzeitig zusammenarbeiten müssen und in ihrem Evaluationskonzept möglichst früh auch die Wünsche der Kunden, sprich der Lernenden, berücksichtigen. Diese sind es, die über die Annahme der Lernangebote entscheiden und deren Nutzen bewerten. Eine Evaluation aus Sicht von Experten reicht alleine nicht aus, es muss zunehmend gleichzeitig auch eine Evaluation aus Sicht der Lernenden angestrebt werden. Ferner bedeutet dies, dass der Aufwand für hochwertige (formative) Evaluation nicht gescheut werden darf, wenn bei den E-Learning-Produkten hohe didaktische Qualität erwartet wird. Dazu sollten theorieorientierte Evaluationsmethoden ein deutlich stärkeres Gewicht erhalten und die alleinige Bewertung durch Kriterienkataloge ergänzen bzw. ersetzen.

21 Lernerfreundliche Gestaltung: Die Bedeutung der Usability

21.1
Bedeutung der Usability beim E-Learning

Usability ist ein Schlüsselkonzept der Mensch-Computer-Interface-Gestaltung, in dem es um benutzerfreundliches Design von Computersoftware oder Websites geht (Preece et al., 1994).

Synonyme sind Nutzbarkeit, Nützlichkeit, Nutzerfreundlichkeit oder leichte Handhabung, um nur einige zu nennen. Nicht selten wird Usability auch mit dem Begriff der Softwareergonomie gleichgesetzt. Doch geht Softwareergonomie über Usability hinaus. Die Softwareergonomie gliedert sich in mehrere Bereiche: Korrektheitsergonomie, Funktionsergonomie und Schnittstellenergonomie. Nur die Schnittstellenergonomie beschäftigt sich mit ähnlichen Themen wie die Usability, und zwar mit der Benutzbarkeit von Software.

Für den Begriff der Usability gibt es mehrere Definitionen, (u. a. ISO9241-11 1996), jedoch ähneln sich diese hinsichtlich der genannten Aspekte.

Beschränken wir uns hier auf Nielsens Definition: *Begriffsdefinition Usability*

> „Usability has multiple components and is traditionally associated with these five usability attributes: Learnability, Efficiency, Memorability, Errors, Satisfaction." (Nielsen 1993, S. 26)

Erlernbarkeit (Learnability) bezieht sich auf die Frage, ob ein System in seiner Bedienung einfach zu erlernen ist, so dass der Nutzer umgehend in der Lage ist, mit der Arbeit zu beginnen.

5 Aspekte kennzeichnen den Begriff der Usability

Zudem sollte das System ein hohes Niveau an Produktivität erlauben, was mit *Effizienz (Efficiency)* umschrieben wird.

Unter *Erinnerbarkeit (Memorability)* versteht Nielsen, dass sich auch der gelegentliche Nutzer schnell im System zurechtfinden muss, ohne alles neu zu erlernen.

Errors meint eine geringe Fehlerrate des Systems und dass ein System so konstruiert ist, dass es dem Nutzer hilft, möglichst wenig Fehler bei der Handhabung zu machen.

Satisfaction steht für die Zufriedenheit der Nutzer mit dem System. Es soll ihnen Freude machen, mit ihm zu arbeiten, sie sollen es einfach mögen.

Diese 5 Aspekte der Usability können nicht stabil und durch eindeutige Maße bestimmt werden, da die relative Bedeutung, beispielsweise die Zufriedenheit der Nutzer, vom Nutzungskontext, Nutzungszweck und Nutzungsziel abhängt.

Die Usability wurde bisher vor allem im Rahmen der Human Computer Interaction untersucht. Es ist anzunehmen, dass sie auch beim multimedialen Lernen eine wichtige Rolle spielt.

Die Nutzbarkeit eines Lernprogramms ist eine entscheidende Voraussetzung dafür, dass das System überhaupt zum Lernen verwendet wird. Hara & Kling (2000) stellen in einer Studie zu den Ursachen von Stress und Frustration beim Online-Lernen fest, dass technische Probleme und Probleme des Interfacedesigns die Interaktion beim webbasierten Lernen deutlich erschweren und sich negativ auf die Motivation beim Lernen auswirken.

Eine „gute" Usability ist somit eine Grundvoraussetzung für erfolgreiches E-Learning. Sie stellt sicher, dass beim Lernen die verarbeitungs- und aufmerksamkeitsintensiven kognitiven Prozesse auf den Lerngegenstand an sich gelenkt werden und nicht weitere aufwändige Verarbeitungsprozesse auftreten, die zu einer kognitiven Überlastung des Arbeitsgedächtnisses beim Lernenden führen. Insofern gehört sie stets zum systematischen Instruktionsdesign, worauf u. a. Hannafin & Peck (1988) oder Kemp (1985) hinweisen.

Im Rahmen der meisten didaktischen Evaluationsansätze wird die Usability einer multimedialen Lernumgebung eher aus Expertensicht und zudem summativ beurteilt, vor allem dann, wenn Kriterienkataloge zum Einsatz kommen, die eine Vielzahl von Kriterien zur softwareergonomischen Gestaltung enthalten (Squires & McDougall, 1994; Meier, 1995).

Usability-Tests sind im Rahmen formativer und summativer Evaluation möglich.

Eine summative Beurteilung der Usability eines Lernsystems ist möglich, vernachlässigt aber die Möglichkeiten des Usability Testing im Rahmen formativer Evaluation (s. Kap. 20). Denn durch Usability Testing wird eine Datenbasis geschaffen, auf deren Grundlage Schritte zur Verbesserung der Effektivität des entstehenden E-Learning-Angebotes unternommen werden können. Somit ist Usability Testing wesentlicher Bestandteil der Entwicklung von multimedialen Lernumgebungen.

Die nachfolgenden Abschnitte werden nun in den Themenbereich des Usability Testing einführen. Ziel ist es, ein Grundgerüst zur Verfügung zu stellen, das Designern und Entwicklern von E-Learning-Angeboten hilft, Usability-Tests zu planen und durchzuführen.

21.2
Der Gegenstandsbereich des Usability Testing

Um die Usability einer multimedialen Lernumgebung bzw. eines E-Learning-Angebotes zu erfassen, haben sich Usability-Tests bewährt.

Sie basieren auf dem Prinzip des nutzerfreundlichen Designs (User-Centered Design) (u.a. Rubin, 1994). Nach diesem Prinzip wird der Lernende schon in die Konzeption und Entwicklung der E-Learning-Umgebung mit einbezogen. Es gilt herauszufinden, was er unter usable bzw. nutzerfreundlich versteht und wie er zukünftig mit dem System zu lernen beabsichtigt: Über welche Funktionen, wie E-Mail, Chat, tutorielle Unterstützung, Möglichkeiten zum kooperativen Lernen usw., sollte das Lernangebot verfügen und wie müssen diese gestaltet sein, damit sie das Lernen unterstützen und nicht behindern?

Der Test allein verbessert die multimediale Lernumgebung natürlich nicht. Er ist eine Forschungsmethode, welche systematisch eine Datenbasis schafft, auf deren Grundlage die Schwächen und Problembereiche einer Lernumgebung im Rahmen formativer Evaluation deutlich werden und verändert werden können.

Sinn eines Usability-Testes ist es ausschließlich, die Schwierigkeiten und Probleme des Systems zu identifizieren, die Lernende mit ihm haben und die ihre Lernprozesse negativ beeinflussen. Der Usability-Test ist nicht geeignet, das Lernsystem generell zu bewerten. Sollte dies das Ziel sein, ist auf Forschungsmethoden der Evaluation zurückzugreifen, wie sie im Kapitel 20 beschrieben wurden.

Usability-Tests dienen also ausschließlich der Beurteilung, ob ein bestimmtes vordefiniertes Maß an Usability erfüllt ist und ob darüber hinaus den Charakteristiken typischer Lernender entsprochen wird, so dass diese effektiv mit dieser Lernumgebung lernen können (Lee, 1999).

Usability-Tests beurteilen die Lernerbezogenheit der Gestaltung des E-Learning-Angebotes

Die Zielsetzungen von Usability-Tests können unabhängig von der Form der Testdurchführung unterschiedlich sein. Gleichzeitig geben sie den groben zeitlichen Rahmen für die Durchführung des Testes vor.

Drei Ziele lassen sich grob unterscheiden:

Ziele von Usability-Tests

- *Konzeptbewertung:* Die Konzeptbewertung findet in einer sehr frühen Phase statt. Sie ist vor allem dann notwendig, wenn die Lernumgebung erstmalig oder völlig neu konzipiert werden soll und es noch keine Erfahrungen oder Vorgängermodelle gibt, an denen man sich orientieren kann. Ein Usability-Test dient dann als Entscheidungshilfe bei der Auswahl der Gestaltungselemente und der Gesamtgestaltung. Da zu diesem frühen Zeitpunkt meist noch keine Prototypen existieren, wird dieser Test häufig auf Papier oder mit Hilfe einer Präsentationssoftware durchgeführt. Den Probanden werden mehrere mögliche Oberflächensituationen und einfache, aber typische Lernabläufe gezeigt, und sie müssen diese Varianten dann bewerten. Ihre Reaktionen geben wertvolle Hinweise, so dass kostenintensive Umstrukturierungen in späteren Phasen der Entwicklung vermieden werden können.

- *Designbewertung:* Sobald klar ist, über welche Funktionen die Lernumgebung verfügen soll, kann im Rahmen der Designbewertung diejenige Designalternative ausgewählt werden, bei der die Ziele hinsichtlich der Benutzerfreundlichkeit am besten erreicht werden und die zukünftige Lernende mit hoher Wahrscheinlichkeit anspricht. So kann z. B. die Frage der Menüanordnung untersucht werden, indem mehrere funktionsfähige Prototypen miteinander verglichen werden, die auf der Basis unterschiedlicher Designkonzepte entwickelt wurden. Im Anschluss wird eine Entscheidung zugunsten einer Alternative gefällt.

- *Produktbewertung:* Am häufigsten werden Usability-Tests im Rahmen der Produktbewertung eingesetzt, also der Bewertung von Prototypen vor dem Einsatz im Lernkontext. Es wird geprüft, ob die Usability-Aspekte (Learnablity, Efficiency, Memorability, Errors und Satisfaction) in der Lernumgebung, entsprechend den Anforderungen der Lernenden umgesetzt wurden, und welche Schwächen die Lernumgebung aus Sicht der Lernenden noch aufweist. Aber nicht nur in der formativen Evaluation werden Usability Tests zum Zweck der Produktbewertung eingesetzt, auch im Rahmen summativer Evaluation, können sie durchgeführt werden, beispielsweise dann, wenn entschieden werden muss, welche Lernplattform für die eigenen Zwecke am besten geeignet ist.

21.3
Usability-Aspekte

Bereits in Abschnitt 21.2 wurden die einzelnen Usability-Aspekte angesprochen. Sie werden im Folgenden präzisiert und es wird gezeigt, wie sie empirisch untersucht werden könnten.

Usability wurde durch die Aspekte Learnability, Efficency, Memorability, Errors und Satisfaction bestimmt. Die Bedeutung der einzelnen Aspekte, deren Zusammenwirken eine gute Usability ermöglicht, ist, bezogen auf die jeweils konkrete E-Learning-Umgebung, abhängig von der Zielgruppe, den gestellten Aufgaben und der Lernumgebung. Deshalb muss für jedes E-Learning-Angebot der Einfluss jedes einzelnen Aspektes auf die Usability neu bestimmt werden.

Usability-Aspekte: Learnability, Efficency, Memorability, Errors, Satisfaction

Da die Messung der Usability nicht direkt erfolgen kann, muss sie indirekt über andere Größen bestimmt werden. Im Wesentlichen wird dies über Leistungsmessungen und die Erfassung subjektiver Daten realisiert.

Als Kriterien zur Leistungsmessung werden vor allem die Zeit, die Quantität und die Qualität der Aufgabenbewältigung herangezogen. Diese Kriterien sind auch die Grundlage für das Keystroke-Level Model, mit dem versucht wird, auf der Basis von Leistungsdaten Voraussagen über Usability-Schwächen zu generieren (Card et al., 1990). Dazu werden die zur Bewältigung der Aufgaben notwendigen Tastatureingaben bestimmt und eine Vorhersage über die benötigte Zeit getroffen. Diese Vorgaben werden später mit den Daten aus der Leistungsmessung, die während des Usability-Tests erhoben wurden, verglichen. Systematische Abweichungen zwischen Vorgabe und den im Test ermittelten Daten deuten dann auf Usability-Schwächen hin.

21.3.1
Erlernbarkeit (Learnability)

Der Aspekt der Erlernbarkeit bezieht sich darauf, dass die Handhabung der multimedialen Lernumgebung für den Lernenden möglichst schnell erlernbar sein sollte. Sobald ein Lernender einige grundlegende Funktionen, wie die Handhabung der Navigation, kennen gelernt und sich einen Überblick über den Inhalt der Lernumgebung verschafft hat, kann er mit dem Lernen beginnen kann.

Die Learnability ist ein wesentlicher Aspekt der Usability. Sie bestimmt die Höhe der anfänglichen Hürde, die vom Lernenden zunächst einmal überwunden werden muss, will er mit dem Lernangebot lernen. Dieser Aspekt erhält insbesondere dann Bedeutung, wenn für das Angebot nur kurze oder gar keine Schulungsmaßnahmen vorgesehen sind. Denn dann entscheidet die Learnability darüber, ob das Lernangebot von den Lernenden schnell oder nur widerstrebend angenommen wird.

Learnability fokussiert auf leichte Erlernbarkeit der Handhabung eines E-Learning-Angebotes

Der Aspekt der Erlernbarkeit bezieht sich auf neue Nutzer bzw. Lerner. Demnach ist es sinnvoll, die Erlernbarkeit eines E-Learning-Angebotes speziell für diese Gruppe von Lernenden zu bestimmen. Ein Kriterium für die Learnability ist die Zeit, die Lernende brauchen, um ein bestimmtes Niveau an Können im Umgang mit dem System zu erreichen, das ein Experte oder häufiger Nutzer hat.

Sehr lange Einarbeitungszeiten zeigen Schwächen der Learnability an, so dass in einem solchen Fall eine Überarbeitung der Oberfläche des Lernangebotes angebracht ist.

21.3.2
Effizienz (Efficency of use)

Ob eine Lernumgebung dem Lernenden die wünschenswerte Lernproduktivität ermöglicht, kann über das Kriterium Effizienz bestimmt werden. Die Effizienz kann nur dann als zufrieden stellend beurteilt werden, wenn relativ wenige Mausklicks und Tastatureingaben notwendig sind, um den entsprechenden Lerninhalt adäquat im Angebot zu erreichen und durchzuarbeiten, bei gleichzeitig überschaubarer, nachvollziehbarer Strukturierung und Präsentation des Lerninhaltes.

Effizienz betrachtet den kognitiven Aufwand, den ein Lernender aufbringen muss, um das Angebot handhaben zu können

Effizienz ist der wichtigste Usability-Aspekt, da er darüber entscheidet, wie viel kognitiver Aufwand ein Lernender aufbringen muss, um das Lernangebot formal handhaben zu können, und wie viele kognitive Ressourcen damit für den eigentlichen Lernprozess verfügbar bleiben.

Der Grad der Effizienz, mit der eine Lernumgebung gehandhabt werden kann, wird häufig über die Zeit ermittelt. Dabei entspricht die Effizienz dem Prozentsatz, wie viel in welcher Zeit mit welcher Qualität gelernt wurde.

Es ist sinnvoll, die Effizienz erst dann zu messen, wenn der Lernende die Lernumgebung relativ sicher handhabt. Dies kann z.B. über seine eigene Einschätzung, die Häufigkeit der Nutzung oder die Perfektion, mit der er die Lernumgebung nutzt, ermittelt werden.

Dabei muss jedoch beachtet werden, dass die Effizienz zumindest von der Fehlerrate des Systems abhängig ist und auch das Kriterium der Zufriedenheit beeinflussen kann (s. unten).

21.3.3
Erinnerbarkeit (Memorability)

Erinnerbar ist die Handhabung einer multimedialen Lernumgebung dann, wenn auch gelegentliches Lernen mit ihr unterstützt wird, so dass sich auch solche Lernende leicht wieder in die Handhabung der Lernumgebung hineinfinden, die eine Zeit lang nicht mit dieser gelernt haben.

Dieser Aspekt bezieht sich einerseits auf Lernende, die in größeren zeitlichen Abständen mit der Lernumgebung lernen, aber auch auf Experten, die in größeren Zeitabständen bestimmte Sonderfunktionen nutzen.

Erinnerbarkeit setzt den Fokus auf gelegentlich mit dem Angebot Lernende

Es gibt zwei Möglichkeiten, die Erinnerbarkeit zu messen:

1. Es können Zeiten für die Bearbeitung bestimmter Übungsaufgaben zur Handhabung der Lernumgebung gemessen werden, und zwar einmal für gelegentlich mit dem Angebot Lernende und einmal für häufig mit dem Angebot Lernende. Beide Zeiten werden dann miteinander verglichen. Große Differenzen deuten dann auf Usability-Probleme hin.

2. Es werden Gedächtnistests durchgeführt, bei denen sporadisch mit dem Lernangebot Lernende gefragt werden, welche Effekte bestimmte Befehle oder Aktionen hervorrufen.

21.3.4
Fehlerrate (Errors)

Ein Lernsystem sollte so wenig Fehler wie möglich aufweisen. Zudem muss es so konzipiert sein, dass es Bedienfehler von Lernenden verhindert oder zumindest in Grenzen hält. Da dies aber nicht immer möglich ist, sollte das System dem Lerner dabei helfen, die Fehler zu beheben. Dieser Usability-Aspekt wird mit Fehlerrate bezeichnet. Dabei werden solche Aktionen als Fehler definiert, die nicht zum gewünschten Erfolg führen.

Mit Errors wird die Fehlerrate des E-Learning-Angebotes bezeichnet

Die Fehlerrate zu messen ist sicherlich einfach, da die auftretenden Fehler nur aufsummiert werden müssen. Schwieriger ist festzustellen, ob angebotene Hilfen zur Behebung von Fehlern, insbesondere von selbst verschuldeten, auch verstanden und angewendet werden können.

In jedem Fall ist eine Kategorisierung der Fehler unerlässlich. Sinnvolle Kategorien sind u. a. Fehler, die der Lernende selbst verursacht hat und die er beheben kann, Fehler, die von ihm nur sehr aufwändig und mit entweder hohem inhaltsspezifischem Wissen oder Computerfachwissen korrigiert werden können, sowie Fehlern, die nur die Entwickler der Lernumgebung beheben können.

Eine Kategorisierungsmöglichkeit im Rahmen der Usability Inspection Methods (s. unten) schlägt Nielsen vor (Nielsen, 1993).

21.3.5
Zufriedenheit (Satisfaction)

Satisfaction fokussiert auf die Zufriedenheit der Lernenden mit dem E-Learning-Angebot

Zufriedenheit (von Rubin (1994) auch Likeability genannt) ist ein Aspekt der Usability, der in alle anderen Usability-Aspekte hineinwirkt. Er bezieht sich darauf, ob der Lernende aus seinem subjektiven Gefühl heraus mit der Lernumgebung zufrieden ist, also das Lernen damit als angenehm empfindet, evtl. auch Spaß beim Lernen hat und für sich selbst einschätzt, die Lernumgebung zu mögen.

Zufriedenheit spiegelt auch die Akzeptanz einer Lernumgebung bei den Lernenden wieder und beantwortet die Frage, ob die Lernenden den Funktionsumfang als angemessen für ihren Wissenserwerb und ihre Lernaufgaben empfinden. Zufriedenheit bestimmt in erheblichem Maße, ob die Lernenden bereit sind, das Lernsystem zu nutzen.

Der Aspekt der Zufriedenheit kann sehr aufwändig über Blickbewegungsmessungen und durch Auswertung der Pupillenerweiterung bestimmt werden. Weniger aufwändig ist dies durch Befragung zu erreichen. Darüber hinaus können spontane Äußerungen während des Lernens mit dem Angebot festgehalten und die Häufigkeit positiver und negativer Äußerungen dokumentiert werden. Dies können Äußerungen sowohl der Verzweiflung oder Frustration, aber auch der Verwunderung oder Überraschung sein. Entscheidend ist, das Zustandekommen dieser Äußerungen im Nachhinein in einem Interview durch den Lernenden selbst erklären zu lassen.

21.4
Erhebungsmethoden beim Usability Testing

Die am häufigsten im Rahmen von Usability Testing angewendeten Methoden sind die Beobachtung und die Befragung.

Neben der schriftlichen Befragung mittels Fragebögen kommt der mündlichen Befragung besondere Bedeutung zu. Speziell die Methode des lauten Denkens wird häufig angewendet und soll deshalb hier näher vorgestellt werden.

Als Beobachtungsmethode setzt man neben der standardisierten Beobachtung von Lernhandlungen und dem Verhaltensrecording (s. Kap. 20) zunehmend auch die Methode der Blickbewegungsmessung ein. Auch sie wird nachfolgend beschrieben.

21.4.1
Methode des lauten Denkens (Thinking aloud)

Die Methode des lauten Denkens setzte Duncker als einer der Ersten zur Erforschung nicht beobachtbarer Problemlöseprozesse beim Lernen ein (Duncker, 1935). Dabei mussten die Testpersonen zweierlei leisten, einerseits eine gestellte Aufgabe lösen und andererseits Verbalisierungen produzieren.

Lautes Denken ist eine häufig angewandte Methode zur Erforschung nicht beobachtbarer Gedächtnisprozesse

Diese Methode hat sich darüber hinaus ebenfalls erfolgreich im Bereich des Interfacedesigns herausgestellt (Lewis, 1982) und ist dadurch auch für die Untersuchung der Usability interessant.

Die Methode des lauten Denkens hat im Rahmen des Usability Testing, das Ziel, die Gedankengänge der Lernenden beim Umgang mit dem E-Learning-Angebot zu erforschen.

Dazu werden die Testteilnehmer aufgefordert, ihre Handlungen und Gedankengänge während des Lernens laut zu äußern. Überdies verbalisieren sie auch Gedanken zur Zufriedenheit, Begeisterung oder Motivation. Mittels Tonbandgerät oder Videokamera besteht die Möglichkeit, diese Äußerungen aufzuzeichnen und später auszuwerten.

Lautes Denken basiert auf Verbalisierung von bewussten Gedächtnisprozessen

Der Vorteil dieser Methode besteht darin, große Mengen qualitativer Daten über die Beurteilung des Lernangebotes sammeln zu können und zudem schon während des Usability-Tests Problembereiche allein dadurch zu erkennen, dass mehrere Lernende auf sie hinweisen.

Allerdings hat diese Methode auch Nachteile. So werden nur bewusste Handlungen und Gedankengänge geäußert. Zudem empfiehlt es sich, diese Technik zunächst mit den Testteilnehmern einzuüben, da sie für sie ungewohnt ist.

Eine Variante des lauten Denkens ist die *Interviewtechnik (Question-Asking-Technik)*. Bei dieser Methode wartet der Testleiter nicht auf die Äußerungen der Lernenden, sondern stellt gezielt Fragen zum Verständnis, dem Ablauf der Lernhandlungen usw. Aus der Art und Weise der Antworten oder ihrem Ausbleiben sind dann Rückschlüsse auf Problembereiche des untersuchten Lernangebotes möglich.

Varianten: Question-Asking-Technik und Retrospective-Testing-Technik

Eine weitere Variante ist die *Videokonfrontation (Retrospective-Testing-Technik)*. Bei diesem Verfahren wird der Testteilnehmer, nachdem er mit dem Lernangebot gelernt hat, gebeten, anhand des während des Tests aufgezeichneten und ihm nun vorgeführten Videos seine Handlungen und Gedankengänge darzulegen. Durch gezieltes Nachfragen sollen die Beweggründe für die durchgeführten Lernhandlungen in Erfahrung gebracht werden. Diese Variante kann ebenfalls als Question-Asking-Technik durchgeführt werden.

21.4.2
Blickbewegungsaufzeichnung (Eye Tracking)

Zur Objektivierung der Verbalprotokolle, die durch lautes Denken oder die Aufzeichnung von Interviews o. Ä. entstanden sind, werden zunehmend Blickbewegungsaufzeichnungen eingesetzt. Auch erhofft man sich durch diese Methode beispielsweise Antworten auf Fragen wie: Hat der Lernende einen bestimmten Absatz gelesen? Hat er die angebotenen Bilder intensiv betrachtet und vielleicht zwischen Text und Bildinformation Zusammenhänge gesucht?

Blickbewegungsaufzeichnung dient zur Gewinnung objektiver Daten

Die zentrale Idee, die der Blickbewegungsaufzeichnung zugrunde liegt, ist, dass eine Person ihren Blick auf die Informationen fokussiert, die sie gerade aufnehmen möchte bzw. die für den augenblicklichen Ablauf der Informationsverarbeitung notwendig sind. Somit können Blickbewegungen Hinweise auf Schritte der menschlichen Informationsverarbeitung geben (Deffner, 1984). Dadurch eröffnet die Blickbewegungsregistrierung im Bereich des Usability Testing von E-Learning die Möglichkeit, anhand objektiver Daten z. B. festzustellen, welche Bereiche einer Website wie lange angesehen wurden, in welcher Reihenfolge dies erfolgte oder welche Bereiche ausgelassen wurden.

Um die Blickbewegungen zu messen, ist eine spezielle Kamera z. B. Infrarotkamera, die die Augenbewegungen erfassen kann, nötig und ein Rechner, mit dem die Blickbewegungen aufgezeichnet werden. Zudem muss eine Spezialsoftware genutzt werden, die die Blickbewegungsdaten auswerten kann.

Die Basis der Analyse sind Fixationen.

Eine Fixation ist „der Zustand, bei dem das Auge sich bezüglich des Sehobjektes in relativem Stillstand befindet" (Rötting, 2001).

Abb. 21.1: Auswertung der Blickbewegungsdaten. Verwendete Software: Eyeneal Data Analysis 5.0, Applied Science Group Inc. (2000)

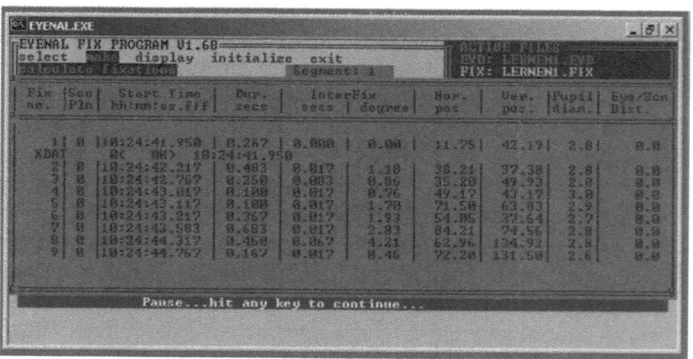

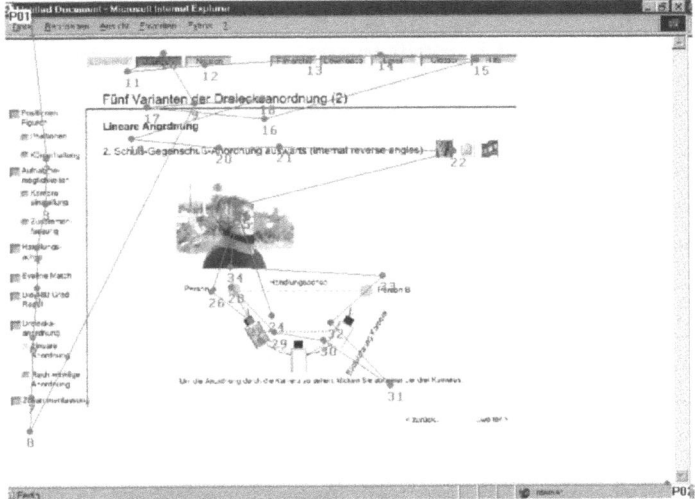

Abb. 21.2: Visualisierung der dazugehörigen Blickbewegungsverläufe. Verwendete Software: FixPlott, Applied Science Group Inc. (2000).

Neben den Fixationen gibt die Software aber auch die Dauer der Fixation oder die Zeit zwischen einer und der darauf folgenden Fixation an.

In Abbildung 21.1 sind die Reihenfolge und der Ort der Fixation enthalten. Man braucht jedoch einige Vorstellungskraft, sich den Ablauf auf der Lernwebsite vorzustellen.

Die visuell aufgearbeitete Form zeigt Abbildung 21.2.

Es ist sehr schön zu sehen, dass der Lernende zunächst die Navigationsleisten betrachtete, bevor er den für sich relevanten Inhalt auswählte. Das Hauptaugenmerk seiner Lernaktivitäten lag auf der Erkundung der Funktion der Kameras und der Abbildung des Sucherbildes der Kamera, was die häufigen Fixationen zeigen.

Allein anhand der reinen Fixation eine Aussage darüber zu treffen, ob ein Lernender den Bereich aktiv wahrgenommen hat bzw. sich einzelne Inhalte eingeprägt hat, wäre verfrüht. Erst das Ensemble aus Fixation an sich, Dauer und Häufigkeit der Fixation lässt solche Schlüsse zu. Zudem empfehlen Carpenter & Just (1976) nicht einzelne, sondern mehrere Fixationen in einem interessierenden Bereich des Lernangebotes zur Grundlage eines Indikators für kognitive Prozesse zu machen und somit dicht beieinander liegende Fixationen als eine zu betrachten.

21.5
Techniken des Usability Testing

Experten- und Nutzerurteile können für Usability-Tests genutzt werden

Um die Usability zu testen, gibt es unterschiedliche Techniken, die entweder basierend auf der Untersuchungsmethode der Beobachtung oder der Befragung entwickelt wurden.

Diese Techniken können in Usability-Tests unterteilt werden, die auf Expertenurteile oder Nutzerurteile setzen, und jene, die Expertenurteile mit Nutzerurteilen kombinieren.

Gerade dass es Techniken gibt, die auf Expertenurteilen basieren, sollte zunächst verwundern, da es das eigentliche Ziel des Usability-Tests ist, den Nutzer bzw. Lernenden möglichst frühzeitig in die Konzeption und Entwicklung des Angebotes mit einzubeziehen. Die zugrunde liegende Annahme dabei ist, dass Experten in der Lage sind, die Probleme der Lernenden vorauszusagen. Ob dies für die eigene Usability-Studie zu erwarten ist, muss im Einzelfall abgewogen und eventuell überprüft werden. Nur in einigen Fällen kann dies dazu führen, dass ein Usability-Test überflüssig ist, in den meisten Fällen jedoch nicht, auch wenn dies ursprünglich intendiert war! Denn diese Techniken wurden entwickelt, weil der finanzielle Aufwand von Usability-Tests mit Nutzern hoch ist und man sich in der Praxis von Tests mit Experten Kostenvorteile erwartete.

Dennoch, in der Kombination von einem Usability-Test mit Nutzern und einem mit Experten liegen Vorteile. Es wird eine umfangreichere und aussagefähigere Datenbasis entstehen, die auf zwei unterschiedlichen Perspektiven, der des Nutzers und der des Experten, aufbaut und es so ermöglicht, mehr Usability-Probleme zu identifizieren.

Deshalb werden nachfolgend sowohl die Techniken des Usability Testing durch Experten präziser Usability-Inspektions-Techniken dargestellt, als auch die durch Nutzer kurz charakterisiert.

21.5.1
Usability-Inspektions-Techniken

Usability-Inspektions-Techniken bezeichnen eine Reihe von Methoden, die auf Expertenurteilen basieren und somit auf deren Fähigkeit, Nutzungsprobleme von typischen Anwendern bzw. typischen Lernenden vorherzusehen.

Als Experten kommen dabei Domänexperten und Softwareentwickler in Frage, aber auch Nutzer mit großer Erfahrung im Umgang mit dem zu untersuchenden Angebot und entsprechend umfangreichem Usability- sowie inhaltlichem Fachwissen. Jedoch weist Nielsen (1993) einschränkend darauf hin, dass Experten mehr Probleme identifizieren als erfahrene Nutzer. Darüber hinaus ist auch die Anzahl der Experten entscheidend, so identifiziert ein Experte 38% der Usability-Probleme, 5 Experten entdecken schon 70% und 10 Experten 89% aller im System existierenden Usability-Mängel, die zuvor als solche definiert wurden (Molich & Nielsen, 1990).

Der optimale Einsatzzeitpunkt für Usability-Inspektions-Techniken ist die mittlere Phase im Entwicklungszyklus des multimedialen Angebotes. Zu diesem Zeitpunkt existiert ein lauffähiger Prototyp mit favorisiertem Design, und der Experte kann typische Aufgaben zukünftiger Lernender schon selbst durchführen.

21.5.2
Heuristische Evaluation

In der heuristischen Evaluation sind es nur eine geringe Anzahl von Experten, die anhand von Heuristiken die Usability des zu analysierenden Produktes einschätzen. Nielsen (1992) empfiehlt dazu drei bis fünf Experten, die zusammen 75% aller Usability-Probleme entdecken.

Heuristiken

Dabei greifen sie auf die von Molich & Nielsen (1990) vorgeschlagenen heuristischen Prinzipien zurück.

Dies sind im Einzelnen:

1. *Einfache und natürliche Dialoge:* Nach diesem Prinzip wird die Benutzeroberfläche des Produktes daraufhin geprüft, ob sie exakt die Information präsentiert, die der Nutzer sich wünscht, und zwar zum richtigen Zeitpunkt und am richtigen Ort.

2. *Die Sprache des Nutzers sprechen:* Nutzerbezogenes Design bedeutet auch, dass in der Terminologie beachtet werden muss, Begriffe und Icons zu verwenden, die der Nutzer aus seinem natürlichen Sprachkontext heraus kennt und versteht. Es dürfen aber niemals Dialoge auf der Ebene einer systemorientierten Sprache aufgebaut werden. Bekannt ist dieses Problem bei Hilfen einschlägiger Softwareanwendungen. Sie enthalten selten die Begriffe als Suchwörter, die der Anwender in die Suchmaske eingibt. Dieser ist dann häufig frustriert, weil er alle möglichen Synonyme ausprobieren muss, um die gesuchte Information zu erhalten.

3. *Minimiere die Gedächtnisbelastung des Nutzers:* Der Nutzer soll entsprechend dieses Prinzips möglichst wenig kognitive Ver-

arbeitungsprozesse auf die Bedienung des Angebotes lenken müssen.

4. *Konsistenz:* Konsistenz ist das Grundprinzip schlechthin. Ähnlich strukturierte Bildschirmseiten erleichtern dem Nutzer die Orientierung und die gezielte Suche nach relevanten Informationen. Damit eng verbunden ist auch die Minimierung des Cognitive Load beim Nutzer.

5. *Feedback:* Der Nutzer sollte jederzeit Rückmeldungen über die Aktivitäten des Systems, z. B. beim Laden von Bildern, aber auch über Fehler in der Handhabung erhalten. Gerade bei Rückmeldungen zu Fehlern reicht es nicht aus, den Fehler zu benennen. Für den Nutzer entscheidend sind darüber hinaus Hinweise, wie der Fehler behoben werden bzw. vermieden werden kann.

6. *Tastenkürzel (Shortcuts):* Um häufig auszuführende Operationen zu beschleunigen, ist es sinnvoll, Shortcuts als Schnellzugriffe auf diese Operationen anzubieten, z. B. Ctrl.+C für kopieren wäre ein solcher Shortcut, der gewöhnlich unter Windows funktioniert.

7. *Genaue und konstruktive Fehlermeldungen:* Gute Fehlermeldungen sind nach Nielsen dadurch charakterisiert, dass sie klar formuliert sind, systemorientierte Informationen an den Schluss stellen und konstruktive Hinweise zur Fehlerbehebung bzw. Fehlervermeidung beinhalten sowie höflich formuliert sind.

8. *Fehlerprävention:* Fehleranfälligen Situationen sollte vorgebeugt werden. Darüber hinaus ist es sinnvoll, das System so zu konzipieren, dass es Nutzer dabei unterstützt, Fehler zu vermeiden und, sofern sie dennoch aufgetreten sind, Hilfen zu deren Behebung anzubieten.

9. *Hilfe und Dokumentation:* Komplexe Systeme müssen über eine Bedienungsanleitung und Hilfefunktion verfügen. Diese sollten leicht verständlich formuliert sein und, soweit angebracht, den Sachverhalt visualisieren.

Diese Heuristiken sind nicht starr, sondern sollen entsprechend dem speziellen Evaluationsgegenstand verändert und angepasst werden. Im Rahmen der Evaluation multimedialen Lernens ist das unbedingt erforderlich, da nur wenige der oben genannten Prinzipien direkt für das E-Learning übernommen werden können.

Viele müssen präzisiert und auf den aktuellen Evaluationsgegenstand angepasst werden, insbesondere gilt dies für das Feedback, denn gerade beim multimedialen Lernen kommen zum bedienungsbezogenen Feedback inhaltliche Rückmeldungen und Hilfen hinzu, deren Gestaltung natürlich auch lernerfreundlich sein sollte.

Anhand der beschriebenen heuristischen Prinzipien beurteilen die einzelnen Experten separat die Usability der Anwendung, und zwar idealerweise in zwei Durchgängen. Im ersten konzentrieren sie sich auf den Informationsablauf und die Funktionalitäten und im zweiten Durchgang auf die einzelnen Bedienelemente. Das Ergebnis ist eine Liste von genau beschriebenen Usability-Problemen, die in ihrer Charakterisierung darauf Bezug nehmen, welches heuristische Prinzip sie verletzen. Anschließend werden die von den einzelnen Experten identifizierten Usability-Probleme in der Gruppe aller Experten diskutiert. Gleichzeitig erstellen sie eine Gesamtliste aller von ihnen identifizierten Usability-Probleme.

Um Anhaltspunkte zu erhalten, welche der gefundenen Probleme die Usability in welchem Maße beeinträchtigen und wie notwendig Produktveränderungen sind, werden die gefundenen Probleme einem „Schweregrad-Rating" (severity rating) unterzogen.

Erkannte Usability-Probleme müssen von den Experten kategorisiert werden

Grundlagen für diese Beurteilung sind:

1. Die Auftretenshäufigkeit
2. Der Einfluss des Problems auf die Erreichung des gesetzten Ziels bzw. der Aufgabenbewältigung
3. Die Möglichkeit, sobald das Problem bekannt ist, dieses zu umgehen

Zur Klassifizierung des Schweregrades eines identifizierten Usability-Problems schlagen Nielsen & Mack (1994) nachfolgende Abstufungen vor:

Auf die Kategorisierung der Usability-Probleme folgt die Einordnung dieser anhand ihres Schweregrades

0. Dies ist kein Usability-Problem.
1. Dies ist nur ein kosmetisches Problem, das nicht behoben werden muss, solange keine zusätzliche Zeit zur Verfügung steht.
2. Dies ist ein kleines Usability-Problem – dessen Behebung erhält geringe Priorität.
3. Dies ist ein großes Usability-Problem – dessen Behebung erhält große Priorität.
4. Dies ist eine Usability-Katastrophe – das Problem muss unbedingt schnellstmöglich behoben werden.

Die Klassifizierung des Schweregrades der gefundenen Usability-Probleme erfolgt häufig mittels zugesandtem Fragebogen.

Alle gefundenen Probleme werden von allen Experten hinsichtlich ihres Schweregrades eingeschätzt, es sollten jeweils mindestens drei Experten das Rating vornehmen.

Darüber hinaus weist Nielsen (1994) darauf hin, dass mit der heuristischen Evaluation schwerwiegende Fehler schneller erkannt werden als weniger schwerwiegende, jedoch von Letzteren weitaus mehr gefunden werden.

Wie bereits erwähnt, ersetzt die heuristische Evaluation nicht den Usability-Test mit Nutzern, da Experten keine Nutzer sind und sie auftretende Probleme bei der Benutzung nur antizipieren können. Deshalb ist es nicht ausgeschlossen, dass Nutzer einerseits ähnliche Usability-Probleme wie die Experten finden, andererseits aber auch ganz andere, die von den Experten nicht vorhergesehen wurden.

21.6
Cognitive Walkthrough

Mit der Cognitive-Walkthrough-Technik werden Handlungsabläufe analysiert

Die Technik des *Cognitive Walkthrough* basiert auf Erkenntnissen der Kognitionspsychologie.

Sie konzentriert sich vor allem auf die Handlungsabläufe, die ein Lernender durchführen muss, wenn er mit einer multimedialen Lernumgebung lernt. Der Experte, der mittels Cognitive Walkthrough die multimediale Lernumgebung analysiert, versucht jeweils die Frage zu beantworten, ob der typische Lernende in der Lage wäre, die für die Lösung der Aufgabe relevanten Aktionen zu erkennen und auszuführen.

Die Technik des Cognitive Walkthrough betont vor allem den Aspekt der leichten Erlernbarkeit und Handhabung der Lernumgebung, der mit weiteren Usability-Aspekten, insbesondere der Effizienz, korreliert.

Beim Cognitive Walkthrough analysieren Experten vorgegebene Handlungsabläufe, idealerweise solche, die auch zukünftige Lernende häufig durchführen müssen, oder solche, bei denen keine Fehler unterlaufen dürfen, wie dies beispielsweise beim Aufrufen, Beantworten und Abschicken einer Online-Klausur der Fall wäre. Dabei wird festgestellt, ob zukünftige Lernende in der Lage wären, die einzelnen Schritte zu erkennen, nachzuvollziehen, zu verstehen und auszuführen. Sobald Probleme auftreten, werden diese dokumentiert und als Hilfe für die Entwickler begründet.

Vier Schritte des Cognitive Walkthrough

Der Ablauf eines Cognitive Walkthrough gliedert sich typischerweise in vier Schritte:

1. *Definition: Zielgruppe, Beispielaufgaben, Handlungssequenzen, Interface:* Dieser Schritt umfasst Vorarbeiten und Vorüberlegungen. Zunächst stellt sich die Frage nach der Zielgruppe, ihrem Vorwissen und ihren Erwartungen, die in diesem Schritt festgehalten werden. Des Weiteren müssen die einzelnen Aufgaben ausgearbeitet werden. Dabei ist zu beachten, dass sie sich entweder auf häufig ausgeführte und/oder auf kritische Lernaspekte beziehen und zudem repräsentativ ausgewählt werden. Im Anschluss kann festgelegt werden, welche Aktionen für die Lösung der einzelnen Aufgaben notwendig sind. Es müssen diejenigen Bedienungssequenzen definiert werden, denen die zukünftigen Lernenden idealerweise folgen sollten. In diesem Schritt wird ebenfalls festgelegt, was die Lernenden während der einzelnen Bedienungsschritte zu sehen bekommen, also wie die Bildschirmoberfläche gestaltet wird bzw. werden soll und welche Funktionen zur Verfügung stehen werden. Dies ist kein Problem, wenn schon ein Prototyp vorliegt, andernfalls müssen die einzelnen Bildschirmseiten entworfen werden, bevor die eigentliche Untersuchung beginnen kann.

2. *Untersuchung der Handlungssequenzen:* Während des Cognitive Walkthrough arbeitet der Experte die einzelnen Schritte des korrekten Lösungsweges durch, wobei er bei jeder Aktion Voraussetzungen und Folgen bedenkt. Er stellt sich dabei u. a. folgende Fragen: Was würde der Lernende für eine Aktion anstreben? Steht die korrekte Aktion zur Verfügung? Wird der Lernende diese korrekte Aktion als solche erkennen und ausführen können? Wenn er die Aktion korrekt ausgeführt hat, wird er den Fortschritt erkennen? Aus den Ergebnissen dieser Überlegungen wird dann geschlossen, wie wahrscheinlich es ist, dass der Lernende die Aufgaben korrekt bearbeiten kann.

3. *Protokollierung der Probleme:* Während der Protokollierung sollte der Prüfer (a) alle Informationen und Kenntnisse angeben, die der Lernende für bestimmte Handlungsschritte haben muss, (b) alle Aktionen auflisten, bei denen Probleme auftreten könnten, und (c) mutmaßliche Gründe für diese Probleme angeben.

4. *Revision:* Im Rahmen der Revision werden nun die einzelnen analysierten Probleme geordnet aufgelistet, z. B. entsprechend den zur Untersuchung der Handlungssequenzen gestellten Fragen:
Der Lernende weiß oft nicht, welche Aktion er auslösen soll. Auch bestehen Unsicherheiten dahingehend, ob die gewünschte

Aktion überhaupt zur Verfügung steht. Zudem weiß er nicht, wie er sie auslösen soll. Er findet die korrekte Aktion nicht und erhält auch keine Rückmeldung oder Hilfestellung, wie er sein Problem lösen kann. So ist eine Zusammenstellung von Problemen entstanden, die dem Entwickler darüber informiert, ob, wo und wann das Design der Lernumgebung die Interaktion zwischen Lernenden und Lernumgebung erschwert. Auf dieser Basis kann nun das Redesign beginnen.

Der Cognitive Walkthrough muss durch weitere Usablity-Testing-Techniken ergänzt werden

Es wird nicht empfohlen, den Cognitive Walkthrough als Ersatz eines Usability-Tests einzusetzen (Lewis & Wharton, 1997). Er hat jedoch den Vorteil, dass er bereits in frühen Phasen der Entwicklung angewendet werden kann.

Zwar werden mit dem Cognitive Walkthrough weniger Probleme identifiziert als beim Usability-Test oder bei der heuristischen Evaluation, aber es werden sowohl mögliche Ursachen von Usability-Problemen als auch Zusammenhänge zwischen Problemen aufgedeckt, auch dann, wenn bei anderweitig identifizierten Usability-Problemen nicht klar ist, warum diese auftreten. Zudem ist es eine kostengünstige Methode, was Verantwortliche ermutigen sollte, eine Kombination von Techniken des Usability Testing einzusetzen.

Eine Variation ist der *Pluralistic Walkthrough*, bei dem Experten, Entwickler und Nutzer gemeinsam vorgegebene Handlungsabläufe durchlaufen und dabei diskutieren.

21.6.1
Fragebögen und Checklisten

Fragebögen basieren auf Entscheidungsskalen

Ähnlich wie in der Evaluation pädagogischer Lernumgebungen (s. Kap. 20) sind Fragebögen und Checklisten auch ein beliebtes Instrument zur Beurteilung der Usability. Auch hier werden sie gern genutzt, da sie wegen ihrer vorgegebenen Kriterienlisten schnell anwendbar erscheinen, zumal der Experte für jedes Einzelkriterium lediglich auf einer Einschätzungsskala sein Urteil ankreuzen muss. Aber auch hier gelten die Einschränkungen hinsichtlich ihres Einsatzes, die schon im Kapitel 20 diskutiert wurden. Fragebögen und Checklisten können auf keinen Fall einen Usability-Test mit zukünftigen Nutzern ersetzen.

Je nach Beurteilungsspektrum wurden bisher unterschiedliche Fragbögen bzw. Checklisten entwickelt. Der Keevil Usability Index (Keevil, 1998), IsoMetrics (Gediga et al., 1999) oder der Purdue Usability Testing Questionnaire (PUTQ) (Lin et al., 1997) sind geeignet, die Usability eines Softwareproduktes mit grafischer Be-

Learnability		1	2	3	4	5	6	7		NA
Does it provide clarity of wording?	BAD	○	○	○	○	○	○	○	GOOD	○
Is the data grouping reasonable for easy learning?	BAD	○	○	○	○	○	○	○	GOOD	○
Is the command language layered?	BAD	○	○	○	○	○	○	○	GOOD	○
Is the grouping of menu options logical?	BAD	○	○	○	○	○	○	○	GOOD	○
Is the ordering of menu options logical?	BAD	○	○	○	○	○	○	○	GOOD	○
Are the command names meaningful?	BAD	○	○	○	○	○	○	○	GOOD	○
Does it provide no-penalty learning?	BAD	○	○	○	○	○	○	○	GOOD	○

Abb. 21.3: Purdue Usabililty Testing Questionnaire (PUTQ)

nutzeroberfläche insgesamt zu beurteilen. Demgegenüber erfassen QUIS (Chin et al., 1988) oder PSSUQ (Lewis, 1995) nur den Aspekt der Zufriedenheit als einen Teilaspekt der Usability.

Nachfolgend werden als Beispiele die Fragebögen PUTQ und QUIS näher vorgestellt:

Ausgearbeitete Fragebögen existieren zur Beurteilung der gesamten Usability bzw. einzelner Aspekte

- *Purdue Usability Testing* Dieser Fragebogen umfasst 100 Fragen zu den Usability-Aspekten Kompatibilität, Konsistenz, Flexibilität, Erlernbarkeit, Minimierung der einzelnen zielführenden Handlungen und Minimierung des Cognitive Load sowie Berücksichtigung der Grenzen der Wahrnehmung und einer einfachen Benutzerführung. Die einzelnen Fragen können auf einer 7-stufigen Skala von „schlecht" bis „gut" beantwortet werden, wobei es auch die Möglichkeit „keine Angabe" gibt. Abbildung 21.3 zeigt als Ausschnitt aus dem PUTQ die Fragen zum Aspekt „Learnability" (Erlernbarkeit).
  Es fällt auf, dass die Fragen sehr allgemein bzw. global zur Einschätzung des Systems an sich gestellt werden. Bei Lernumgebungen jedoch können die einzelnen Teilabschnitte durchaus unterschiedlich sein. Beispielsweise wird ein Teil, der ausschließlich der Wissensvermittlung dient, anders aussehen als einer, der Übungen anbietet. Wenn ein solcher Fragebogen für die Beurteilung verwendet werden soll, muss er an die Spezifik multimedialen Lernens angepasst werden.

- *Questionnaire for User Interface Satisfaction (QUIS):* Der Fragebogen QUIS umfasst 27 Einzelfragen, die vom Experten beantwortet werden müssen. Auf einer 9-stufigen Skala wird der Zufriedenheitsgrad eingeschätzt, wobei auch „keine Angabe" angekreuzt werden kann. Diese 27 Fragen lassen sich den Komplexen (a) allgemeines Urteil über die Software, (b) Bildschirmgestaltung, (c) Begriffsverwendung, (d) Erlernbarkeit und (e) Systemcharakteristik zuordnen. Abbildung 21.4 zeigt zur Verdeutlichung der Struktur von QUIS den Fragenkomplex Learning.

Learning		1	2	3	4	5	6	7	8	9		NA
Learning to operate system	difficult	○	○	○	○	○	○	○	○	○	easy	○
Exploring new features by trial and error	difficult	○	○	○	○	○	○	○	○	○	easy	○
Remembering names and use of commands	difficult	○	○	○	○	○	○	○	○	○	easy	○
Performing tasks is straightforward	never	○	○	○	○	○	○	○	○	○	always	○
Help messages on the screen	unhelpful	○	○	○	○	○	○	○	○	○	helpful	○
Supplemental reference materials	confusing	○	○	○	○	○	○	○	○	○	clear	○

Abb. 21.4: Questionnaire for User Interface Satisfaction (QUIS)

QUIS ist sicherlich ein geeignetes Werkzeug zur groben Einschätzung der Zufriedenheit mit dem Gesamtsystem. Aber dennoch gilt auch bezüglich der Einschätzung der Zufriedenheit, dass verschiedene Teile einer Lernumgebung unterschiedlich beurteilt werden. Eine globale Einschätzung kann an dieser Stelle nur Hinweise geben. Erst die genauere Analyse zeigt die Problembereiche, wo die Zufriedenheit der Lernenden stark zurückgeht und an welchen Stellen die Lernumgebung den zukünftigen Lernenden als benutzerunfreundlich erscheinen wird.

Spezielle Kriterienkataloge zur Evaluation multimedialen Lernens, in denen der Aspekt der Usability enthalten ist

Neben den soeben vorgestellten Fragebögen gibt es spezielle Kriterienkataloge, die für die Evaluation multimedialen Lernens entwickelt wurden. Diese enthalten zumeist eine Vielzahl Kriterien zu Merkmalen von Software, insbesondere zur Gestaltung von Benutzeroberflächen (u. a. Squires & McDougall, 1994; Meier, 1995).

Im Rahmen des Instruktionsdesigns kommt der Usability eine wesentliche Bedeutung als Grundlage für erfolgreiches Lernen zu. So ist es nicht verwunderlich, dass schon der Ansatz von Hannafin & Peck (1988) Kriterien zur Beurteilung der Usability beinhaltet. Diese Kriterien sind in den Dimensionen Angemessenheit des Erscheinungsbildes (Abb. 21.5) und technische Angemessenheit zusammengefasst.

Auch neuere Kriterienkataloge berücksichtigen den Aspekt der Usability (Gräber, 1990, siehe Abb. 21.6).

Diese Instrumente haben zwar ihren Schwerpunkt bei der Beurteilung technischer Aspekte des multimedialen Lernens, orientieren sich aber nicht an der Systematik des Usability-Konzeptes. Es wäre zu prüfen, inwieweit bisher verwendete Kriterien in das Usability-Konzept integriert werden können. Nur so ist es möglich, in Lernumgebungen diagnostizierte Usability-Probleme vor

COSMETIC ADEQUACY					
FOCUS	Very Poor	Below Average	Above Average	Very Average	Good
		——————	——————	——————	——————	

Appearance:					
Appeal	|——| |——| |——| |——| |——|
Typographical Accuracy	|——| |——| |——| |——| |——|
Frame Protocol	|——| |——| |——| |——| |——|
Visual Appeal	|——| |——| |——| |——| |——|
Animation	|——| |——| |——| |——| |——|
Use of Available Screen Space	|——| |——| |——| |——| |——|
Clarity:					
Screen Density	|——| |——| |——| |——| |——|
Display Clarity	|——| |——| |——| |——| |——|
Amplification	|——| |——| |——| |——| |——|
Interpretability of Display Elements	|——| |——| |——| |——| |——|

COMMENTS:
Use of animation and sound is excellent. Some text shown in color is hard to read in parts of the lesson. Also, certain frames are pretty busy and crowded.

Abb. 21.5: Die Grafik stellt die Dimension „Angemessenheit des Erscheinungsbildes" dar (Hannafin & Peck, 1988)

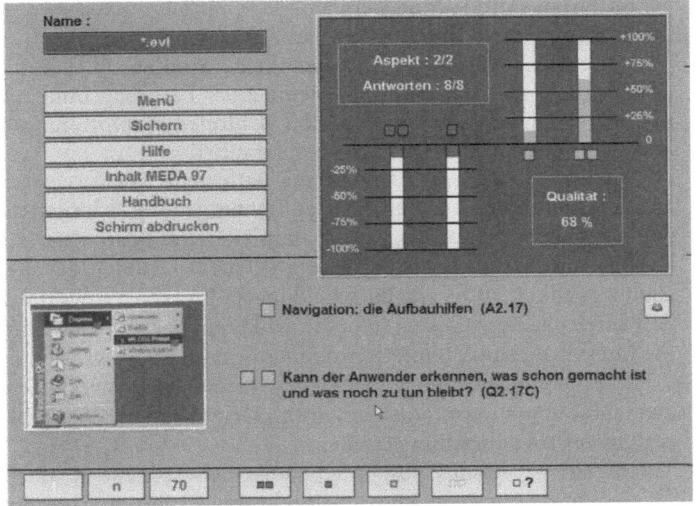

Abb. 21.6: Screenshot des Kriterienkataloges MEDA 97

21.6 Cognitive Walkthrough

dem Hintergrund entsprechender erklärender Modelle zu beurteilen und adäquate Problemlösungsvorschläge zu erarbeiten.

21.6.2
Usability-Testing-Techniken

Usability-Testing-Techniken – Grundlage sind Lernerverbalisierungen über ihre Lernprozesse

Während die bisher vorgestellten Techniken zur Analyse der Usability auf der Bewertung von Experten basierten, rücken nun die Techniken in den Vordergrund, die sich auf Urteile potenzieller Nutzer, also auf die Einschätzungen von potenziellen Lernenden, stützen.

Bis vor kurzem wurden Untersuchungen zur Usability unter Einbeziehung potenzieller Nutzer nur zögerlich eingesetzt, da ihnen der Ruf der „ill-defined activity" anhaftete (Hartson et al., 2001).

Da jedoch Nutzer von Software allgemein über ein nahezu unerschöpfliches Potenzial verfügen, das Produkt falsch zu interpretieren und nicht in vorgesehener Weise zu benutzen, sind Usability-Tests mit potenziellen Lernenden zwingend erforderlich. Nur so ist es möglich, sich über die Arbeitsweise, die tatsächlichen Lernprozesse und -abläufe sowie Aufgaben der Lernenden ein klares Bild zu verschaffen und die Lernumgebung zu optimieren.

Das breite Spektrum an Untersuchungszielen erfordert häufig die Anpassung der Usability-Testing-Technik an die jeweilige Situation

Durch das breite Spektrum an Untersuchungszielen können Usability-Tests mit Lernenden je nach Situation sehr unterschiedlich ablaufen. Somit ist es erforderlich, für jeden geplanten Test zu prüfen, welche Gestaltungsvariante die zuverlässigsten und aussagekräftigsten Untersuchungsergebnisse verspricht, und dies gegebenenfalls in einem Pre-Test zu überprüfen.

In den bisher von uns durchgeführten Studien, in denen es darum ging, allein Usability-Probleme einer Lernumgebung aufzudecken, hat sich eine Kombination aus freiem Explorieren und konkreter Bearbeitung von Aufgaben bewährt.

Während des freien Explorierens hatte jede Versuchsperson nach eigenem Ermessen Zeit, mit der Lernumgebung zu lernen und dabei Probleme zu äußern, auf die sie stieß. Beim Bearbeiten konkreter Aufgaben hingegen waren die Versuchspersonen gehalten, „laut zu denken", d. h., alle Entscheidungen, Probleme usw., die ihnen durch den Kopf gingen, sofort zu artikulieren. Zusätzlich wurde die Interviewtechnik (Question-Asking-Technik) angewendet.

Im Ergebnis erhielten wir von jedem getesteten Lernenden eine Liste mit Benutzungsproblemen, die als Grundlage für die Verbesserung der Lernumgebung diente.

Für einen Usability-Test mit potenziellen Lernenden gibt es im Gegensatz zur Inspektionsmethode mit Experten (Usability-

Inspektions-Techniken) keine konkreten Empfehlungen über die Anzahl der Testteilnehmer. Nielsen (1993) stellt fest, dass schon allein vom untersuchten Usability-Aspekt die Anzahl der Testteilnehmer abhängt. Um den Aspekt Effektivität oder Erlernbarkeit zu untersuchen, werden weniger Teilnehmer benötigt als für die Untersuchung der Fehlerrate. Die Anzahl der Teilnehmer eines Usability-Tests muss daher vom konkreten Untersuchungsziel abhängig gemacht werden. Erfahrungen aus der Praxis zeigen aber auch, dass in einigen Fällen auch mit kleinen Testbenutzergruppen zumindest die schwerwiegendsten Schwachstellen identifiziert wurden (Dumas, 1993).

Es können insgesamt vier Typen von Usability-Tests unterschieden werden (Rubin, 1994):

- *Explorationstest (Exploratory Test):* Diese Art von Tests können zu einem frühen Zeitpunkt im Entwicklungszyklus eines multimedialen Lernangebotes durchgeführt werden. Ihr Schwerpunkt liegt auf der Gewinnung von qualitativen Aussagen über die Usability des Lernangebotes. Im Mittelpunkt der Untersuchung steht die Frage, wie geht ein Lernender beim Lernen mit dem Angebot vor und warum nutzt er es gerade auf diese Art und Weise. Der Explorationstest kann zum Testen eines ersten programmierten Prototyps eingesetzt werden, aber auch ein papierbasierter Prototyp lässt sich damit testen. Entscheidend ist, dass bereits mehrere Bildschirmseiten vorliegen bzw. einzelne Funktionen implementiert wurden. Dem Nutzer wird zunächst der Prototyp vorgestellt. In Anschluss bearbeitet er gestellte Aufgaben, die zukünftig beim Lernen mit diesem Angebot häufig auftreten werden oder besonders kritisch hinsichtlich der Abfolge der einzelnen auszuführenden Handlungen sind. Die Aufgabe des Testleiters besteht nun darin, durch geschickt gestellte Fragen oder Anregungen zu versuchen, die Gedankengänge des Lernenden während seines Lernprozesses offen zu legen. Eine häufig angewendete Methode ist das „laute Denken" (s. oben).

Vier Testtypen können unterschieden werden

- *Assessment-Test:* Der Assessment-Test ist die „typische Form" des Usability-Tests. Es wird ein Prototyp, in dem einzelne oder mehrere Funktionen vollständig implementiert sind, von den Lernenden dahingehend bewertet, ob das gewählte und teilweise schon realisierte Design den Wünschen und Erwartungen der Lernenden entspricht sowie ob dementsprechend die Usability-Aspekte in der Lernumgebung optimal umgesetzt wurden. Dies ist auch der früheste Zeitpunkt, quantitative Daten durch Beobachten der Lernprozesse unterschiedlicher Lerner zu sammeln. Das Lösen von Lernaufgaben ist fester Bestandteil dieser Testform. Die Aufgabe des Testleiters liegt allein in der Beobachtung des Nutzungsverhaltens und in der Klärung schwerwiegender Probleme.

- *Validierungstest (Validation Test):* Im Validierungstest wird das multimediale Lernprogramm erstmalig in seiner Gesamtheit getestet. Geprüft wird, ob die komplette Lernumgebung den festgelegten Standards entspricht. Dies können unternehmenseigene, allgemeine oder aus den Ergebnissen des Explorations- oder Assessment-Tests definierte Standards sein. Auf Basis dieses Tests kann entschieden werden, wann die multimediale Lernumgebung freigegeben werden kann. Diese Entscheidung basiert ausschließlich auf quantitativen Beobachtungsdaten über die Lernhandlungen von potenziellen Lernenden und der dabei aufgetretenen Fehler. Die Interaktion zwischen Testleiter und Lernenden wird auf ein Minimum begrenzt, so dass letztlich eine Situation beobachtet wird, bei der der Lernende während des Lernens in der Handhabung des Lernangebotes auf sich selbst angewiesen ist.

- *Vergleichstest (Comparison Test):* Der Vergleichstest kann zu fast jedem Zeitpunkt während der Entwicklung eines multimedialen Lernangebotes eingesetzt werden. In einer frühen Phase dient er beispielsweise dem Vergleich zweier grundsätzlich verschiedener Designkonzepte oder zu einem späteren Zeitpunkt der Entscheidung für eine von zwei möglichen Oberflächendesigns. Er wird oft analog einem der drei vorher aufgeführten Tests durchgeführt, mit der Besonderheit, dass zwei Varianten miteinander verglichen werden. Die Testresultate sollen Auskunft geben, in welcher Variante die einzelnen Usability-Aspekte lernerbezogener umgesetzt wurden.

21.7
Ablauf eines Usability-Tests

Um aussagekräftige Ergebnisse durch einen Usability-Test zu erhalten, ist eine detaillierte Planung des Testablaufes von entscheidender Bedeutung. Folgende Aspekte sind wesentlich für eine erfolgreiche Planung, Durchführung und Auswertung eines solchen Tests (Dumas, 1993; Rubin, 1994).

- *Detaillierte Planung:* Zunächst müssen Testzweck und Testgegenstand klar definiert werden. Darüber hinaus sind die Zielgruppe bzw. die Zielgruppen und ihre Ansprüche an das Angebot festzulegen. Nun kann auch entsprechend dem Testzweck und der Testinhalte die passende Methode und Technik ausgewählt werden. Es folgt die Planung der Testumgebung (Räume, Geräte samt Software etc.) und der Testinhalte (wie z. B. die Zusammenstellung der Aufgabenliste). Ebenfalls Teil der Planung ist die Entscheidung darüber, welche Daten erhoben werden sollen und in welcher Form die Ergebnisse der Auswertung zu dokumentieren sind. Darüber hinaus gehört zur Planung eine Zeit- und Kostenschätzung. Zum Abschluss der Planung sollten folgende Fragen eindeutig beantwortet sein: Welche Inhalte? Wann? Wo? Wer?

- *Auswahl der Stichprobe und Teilnehmer:* Die Auswahl der Testteilnehmer ist ein ausschlaggebendes Element im Rahmen eines Usability-Tests. Nur wenn die Testteilnehmer aus der Gruppe der potenziellen zukünftigen Lernenden des Angebotes stammen, werden die erhobenen Daten auch zur Optimierung des Angebotes beitragen können, anderenfalls ist der durchgeführte Test hinsichtlich seiner Validität, Reliabilität und Objektivität diskussionswürdig. Es ist daher vor der Rekrutierung festzulegen, über welches Wissen, welche Fähigkeiten, Fertigkeiten und Erfahrungen die Testteilnehmer verfügen sollen, damit sie die typischen Lernenden für das zu testende Angebot repräsentieren.

- *Zusammenstellung des Testmaterials und der Testumgebung:* Zu jedem Usability-Test muss neben der zu testenden Lernumgebung weiteres Testmaterial vorbereitet werden. Das können z. B. Fragebögen sein, die vor und/oder nach dem Test von den Testteilnehmern auszufüllen sind, oder psychologische Tests, insbesondere Wissenstests oder Belastungstests. Neben den Befragungs- oder Testinstrumentarien gehört hierher auch die Vorbereitung der Aufgabenszenarien, welche die Teilnehmer bearbeiten sollen. Zudem sind das Briefingmaterial und ein Überblick über den Testablauf für die Testteilnehmer vorzubereiten sowie die Instruktionen für die Testleiter. Auch einige Formalien müssen vorbereitet werden, wie Einverständnis- oder Vertraulichkeitserklärungen.

- *Durchführung des Tests:* Der typische Usability-Test wird abhängig von der ausgewählten Testmethode und -technik mit vier oder mehr Testteilnehmern durchgeführt. Jeder von ihnen sitzt in einem Labor mit Computer, auf dem die zu testende Lernumgebung stabil installiert ist. Je nach Art der gewünschten Aufzeichnung der Handlungen und Äußerungen beim Lernen können Mikrofon, Videokamera sowie Eye-Tracking Ca-

Auswahl der Testteilnehmer und Zusammenstellung des Testmaterials sind entscheidend, da sie die Aussagekraft der Testergebnisse mitbestimmen

mera die Testanordnung ergänzen. Auch bei der Durchführung von Usability-Tests können Versuchsleiter-Artefakte auftreten (s. Kap. 20), deren Vermeidung angestrebt werden muss.

- *Instruktion der Teilnehmer:* Damit die Teilnehmer zu jedem Zeitpunkt während des Usability-Tests wissen, was sie tun sollen, ist eine detaillierte Instruktion erforderlich. Sie sollte über das Ziel des Testes und den Ablauf informieren, aber auch den Teilnehmern die Möglichkeit bieten, Fragen zum Test zu stellen und Unklarheiten anzusprechen. Hier ist auch der Raum, Fertigkeiten mit den Testteilnehmern einzuüben, wie beispielsweise lautes Denken. Nach dem Usability-Test erlaubt eine zusätzliche Feedbackrunde den Teilnehmern, ihre Meinungen und Kritik zum Test zu formulieren. Berechtigte Kritik sollte bei weiteren Tests berücksichtigt werden.

- *Datensammlung und Analyse:* Nach der Datenerhebung müssen die einzelnen Datensätze zusammengefasst und Verbalprotokolle, die z. B. durch lautes Denken der Teilnehmer entstanden sind, kategorisiert und für die Datenanalyse aufgearbeitet werden.
  Der Prozess der Datenanalyse erfolgt typischerweise in zwei Phasen. Zuerst werden in einer ersten groben Analysephase kritische Problembereiche analysiert, damit schon während der weiteren Analyse der Daten an der Verbesserung und Optimierung gearbeitet werden kann. Im Anschluss erfolgt die Phase der detaillierten Datenanalyse, für die mindestens vier Wochen vorzusehen sind (Rubin, 1994).

- *Berichtlegung und Zusammenstellung der Empfehlungen zur Verbesserung des multimedialen Angebotes:* Die Ergebnisse der Datenanalyse werden schließlich in einem Ergebnisbericht zusammengestellt, wobei die Problembereiche in den Vordergrund gestellt werden sollten. Der abschließende Bericht sollte mindestens ein Abstract, die Vorstellung und Erläuterung der angewendeten Methoden und Techniken sowie die Darstellung der Ergebnisse und eine Auflistung der Empfehlungen umfassen.

21.8
Schlussbemerkung

Usability Testing setzt sich im Bereich kommerzieller Websites zunehmend durch, nachdem klar wurde, dass schlecht handhabbare Websites potenzielle Kunden abschrecken und so nur Kosten verursachen. Im Bereich des E-Learning schlägt sich eine ungünstige

Usability in schlechten Lern-Ergebnissen nieder, weil die Lerner Ressourcen für den Kampf mit der Software verbrauchen, die ihnen dann für ein effizientes Lernen fehlen. E-Learning ist dann vergleichbar einem Lernen in der Schule, bei dem ständig Lärm, Unterbrechungen, fehlendes Material o. Ä. den Unterricht stört. Usability Testing muss daher zu den selbstverständlichen Qualitätsmaßnahmen gehören. Die dafür verfügbaren Prozeduren sind generell auf multimediale Lernumgebungen anwendbar. Bei der Feinabstimmung auf die Besonderheiten des E-Learning besteht allerdings noch Forschungs- und Entwicklungsbedarf.

Glossar

Adaptive Lernhilfen Lernhilfen, die sich unterschiedlichen Lernvoraussetzungen anpassen.

Adaptivität Merkmal einer Lernumgebung: In dem Ausmaß gegeben, in dem die Lernumgebung sich unterschiedlichen Lernermerkmalen (z. B. Lernvoraussetzungen, Interessen) anpasst.

Add-In Ergänzungsprogramm, das in eine Standardsoftware „eingebaut" wird und zusätzliche Funktionen bereitstellt.

Algorithmierung/algorithmische Struktur In der Mathematik: exakte, eindeutig bestimmte Vorschrift zum Vollzug einer Reihe elementarer Operationen (oder von Systemen solcher Operationen), um Aufgaben einer bestimmten Klasse oder eines bestimmten Typs zu lösen. Im Kontext der → *Programmierten Unterweisung* bezeichnet A. den Versuch, Prinzipien des Lehrens und Lernens als exakte Regeln zu formulieren.

Application Sharing Gemeinsame und gleichzeitige Nutzung einer Softwareanwendung durch mehrere Benutzer an verschiedenen Orten.

Assets Variable Elemente eines E-Learning-Angebots: Textdateien, Grafikdateien, Audiodateien, Videodateien usw.

Asynchron → *Synchron vs. asynchron*

Attribution Zuschreibung von Merkmalen oder Ursachen (Kausalattribution); z. B. „Attribuierung auf Anstrengung": Jemand schreibt Lernerfolge seiner Anstrengung (und nicht seiner Begabung oder seinem Glück) zu.

Auditiver Kanal → *Visueller/bildhafter Kanal vs. auditiver/verbaler Kanal*

Authentifizierung Sicherstellen der Identität eines Benutzers von i. d. R. kritischen Systemen und Anwendungen.

Behaviorismus Forschungsrichtung in der Psychologie, die lediglich Aussagen zuließ, welche sich auf beobachtbares Verhalten bezogen.

Bezugsnormorientierung (individuell, sozial) Orientierung an einem Kriterium für die Leistungsbeurteilung. Individuelle B.: Orientierung am individuellen Leistungsstand, bei der Beurteilung bezieht man sich auf Unterschiede zu früheren Leistungen des gleichen Individuums. Soziale B.: Die Leistungsbeurteilung orientiert sich an der Lerngruppe (z. B. Schulklasse), die Bewertung orientiert sich an deren Durchschnitt oder am Rangplatz des Lernenden in der Gruppe. Ein Lerner, der individuell starke Fortschritte gemacht hat, hat sich evtl. hinsichtlich seines Rangplatzes nicht verbessert.

Bezugssystem Ein Bezugssystem ist ein Koordinaten- oder Definitionssystem, das die räumliche Lage, Zeitabläufe oder Bewegungen beschreiben kann (Fröhlich, 1993). Im psychologischen Kontext ist ein System aus Annahmen und Standards gemeint, das es erlaubt, Verhalten zu beurteilen und ihm Sinn zu geben.

Bildhafte Repräsentationen → *Textliche und bildhafte Repräsentationen*

Bildhafter Kanal → *Visueller/bildhafter Kanal vs. auditiver/verbaler Kanal*

Blackboard „Virtueller Aushang", d. h. eine elektronische Form der Pinnwand

Chat Synchrone, computervermittelte Kommunikation zwischen mehreren Benutzern; in seiner ursprünglichen Form textbasiert; Basis anderer synchroner Kommunikationsformen, z. B. → *Online Voting.*

Client → *Client-Server-Architektur*

Client-Server-Architektur ist ein hierarchisches Modell einer Aufgabenverteilung in Rechnernetzen. Der Server bietet Ressourcen, Dienstleistungen oder Daten an und die Arbeitsstationen (Clients) nutzen sie. Im Gegensatz dazu stehen → *Peer-To-Peer-Architekturen.*

Content Management System (CMS) ist i. d. R. eine webbasierte Softwarelösung, zur Pflege von Webangeboten. Durch ein CMS können, anders als bei „klassischen" Homepage-Editoren á la Frontpage, mehrere Autoren problemlos zusammenarbeiten.

Computerunterstützte Instruktion Mit computerunterstützter Instruktion werden Lehr- und Lernprozesse bezeichnet, die sich eines Computers als Medium bedienen.

Conceptmaps Visuelle Darstellung von Begriffen und den Beziehungen (Relationen) zwischen ihnen. Die Begriffe werden meist als „Knoten" eines Netzwerks dargestellt, die Relationen als die „Kanten" bzw. Verbindungslinien zwischen den Knoten.

CSCW Abkürzung für „computer supported cooperative work": Technologien zur Unterstützung des kooperativen Arbeitens von i. d. R. räumlich verteilten Personen.

Deklaratives vs. prozedurales Wissen Deklaratives Wissen: Wissen über Sachverhalte, „Wissen, was ist oder wie etwas ist"; prozedurales Wissen: Wissen über Prozeduren, Vorgehensweisen; „Wissen, wie etwas gemacht wird" (Know-how).

Design-Experimente Experimente „im Feld", d. h. in der Praxis, die dazu dienen, die Wirksamkeit von Innovationen zu testen. Dazu bedarf es der Zusammenarbeit mit Lehrern, Trainern usw. Gleichzeitig müssen wichtige Kriterien des Experiments (unabhängige Bedingungskontrolle) gewährleistet bleiben.

Digitale Lernumgebung Lernumgebung, die maßgeblich auf digitalen, also elektronischen Medien basiert.

Digital Sound Töne, Geräusche und Musik werden digital repräsentiert – mit Einsen und Nullen (im Gegensatz zu analogen Methoden). Digital Sound kann mit Hilfe von Software bearbeitet werden, um bestimmte Effekte zu erzeugen.

Disäquilibrationsvorgänge Im Sinne der Psychologie von J. Piaget sind Disäquilibrationsvorgänge Prozesse, die ein geistiges „Ungleichgewicht" zur Folge haben; ein solches Ungleichgewicht liegt z. B. vor, wenn ein verfügbares → *Schema* sich wider Erwarten nicht auf einen bestimmten Sachverhalt anwenden lässt. Durch Veränderung des Schemas kann das Gleichgewicht wieder hergestellt werden. Dies ist eine wichtige Voraussetzung für das Lernen neuer Sachverhalte.

Domäneexperten Mit Domäneexperten sind Fachleute für einen bestimmten Bereich gemeint. Im Fall der Entwicklung von E-Learning sind das z. B. Technikexperten, Inhaltsexperten oder Evaluationsexperten.

Drag and Drop Technik des Bewegens von Bildschirmelementen durch „Ziehen" mit der Maus und „Loslassen" an der gewünschten Stelle.

Drop-out Mit Drop-out wird das Abbrechen eines Kurses oder einer besuchten Veranstaltung bezeichnet.

Dual Code Theory Paivio (1986) unterscheidet zwei getrennte Codes für die menschliche Informationsverarbeitung: den nonverbalen Code und den verbalen Code. Informationen werden demnach getrennt verarbeitet, je nach dem, ob sie visuell oder auditiv dargeboten wurden.

Einschätzskala/Ratingskala Als Ratingmethoden bezeichnet man in der empirischen Sozialforschung alle subjektiven Schätzverfahren, bei denen der Befragte aufgefordert wird, die Eigenschaften eines Meinungsgegenstands oder das Verhalten anderer Personen oder Gruppen oder auch das eigene Verhalten bzw. das der eigenen Gruppe einzuschätzen oder zu beurteilen. Erfasst werden diese Urteile auf Ratingskalen (Einschätzskalen). Diese sind so angelegt, dass der Beurteiler den von ihm beobachteten Ausprägungsgrad bestimmter Eigenschaften eines Merkmals, eines Gegenstands, einer Person, einer Gruppe auf der gestuften Skala, die numerisch oder verbal formuliert sein kann, einträgt. Ziel der Entwicklung von Ratingskalen ist es, durch Zugrundelegen eines einheitlichen, systematischen und formalisierten Verfahrens subjektiven Ermessensurteilen höhere Genauigkeit und Treffsicherheit zu verleihen.

Ein-Weg-Kommunikation Kommunikation mit einem Sender und einem Empfänger, der Empfänger kann nicht Sender, der Sender nicht Empfänger werden. Ein Beispiel wäre die Kommunikation über einen Fernseher.

Elaboration/elaborative Verarbeitung Assoziationen, Einfälle, Ideen: Sie aktivieren Vorwissen und regen die Verknüpfung mit dem neuen Wissen an (s. Kap. 11, S. 163).

Elektronische Agenda „Virtueller Terminplaner", i. d. R. webbasiertes Werkzeug zur Verwaltung von Terminen und Aufgaben.

Entdeckendes, exploratorisches, exploratives Lernen Lernprozesse, die sich dadurch auszeichnen, dass der Lernende ein Problem bzw. eine Situation erkundet (exploriert) und selbst Zusammenhänge entdeckt.

Ergonomie Wissenschaftsdisziplin, die sich insbesondere damit beschäftigt, welche Faktoren in einem Arbeitsprozess sich in welchem Ausmaß belastend oder beanspruchend auswirken und wie Arbeitssituationen im Hinblick auf die physische und psychische Situation der Arbeitenden optimiert werden können. Übertragen wird auch von der Ergonomie eines Arbeitsplatzes oder eines Produkts gesprochen, wenn die Qualität hinsichtlich physisch und psychisch belastender oder beanspruchender Merkmale gemeint ist.

Evaluation Die Beurteilung der Konzeption, Gestaltung, Umsetzung und Wirkung sowie der Kosten und Nutzen von E-Learning-Angeboten auf der Grundlage von Daten, die nach den Regeln sozialwissenschaftlicher Forschungsmethodik systematisch erhoben wurden (siehe auch Kapitel 20).

Exploratorisches, exploratives Lernen → *Entdeckendes Lernen*

Externe Lernvoraussetzungen → *Interne vs. externe Lernvoraussetzungen*

Falsifikation Widerlegung einer Aussage, die nach dem Muster: Für alle P gilt: „Wenn X, dann Y" oder „Je mehr/weniger/... x, desto mehr/weniger/... y" aufgebaut ist.

Frames Kleinste Lernschritte (meist Textabschnitte) im Kontext der Programmierten Unterweisung.

Ganzheitlicher Charakter Berücksichtigung aller relevanten Beziehungen zwischen unterschiedlichen Variablen eines komplexen Sachverhalts und seiner Umgebung.

Guided Tour „Geführte Tour" durch ein Softwareprogramm: Anleitung oder Empfehlung, ein Programm oder eine Website in einer bestimmten Art und Weise zu durchlaufen.

Group Calendaring ermöglicht in Ergänzung zur → *Elektronischen Agenda* die Planung und Abstimmung von Terminen in einer Gruppe.

Hardcopy Ausdruck einer Bildschirmseite auf Papier.

Heuristische Fähigkeiten Fähigkeiten, Probleme durch flexible „Daumenregeln" zu lösen.

Human Computer Interaction (HCI) Human Computer Interaktion beschäftigt sich mit dem Design, der Evaluation und der Implementierung von interaktiven Computersystemen, um diese für den Anwender einfach handhabbar und für die Erledigung seiner Aufgaben effektiv nutzbar zu machen.

Human Ressources Verallgemeinernde Bezeichnung für Expertenwissen, das Wissen über Experten etc. → *Domäneexperten*.

Hypertext/Hypermedia Text, von dem jeweils Teile durch „Links" (Verbindungen) mit anderen Teilen verknüpft sind. Bei Aktivieren eines „Links" (meist durch Anklicken mit der Maus) springt die Anzeige zu dem verbundenen Textteil. Das größte → *Hypertextsystem* ist das World Wide Web (WWW). Wenn es sich bei den verknüpften Objekten nicht nur um Texte handelt, sondern z. B. auch um Bilder, und wenn durch das Anklicken eines Links nicht nur ein Sprung an eine andere Textstelle erfolgt, sondern z. B. auch ein Bild erscheint oder ein Video startet, spricht man auch von Hypermedia.

Hypothetisches Konstrukt Ein hypothetisches Konstrukt ist eine Variable, die relativ allgemein und nicht direkt beobachtbar ist. Sie wirkt sich auf viele beobachtbare Variablen aus und ist im Gegensatz zu den manifesten Variablen nur indirekt messbar.

Icon Ein kleines Bild, das auf das Wesentlichste reduziert wurde. Ein Icon steht für ein Objekt oder eine Funktion, wie z. B. in MS Word ein graues Feld mit einer Diskette die Funktion „Speichern des Dokumentes" darstellt.

Implementieren/Implementierung Einbringen, Umsetzen einer Maßnahme in einen bestimmten sozialen oder technischen Kontext; z. B. das Einbringen von E-Learning in einen konkreten Betrieb, eine konkrete Hochschule.

Instant Messaging → *Chat*

Instruktionspsychologie Psychologie des Lehrens und Lernens

Integriertes Forschungsparadigma Ein in der Arbeitsgruppe von Prof. Mandl in München entwickelter methodischer Forschungsansatz, bei dem Praktiker in die Forschungsarbeit einbezogen werden und ein aufeinander bezogener Wechsel von Feld- und Laborexperimenten stattfindet.

Intelligentes Tutorielles System (ITS) Computer-basiertes Lernsystem, bei dem wichtige Lehrfunktionen mit Hilfe „künstlicher Intelligenz" realisiert sind. Ein ITS diagnostiziert z. B. Fehler und passt dann automatisch die folgenden Lehrschritte an.

Interface-Gestaltung/Interfacedesign Unter dem Begriff Interfacedesign wird die grafische Gestaltung der Schnittstelle zwischen Mensch und Maschine bzw. Computer verstanden. Konkreter betrifft Interfacedesign z. B. das Aussehen einer Tabelle, eines Buttons oder Icons, die Lesbarkeit einer Schriftart oder die

Strukturierung der Benutzerführung. Häufig wird dieser Begriff auch gleichbedeutend mit dem Begriff des Screendesign verwendet.

Interne vs. externe Lernvoraussetzungen Interne Lernvoraussetzungen: Voraussetzungen, die in der Person des/der Lernenden liegen: u. a. Vorwissen, Fähigkeiten, Motivation, Einstellungen. Externe Lernvoraussetzungen beziehen sich auf Merkmale der Lernumgebung und der Lernaufgabe.

Intervention Mit Intervention wird eine Maßnahme bezeichnet, die zur Verbesserung bestimmter Einstellungen, Fähigkeiten, Fertigkeiten beitragen soll.

Kognitive Ressourcen Mit Kognition (lat. Cognition = Erkennen) werden alle Prozesse und Strukturen bezeichnet, die umgangssprachlich „geistig" genannt werden. Gemeint sind Prozesse für Wahrnehmung, Schlussfolgern, Erinnern, Denken, Problemlösen und Entscheiden. Die Strukturen umfassen jene des Gedächtnisses, der Begriffe und Einstellungen. Diese Prozesse und Strukturen werden unter dem Begriff Informationsverarbeitung zusammengefasst. Die Kapazität des menschlichen Arbeitsgedächtnisses hinsichtlich der gleichzeitigen Durchführung dieser Prozesse ist begrenzt, es stehen nur begrenzte Ressourcen zu Verfügung (Zimbardo & Gerrig, 1999, siehe auch Kapitel 12).

Kognitive Strategien Zielorientierte Vorgehensweisen zur Problemlösung

Kognitive Schemata → *Schemata*

Kohärente Wissensstruktur/kohärentes Wissen Mit Kohärenz wird die Zusammengehörigkeit bzw. der Zusammenhang von Einzelelementen zu einem übergeordneten Ganzen bezeichnet. Also führt das Bilden inhaltlicher Zusammenhänge zwischen einzelnen Wissensinhalten bzw. „Wissenselementen" zu kohärentem Wissen. Ein Beispiel: Ein Lernender verfügt über Wissen zur Funktionsweise des Herzens, der Lunge, der Arterien und der Venen. Erst wenn er sein Wissen über die einzelnen Komponenten des menschlichen Blutkreislaufes miteinander in Verbindung setzt, wird er sich die Vorgänge im menschlichen Blutkreislauf vorstellen können. Gleichzeitig hat er das Modell des Blutkreislaufes erworben und zum Thema Blutkreislauf eine kohärente Wissensstruktur gebildet.

Kollaboratives Lernen/kooperatives Lernen Lernen in einer Gruppe. Wie bei den meisten Autoren werden kollaboratives und kooperatives Lernen in diesem Buch synonym verwendet. Unterscheidungsversuche haben sich bisher nicht durchsetzen können.

Konstruktivismus In der Philosophie ein erkenntnistheoretischer Ansatz, der davon ausgeht, dass alles menschliche Wissen auf aktiven Konstruktionsprozessen beruht und dementsprechend relativ ist. Hirnbiologische Erkenntnisse scheinen diese Annahmen zu stützen. In den neunziger Jahren wurde ein „didaktischer Konstruktivismus" propagiert, der entdecken lassenden und kooperativen Lehrverfahren besondere Effektivität zusprach.

Konstruktivistische Lernumgebung Lernumgebung, in der die Lernenden weitgehend selbstständig explorieren und Probleme lösen.

Kontiguitätstheorie Aus der Annahme der begrenzten Kapazität des Arbeitsgedächtnisses (→ *Cognitive load*) begründete Aussagen zur Anordnung von Text und Bild auf einer Bildschirmseite: Text und zugehörige Bilder sollen räumlich nahe beieinander angeordnet sein (z. B. textliche Erläuterungen besser im Bild selbst als darunter, daneben oder auf einer anderen Bildschirmseite).

Konzeptbildung Begriffsbildung; bei einigen Autoren ist auch die Bildung umfangreicherer, komplexer begrifflicher Zusammenhänge gemeint (z. B. Oser & Baeriswyl, 2001).

Kooperatives Lernen → *Kollaboratives Lernen*

Künstliche Intelligenz (Artificial Intelligence) Forschungs- und Entwicklungsrichtung der Informatik, die sich mit Versuchen befasst, den Computer intelligent zu machen, d. h. ihm Fähigkeiten zu implementieren, die komplexe Informationsverabeitung und selbstständiges Problemlösen ermöglichen sollen, u. a. Verarbeitung natürlicher Sprache, Wissensrepräsentation, Mustererkennung, maschinelles Lernen, Robotik.

LAN Abkürzung für „local area network"; Bezeichnung für ein Netzwerk von Rechnern, die in gewisser Weise lokal sind, d. h. zu einem Unternehmen gehören.

Lernarten, Lernaufgaben Bei Gagné (siehe auch Kapitel 2) und anderen Theoretikern des Instruktionsdesigns werden Arten des Lernens unterschieden, z. B. Fakten oder Wörter lernen, Begriffe lernen, Prinzipien und Regeln lernen oder lernen, Probleme zu lösen.

Lernensemble Gesamtheit aller Elemente einer Lernsituation

Lernepisoden Sinnvolle Lernabschnitte

Lernsetting Mit Lernsetting wird die Summe aller der Aspekte bezeichnet, die Lernen ermöglichen, aber auch behindern können. Insbesondere sind dies u. a. (a) räumliche/technische Gegebenheiten, wie Größe des Raumes, Geräuschkulisse, Zugangsmöglichkeiten zur Lernplattform usw., (b) Merkmale des Lernenden, wie Intelligenz, Vorwissen und Vorerfahrungen oder dessen Motivation, sich mit dem Lerngegenstand auseinander zu setzen, (c) Merkmale der Lernumgebung, wie z. B. Schwierigkeitsgrad des Lernstoffes, didaktische Gestaltung der Inhaltsdarbietung und -vermittlung, Hilfen für das Lernen usw.

Lernstrategien sind Handlungsstrategien, die helfen, eigenes Lernen zu steuern. Sie werden situationsspezifisch aus dem Gedächtnis abgerufen.

Lernstil Nach Friedrich & Mandl, (1992): Überdauernde Tendenz von Personen, bestimmte Lerntechniken (wie z. B. Mind-mapping zur Visualisierung komplexer Sachverhalte) zu bevorzugen. Andere verstehen darunter die überdauernde Bevorzugung bestimmter Sinneskanäle (Sehen, Hören, Tasten/Greifen); für diese letztgenannte Annahme gibt es aber keine wiss. Belege.

Lerntagebuch In einem Lerntagebuch protokollieren die Lernenden ihre Lernhandlungen, z. B. welche Aufgaben sie wann bearbeiten wollen, ob sie es geschafft haben, die Aufgabe richtig zu lösen und welche Probleme dabei auftraten. Durch den Einsatz von Lerntagebüchern im Rahmen des E-Learning werden für den Lehrenden zunächst nicht unmittelbar beobachtbare Lernhandlungen oder Einstellungen der Lernenden gegenüber dem Lernangebot sichtbar. Sie geben z. B. Aufschluss darüber, ob sie die Lerninhalte verstanden haben, gestellte Aufgaben lösen konnten und die Möglichkeiten, die ihnen die Lernumgebung anbot, auch nutzten, sowie über die Frage, ob sie die Gestaltung als lernfördernd empfanden.

Lerntandem Methode, bei der zwei Lernende sich gegenseitig unterstützen. Zum Beispiel beim Sprachenunterricht: Ein deutschsprachiger Lerner, der Italienisch lernen möchte, und ein italienischsprachiger Lerner, der Deutsch lernen möchte.

Lernumgebung „Eine Lernumgebung umfasst das Gesamtarrangement, das zur Unterstützung von Lernprozessen planvoll gestaltet werden kann." (Möller, 1999, S. 142). Im Rahmen des E-Learning zählen zu diesem Gesamtarrangement neben der Art-

und Weise der Darbietung des Lernmaterials auch die Merkmale der Lernplattform und die technischen Zugangsmöglichkeiten. Die Gestaltung der Lernumgebung soll beim Lernenden idealerweise die Motivation durch Herausforderung von Erwartungen anregen, Lernprozesse durch angemessene methodische Aufbereitung des Lehrstoffes und durch besondere Lehrmaßnahmen erleichtern, Rückmeldungen über den jeweiligen Lernerfolg geben, selbstgesteuertes Lernen fördern und Kooperationsfähigkeit sowie die Kommunikation zwischen den Lernenden unterstützen (Dörr & Strittmatter, 2002, S. 31). Die Lernplattform sollte auf die Bedürfnisse der Lernenden abgestimmt und von ihnen leicht handhabbar (useable) sein.

Lernvariablen/Lernervariablen kennzeichnen Eigenschaften des Lernenden, z. B. sein Vorwissen, seine Vorerfahrungen, seine Einstellungen, seine Motivation.

Meeting Support beinhaltet Technologien zur Unterstützung von Meetings, deren Teilnehmer i. d. R. räumlich verteilt sind.

Mentale Operationen sind „geistige Tätigkeiten", z. B. das Addieren oder Subtrahieren, im Kopf, die vorgestellte Bewegung eines Gegenstandes.

Mentales Modell Modellhafte Vorstellung eines Sachverhalts, die auf Grundlage von → *Schemata* konstruiert und anforderungsspezifisch aktualisiert und angepasst wird.

Metakognition Wahrnehmen und bewusstes Steuern des eigenen Denkens, Wahrnehmens, Wissens.

Metalernen Lernen zu lernen

Microfiche-Projektor Gerät, mit dem Microfiches angezeigt werden können. Microfiches sind Filmnegative, auf denen stark verkleinert Text fotografiert ist. Der M.-Projektor zeigt den Text in lesbarer Größe auf einem Durchlichtbildschirm an. Heute wird diese Art der Speicherung von Informationen kaum noch verwendet.

MIDI ist die Abkürzung für „Musical Instrument Digital Interface" und meint eine digitale Schnittstelle für Musikinstrumente, die seit 1983 in der Musikindustrie als Standard verwendet wird. Es erlaubt die Übertragung kodierter Musiksignale – Bezeichnung des Instruments, Beginn und Ende einer Note, Grundfrequenz und Lautstärke – sowohl zwischen Instrumenten als auch zwischen Rechnern. MIDI ermöglicht eine naturgetreue Wiedergabe von Musikdaten in derzeit kompaktester Darstellung.

Misskonzeptionen sind unvollständige oder falsche Vorstellungen, Irrtümer zu einem Sachverhalt. Misskonzeptionen werden deutlich, wenn Alltagswissen bzw. Vorwissen mit dem neu zu erwerbenden Wissen in Konkurrenz treten und diesem widersprechen.

Mnemotechniken sind erlernbare Techniken zur Verbesserung des Behaltens von Fakten, Begriffen, Gesichtern, Zusammenhängen, Reihenfolgen.

Motilitätsmodell Eine spezielle Zielkategorie des Lernens nach Oser (2002) (s. Kap. 4), relevant für Fächer wie Musik, Bildende Kunst, Religion.

Narrativer Anker Eine „Story", die als Text oder Video „erzählt" wird und für das folgende Lernen als Anker dient, d. h. auf die sich vor allem bei Problemaufgaben immer wieder bezogen wird.

Nonverbale Kommunikation meint jegliche Art der Kommunikation, die nicht über gesprochene Sprache erfolgt. Möglichkeiten der nonverbalen Kommunikation sind beispielsweise Körpersprache, das geschriebene Wort oder Bilder. Paivio meint mit nonverbaler Kommunikation in der Dualen Codierungstheorie → *Dual-Code Theory* insbesondere die Kommunikation über Bilder (Paivio, 1986).

Objektiver Lernerfolg → *Subjektiver vs. objektiver Lernerfolg*

Objektivität Die Objektivität ist neben der → *Reliabilität* und der → *Validität* eines der Hauptgütekriterien eines Messinstrumentes. Mit dem Begriff der Objektivität ist die intersubjektive Nachprüfbarkeit und Reproduzierbarkeit der Ergebnisse z. B. eines Tests gemeint. D. h. unter den gleichen Bedingungen sollten verschiedene Forscher zu dem selben empirischen Resultat kommen.

Offene Lernumgebung Sehr unscharfer Begriff für Lernumgebungen, die den Lernenden in bestimmtem Umfang eigenständige Entscheidungen ermöglichen.

Online Voting Abstimmung bzw. Stimmabgabe von räumlich verteilten Personen mit Hilfe des Internet.

Open-Source-Software Software, deren Quellcode veröffentlicht wurde und an dem freie Programmierer arbeiten können.

Operante Konditionierung Lernen durch Verstärkung (Bekräftigung): Wenn ein bestimmtes Verhalten bekräftigt wird, erhöht sich die Wahrscheinlichkeit, dass es wiederholt gezeigt wird.

Pädagogischer Agent Pädagogische Agenten sind Charaktere, die auf dem Bildschirm präsentiert werden und durch Lernprogramme führen. Sie agieren als Tutoren, Coaches, Kritiker und Co-Lerner. Dabei unterstützen sie die Interaktion zwischen dem Lernenden und dem System sowie den Lernprozess an sich, indem sie Hinweise, Beispiele, Demonstrationen und Erklärungen geben. Dargestellt werden sie als animierte Figuren oder Abbildungen/Videos von realen Menschen.

Peer-To-Peer-Architektur Dezentrales und damit nicht hierarchisches Modell einer Aufgabenverteilung in Rechnernetzen. Alle Rechner des Netzwerks bieten für alle anderen Rechner Ressourcen, Dienstleistungen oder Daten an. Im Gegensatz dazu stehen → *Client-Server-Architekturen*.

Perzeption Wahrnehmung

Planspiel Simulation eines komplexen Systems in Form eines Spiels: Durch Entscheidungen werden bestimmte Parameter des Systems verändert, die Folgen der Veränderung werden rückgemeldet. Oft verwendet werden Unternehmensplanspiele, bei denen unternehmerische Entscheidungen getroffen werden müssen.

Problemlösendes Lernen Ein Problem ist dadurch gekennzeichnet, dass die Lernenden zunächst nicht wissen, wie sie ein Problem lösen sollen, da ihnen das erforderliche Wissen entweder fehlt oder sie nicht wissen, wie sie bereits erworbenes Wissen kombinieren müssen, um zu einer Lösung zu kommen. Problemlösend lernen sie dann, wenn sie versuchen ein gestelltes Problem selbstgesteuert, mit Hilfe ihres Vorwissens und durch Erwerb von neuem zusätzlichem Wissen, zu lösen. Da problemlösendes Lernen die aktive Nutzung bereits vorhandenen Wissens in verschiedenen Lernkontexten stimuliert, fördert es einerseits Elaborationsvorgänge und andererseits den Transfer → *Lernen*.

Programmierter Unterricht Lehrmethode auf der Basis der Theorie des operanten Konditionierens: Der Lehrstoff wird schriftlich in sehr kleinen Schritten dargeboten, es folgt dann stets eine sehr leichte Frage dazu. Deren (richtige) Beantwortung wird durch Lob bekräftigt. Die Bezeichnung PU hatte zunächst nichts mit Lernen mit Computern zu tun.

Prototyp In der Informatik die erste computerbasierte Version einer zu entwickelnden Software, in der einige Funktionen bereits implementiert sind. Prototypen werden dazu verwendet, während der Entwicklung Nutzer- und Expertentests durchzuführen, um die Qualität und Funktionsweise einzelner Komponenten zu überprüfen und festzustellen, ob das geplante System für die spätere Nutzergruppe taugt. Zudem führen Tests an Prototypen auch zur stetigen Verbesserung des gesamten Systems.

Prozedurales Wissen → *Deklaratives vs. prozedurales Wissen*

Puzzle-Methode Methode der Gruppenarbeit, bei der jeder Lernende einer Gruppe sich zunächst jeweils mit einem unterschiedlichen Teilthema beschäftigt. Die Lernenden kommen dann wieder zusammen und bringen ihre Teilthemen in die Gruppe ein, wo sie wie bei einem Puzzle zusammengefügt werden sollen.

Qualitative vs. quantitative Analyseverfahren Qualitative und quantitative Verfahren unterscheiden sich zunächst in der Art des Datenmaterials, die sie verwenden. Dementsprechend werden für die Analyse dieser Daten auch verschiedene Auswertungsmethoden herangezogen. Der qualitative Ansatz verwendet verbale Daten, die interpretativ ausgewertet werden. Quantitative Daten beruhen auf Messung eines Merkmals und seiner Quantifizierung, also seiner Auszählbarkeit. Sie können statistisch ausgewertet werden (Bortz & Döring, 1995).

Qualitätskontrolle Innerhalb der Qualitätskontrolle wird überprüft, inwiefern ein Produkt von akzeptabler Qualität ist und den Kriterien entspricht, die in der Qualitätsplanung aufgestellt wurden. Sie begleitet den gesamten Entwicklungsprozess.

Qualitätssicherung Um sicherzustellen, dass ein Produkt vorgegebenen Anforderungen entspricht, wird die Methode der Qualitätssicherung angewendet. Sie umfasst die Gesamtheit aller geplanten und systematisch durchgeführten Tätigkeiten der Qualitätsplanung, -lenkung und -überprüfung.

Ratingskala → *Einschätzskala*

Rekurrierend Routinemäßig; Handlungen, Tätigkeiten, die immer wieder ausgeführt werden.

Reliabilität Die Reliabilität ist neben der → *Objektivität* und der → *Validität* eines der Hauptgütekriterien eines Messinstrumentes. Die Reliabilität gibt die Zuverlässigkeit einer Messmethode an. Ein Test wird dann als reliabel bezeichnet, wenn er bei einer Wiederholung der Messung unter den selben Bedingungen und an den selben Gegenständen zu dem selben Ergebnis kommt.

Rezeptives Verhalten Informationsaufnehmendes (sonst „passives") Verhalten

Rückkopplung Einwirkung der Ausgangsgröße eines Übertragungssystems auf den Eingang über ein weiteres, zwischengeschaltetes System. Der Begriff wird eher in der Elektrotechnik und Informatik verwendet, in der Psychologie wird „Rückmeldung" präferiert. Im Englischen steht für beides „feedback".

Sampling Raten Frequenz der Messung bei der Digitalisierung von Audiodaten (auch: Abtastrate).

Schema/Schemata (Pl.) Das aus Erfahrung stammende Wissen über einen Realitätsbereich wird – so die gängige Modellvorstellung – in Form von Schemata im Langzeitgedächtnis gespeichert. Dabei kann es sich um verschiedenes Wissen unterschiedlicher Komplexität handeln. Zum Beispiel kann sich jeder Europäer und Amerikaner etwas unter dem „Begriff" „Restaurant" vorstellen. Er weiß, was der Begriff bedeutet, dass Restaurants an verschiedensten Orten gebaut sein können, dass es dort Mahlzeiten gibt und diese Mahlzeiten zu unterschiedlichen Zeiten eingenommen werden können. Auch persönliche Erfahrungen ergänzen das Schema „Restaurant".

Schema Assimilation/Akkomodation Schemata sind die Grundbausteine der Ordnung des menschlichen Gedächtnisses und des Denkens (Aebli 1980); mit Hilfe des „motorischen Greif-Schemas" z.B. tritt ein Kind in Wechselwirkung mit seiner Umwelt, es wendet das Greifschema an. Dinge, die sich mit dem verfügbaren Greifschema (be)greifen lassen, werden assimiliert, d.h. einem vorhandenen Schema untergeordnet. Bei manchen Dingen gelingt das Greifen auf die gewohnte Art nicht, das Greifschema muss angepasst, „akkomodiert" werden. Bei abstrakten Schemata laufen analoge Prozesse ab.

Screendesign → *Interface-Gestaltung/Interfacedesign*

Scrollen Verschieben des Bildschirminhalts nach oben, unten, rechts oder links. Dadurch können z.B. Texte gelesen oder Bilder angeschaut werden, die nicht komplett auf einem Bildschirm sichtbar sind.

Selbstreguliertes Lernen, selbstgesteuertes Lernen, selbstkontrolliertes Lernen Lernprozesse, bei denen eher der Lernende als der Lehrende didaktische und lernorganisatorische Entscheidungen trifft: was gelernt werden soll, wann gelernt wird, wo, mit welchen Medien, in welchem sozialen Kontext usw. Versuche, zwischen den unterschiedlichen Termini zu differenzieren, konnten sich nicht allgemein durchsetzen; die Termini werden häufig synonym verwendet.

Server → *Client-Server-Architektur*

Shared Workspace „Virtueller Arbeitsbereich", d. h. ein elektronischer Platz zur Ablage von Ressourcen und Daten, auf die mehrere i. d. R. räumlich verteilt agierende Personen zugreifen; wichtiger Bestandteil für → *CSCW*.

Situationistisches Modell Instruktionsdesign-Modell, das der Situiertheit des Lernens Rechnung trägt, indem weniger an abstraktem Lernmaterial gelernt wird als an Problemaufgaben, die späteren Anwendungssituationen möglichst ähnlich sind.

Situationistische Lernumgebung Eine Lernumgebung, in der alle Lernaufgaben sich auf konkrete Anwendungssituationen beziehen.

Situiertheit Einbettung von Problemaufgaben in konkrete Anwendungssituationen; im Gegensatz zu abstrakt gestellten Aufgaben.

Softwareergonomie Wissenschaftliches Fachgebiet, das sich mit der → *Ergonomie* von Softwareprodukten beschäftigt. Wie beim Begriff „Ergonomie" wird auch S. als Begriff für die Qualität eines Softwareprodukts hinsichtlich der Handhabung durch Nutzer verwendet.

Split-Attention-Theorie Theorie, die besagt, dass sich bei gleichzeitiger Darbietung von (z. B.) Text und Bild die Aufmerksamkeit zu einem bestimmten Zeitpunkt jeweils auf eine der beiden Codes konzentriert, sich also aufteilen (split) muss. Wegen der geringen Kapazität des Arbeitsgedächtnisses kann dies die Lerneffizienz beeinträchtigen.

Sputnik-Schock Als 1957 die UdSSR den ersten Satelliten („Sputnik") in den Weltraum schoss, löste dies in den USA heftige Reaktionen („Schock") aus. Man sah die angenommene eigene wissenschaftlich-technische Überlegenheit in Frage gestellt und führte dies auf Mängel im Bildungswesen zurück. Die Folge waren unterschiedliche Reforminitiativen im amerikanischen Bildungssystem.

Stakeholder Stakeholder sind alle Personen oder Institutionen, die an einem Vorhaben beteiligt sind bzw. von der späteren Realisierung des Vorhabens betroffen sind. Der Begriff umfasst also sowohl jene, die bei der Entwicklung mitwirken, als auch spätere

Nutzer. Sie alle sind Informationslieferanten für Ziele, Erwartungen und Ansprüche an das Produkt.

Stereotype Verallgemeinerungen über Gruppen, bei denen jedem Gruppenmitglied die gleichen Eigenschaften zugeschrieben werden.

Stimulus Reiz

Streaming Streaming ist ein Begriff aus der Netzwerktechnik und bezeichnet das sequentielle Versenden und Empfangen von Datenströmen. Der große Vorteil dieses Verfahrens liegt darin, dass der Inhalt bereits während des Sendens wiedergegeben und gesteuert werden kann, also nicht erst nach Empfang der gesamten Datenmenge. Durch „Streaming" können also Audio- und Video-Dateien bereits während der Übertragung (z. B. im Internet) angehört bzw. angeschaut werden. Die Übertragung erfolgt über ein Netzwerk. Streaming eignet sich besonders für die Darstellung großer Datenpakete (z. B. Ton- oder Videosequenzen), da es hier nicht zu langen Wartezeiten kommt und der Nutzer auch bestimmte Teile auswählen kann, die er herunterladen möchte.

Subjektiver vs. objektiver Lern-Erfolg Mit *Lern-Erfolg* wird das Ergebnis einer Leistungsüberprüfung bzw. eines Leistungstestes bezeichnet, die/der auf einen definierten Lern- und Übungsaufwand folgte.
Subjektiver Lern-Erfolg bezeichnet den Lern-Erfolg, den der Lernende aufgrund seiner Selbsteinschätzung für sich selbst wahrnimmt. Aussagen von Lernenden, wie „ich habe heute nichts verstanden, obwohl der Lernstoff eigentlich wichtig ist" oder „ich habe die Lösung der Aufgabe wieder nicht gefunden, obwohl ich doch so viel gelernt habe" spiegeln beispielsweise wieder, dass sich der Lernende nur einen geringen Lern-Erfolg zuschreibt. Aussagen, wie: „ich werde bestimmt eine gute Note erhalten" oder „ich denke, ich habe viel Nützliches gelernt, dass ich später anwenden kann" zeugen von einer positiven Einschätzung des subjektiven Lern-Erfolgs.
Objektiver Lern-Erfolg wird anhand eines nachvollziehbaren Kriteriums, beispielsweise in der Schule häufig durch die Schulnote, bestimmt.

Symbolische Repräsentation Darstellung (auch im Gedächtnissystem) eines Sachverhalts durch ein Symbol.

Synchron/asynchron *Synchron:* gleichzeitig; *asynchron:* nicht gleichzeitig, ungleichzeitig.

Teleconferencing Virtuelle Konferenz, bei der die Teilnehmer nicht an einem Ort versammelt sind, sondern per Telekommunikation (meist mit Videoübertragung) verhandeln.

Teleteaching/Televorlesungen/Teleseminare Lehrveranstaltungen, bei denen Lehrender und Lernende nicht am gleichen Ort zusammen kommen. Bei einer Televorlesung werden Bild und Sprache in entfernte Hörsäle oder zu Hörern an ihren PCs übertragen; zum Teil besteht für die Hörer über einen Rückkanal die Möglichkeit, sich mit Fragen oder Bemerkungen an den Dozenten zu wenden. Bei Teleseminaren werden entweder zwei räumlich entfernt tagende Seminargruppen audiovisuell miteinander verbunden, oder die Teilnehmer sitzen jeweils zuhause an Ihren PCs.

Teletutoring Unterstützung eines einzelnen Lernenden durch einen Tutor, der mit dem Lernenden per Telekommunikation interagiert: Oft ist der Teletutor in einem kleinen Bild auf dem Bildschirm des Lernenden zu sehen (und umgekehrt), meist können beide miteinander sprechen. Wichtig ist die Möglichkeit, dass beide den gleichen Bildschirminhalt sehen können („joint viewing").

Textliche und bildhafte Repräsentationen *Textliche Repräsentationen*: Normalerweise ist das wortwörtliche Behalten von Text sehr schwierig und lernintensiv, zudem meistens nicht wünschenswert, da es häufig um das allgemeine Verständnis des Sachverhaltes geht. Effektiver ist das Behalten der wesentlichsten Informationen eines Textes. Diese Informationen werden aus dem Text extrahiert und im Gedächtnis mit dem Vorwissen oder untereinander so verknüpft, dass eine Zusammenstellung der wesentlichen Inhalte des Textes entsteht. Diese Zusammenstellung wird als textliche Repräsentation bezeichnet.
Bildhafte Repräsentation: Auch Repräsentationen von Bildmaterial wie Fotos oder Grafiken enthalten nur eine Zusammenstellung der wesentlichsten Elemente des Bildes, verknüpft mit dem Vorwissen. Die Bilddetails werden bei der bildlichen Repräsentation nicht mit im Gedächtnis gespeichert.

Transfer Lern-Transfer bezeichnet die Fähigkeit von Lernenden, Wissen und Fertigkeiten, die sie in einer Lern-Situation erworben haben, in einer anderen (Anwendungs-) Situation angemessen und korrekt einzusetzen. Es geht also um die *Generalisierung* von Lernen auf neue Situationen. Damit Lern-Transfer geschieht, muss eine Person Wissen oder Fertigkeiten im Gedächtnis aktivieren, die bisher nur in anderen Situationen Anwendung fanden. Dies wird nur dann geschehen, wenn die aktuelle Situation hinreichend ähnlich zu den alten Lernsituationen ist. Die Ähnlichkeit kann in verschiedenen Aspekten der Situation liegen.

Tutorielle Unterstützung Nicht selten tauchen während des computerunterstützten Lernens beim Lernenden Fragen und Probleme auf. Diese zu beantworten ist Aufgabe eines Tutors, entweder eines natürlichen, der durch E-Mail, Chat oder in einem Forum zu erreichen ist, oder durch vom System generierte Hilfestellungen/Rückmeldungen, nicht selten realisiert in Form eines pädagogischen Agenten → *Pädagogischer Agent*.

Tutorielles Lernprogramm Lernprogramm, in dem analog einem menschlichen Tutor Wissen vermittelt wird: Geschriebene und gesprochene Texte, Übungsaufgaben mit Rückmeldung sind charakteristisch.

Typisierte Handlungsabläufe Handlungsabläufe, die in ähnlicher Weise wiederholt vorkommen.

Usability Testing Usability Testing hat die Aufgabe, die Benutzbarkeit, Handhabung bzw. Gebrauchstauglichkeit eines E-Learning-Angebotes zu bestimmen. Durch einen solchen Test können z. B. Fragen beantwortete werden, wie: „Wird eine bestimmte Information schnell gefunden?", „Werden Links als solche erkannt und ist ihre Beschriftung aussagekräftig?", „Sind die Lernenden zufrieden mit der Lernumgebung?". Man unterscheidet zwei Testverfahren, entweder Experten überprüfen die relevanten Aspekte, oder potentielle Nutzer werden bei der Arbeit mit dem Testobjekt beobachtet (siehe auch Kap. 21).

Validität Die Validität ist neben der → *Objektivität* und der → *Reliabilität* eines der Hauptgütekriterien eines Messinstrumentes. Das Ausmaß, mit dem ein Messinstrument das misst, was es messen soll, bezeichnet man als Validität oder Gültigkeit (engl.: validity).

Verbaler Kanal → *Visueller/bildhafter Kanal vs. auditiver/verbaler Kanal*

Virtuelle Arbeitsgruppe Arbeitsgruppe, deren Mitglieder nicht am gleichen Ort versammelt sind, sondern per Telekommunikation (WWW) miteinander interagieren.

Virtuelles Labor Ein virtuelles Labor wird analog zu einem „wirklichen" realen Labor mit seinen Geräten und Chemikalien programmiert und auf dem Bildschirm präsentiert. Der Nutzer hat die Möglichkeit Experimente durchzuführen, sich in dem virtuellen Raum zu bewegen und die Geräte zu bedienen. Meist wird der theoretische Hintergrund zu dem jeweiligen Thema anhand von Filmen, Bildern und Animationen vermittelt.

Visueller/bildhafter Kanal vs. auditiver/verbaler Kanal Der Modellvorstellung nach leiten und verarbeiten Kanäle Sinnesreize bzw. Informationen getrennt danach, ob sie über das Ohr, das Auge oder die Hände aufgenommen werden. Über den visuell/bildhaften Kanal werden alle Reize (Informationen) an das Gehirn weitergeleitet, die über das Auge aufgenommen wurden. Dagegen gelangen über den auditiv/verbalen Kanal alle Informationen zum Gehirn, die über das Ohr aufgenommen wurden.

Web Safari Mehrere Benutzer surfen gleichzeitig unter Anleitung eines „Guides" durch ein Webangebot; Alternative zu einer → *Guided Tour*, bei der sich die Benutzer auf vorher festgelegten Pfaden durch ein Webangebot bewegen.

Whiteboard „Virtuelle Wandtafel", d.h. eine elektronische Wandtafel, auf der mehrere Personen gemeinsam und synchron arbeiten können; typisches Beispiel eines → *Application Sharings*.

Wissensdiagnose Diagnose des Umfangs und der Art des Wissens, über das eine Person verfügt.

Wissenspsychologie Teildisziplin der Kognitionspsychologie, die sich mit dem Aufbau, der Struktur, der Entwicklung und der Anwendung von Wissen befasst.

Wissensrepräsentation Die Darstellung von Wissen im menschlichen Gedächtnis.

Wissensstruktur Gesamtheit der in einem Gedächtnis verfügbaren Fakten, Begriffe und der Beziehungen zwischen ihnen (meist auf einen bestimmten Bereich bezogen: Wissensstruktur im Bereich Physik, im Bereich Geschichte).

W-LAN „Wireless LAN" ist ein Rechnernetzwerk, das durch die drahtlose Vernetzung von Rechnern mit Hilfe von Technologien der Mobilkommunikation entsteht.

Worked-out examples/Lösungsbeispiele Schritt für Schritt ausgearbeitete Lösungsbeispiele, z. B. im Mathematikunterricht häufig zur Hilfe bei der Lösung ähnlicher Textaufgaben verwendet: Der Lehrer beginnt seine Erklärungen zur Lösung der Aufgabe indem er zeigt, welche Größen gegeben sind und welche gesucht werden und rechnet dann schrittweise den Lösungsweg vor. Die Lernenden sollen den Lösungsweg nachvollziehen und sich selbst erklären, warum ein Schritt auf den anderen in der vorgegebenen Reihenfolge folgen muss. Für die Lösung ihrer eigenen Aufgabe, wenden sie dann dieses Wissen an.

WYSIWYG Abkürzung für „what you see is what you get"; Bezeichnung einer Form der Erstellung von Inhalten, bei der schon in der Phase des Editierens die Inhaltselemente das endgültige Aussehen haben.

Zwei-Weg-Kommunikation Kommunikationsprozess, bei dem Sender und Empfänger ihre Funktion wechseln: Wer zuvor Sender war, wird anschließend zum Empfänger und umgekehrt → *Ein-Weg-Kommunikation*.

Abbildungsverzeichnis

1 **Die Suche nach der Lehrmaschine:
   Von der Buchstabiermaschine
   über den Programmierten Unterricht zum E-Learning** 3

   1.1 Das Leserad, 1588 von Agostino Ramelli 3
   1.2 Presseys Test- und Lernmaschine von 1926 4
   1.3 Einfache Lernmaschine (Anfang der 60er Jahre) 5
   1.4 Frühe Arbeitsstation für computergestütztes Lernen . 10
   1.5 Bildschirmdarstellungen aus einer „arbeitsanalogen Lernaufgabe" für die kaufmännische Ausbildung. 14

   Die Abbildungen 1.1 bis 1.4 sind folgender Quelle entnommen: Fuchs, W. R. (1969). *Knaurs Buch vom neuen Lernen*. München: Drömer (Nachfolge Knaur), S. 107, S. 145, S. 117, S. 182

   Abbildung 1.5 zeigt Bildschirmdarstellungen zu einer von den Autoren entwickelten Software.

2 **Die Konzeption von E-Learning:
   Wissenschaftliche Theorien, Modelle und Befunde** 19

   2.1 Instructional System Design: ADDIE-Modell 22
   2.2 Fünf Lehrzielkategorien nach Gagné et al. (1988) 23
   2.3 Die neun Lehrschritte nach Gagné et al. (1988) 24
   2.4 Vier-Komponenten-Modell des Instruktionsdesigns von J. van Merriënboer (nach Merriënboer, 1997) 40
   2.5 PADDIQ: Operatives Vorgehensmodell bei der Konzeption von E-Learning 47

3 **Analysen: Die Ermittlung der Ausgangsbedingungen** 51

   3.1 Mindmap „Multimediabezogenes Instruktionsdesign". Diese Darstellung beansprucht inhaltlich keine Vollständigkeit. 60

3.2 Mindmap „Multimediabezogenes Instruktionsdesign". Hier Ebene 2: Interaktivität 61
3.3 Beispiel eines Flussdiagramms im Rahmen einer Analyse prozeduralen Wissens. Hier: Finden eines geeigneten statistischen Testverfahrens 62
3.4 Beispiel eines Rechenbaums im Rahmen der Analyse prozeduralen Wissens. Hier aus: Niegemann et al. (1999) 63
3.5 Beispiel für ein Arbeitspaket 66

Die Abbildungen 3.1 bis 3.2 wurden mit der Software MindManager 2002, Enterprise Edition, Firma Mindjet LLC, erstellt.

4 Grundsatzentscheidungen: Welche didaktische Orientierung?   **71**
    4.1 Drei Entscheidungsebenen des Instruktionsdesigns .. 74
    4.2 Ein Basismodell – zwei Sichtstrukturen (verändert nach Oser & Baeriswyl, 2001) 79

6 Segmentierung und Sequenzierung: Einteilung und Reihenfolge   **99**
    6.1 Linear-sukzessive Sequenzierung und Spiral-Sequenzierung (nach Reigeluth, 1999, S. 432; aus: Niegemann, 2001, S. 110) 101
    6.2 Hierarchischer Ansatz und Vereinfachte-Bedingungen-Ansatz (VB) (nach Reigeluth, 1999, S. 443, aus Niegemann, 2001, S. 114) 105

7 Interaktivität und Adaptivität   **109**
    7.1 Interaktionskette 110

8 Didaktische Gestaltung von Audio   **125**
    8.1 Beispiele für ethnischen Kontext 128
    8.2 Beispiel – Erinnerungsfunktion in MS-Office 130

9 Didaktische Gestaltung und Konzeption von Animationen   **135**
    9.1 Simulation zu einem Experiment „Starres Pendel" (Software „Albert", Springer-Verlag 1994) 137
    9.2 Empfehlungen für die Erstellung von Animationen (Milheim, 1993; Windchitl, 1996) 141

10 Video in E-Learning-Umgebungen 147
   10.1 Screenshot aus dem Lernprogramm „Der persönliche Berater".. 152

**11 Packen wir es auf den Bildschirm –
Gestaltung von Text und Bild** 159
   11.1 Screenshot eines multimedialen Lernprogramms (Zander et al., 2003)............................... 174
   11.2 Beide Fotografien entstanden in Chicago, dennoch zeigt jedes Foto einen anderen Blick auf die Stadt..... 180
   11.3 Dies ist eine Mindmap, die als Vorarbeit zu diesem Kapitel erstellt wurden 181
   11.4 Beispiel für eine Tabellendarstellung 181
   11.5 Diese Grafik illustriert den Lernzuwachs mit dem Lernprogramm „Grammatik und Filmsprache"........ 182

**12 Achtung „Overload":
Präsentation von Text, Bild und Ton am Bildschirm** 187
   12.1 SOI-Modell nach Mayer (2001, S. 47)..................... 192
   12.2 Der animierte pädagogische Agent „Herman the Bug" in der Lernumgebung „Design-A-Plant" (Höök, 2003) 203

**13 Dranbleiben und weiterlernen:
Nun motiviert mich mal!** 205
   13.1 Das Rubikon-Modell 220

**15 Die Ideen aus Konzeption
und Gestaltung zum Anfassen: Storyboard** 235
   15.1 Schema für ein einfaches Storyboard-Layout (nach Alessi & Trollip, 2001, S. 563) 238
   15.2 Weiteres Schema für ein einfaches Storyboard-Layout (nach Alessi & Trollip, 2001, S. 564) 239
   15.3 Storyboard-Tool (Add-in für Powerpoint). Das Layout der Seite wird mit Hilfe der Folienmaster-Funktion festgelegt. Platz für Bilder oder für die Präsentation von Videos wird durch Rechtecke gekennzeichnet. Hier ist die Eingabemaske geöffnet mit den Metadaten und den Anweisungen für die Produktion, zusätzlich das Fenster zur Erfassung der auf dieser Seite verwendeten Assets (hier: eine Videodatei) 240
   15.4 Ausgedruckte Storyboard-Seite 241

**16 Gestaltungsmöglichkeiten
von E-Learning aus technischer Sicht**   **245**

16.1 Gestaltungsmöglichkeiten für E-Learning-Lösungen . 246
16.2 Blended Learning – Ein neues Modewort in der Welt des E-Learning?... 247
16.3 Kategorisierung von Basistechnologien................... 248
16.4 Beispiele für Lerntechnologien 251
16.5 Funktionale Bereiche von Lernsystemen 252
16.6 Tele-Teaching – Kommunikationstechnologien aus didaktischer Sicht.. 253
16.7 Kategorisierung von Lehr-/Lernsystemen 254

17 Bausteine und Werkzeuge für E-Learning   **257**

17.1 Schematische Darstellung der Systemarchitektur für das webbasierte Praktikum 260
17.2 Verschiedene Kategorien von Autorenwerkzeugen 266

18 Standardisierung, Benutzerorientierung und Integration   **269**

18.1 Kooperationsnetzwerk bezüglich der Initiative zu E-Learning-Standards nach Baumgartner et al. (2002b) 271
18.2 Beziehungen zwischen den Elementen der EML 273

19 Praktische Anwendungen: Zwei Lernplattformen   **279**

19.1 Der Bereich „Persönlicher Schreibtisch" in ILIAS 280
19.2 Beispiel für eine Lerneinheit in der Lernumgebung von *ILIAS* 281
19.3 Multimedia-Objekte in einer Lerneinheit 282
19.4 Das Ebenenkonzept von metacoon 284
19.5 Dynamisch erzeugte Repräsentation in metacoon..... 286

**20 Top oder Flop –
die Qualitätsbeurteilung von E-Learning**   **291**

20.1 Modell eines Evaluationsprozesses 295
20.2 Auswahl der Bewertungskriterien und -aspekte........ 309
20.3 Auswahl der relevanten Fragen zu den Einzelaspekten 309
20.4 Bewertung und Feststellung der aktuellen Qualität: Bewertung der Einzelfragen 309
20.5 Überblick über die Qualität des Produktes im Hinblick auf bisher bewertete Fragen und Aspekte (im Original verschieden farblich markiert, je nach Wichtigkeit)... 309

Die Abbildungen 20.2 bis 20.5 sind Screenshots des Kriterienkataloges MEDA 97 auf CD-ROM. Kiel: Institut für die Pädagogik der Naturwissenschaften, 1997.

21 Lernerfreundliche Gestaltung: Die Bedeutung der Usability   313

21.1 Auswertung der Blickbewegungsdaten. Verwendete Software: Eyeneal Data Analysis 5.0, Applied Science Group Inc. (2000) 322

21.2 Visualisierung der dazugehörigen Blickbewegungsverläufe. Verwendete Software: FixPlott, Applied Science Group Inc. (2000). 323

21.3 Purdue Usabililty Testing Questionnaire (PUTQ) 331

21.4 Questionnaire for User Interface Satisfaction (QUIS) 332

21.5 Die Grafik stellt die Dimension „Angemessenheit des Erscheinungsbildes" dar (Hannafin & Peck, 1988) 333

21.6 Screenshot des Kriterienkataloges MEDA 97. Kiel: Institut für die Pädagogik der Naturwissenschaften, 1997. CD-ROM. 333

Die ausführlichen Angaben zu den Quellen entnehmen Sie bitte den Literaturangaben zum jeweiligen Kapitel.

Tabellenverzeichnis

**4 Grundsatzentscheidungen:
Welche didaktische Orientierung?**   71

    4.1   Basismodelle und Zieltypen (verändert nach Elsässer, 2000) 76
    4.2   Basismodelle und Schichtstrukturen (verändert nach Elsässer, 2000) 78
    4.3   Basismodell 1 79
    4.4   Basismodell 3 81
    4.5   Basismodell 4 83
    4.6   Basismodell 6 84
    4.7   Basismodell 11 85
    4.8   Basismodell 12 86

**12 Achtung „Overload":
Präsentation von Text, Bild und Ton am Bildschirm**   187

    12.1   Zusammenstellung der theoretischen Basis des SOI-Modells (Mayer, 2001) 188
    12.2   Sechs Prinzipien zur Gestaltung von Multimedia (Clark & Mayer, 2002) 194

**13 Dranbleiben und weiterlernen:
Nun motiviert mich mal!**   205

    13.1   Klassifikation von Lern- und Leistungsemotionen (Pekrun, 1998, S. 234) 216
    13.2   Fünf Kategorien von Emotionen im FEASP-Modell ... 217
    13.3   Allgemeine Lehrstrategien des FEASP-Ansatzes 1 (vgl. Astleitner, 2000) 218
    13.4   Allgemeine Lehrstrategien des FEASP-Ansatzes 2 (vgl. Astleitner, 2000) 219

13.5 Motivationale und volitionale Steuerungslage 222
13.6 Checkliste zur Förderung der Motivation 225

16 Gestaltungsmöglichkeiten von E-Learning aus technischer Sicht   245

16.1 Beispiele für Basistechnologien 249

19 Praktische Anwendungen: Zwei Lernplattformen   279

19.1 Typische Koordinations- und Kooperationsfunktionen in metacoon... 285

Literatur

Literatur zu Kapitel 1

Achtenhagen, F. (1991). Möglichkeiten und Grenzen komplexer Lehr-Lern-Prozesse in der kaufmännischen Erstausbildung. In K. Aschenbrücker & U. Preiß (Hrsg.), *Menschenführung und Menschenbildung* (S. 311–326). Hohengehren: Schneider.

Achtenhagen, F. & John, E. G. (Hrsg.). (1992). *Mehrdimensionale Lehr-Lern-Arrangements – Innovationen in der kaufmännischen Aus- und Weiterbildung.* Wiesbaden: Gabler.

Aebli, H. (1983). *Zwölf Grundformen des Lehrens. Eine Allgemeine Didaktik auf psychologischer Grundlage.* Stuttgart: Klett-Cotta.

Aldermann, D. L. (1979). Evaluation of the TICCIT computer-assisted instructional system in the community college. *SIGCUE Bulletin, 13, no. 3,* pp. 5–17

Berners-Lee, T., Hendler, J. & Lassila, O. (2001). The semantic web. *Scientific American, 2001, May.*

Bloom, B. S. (1973). Individuelle Unterschiede in der Schulleistung: ein überholtes Problem? In W. Edelstein & D. Kopf (Eds.), *Bedingungen des Bildungsprozesses* (S. 251–284). Stuttgart: Klett.

Bower, G. H. & Hilgard, E. R. (1983). *Theorien des Lernens* (Bd. 1). Stuttgart: Klett-Cotta.

Crowder, N. A. (1959). Automation tutoring by means of intrinsic programming. In E. Galanter (ed.), *Automatic teaching: The state of the art* (pp. 109–116). New York: John Wiley and Sons.

Fischer, P. M. (1985). Wissenserwerb mit interaktiven Feedbacksystemen. In H. Mandl & P. M. Fischer (Hrsg.), *Lernen im Dialog mit dem Computer* (S. 68–82). München, Wien, Baltimore: Urban & Schwarzenberg.

Fischer, P. M. & Mandl, H. (1988). Knowledge acquisition by computerized audiovisual feedback. *European Journal of Psychology of Education, 3,* pp. 217–233.

Fischer, P. M., Mandl, H., Frey, H. D., Jeuck, J., Schröder, O. & Ackermann, K. (1988). *Bericht zum DFG-Projekt „Beeinflussung und Förderung des Wissenserwerbs mit audiovisuellen Medien bei kontingenter Rückmeldung" Forschungsberichte* (No. 48). Tübingen: Deutsches Institut für Fernstudien.

Gottwald, B. A. (1975). *Projekt computerunterstützter Unterricht „Teilbereich Biologie"*. Freiburg: Albert-Ludwigs-Universität.

Hofer, M. & Niegemann, H. M. (1990). Selbstgesteuertes Lernen mit interaktiven Medien in der betrieblichen Bildung. *Medienpsychologie, 2*(4), S. 258-274.

Klauer, K. J. (1974). Methodik der Lehrzieldefinition und Lehrstoffanalyse. Düsseldorf: Schwann.

Leutner, D. (1989). Angeleitetes Lernen mit Planspielen: Lernerfolg in Abhängigkeit von Persönlichkeitseigenschaften sowie Ausmaß und Zeitpunkt der Anleitung. *Unterrichtswissenschaft, 17*, S. 342-358.

Leutner, D. (1991). *Adaptive Lehrsysteme – Experimentelle Wirkungsanalysen der Steuerung von Lernprozessen*. Aachen: Rheinisch-Westfälische Technische Hochschule.

Leutner, D. (1992). *Adaptive Lehrsysteme: Instruktionspsychologische Grundlagen und experimentelle Analysen*. Weinheim: Psychologie Verlags Union.

Lipsmeier, A. & Seidel, C. (1987). *Computerunterstütztes Lernen in Berufs- und Weiterbildung*. Hagen: Fernuniversität-Gesamthochschule.

Lukas, J. & Albert, D. (1989). *Repräsentation, Struktur und Diagnose von Wissen: Empirische Überprüfung von Voraussetzungen für ein intelligentes tutorielles System*. Tübingen, Freiburg: Deutsche Forschungsgemeinschaft.

Mandl, H., Gruber, H. & Renkl, A. (1992). Lernen mit dem Computer. Empirisch-pädagogische Forschung in der BRD zwischen 1970 und 1990. Forschungsbericht Nr. 7. München: Ludwigs-Maximilian-Universität. Institut für Empirische Pädagogik und Pädagogische Psychologie

Mandl, H. & Hron, A. (1985). Förderung kognitiver Fähigkeiten und des Wissenserwerbs durch computerunterstütztes Lernen. In U. Bosler, K. Frey, W. Hosseus, M. Kremer, P. Schermer & H. Wolgast (Hrsg.), Mikroelektronik und Neue Medien im Bildungswesen. Referate des Kieler Seminars vom 12. bis 16. November 1984. IPN-Arbeitsberichte. Kiel: IPN.

Mandl, H., Prenzel, M. & Gräsel, C. (1992). Das Problem des Lerntransfers in der betrieblichen Weiterbildung. *Unterrichtswissenschaft, 20*(2), S. 126-143.

Mandl, H. & Spada, H. (Hrsg.). (1988). *Wissenspsychologie*. Weinheim: Psychologie Verlags Union.

Möbus, C. (1990). Toward a design of adaptive instructions and helps for knowledge communication with the problem solving monitor ABSYNT. In O. S. Z. Z. V. Marik (ed.), *Artificial intelligence in higher education* (pp. 138-145). Berlin: Springer-Verlag.

Niegemann, H. M., Hofer, M., Gronki-Jost, E.-M. & Neff, O. (2001). Computerunterstützte fallbasierte Arbeitsaufgaben zur Kostenrechnung in der kaufmännischen Erstausbildung: Designforschung und curriculare Integration. In K. Beck & V. Krumm (Hrsg.), *Lehren und Lernen in der beruflichen Erstausbildung. Grundlagen einer modernen kaufmännischen Berufsqualifizierung* (S. 323-347). Opladen: Leske und Budrich.

O'Shea, T. & Self, J. (1986). *Lernen und Lehren mit Computern. – Künstliche Intelligenz im Unterricht*. Basel: Birkhäuser.

Plötzner, R., Spada, H., Stumpf, M. & Opwis, K. (1990). Learning qualitative and quantitative reasoning in a microworld for elastic impacts. *European Journal of Psychology of Education, 4* pp. 501–516.

Preiß, P. (1990). *Planspiel Jeansfabrik*. Göttingen: Seminar für Wirtschaftspädagogik der Georg-August-Universität.

Preiß, P. (1992). Komplexität im Betriebswirschaftslehre-Anfangs-Unterricht. In F. Achtenhagen & E.G. John (Hrsg.), *Mehrdimensionale Lehr-Lern-Arrangements – Innovation in der kaufmännischen Aus- und Weiterbildung* (S. 58–78). Wiesbaden: Gabler.

Reimann, P. (1990). *Problem solving models of scientific discovery learning processes*. Frankfurt a. M.: Lang.

Riehm, U. & Wingert, B. (1995). *Multimedia. Mythen, Chancen und Herausforderungen*. Mannheim: Bollmann.

Sembill, D. (1992). Selbstorganisiertes Lernen in der Handelslehrerausbildung. *Unterrichtswissenschaft, 20*(4), S. 343–357.

Simon, H. (Hrsg.) (1977). Computerunterstützte Simulationen im naturwissenschaftlichen Unterricht. Abschlußbericht. Tübingen: Universität Tübingen.

Skinner, B.F. (1938). *The behavior of organisms: An experimental analysis*. Englewood Cliffs, NJ: Prentice Hall.

Treitz, N. (1984). Deduktive Programme auf dem Bildschirmcomputer und andere Mediennutzungen im Physikunterricht. Duisburg: Universität Duisburg – GHS.

Weber, G., Waloszek, G. & Wender, K.F. (1987). The role of episodic memory in an intelligent tutoring system. In J. Self (ed.), *Artificial intelligence and human learning: Intelligent computer-aided instruction* (pp. 141–155). London: Chapman & Hall.

Literatur zu Kapitel 2

Al-Diban, S. & Seel, N. (1999). Evaluation als Forschungsaufgabe von Instruktionsdesign. *Unterrichtswissenschaft, 27*(1), S. 29–60.

Alisch, L.-M. (1995). *Grundlagenanalyse der Pädagogik als strenge praktische Wissenschaft*. Berlin: Duncker & Humblot.

Bransford, J.D., Sherwood, R.D., Hasselbring, T.S., Kinzer, C.K. & Williams, S.M. (1990). Anchored instruction: Why we need it and how technology can help. In D. Nix & R. Spiro (eds.), *Cognition, education, and multimedia: Exploring ideas in high technology.* (pp. 115–141). Hillsdale, NJ: Erlbaum.

Brown, J.S., Collins, A. & Duguid, P. (1989). Situated cognition and the culture of learning. *Educational Researcher, 18*, pp. 32–41.

Bunge, M. (1998). *Philosophy of Science: From Problem to Theory* (revised edition. ed. Vol. 1). New Brunswick, London.

Case, R. (1978). A developmentally based theory and technology of instruction. *Review of Educational Research, 48*, pp. 439–463.

Cognition and Technology Group at Vanderbilt. (1991). Technology and the design of generative learning environments. *Educational Technology, May*, pp. 34–40.

Cognition and Technology Group at Vanderbilt. (1997). *The Jasper project. Lessons in curriculum, instruction, assessment, and professional development.* Mahwah, NJ: Erlbaum.

de Crook, M. B. M., Paas, F., Schlanbusch, H. & van Merriënboer, J. J. G. (2002). ADAPT^{IT}: Tools for training design and evaluation. *Educational Technology Research and Development, 50*(4), pp. 47-58.

Dick, W. & Carey, L. (1996). *The systematic design of instruction.* New York: HarperCollins/College Publishers.

Fischer, F., Bouillion, L., Mandl, H. & Gomez, L. (2003). Scientific principles in Pasteur's quadrant: integrating goals of understandig and use in learning enviroments research. In B. Wasson, S. Ludvigsen & U. Hoppe (eds.), *Designing for change in networked learning environments* (pp. 493-502). Dordrecht: Kluwer.

Gagné, R. M. (1985). *The conditions of learning and theory of instruction.* 4th ed. New York: Holt, Rinehart & Winston.

Gagné, R. M., Briggs, L. J. & Wagner, W. W. (1987). *Principles of instructional design* (3rd ed.). New York: Holt, Rinehart & Winston.

Gustafson, K. L. & Branch, R. M. (2002). What is instructional design? In J. V. Dempsey (ed.), *Trends and issues in instructional design and technology* (pp. 16-25). Upper Saddle River, NJ/Columbus, OH: Merrill/Prentice Hall.

Hannafin, M., Land, S. & Oliver, K. (1999). Open learning environments: Foundations, methods, and models. In C. M. Reigeluth (ed.), *Instructional-design theories and models. A new paradigm of instructional theory* (pp. 115-140). Mahwah, NJ: Erlbaum.

Herrmann, T. (1994). Forschungsprogramme. In T. Herrmann & W. H. Tack (Hrsg.), *Enzyklopädie der Psychologie, Themenbereich B, Serie I, Bd. I: Methodologische Grundlagen der Psychologie* (S. 251-294). Göttingen: Hogrefe.

Jonassen, D. (1999). Designing constructivist learning environments. In C. M. Reigeluth (ed.), *Instructional-design theories and models. A new paradigm of instructional theory* (pp. 215-239). Mahwah, NJ: Erlbaum.

Krapp, A. & Heiland, A. (Hrsg.). (1981). *Theorieanwendung und rationales Handeln* (Bd. 4). Braunschweig: TU Braunschweig.

Mayer, R. E. (2001). *Multimedia learning.* Cambridge: Cambridge University Press.

Merrill, M. D. (1983). Component display theory. In C. M. Reigeluth (ed.), *Instructional design theories and models: An overview of their current status* (pp. 279-333). Hillsdale, NJ: Erlbaum.

Merrill, M. D. (1999). Instructional transaction theory (ITT): Instructional design based on knowledge objects. In C. M. Reigeluth (ed.), *Instructional-design - Theories and models. A new paradigm of instructional theory* (pp. 397-424). Mahwah, NJ: Erlbaum.

Merrill, M. D., Jones, M. K. & Li, Z. (1992). Instructional transaction theory: Classes of transactions. *Educational Technology, 32,* no. 6, pp. 12-26.

Mischo, C. & Rheinberg, F. (1995). Erziehungsziele von Lehrern und individuelle Bezugsnormen der Leistungsbewertung. *Zeitschrift für Pädagogische Psychologie, 9*(3/4), S. 139-151.

Nelson, L. M. (1999). Collaborative problem solving. In C. M. Reigeluth (ed.), *Instructional-design theories and models. A new paradigm of instructional theory* (pp. 241–267). Mahwah, NJ: Erlbaum.

Reeves, B. & Nass, C. (1996). *The media equation. How people treat computers, televisions, and new media like real people and places.* New York: Cambridge University Press.

Reigeluth, C. M. (ed.) (1987). *Instructional theories in action.* Hillsdale, NJ: Erlbaum.

Reigeluth, C. M. (ed.) (1983). *Instructional-design theories and models: An overview of their current status.* Hillsdale, NJ: Erlbaum.

Reimann, P. (1997). *Lernprozesse beim Wissenserwerb aus Beispielen. Analyse, Modellierung, Förderung.* Bern: Huber.

Renkl, A. (1994). Träges Wissen: Die „unerklärliche" Kluft zwischen Wissen und Handeln. *Forschungsbericht, 41.*

Resnick, L. B. (1987). Task analysis in instructional design: Some cases from mathematics. In D. Klahr (ed.), *Cognition and Instruction,* pp. 51–80. Hillsdale, NJ: Erlbaum.

Rheinberg, F., Vollmeyer, R. & Rollett, W. (2000). Motivation and action in self-regulated learning. In M. Boekaerts, P. R. Pintrich & M. Zeidner (eds.), *Handbook of self-regulation* (S. 503–529). San Diego, San Francisco, New York: Academic Press.

Romiszowski, A. J. (1999). The development of physical skills: Introduction in the psychomotor domain. In C. M. Reigeluth (ed.), *Instructional-design theories and models. A new paradigm of instructional theory* (pp. 457–481). Mahwah, NJ: Erlbaum.

Roth, G. (2000). *Das Gehirn und seine Wirklichkeit.* Frankfurt a. M.: Suhrkamp.

Sander, E. (1986). *Lernhierarchien und kognitive Lernförderung.* Göttingen, Toronto, Zürich: Hogrefe.

Schank, R. C. (1998). *Tell me a story. Narrative and intelligence* (2nd printing (1st ed. 1990)). Evanston, Illinois: Nortwestern University Press.

Schank, R. C. (2002). *Designing world-class e-learning.* New York, Chicago: McGraw-Hill.

Schank, R. C., Berman, T. R. & Macpherson, K. A. (1999). Learning by doing. In C. M. Reigeluth (ed.), *Instructional-design – Theories and models. A new paradigm of instructional theory* (pp. 161–182). Mahwah, NJ: Erlbaum.

Schwartz, D. L., Lin, X., Brophy, S. & Bransford, J. D. (1999). Toward the development of flexible adaptive instructional designs. In C. M. Reigeluth (ed.), *Instructional-design – Theories and models. A new paradigm of instructional theory* (pp. 183–213). Mahwah, NJ: Erlbaum.

Simon, H. A. (1996). *The sciences of the artificial* (3rd ed.). Cambridge, Mass.: The MIT Press.

Sweller, J. (1999). *Instructional design in technical areas.* Camberwell, Vic: ACER Press.

Tennyson, R. D. & Park, O.-C. (1980). The teaching of concepts. A review of instructional design research literature. *Review of Educational Research, 50*(1), pp. 55–70.

van Gerven, P. W. M., Paas, F. G. W. C., van Mërrienboer, J. J. G. & Schmidt, H. G. (2002). Cognitive load theory and aging: effects of worked examples on training efficieny. *Learning and Instruction, 12*(1), pp. 87-105.

van Merriënboer, J. J. G. (1997). *Training complex cognitive skills. A four-component instructional design model for technical training.* Englewood Cliffs, NJ: Educational Technology Publications.

van Merriënboer, J. J. G. & Dijkstra, S. (1997). The four-component instructional design model for training complex cognitive skills. In R. D. Tennyson, F. Schott, N. Seel & S. Dijkstra (eds.), *Instructional design. International perspective. Vol. 1: Theory, research, and models* (pp. 427-445). Mahwah, NJ: Erlbaum.

van Merriënboer, J. J. G., Clark, R. E. & de Croock, M. B. M. (2002). Blueprints for complex learning: The 4C/ID-Model. *Educational Technology Research & Development, 50*(2), pp. 39-64.

Literatur zu Kapitel 3

Bortz, J. & Döring, N. (1996). *Forschungsmethoden und Evaluation.* Berlin, Heidelberg, New York: Springer-Verlag.

Jonassen, D. H., Beissner, K. & Yacci, M. (1993). *Structural knowledge: Techniques for representing, conveying, and acquiring structural knowledge.* Hillsdale, NJ: Erlbaum.

Jonassen, D. H. & Grabowski, B. L. (1993). *Handbook of individual differences, learning, and instruction.* Hillsdale, NJ: Erlbaum.

Jonassen, D. H., Tessmer, M. & Hannum, W. H. (1999). *Task analysis methods for instructional design.* Mahwah, NJ: Erlbaum.

Mandl, H. & Fischer, F. (Hrsg.). (2000). *Wissen sichtbar machen. Wissensmanagement mit Mapping-Techniken.* Göttingen: Hogrefe.

Miller, D. C. & Salkind, N. J. (eds.). (2002). *Handbook of research design and social measurement* (6th ed.). Thousand Oaks, London: Sage.

Morrison, G. R., Ross, S. M. & Kemp, J. E. (2001). *Designing effective instruction.* (3rd ed.) New York: John Wiley & Sons.

Niegemann, H. M. (1999). Wissensstrukturierung im Didaktischen Design. In W. K. Schulz (Hrsg.), *Aspekte und Probleme der didaktischen Wissensstrukturierung* (S. 29-47). Frankfurt a. M.: Lang.

Niegemann, H. M., Gronki-Jost, E.-M. & Neff, O. (1999). Instruktionsdesign zur Förderung des selbständigen Erwerbs theoretischen Wissens in der kaufmännischen Erstausbildung. *Unterrichtswissenschaft, 27*(1), pp. 12-28.

Nielsen, J. & del Galdo, E. M. (1996). *International user interfaces.* New York: John Wiley & Sons.

Oser, F. & Hascher, T. (1997). *Lernen aus Fehlern. Zur Psychologie des „negativen" Wissens* (Schriftenreihe zum Projekt „Lernen Menschen aus Fehlern? Zur Entwicklung einer Fehlerkultur in der Schule" No. 1). Freiburg (CH): Pädagogisches Institut der Universität Freiburg (Schweiz).

Literatur zu Kapitel 4

Aebli, H. (1980). *Denken: Das Ordnen des Tuns, Bd. 1.* Stuttgart: Klett-Cotta.
Aebli, H. (1981). *Denken: Das Ordnen des Tuns, Bd. 2.* Stuttgart: Klett-Cotta.
Aebli, H. (1983). *Zwölf Grundformen des Lehrens. Eine Allgemeine Didaktik auf psychologischer Grundlage.* Stuttgart: Klett-Cotta.
Aebli, H. (1987). *Grundlagen des Lehrens. Eine Allgemeine Didaktik auf psychologischer Grundlage.* Stuttgart: Klett-Cotta.
Alexander, C., Ishikawa, S., Silverstein, M., Jacobson, M., Fiksdahl-King, I. & Angel, S. (1977). *A pattern language: towns, buildings, construction.* New York: Oxford University Press.
Brouër, B. (2001). Förderung der Wahrnehmung von Lernprozessen durch die Anwendung der Basismodelle des Lernens bei der Gestaltung von Unterricht. *Unterrichtswissenschaft, 29*(2), S. 153–170.
Elsässer, T. (2000). *Choreografien unterrichtlichen Lernens als Konzeptionsansatz für eine Berufsfelddidaktik* (SIBP Schriftenreihe No. 10). Zollikofen (CH): Schweizerisches Institut für Berufspädagogik (SIBP).
Gamma, E., Helm, R., Johnson, R. & Vlissides, J. (1998). *Design patterns CD. Elements of reusable object oriented software.* New York: Addison-Wesley Longman.
Grell, J. & Grell, M. (1990). *Unterrichtsrezepte.* Weinheim: Beltz.
Molz, M., Eckhardt, A., Schnotz, W., Niegemann, H. M. & Hochscheid-Mauel, D. (i. Dr.). Deconstructing instructional design models: Toward an integrative conceptual framework for instructional design research. In H. Niegemann, R. Brünken & D. Leutner (eds.), *Instructional design for multimedia learning.* Münster, New York: Waxmann.
Oser, F. & Baeriswyl, F. J. (2001). Choreographies of Teaching: Bridging Instruction to Learning. In V. Richardson (ed.), *Handbook of Research on Teaching,* 4th ed. (pp. 1031–1065). Washington, DC: American Educational Research Association.
Oser, F. & Patry, J.-L. (1990). *Choreographien unterrichtlichen Lernens. Basismodelle des Unterrichts.* (Berichte zur Erziehungswissenschaft No. 89). Fribourg (CH): Pädagogisches Institut der Universität Freiburg (Schweiz).
Oser, F. & Patry, J.-L. (1994). Sichtstruktur und Basismodelle des Unterrichts: Über den Zusammenhang von Lehren und Lernen unter dem Gesichtspunkt psychologischer Lernverläufe. In R. Olechowski & B. Rollett (Hrsg.), *Theorie und Praxis. Aspekte empirisch-pädagogischer Forschung – quantitative und qualitative Methoden.* (S. 138–146). Frankfurt a. M., Bern: Lang.
Oser, F., Patry, J.-L., Elsässer, T., Sarasin, S. & Wagner, B. (1997). *Choreographien unterrichtlichen Handelns, Schlußbericht an den Schweizerischen Nationalfonds zur Förderung der wissenschaftlichen Forschung.* Fribourg (CH): Pädagogisches Institut der Universität Freiburg (Schweiz).
Piaget, J. (1996). *Einführung in die genetische Erkenntnistheorie.* Frankfurt a. M.: Suhrkamp (Suhrkamp TB Wissenschaft Nr. 6).
Reinhold, P. (2003). *Muster der Unterrichtsführung mit neuen Medien im Physikunterricht,* http://dimel.uni-paderborn.de/dimel/material/reinhold.pdf
Robinson, F. P. (1970). *Effective study.* 4th ed. New York: Harper & Row.

Sarasin, S. (1995). *Das Lernen und Lehren von Lernstrategien. Theoretische Hintergründe und eine empirische Untersuchung zur Theorie „Choreographien unterrichtlichen Lernens".* Hamburg: Dr. Kovac.

Wagner, B. (1999). *Lernen aus der Sicht der Lernenden. Eine Untersuchung zum Einfluß des Basismodell-Unterrichts auf das Lernen von Schülerinnen und Schülern.* Frankfurt a. M. u. a.: Lang.

Literatur zu Kapitel 5

England, E. & Finney, A. (1999). *Managing Multimedia. Project Management for Interactive Media.* Harlow, England: Addison-Wesley.

Hughes, B. & Cotterell, M. (1999). *Software Project Management.* London: McGraw-Hill.

Jalote, P. (2002). *Software Project Management in Practice.* Boston: Addison-Wesley.

Morrison, G. R., Ross, S. M. & Kemp, J. E. (2001). *Designing Effective Instruction.* New York: John Wiley & Sons.

Niegemann, H. M. (2001). *Neue Lernmedien - Entwickeln, Konzipieren, Einsetzen.* Göttingen: Huber.

Schifmann, R. S. & Heinrich, G. (2000). *Multimedia-Projektmanagement: von der Idee zum Produkt.* Berlin: Springer-Verlag.

Literatur zu Kapitel 6

Aebli, H. (1980). *Denken: Das Ordnen des Tuns, Bd. 1.* Stuttgart: Klett-Cotta.

Bruner, J. S. (1960). *The process of education.* Cambridge, Mass.: Harvard University Press.

Case, R. (1978). A developmentally based theory and technology of instruction. *Review of Educational Research, 48,* pp. 439-463.

Case, R. (1985). A developmentally based approach to the problem of instructional design. In S. Chipman, J. Segal & R. Glaser (eds.), *Thinking and Learning Skills - Research and Open Questions* (vol. 2, pp. 537-545). Hillsdale, Erlbaum.

Chandler, P. & Sweller, J. (1991). Cognitive load theory and the format of instruction. *Cognition and Instruction, 8*(4), pp. 293-332.

Leshin, C. B., Pollock, J. & Reigeluth, C. M. (1992). *Instructional design strategies and tactics.* Englewood Cliffs, NJ: Educational Technology Publications.

Mayer, R. E. (1977). The sequencing of instruction and the concept of assimilation-to-schema. *Instructional Science, 6,* pp. 369-388.

Niegemann, H. M. (2001). *Neue Lernmedien. Entwickeln, Konzipieren, Einsetzen.* Bern: Huber.

Reigeluth, C. M. (1999). The elaboration theory: Guidance for scope and sequence decisions. In C. M. Reigeluth (ed.), *Instructional-design - theories and models. A new paradigm of instructional theory* (pp. 425-453). Mahwah, NJ: Erlbaum.

Reigeluth, C. M., Merrill, M. D., Wilson, B. G. & Spiller, R. T. (1980). The elaboration theory of instruction: A model for structuring instruction. *Instructional Science, 9*, pp. 125-219.

Reigeluth, C. M. & Stein, F. S. (1983). The elaboration theory of instruction. In C. M. Reigeluth (ed.), *Instructional design – theories and models: An overview of their current status*. Hillsdale, NJ: Erlbaum.

Sander, E. (1986). *Lernhierarchien und kognitive Lernförderung*. Göttingen, Toronto, Zürich: Hogrefe.

van Merriënboer, J. J. G., Clark, R. E. & de Croock, M. B. M. (2002). Blueprints for complex learning: The 4C/ID-Model. *Educational Technology Research & Development, 50*(2), pp. 39-64.

van Merriënboer, J. J. G. & Dijkstra, S. (1997). The four-component instructional design model for training complex cognitive skills. In R. D. Tennyson, F. Schott, N. Seel & S. Dijkstra (eds.), *Instructional design. International perspective. Vol 1: Theory, research, and models* (pp. 427-445). Mahwah, NJ: Erlbaum.

Literatur zu Kapitel 7

Döring, N. (2003). *Sozialpsychologie des Internet* (2. Aufl.). Göttingen: Hogrefe.

Eckert, A. (1999). Die „Mannheimer Netzwerk-Elaborierungs-Technik (MaNET)" – Ein computerunterstüztes Instrument zur Analyse vernetzten Wissens. In W. K. Schulz (Hrsg.), *Aspekte und Probleme der didaktischen Wissensstrukturierung* (S. 93-111). Frankfurt a. M.: Lang.

Hesse, F. W., Garsoffky, B. & Hron, A. (2002). Netzbasiertes kooperatives Lernen. In L. J. Issing & P. Klimsa (Hrsg.), *Information und Lernen mit Multimedia und Internet* (3. Aufl., S. 283-298). Weinheim: Beltz.

Hillen, S., Berendes, K. & Breuer, K. (2000). Systemdynamische Modellbildung als Werkzeug zur Visualisierung, Modellierung und Diagnose von Wissensstrukturen. In H. Mandl & F. Fischer (Hrsg.), *Wissen sichtbar machen. Begriffsnetze als Werkzeuge für das Wissensmanagement* (S. 95-102). Göttingen: Hogrefe.

Klauer, K. J. (1985). Framework for a theory of teaching. *Teaching & Teacher Education, 1*(1), pp. 5-17.

Leutner, D. (1992). *Adaptive Lehrsysteme: Instruktionspsychologische Grundlagen und experimentelle Analysen*. Weinheim: Psychologie Verlags Union.

Leutner, D. (2002). Adaptivität und Adaptierbarkeit multimedialer Lehr- und Informationssysteme. In L. J. Issing & P. Klimsa (Hrsg.), *Information und Lernen mit Multimedia und Internet* (3. Aufl., S. 115-125). Weinheim: Beltz.

Reeves, B. & Nass, C. (1996). *The media equation. How people treat computers, televisions, and new media like real people and places*. New York: Cambridge University Press.

Schwier, R. A. & Misanchuk, E. R. (1993). *Interactive multimedia instruction* (vol. 1993). New Jersey: Educational technology publications.

Shook, B. (2002). *Measuring levels of interactivity in computer based training*. http://www.aicc.org/docs/meetings/04feb2002/online.htm [Stand: 01.05.2003]

Shute, V. & Towle, B. (2003). Adaptive E-Learning. *Educational Psychologist, 38*(2), pp. 105–114.

Sims, R. (1997). *Interactivity: A forgotten art?* http://www.gsu.edu/~wwwitr/docs/interact/index.html [Stand: 11.11.1999]

Slavin, R. E. (1980). Cooperative learning. *Review of Educational Research, 50*(2), pp. 315–342.

Slavin, R. E. (1996). Cooperative learning. In E. De Corte & F. E. Weinert (eds.), *International encyclopedia of developmental and instructional psychology* (pp. 351–355). New York, Oxford, Tokio: Pergamon/Elsevier.

Slavin, R. E. (1997). *Educational psychology: Theory and practice (5th ed.).* Boston, London: Allyn & Bacon.

Wasson, B., Ludvigsen, S. & Hoppe, U. (eds.). (2003). *Designing for change in networked learning environments. Proceedings of the International Conference on Computer Support for Collaborative Learning 2003.* Dordrecht: Kluwer.

Wenger, E. (1987). *Artificial intelligence and tutoring systems.- Computational and cognitive approaches to the communication of knowledge.* Los Altos, CA: Morgan Kaufmann.

Literatur zu Kapitel 8

Aarntzen, D. (1993). Audio in courseware: Design knowledge issues. *Educational and Training Technology International, 30*(4), pp. 354–366.

Barron, A. E. & Kysilka, M. L. (1993). The Effectiveness of Digital Audio in Computer-Based Training. *Journal of Research on Computing in Education, 25*(3), pp. 277–289.

Boyle, T. (1997). *Design for Multimedia Learning.* New York: Prentice Hall.

Bruns, B. & Gajewski, P. (1999). *Multimediales Lernen im Netz: Leitfaden für Entscheider und Planer.* Berlin, Heidelberg, New York: Springer-Verlag.

Dick, E. (2000). *Multimediale Lernprogramme und telematische Lernarrangements.* Nürnberg: BW Bildung und Wissen.

Flender, J. (2002). *Didaktisches Audio-Design. Musik als instruktionales Gestaltungsmittel in hypermedial basierten Lehr-Lern-Prozessen.* Lengerich: Pabst.

Hargreaves, D. J. & North, A. C. (1999). The Functions of Music in Everyday Life: Redefining the Social in Music Psychology. *Psychology of Music, 27,* pp. 71–83.

Kerr, B. (o. J.). *Effective Use of Audio in Multimedia Presentations,* http://www.mtsu.edu/~itconf/proceed99/kerr.htm.

Klauer, K. J. (1985). Framework for a theory of teaching. *Teaching & Teacher Education, 1*(1), pp. 5–17.

Maier, W. (1998). *Grundkurs Medienpädagogik Mediendidaktik.* Weinheim: Beltz.

Merriam, A. P. (1964). *The anthropology of music.* Chicago: Northwestern University Press.

Paechter, M. (1996). *Auditive und visuelle Texte in Lernsoftware.* Münster: Waxmann.

Phillips, R. (1997). *The Developer's Handbook to Interactive Multimedia*. London: Kogan Page.

Literatur zu Kapitel 9

Appelrath, H.-J. & Schlattmann, M. (2003). *Gentechnik per Mausklick*. http://www.uni-oldenburg.de/presse/einblicke/37/appelrath.pdf
[Stand 18.07.2003]

Craig, S. D., Gholson, B. & Driscoll, D. M. (2002). Animated Pedagogical Agents in Multimedia Educational Environments: Effects of Agent Properties, Picture Features, and Redundancy. *Journal of Educational Psychology, 94*(2), pp. 428–434.

Dick, E. (2000). *Multimediale Lernprogramme und telematische Lernarrangements*. Nürnberg: BW Bildung und Wissen.

Lai, S.-L. (2001). Controlling the Display of Animation for Better Understanding. *Journal of Research on Technology in Education, 33*(5), pp. 1–17.

Lewalter, D. (1997). *Lernen mit Bildern und Animationen. Studie zum Einfluß von Lernermerkmalen auf die Effektivität von Illustrationen*. Münster: Waxmann.

Milheim, W. D. (1993). How to use animation in computer assisted learning. *British Journal of Educational Technology, 24*(3), pp. 171–178.

Musch, J. (1999). Die Gestaltung von Feedback in computergestützten Lernumgebungen: Modelle und Befunde. *Zeitschrift für Pädagogische Psychologie, 13*, pp. 148–160.

Rada, H. (2002). *Design digitaler Medien*. Tübingen: Max Niemeyer.

Reigeluth, C. M. & Schwartz, E. (1989). An Instructional Theory for the Design of Computer-Based Simulations. *Journal of Computer-Based Instruction, 16*(1), pp. 1–10.

Rieber, L. P. (1990). Animation in Computer-Based Instruction. *Educational Technology Research & Development, 38*(1), pp. 77–86.

Rieber, L. P. & Kini, A. S. (1991). Theoretical Foundations of Instructional Applications of Computer-Generated Animated Visuals. *Journal of Computer-Based Instruction, 18*(3), pp. 83–88.

Salomon, G. (1979). *Interaction of media, cognition, and learning*. San Francisco: Jossey Bass.

Schuhmann, H. & Müller, W. (2000). *Visualisierung. Grundlagen und allgemeine Methoden*. Berlin: Springer-Verlag.

Seel, N. M. (1991). *Weltwissen und mentale Modelle*. Göttingen: Hogrefe.

Spotts, J. & Dwyer, F. (1996). The Effect of Computer-Generated Animation on Student Achievement of Different Types of Educational Objectves. *International Journal of Instructional Media, 23*(4), pp. 365–375.

Thibodeau, P. (2002). Design Standards for Visual Elements and Interactivity for Courseware. *T.H.E. Journal, 24*(7), pp. 84–86.

Tufte, E. R. (1990). *Envisioning information*. Cheshire, CT: Graphics Press.

Tufte, E. R. (1997). *Visual explanations: images and quantities, evidence and narrative*. Cheshire, CT: Graphics Press.

Weiss, R. E., Knowlton, D. S. & Morrison, G. R. (2002). Principles for using animation in computer-based instruction: theoretical heuristics for effective design. *Computers in Human Behavior, 18*, pp. 465-477.

Windchitl, M. (1996). Instructional Animations: The In-house Production of Biology Software. *Journal of Computing in Higher Education, 7*(2), pp. 78-94.

Literatur zu Kapitel 10

Boyle, T. (1997). *Design for Multimedia Learning.* New York: Prentice Hall.

Lee, W. W. & Owens, D. L. (2000). *Multimedia-Based Instructional Design.* San Francisco: Jossey-Bass.

Maier, W. (1998). *Grundkurs Medienpädagogik Mediendidaktik.* Weinheim: Beltz.

Mayer, R. E. (1997). Multimedia Learning: Are we asking the right questions? *Educational Psychologist, 32*(1), pp. 1-19.

Paivio, A. (1986). *Mental represenations: A dual coding-approach.* New York: Oxford University Press.

Saettler, P. (1990). *The evolution of American educational technology.* Englewood, Colorado: Libraries unlimited, Inc.

Salomon, G. (1984). Television is "easy" and print is "though": The differential investment of mental effort in learning as a function of perceptions and attributions. *Journal of Educational Psychology, 76*(4), pp. 647-658.

Schwan, S. (2000). Video in Multimedia-Anwendungen: Gestaltungsanforderungen aus kognitionspsychologischer Sicht. In H. Zayer (Hrsg.), *Psychologiedidaktik und Evaluation II. Neue Medien, Psychologiedidaktik und Evaluation in der psychologischen Haupt- und Nebenfachausbildung* (S. 55-72). Bonn: Deutscher Psychologen Verlag.

Seel, N. M. & Dörr, G. (1997). Die didaktische Gestaltung multimedialer Lernumgebungen. In N. M. Seel (Hrsg.), *Multimediale Lernumgebungen in der betrieblichen Weiterbildung. Gestaltung, Lernstrategien und Qualtitätssicherung* (S. 75-166). Neuwied: Luchterhand.

Sturm, H. (1989). Wissensvermittlung und Rezipient. Die Defizite des Fernsehens. (S. 47-76). Gütersloh: Bertelsmannstiftung.

Unz, D. (1998). *Didaktisches Design für Lernprogramme in der wissenschaftlichen Weiterbildung.* Nürnberg: BW Bildung und Wissen.

Wetzel, D., Radtke, P. & Hervey, S. (1994). *Instructional Effectiveness of Video Media.* Hillsdale, NJ: Erlbaum.

Zillmann, D. (1989). Erregungsarrangements in der Wissensvermittlung durch das Fernsehen. In M. Klett (Hrsg.), *Wissensvermittlung, Medien und Gesellschaft.* (S. 77-90). Gütersloh: Bertelsmannstiftung.

Literatur zu Kapitel 11

Anderson, L. W. & Krathwohl, D. R. (2001). *A Taxonomy for Learning, Teaching, and Assessing: A Revision of Bloom's Taxonomy of Educational Objectives.* New York u. a.: Longman.

Ausubel, D. P. (1963). *The psychology of meaningful verbal learning*. New York: Grune and Stratton.

Ballstaedt, S.-P. (1997a). *Wissensvermittlung. Die Gestaltung von Lernmaterial*. Weinheim: Beltz/Psychologie Verlags Union.

Ballstaedt, S.-P. (1997b). *Wissensvermittlung. Die Gestaltung von Lehrmaterial*. Weinheim: Psychologie Verlags Union.

Bartlett, J., Till, R. E. & Levy, J. C. (1980). Retrieval characteristics of complex pictures: Effects of verbal encoding, *Journal of Verbal Learning and Verbal Behaviour* (vol. 19, pp. 430-449).

Bock, M. (1980). Some effects of titles on building and recalling text structures, *Discourse Proceedings* (pp. 301-311).

Böhringer, J., Bühler, P., Schlaich, P. & Ziegler, H.-J. (2001). *Kompendium der Mediengestaltung für Digital- und Printmedien*. Berlin, Heidelberg, New York: Springer-Verlag.

Dean, R. S. & Kulhavy, R. W. (1981). Influence of spatial organization in prose learning, *Journal of Educational Psychology* (vol. 8, pp. 20-27).

Dwyer, F. M. (1978). *Strategies for improving visual learning*. Pennsylvania: Learning Services.

Gentner, D. R. (1983). Structure-Mapping: A Theoretical Framework for Analogy, *Cognitive Science* (vol. 7, pp. 155-170).

Hager, W., Barthelme, D. & Hasselhorn, M. (1989). Externe Zielvorgaben beim selbstgesteuerten Textlernen – Warum wirken sie (wenn sie wirken?), *Zeitschrift für Pädagogische Psychologie* (Bd. 3, S. 265-274).

Hager, W. & Westermann, R. (1986). Zur Wirkungsweise von Zielvorgaben beim Lernen aus Texten, *Psychologie in Erziehung und Unterricht* (Bd. 33, S. 17-25).

Hartley, J. & Jonassen, d. h. (1985). The role of headings in printed and electronic text. In d. h. Jonassen (wd.), *The technology of text. Vol. 2* (pp. 237-263). Englewood Cliffs, NJ: Educational Technology Publications.

Hartley, J. & Trueman, M. (1982). The effects of summaries on the recall of information from prose: five experimental studies, *Human Learning* (vol. 1, pp. 63-82).

Issing, L. J. & Klimsa, P. (Hrsg.). (1995). *Information und Lernen mit Multimedia*. Weinheim: Psychologie Verlags Union.

Koran, M. L. & Koran, J., J. (1980). Interaction of learner characteristics with pictoral adjuncts in learning from science text, *Journal of Research in Science Teaching* (vol. 17, pp. 477-483).

Levie, W. H. & Dickie, K. E. (1973). The analysis and application of media. In R. M. W. Travers (ed.), *Second Handbook of Research and Teaching* (pp. 858-882). Chicago: Rand McNally.

Levie, W. H. & Lentz, R. (1982). Effects of text illustrations: A review of research, *Educational Communication and Technology Journal* (vol. 30, pp. 195-232).

Levin, J. R., Anglin, G. J. & Carney, R. N. (1987). On empirically validation functions of picture in prose. In H. A. Houghton (ed.), *the psychology of illustration. Vol. 2 Basic Research* (pp. 51-85). New York: Springer-Verlag.

Mandl, H. & Ballstaedt, S.-P. (1982). Effects of elaboration on recall of texts. In W. Kintsch (ed.), *Discourse processing* (pp. 482–494). Amsterdam: North-Holland Publishing Company.

Mandl, H., Gruber, H. & Renkl, A. (1997). Lehren und Lernen mit dem Computer. In F. E. Weinert (ed.), *Psychologie der Erwachsenenbildung, D/I/4, Enzyklopädie der Psychologie (S. 437–467)*. Göttingen: Hogrefe.

Mandl, H., Schnotz, W. & Tergan, S. O. (1983). Zur Funktion von Beispielen in Texten. In L. Kötter & H. Mandl (Hrsg.), *Kognitive Prozesse und Unterricht. Jahrbuch für Empirische Erziehungswissenschaft (S. 45–75)*. Düsseldorf: Schwan.

Mayer, R. E. (1979). Can advance organizers influence meaningful learning? *Review of Educational Research, 49*, pp. 371–383.

Mayer, R. E. (1984). Twenty-five years of research on advance organizers. *Instructional Science, 8*, pp. 133–169.

Mayer, R. E. & Gallini, J. K. (1990). When is a illustration worth ten thousand words?, *Journal of Educational Psychology* (vol. 82, pp. 715–726).

Niegemann, H. M. (1982). Influences of titles on the recall of instructional texts. In A. Flammer & W. Kintsch (eds.), *Discourse processing*, pp. 392–399. Amsterdam, New York, Oxford: North-Holland Publishing Company.

Oser, F. & Baeriswyl, F. J. (2001). Choreographies of Teaching: Bridging Instruction to Learning. In V. Richardson (ed.), *Handbook of Research on Teaching, 4th ed.* (pp. 1031–1065). Washington, DC: American Educational Research Association.

Reder, L. & Anderson, J. R. (1980). A comparison of texts and their summaries: Memorial consequences. *Journal of Verbal Learning and Verbal Behavior, 19*, pp. 121–134.

Renkl, A. (1994). Träges Wissen: Die „unerklärliche" Kluft zwischen Wissen und Handeln, *Forschungsbericht 41*. München: Ludwig-Maximilians-Universität, Lehrstuhl für Empirische Pädagogik und Pädagogische Psychologie.

Rothkopf, E. Z. & Billington, M. J. (1979). Goal-guided learning from text: inferring a descriptive model from inspection times and eye movements, *Journal of Educational Psychology* (vol. 71, pp. 310–327).

Schnotz, W. (2001). Wissenserwerb mit Texten, Bildern und Diagrammen. In P. Klimsa (Hrsg.), *Information und Lernen mit Multimedia und Internet. Lehrbuch für Studium und Praxis (S. 64–81)*. Weinheim: Beltz.

Siemoneit, M. (1989). *Typographisches Gestalten. Regeln und Tips für die richtige Gestaltung von Drucksachen*. Frankfurt a. M.: Polygraph.

Sweller, J. (1999). Instructional Design, *Australian Education Review* (vol. 43).

Weinstein, C. E. (1978). Elaboration skills as a learning strategy. In H. F. O'Neil, Jr. (ed.), *Learning Strategies* (pp. 31–55). New York: Academic Press.

Wertheimer, M. (1922). Untersuchung zur Lehre der Gestalt. *Psychologische Forschung, 1*, S. 47–58.

Zander, S., Gall, T., Brünken, R. & Astleitner, H. (2003, Juni). Zur Wirkung motivierender Botschaften und Offenheit der Lernumgebung auf den Wissenserwerb in einem Computerlernprogramm zum kritischen Denken.

Vortrag auf dem Kolloquium ARCS-Approach, validation, and problems, Universität Salzburg.

Zimmer, H. D. (1983). Sprache und Bildwahrnehmung: Die Repräsentation sprachlicher und visueller Informationen und deren Interaktion in der Wahrnehmung. Frankfurt a. M.: Haag & Herchen.

Zimmer, H. D. (1989). Visuelle und semantische Merkmale im Recall, *Sprache und Kognition* (Bd. 8, S. 115–125).

Literatur zu Kapitel 12

Baddeley, A. D. (1992). Working Memory. *Science, 255*, pp. 556–559.

Baddeley, A. D. (1996). *Human memory. Theory and practice*. Hove, UK: Psychology Press.

Baddeley, A. D. (1999). *Human Memory*. Oxford: Oxford University Press.

Brünken, R., Plass, J. L. & Leutner, D. (2003). Direct measurement of cognitive load in multimedia learning. *Educational Psychologist, 38*(1), pp. 53–62.

Cambliss, M. J. & Calfee, R. C. (1998). *Textbooks for learning*. Oxford: Blackwell.

Chandler, P. & Sweller, J. (1991). Cognitive load theory and the format of instruction. *Cognition and Instruction, 8*(4), pp. 293–332.

Clark, R. C. & Mayer, R. E. (2002). *E-Learning and the science of instruction. Proven Guidelines for consumers and designers of multimedia learning*. San Francisco: Jossey-Bass/Pfeiffer.

Cook, L. K. & Mayer, R. E. (1988). Teaching readers about the structure of scientific text. *Journal of Educational Psychology, 80*, pp. 448–456.

Gerjets, P. & Scheiter, K. (2003). Goal configurations and processing strategies as moderators between instructional design and cognitive load: Evidence from hypertext-based instruction. *Educational Psychologist, 38*(1), pp. 33–42.

Höök, K. (2003). *User-facing agents*. http://www.sics.se/~bylund/courses/1it220/ht98/slides/infotainment/sld019.htm [Stand: 24.07.2003].

Kirschner, P. A. (2002). Cognitive load theory: Implications of cognitive load theory on the design of learning. *Learning and Instruction, 12*(1), pp. 1–10.

Mayer, R. E. (1999). *The promise of educational psychology*. Upper Saddle River, NJ: Prentice Hall/Merrill.

Mayer, R. E. (2001). *Multimedia learning*. Cambridge: Cambridge University Press.

Mayer, R. E., Bove, W., Bryman, A., Mars, R. & Tapangco, L. (1996). When less is more: Meaningful learning from visual and verbal summaries of science textbook lessons. *Journal of Educational Psychology, 88*(1), pp. 64–73.

Miller, G. A. (1956). The magical number seven, plus or minus two: Some limits on our capacity for processing information. *Psychological Review, 63*, pp. 81–97.

Moreno, R. & Mayer, R. E. (2000a). A coherence effect in multimedia learning: The case for minimizing irrelevant sounds in the design of multimedia instructional messages. *Journal of Educational Psychology, 92*(1), pp. 117–125.

Moreno, R. & Mayer, R. E. (2000b). Engaging students in active learning: The case for personalized multimedia messages. *Journal of Educational Psychology, 92*(4), pp. 724–733.

Moreno, R., Mayer, R. E., Spires, H. & Lester, J. (2001). The case of social agency in computer-based teaching: Do students learn more deeply when they interact with animated pedagogical agents? *Journal of Educational Psychology*(87), pp. 177–214.

Paas, F., Renkl, A. & Sweller, J. (2003). Cognitive load theory and instructional design: Recent developments. *Educational Psychologist, 38*(1), pp. 1–4.

Paivio, A. (1986). *Mental represenations: A dual coding-approach*. New York: Oxford University Press.

Reeves, B. & Nass, C. (1996). *The media equation. How people treat computers, televisions, and new media like real people and places*. New York: Cambridge University Press.

Renkl, A. & Atkinson, R. K. (2003). Structuring the transition from example study to problem solving in cognitive skill acquisition: A cognitive load perspective. *Educational Psychologist, 38*(1), pp. 15–22.

Simon, H. A. (1974). How big is a chunk? *Science, 183*, pp. 482–488.

Sweller, J. (1999). *Instructional design in technical areas*. Camberwell, Vic: ACER Press.

Sweller, J. & Chandler, P. (1991). Evidence for cognitive load theory. *Cognition and Instruction, 8*(4), pp. 351–362.

Sweller, J., Chandler, P., Tierney, P. & Cooper, M. (1990). Cognitive load as a factor in the structuring of technical material. *Journal of Experimental Psychology: General, 119*, pp. 176–192.

van Bruggen, J. M., Kirschner, P. A. & Jochems, W. (2002). External representation of argumentation in CSCL and the management of cognitive load. *Learning and Instruction, 12*(1), pp. 1–10.

van Gerven, P. W. M., Paas, F. G. W. C., van Merriënboer, J. J. G. & Schmidt, H. G. (2002). Cognitive load theory and aging: effects of worked examples on training efficieny. *Learning and Instruction, 12*(1), pp. 87–105.

van Merriënboer, J. J. G., Schuurman, J. G., de Croock, M. B. M. & Paas, F. G. W. C. (2002). Redirecting learners' attention during training: effects on cognitive load, transfer test performance and training efficiency. *Learning and Instruction, 12*(1), pp. 11–38.

Wittrock, M. C. (1989). Generative processes of comprehension. *Educational Psychologist, 24*, pp. 245–376.

Literatur zu Kapitel 13

Ajzen, I. & Fishbein, M. (1977). Attitude-behavior relations: A theoretical analysis and review of the empirical research. *Psychological Bulletin, 84*, pp. 888–918.

Astleitner, H. (1999). Emotionale Unterrichtsgestaltung. *Pädagogische Rundschau, 53*, S. 307–326.

Astleitner, H. (2000a). Designing emotionally sound instruction: The FEASP-approach. *Instructional Science, 28*, pp. 169–198.

Astleitner, H. (2000b). Qualität von web-basierter Instruktion: Was wissen wir aus der experimentellen Forschung? In F. Scheuermann (Hrsg.), *Campus 2000. Lernen in neuen Organisationsformen* (S. 15-39). Münster/New York: Waxmann. Dieser Artikel ist online verfügbar unter: www.sbg.ac.at/erz/feasp/feaspval.doc [Stand: 05.11.02]

Astleitner, H. (2000c). A review of motivational and emotional strategies to reduce drop out in web-based distance education. In R. Brünken (Hrsg.), *Neue Medien in Unterricht, Aus- und Weiterbildung. Aktuelle Ergebnisse empirisch pädagogischer Forschung* (S. 17-24). Münster: Waxmann.

Astleitner, H. (2001). Designing Emotionally Sound Instruction - An Empirical Validitation of the FEASP-Approach. *Journal of Instructional Psychology, 28.*

Astleitner, H. (2002). www.sbg.ac.at/erz/feasp/feaspval.doc [Stand: 05.11.02]

Astleitner, H. & Sindler, A. (1999). *Pädagogische Grundlagen virtueller Ausbildung.* Wien: Universitätsverlag.

Corno, L. & Kanfer, R. (1993). The role of volition in learning and performance. *Review of Research in Education, 19*, pp. 301-341.

Csikszentmihalyi, M. (1985). *Das Flow-Erlebnis.* Stuttgart: Klett-Cotta.

Csikszentmihalyi, M. (1987). *Jenseits von Angst und Langeweile: Im Tun aufgehen* (2. Aufl.). Stuttgart: Klett-Cotta.

Deci, E. L. & Ryan, R. M. (1993). Die Selbstbestimmungstheorie der Motivation und ihre Bedeutung für die Pädagogik. *Zeitschrift für Pädagogik, 39*(2), S. 223-238.

Heckhausen, H. (1989). *Motivation und Handeln* (2. Aufl.). Berlin, Heidelberg, New York: Springer-Verlag.

Keller, J. M. (1983). Motivational design of instruction. In C. M. Reigeluth (ed.), *Instructional design theories and models: An overview of their current studies.* Hillsdale, NJ: Erlbaum.

Keller, J. M. (1999a). *Motivation in Cyber Learning Enviroments.* Paper presented at the Korean Society for Educational Technology, Seoul, Korea.

Keller, J. M. (1999b). Using the ARCS Motivational Process in Computer-Based Instruction and Distance Education. *New Directions for Teaching and Learning, 78*, pp. 39-48.

Keller, J. M. & Kopp, T. W. (1987). An application of the ARCS model of motivational design. In C. M. Reigeluth (ed.), *Instructional theories in action. Lessons illustrating selected theories and models* (pp. 289-320). Hillsdale, NJ: Erlbaum.

Keller, J. M. & Suzuki, K. (1988). Use of the ARCS motivation model in courseware design. In d. h. Jonassen (ed.), *Instructional designs for microcomputer courseware* (pp. 401-434). Hillsdale, NJ: Erlbaum.

Klein, J. D. & Freitag, E. T. (1992). Training Students to Utilize Self-Motivational Strategies. *Educational Technology, 32*(3), pp. 44-48.

Kuhl, J. (1982). Handlungskontrolle als metakognitiver Vermittler zwischen Intention und Handeln: Freizeitaktivitäten bei Hauptschülern. *Zeitschrift für Entwicklungspsychologie und Pädagogische Psychologie, 14*(2), S. 141-148.

Kuhl, J. (1983). *Motivation, Konflikt und Handlungskontrolle*. Berlin, Heidelberg, New York: Springer-Verlag.

Kuhl, J. (1996). Wille und Freiheitserleben: Formen der Selbststeuerung. In H. Heckhausen (Hersg.), *Enzyklopädie der Psychologie, Themenbereich C, Theorie und Forschung*. Göttingen: Hogrefe.

Niegemann, H. M. (1995). *Computergestützte Instruktion in Schule, Aus- und Weiterbildung. Theoretische Grundlagen, empirische Befunde und Probleme der Entwicklung von Lehrprogrammen*. Frankfurt a. M.: Lang.

Pekrun, R. (1998). Schüleremotionen und ihre Förderung: Ein blinder Fleck der Unterrichtsforschung. *Psychologie in Erziehung und Unterricht, 44*, S. 230-248.

Pekrun, R. (2002). Vergleichende Evaluationsstudien zu Schülerleistungen: Konsequenzen für die Bildungsforschung. *Zeitschrift für Pädagogik, 48*, S. 111-128.

Pekrun, R., Goetz, T., Titz, W. & Perry, R. P. (2002). Academic Emotions in Students' Self-Regulated Learning and Achievement: A Program of Qualitative and Quantitative Research. *Educational Psychologist, 37*, pp. 91-105.

Pekrun, R. & Hofmann, H. (1999). Lern- und Leistungsemotionen: Erste Befunde eines Forschungsprogramms. In R. Pekrun (Hrsg.), *Emotion, Motivation und Leistung* (S. 247-267). Göttingen: Hogrefe.

Prenzel, M., Drechsel, B. & Kramer, K. (1998). Lernmotivation im kaufmännischen Unterricht: Die Sicht von Auszubildenden und Lehrkräften. In K. Beck & R. Dubs (Hrsg.), *Kompetenzentwicklung in der Berufserziehung* (S. 169-187). Stuttgart: F. Steiner.

Rheinberg, F. (2000). *Motivation* (3. Aufl.). Stuttgart: Kohlhammer.

Rheinberg, F. & Fries, S. (1998). Förderung der Lernmotivation: Ansatzpunkte, Strategien und Effekte. *Psychologie in Erziehung und Unterricht, 44*, S. 168-184.

Schiefele, U. & Schreyer, I. (1994). Intrinsische Lernmotivation und Lernen. Ein Überblick zu Ergebnissen der Forschung. *Zeitschrift für Pädagogische Psychologie, 8*, S. 1-13.

Sokolowski, K. (1993). *Emotion und Volition*. Göttingen: Hogrefe.

Strittmatter, P. (1993). *Schulangstreduktion. Abbau von Angst in schulischen Leistungssituationen*. Neuwied: Luchterhand.

Titz, W. (2001). *Emotionen von Studierenden in Lernsituationen. Explorative Analysen und Entwicklung von Selbstberichtsskalen*. Münster: Waxmann.

Trawick, L. & Corno, L. (1995). Expanding the volitional resources of urban community college students. *New directions for teaching and learning, 63*, pp. 57-70.

Visser, J. & Keller, J. M. (1990). The clinical use of motivational messages: an inquiry into the validity of the ARCS model of motivational design. *Instructional Science, 19*, pp. 467-500.

Visser, L., Plomp, T., Amirault, R. J. & Kuiper, W. (2002). Motivating Students at a Distance: The Case of an International Audience. *Educational Technology Research & Development, 50*(2), pp. 94-110.

Literatur zu Kapitel 14

Anderson, R. C., Kulhavy, R. W. & Andre, T. S. (1971). Feedback procedures in programmed instruction. *Journal of Educational Psychology, 62,* pp. 148–156.

Bangert-Drowns, R. L., Kulik, C.-L. C., Kulik, J. A. & Morgan, M. T. (1991). The instructional effect of feedback in test-like events. *Review of Educational Research, 61*(2), pp. 213–238.

Bredenkamp, J. & Wippich, W. (1977). *Lern- und Gedächtnispsychologie I.* Stuttgart: Kohlhammer.

Butler, D. L. & Winne, P. H. (1995). Feedback and self-regulated learning: A theoretical synthesis. *Review of Educational Research, 65*(3), pp. 245–281.

Dörner, D. (1976). *Problemlösen als Informationsverarbeitung.* Unveröffentlichtes Manuskript, Stuttgart, Berlin, Mainz.

Dweck, C. S. & Legget, E. L. (1988). A social-cognitive approach to motivation and personality. *Psychological Review, 95,* pp. 256–273.

Eckert, A. & Hofer, M. (1999). Wissenserwerb durch "interaktive" neue Medien. In M. Berghaus (Hrsg.), *Interaktive Medien - Interdisziplinär vernetzt* (S. 105–128). Opladen: Westdeutscher Verlag.

Graesser, A. C., Person, N. K. & Magliano, J. P. (1995). Collaborative dialogue patterns in naturalistic one-to-one tutoring. *Applied Cognitive psychology, 9,* pp. 1–28.

Graesser, A. C., Wiemer-Hastings, K., Wiemer-Hastings, P., Kreuz, R. & The Tutoring Research Group (1999). AutoTutor: A simulation of a human tutor. *Journal of Cognitive Systems Research, 1,* pp. 35–51.

Hargreaves, E., McCallum, B. & Gipps, C. (2000). Teacher feedback strategies in primary classrooms – new evidence. In S. Askew (ed.), *Feedback for learning* (pp. 21–31). London, New York: Routledge Falmer.

Kulhavy, R. W. & Stock, W. A. (1989). Feedback in written instruction: The place of response certitude. *Educational Psychology Review, 1,* pp. 279–308.

Kulhavy, R. W. & Wager, W. (1993). Feedback in programmed instruction: Historical context and implications for practice. In J. V. Dempsey & G. C. Sales (eds.), *Interactive instruction and feedback* (pp. 3–20). Englewood Cliffs, NJ: Educational Technology Publications.

Lindsay, P. H. & Norman, D. A. (1981). *Einführung in die Psychologie. Informationsaufnahme und -verarbeitung beim Menschen.* Berlin, Heidelberg: Springer-Verlag.

Link, K. E., Kreuz, R. J., Graesser, A. C., & TRG (2001). Factors that influence the perception of feedback delivered by a pedagogical agent. *International Journal of Speech Technology, 4,* pp. 145–153. [TRG steht für „the Tutoring Research Group"].

Miller, G. A., Galanter, E. & Pribram, K. H. (1960). *Plans and the structure of behavior.* New York: Holt, Rinehart & Winston.

Musch, J. (1999). Die Gestaltung von Feedback in computergestützten Lernumgebungen: Modelle und Befunde. *Zeitschrift für Pädagogische Psychologie, 13,* S. 148–160.

Niegemann, H. M., Hessel, S., Aslanski, K. & Deimann, M. (2003). *Prime Solutions and Guidelines for Self-Managed Comparison with Learners' Outcomes as Feedback* (in press).

Niegemann, H. M. & Hofer, M. (1997). Ein Modell selbstkontrollierten Lernens und über die Schwierigkeiten, selbstkontrolliertes Lernen hervorzubringen. In H. Gruber & A. Renkl (Hrsg.), *Wege zum Können. Determinanten des Kompetenzerwerbs* (S. 263-280). Bern: Huber.

Oser, F. & Hascher, T. (1997). *Lernen aus Fehlern. Zur Psychologie des „negativen" Wissens* (Schriftenreihe zum Projekt „Lernen Menschen aus Fehlern? Zur Entwicklung einer Fehlerkultur in der Schule" No. 1). Freiburg (CH): Pädagogisches Institut der Universität Freiburg (Schweiz).

Oser, F., Spychiger, M., Hascher, T. & Mahler, F. (1997). *Die Fehlerkulturschule. Entwicklung der Fehlerkultur als Projekt im Rahmen von Schulentwicklung* (Schriftenreihe zum Projekt „Lernen Menschen aus Fehlern? Zur Entwicklung einer Fehlerkultur in der Schule" No. 2 & 3). Freiburg (CH): Pädagogisches Institut der Universität Freiburg (Schweiz).

Person, N. K., Graesser, A. C., Kreuz, R. J., Pomeroy, V. & the Tutoring Research Group (2001). Simulating human tutor dialog moves in AutoTutor. *International Journal of Artificial Intelligence in Education, 12*(1), pp. 23-39.

Posner, M. I. (1976). *Kognitive Psychologie*. München: Juventa.

Reimann, P. (1997). *Lernprozesse beim Wissenserwerb aus Beispielen. Analyse, Modellierung, Förderung*. Bern: Huber.

Renkl, A. (2002). Worked-out examples: instructional explanations support learning by self-explanations. *Learning and Instruction, 12*(5), pp. 529-556.

Rheinberg, F. & Krug, S. (1993). *Motivationsförderung im Schulalltag. Konzeption, Realisation und Evaluation* (Bd. 8). Göttingen, Bern: Hogrefe.

Rollett, B. (1999). Auf dem Weg zu einer Fehlerkultur: Anmerkungen zur Fehlertheorie von Fritz Oser. In W. Althof (Hrsg.), *Fehlerwelten. Vom Fehlermachen und Lernen aus Fehlern* (S. 71-87). Opladen: Leske & Budrich.

Spychiger, M., Oser, F., Hascher, T. & Mahler, F. (1997). *Untersuchung und Veränderung von Fehlerkultur in der Schule: Der Situationsansatz* (Schriftenreihe zum Projekt „Lernen Menschen aus Fehlern? Zur Entwicklung einer Fehlerkultur in der Schule" No. 2 & 3). Freiburg (CH): Pädagogisches Institut der Universität Freiburg (Schweiz).

Literatur zu Kapitel 15

Alessi, S. M. & Trollip, S. R. (2001). *Multimedia for learning. Methods and development* (3). Boston, London: Allyn and Bacon.

Cowgill, L. J. (2001). *Wie man Kurzfilme schreibt*. Frankfurt a. M.: Zweitausendeins.

Rieber, L. P. (1994). *Computers, graphics & learning*. Madison, WI: Brown & Benchmark.

Tripp, S. D. & Bichelmeyer, B. (1990). Rapid prototyping: an alternative instuctional design strategy. *Educational Technology Research and Development, 38*(1), pp. 31-44.

Literatur zu Kapitel 16

Back, A., Bendel,O. & Stoller-Schai, D. (2001). *E-Learning im Unternehmen: Grundlagen – Strategien Methoden – Technologien.* Zürich: Orell Füssli.

Baumgartner, P., Häfele, P. & Maier-Häfele, K. (2002a). *E-Learning Praxishandbuch – Auswahl von Lernplattformen: Marktübersicht – Funktionen – Fachbegriffe.* Innsbruck, Wien: Studienverlag.

Baumgartner, P., Häfele, P. & Maier-Häfele, K. (2002b). Evaluierung von Lernmanagement-Systemen: Theorie – Durchführung – Ergebnisse. In A. Hohenstein, Wilbers, K. (Hrsg.), *Handbuch E-Learning.* Köln: Fachverlag Deutscher Wirtschaftsdienst.

CampusSource. (2003). *CampusSource – eine Open Source-Initiative des MWF NRW.* http://www.campussource.de [Stand: 01.07.2003].

CARTE (2000a). *Advanced Distance Education (ADE).* http://www.isi.edu/isd/ADE/ade.html [Stand: 01.07.2003].

CARTE (2000b). *Virtual Environments for Training.* http://www.isi.edu/isd/VET/vet.html [Stand: 01.07.2003]

Coenen, O. (2001). *E-Learning-Architektur für universitäre Lehr- und Lernprozesse.* S. 131 ff. Lohmar, Köln: Josef Eul Verlag.

IWM (2002). *Konzepte und Elemente virtueller Hochschulen.* http://www.iwm-kmrc.de/kevih/ [Stand: 01.07.2003]

L3S (2003). *e-Learning Infothek.* http://www.learninglab.de/elan/kb3/index.html [Stand: 01.07.2003]

Mohamad, Y., Hammer, S., Haverkamp, F., Nöker, M. & Tebarth, H. (2002). First Evaluational Results in the Development of Training by Animated Pedagogical Agents (TAPA). In M. Herczeg, W. Prinz & H. Oberquelle (Hrsg.), *Mensch & Computer 2002: Vom interaktiven Werkzeug zu kooperativen Arbeits- und Lernwelten* (S. 145–154). Stuttgart, Leipzig, Wiesbaden: Teubner.

Piendl, T. (2001). Zur Auswahl einer web-basierten Lernplattform: Eine kleine Warenkunde. In *Handbuch Hochschullehre: Informationen und Handreichungen aus der Praxis für die Hochschullehre.* (Loseblatt-Ausgabe). Bonn: Raabe Fachverlag.

Shaw, E., Johnson, W. L. & Ganeshan, R. (1999). *Pedagogical Agents on the Web.* Paper presented at the Third International Conference on Autonomous Agents.

Swider, L. (2000). *Answer Geek July 2000.* http://www.learningcircuits.org/jul2000/jul2000_geek.html [Stand: 01.07.2003]

thinkofit (2002). http://www.thinkofit.com/webconf

USC/ISI (2002). *Virtual Factory Teaching System (VFTS).* http://vfts.usc.edu [Stand: 01.07.2003]

Literatur zu Kapitel 17

Back, A., Bendel, O. & Stoller-Schai, D. (2001). *E-Learning im Unternehmen: Grundlagen – Strategien Methoden – Technologien.* Zürich: Orell Füssli.

Baumgartner, P., Häfele, P. & Maier-Häfele, K. (2002a). *E-Learning Praxishandbuch – Auswahl von Lernplattformen: Marktübersicht – Funktionen – Fachbegriffe*. Innsbruck, Wien: Studienverlag.

Baumgartner, P., Häfele, P. & Maier-Häfele, K. (2002b). E-Learning Standards aus didaktischer Perspektive. In G. Bachmann, O. Haefeli & M. Kindt (Hrsg.), *Campus 2002: Die Virtuelle Hochschule in der Konsolidierungsphase*. (S. 277–286). Münster, New York, München, Berlin: Waxmann.

Beißwenger, M. (2003). *Bibliography on Chat Communication*. http://www.chat-bibliography.de [Stand: 01.07.2003]

Caspar, F., Berger, T. & Hautle, I. (2001). *Systematisches, schnelles Feedback als Voraussetzung für intensivesLernen – eine computergestützte Lösung für die Psychotherapie-Ausbildung.* http://www.psychologie.uni-freiburg.de/einrichtungen/Klinische/Hypo/Feedback.html [Stand: 01.07.2003]

Henke, K., Wuttke, H.-D. & Hellbach, S. (2002). Praktika über Internet – Neue Wege in Lehre und Forschung. In M. Herczeg, W. Prinz & H. Oberquelle (Hrsg.), *Mensch & Computer 2002: Vom interaktiven Werkzeug zu kooperativen Arbeits- und Lernwelten*. Stuttgart, Leipzig, Wiesbaden: Teubner.

IHS (2002). *Ferngesteuertes Internet Praktikum Schaltsysteme*. http://www-ihs.theoinf.tu-ilmenau.de/forschung/projekte/index_de.htm [Stand: 01.07.2003]

Kintsch, E., Steinhart, D., Stahl, G. & LSA Research Group (2000). Developing Summarization Skills through the Use of LSA-Based Feedback. *Interactive Learning Environments*, 8(2), pp. 87–109.

Laham, D. (1997). Latent Semantic Analysis approaches to categorization. In M. G. Shafto & P. Langley (eds.), *Proceedings of the 19th annual meeting of the Cognitive Science Society* (p. 979). Mahwah, NJ: Erlbaum.

Laham, D. (1998). *Latent Semantic Analysis@ CU Boulder.* http://lsa.colorado.edu [Stand: 01.07.2003]

Lemaire, B. & Dessus, P. (2003, 16.06.2003). *Readings in Latent Semantic Analysis for Cognitive Science and Education*. http://www.upmf-grenoble.fr/sciedu/blemaire/lsa.html [Stand: 01.07.2003]

Stumpp, B. (2003). Vom Nutzen und Nachteil der Standardisierung im Bereich der Lerntechnologien. In K. W. Bett, J. (Hrsg.), *Lernplattformen in der Praxis* (Bd. 20). Münster: Waxmann.

Wolfe, M. B., Schreiner, M. E., Rehder, B., Laham, D., Foltz, P. W., Kintsch, W. & Landauer, T. K. (1998). Learning from text: Matching readers and text by Latent Semantic Analysis. *Discourse Processes*, 25, pp. 309-336.

Literatur zu Kapitel 18

Allert, H. & Qu, C. (2002). *Ein theoretischer Ansatz zur Rolle der Didaktik in Metadaten Standards: Konzeptionelle Ideen des P2P Systems Edutella.* Vorgestellt auf der Standardisierung im eLearning, Frankfurt a. M.

Back, A., Bendel, O. & Stoller-Schai, D. (2001). *E-Learning im Unternehmen: Grundlagen – Strategien Methoden – Technologien*. Zürich: Orell Füssli.

Baumgartner, P., Häfele, P. & Maier-Häfele, K. (2002). E-Learning Standards aus didaktischer Perspektive. In G. Bachmann, O. Haefeli & M. Kindt (Hrsg.),

Campus 2002: Die Virtuelle Hochschule in der Konsolidierungsphase. (S. 277-286). Münster, New York, München, Berlin: Waxmann.

Bremer, C. (2002). *Online Materialien zur Standardisierungsdebatte.* http://www.edulinks.de/artikel_standardisierung.html [Stand: 01.07.2003]

CARTE (2000a). *Advanced Distance Education (ADE).* http://www.isi.edu/isd/ADE/ade.html [Stand 01.07.2003]

CARTE (2000b). *Virtual Environments for Training.* http://www.isi.edu/isd/VET/vet.html [Stand: 01.07.2003]

Koper, R. (2002). *Educational Modelling Language: Adding Instructional Design to Existing Specifications.* Paper presented at the Standardisierung im eLearning, Frankfurt a. M.

Krämer, N., Rüggenberg, S., Meyer zu Kniendorf, C. & Bente, G. (2002). Schnittstelle für alle? Möglichkeiten zur Anpassung anthropomorpher Interface Agenten an verschiedene Nutzergruppen. In M. Herczeg, W. Prinz & H. Oberquelle (Hrsg.), *Mensch & Computer 2002: Vom interaktiven Werkzeug zu kooperativen Arbeits- und Lernwelten* (S. 125-134). Stuttgart, Leipzig, Wiesbaden: Teubner.

L3S (2003). *e-Learning Infothek.* http://www.learninglab.de/elan/kb3/index.html [Stand: 01.07.2003]

Meder, N. (2000). Didaktische Ontologien. In H. P. Ohly & A. Sigel (Hrsg.), *Globalisierung und Wissensorganisation: Neue Aspekte für Wissen, Wissenschaft und Informationssysteme.* (Bd. 6, S. 401-416). Würzburg: Ergon.

Mohamad, Y., Hammer, S., Haverkamp, F., Nöker, M. & Tebarth, H. (2002). First Evaluational Results in the Development of Training by Animated Pedagogical Agents (TAPA). In M. Herczeg, W. Prinz & H. Oberquelle (Hrsg.), *Mensch & Computer 2002: Vom interaktiven Werkzeug zu kooperativen Arbeits- und Lernwelten* (S. 145-154). Stuttgart, Leipzig, Wiesbaden: Teubner.

OTEC (2003). *Educational Modelling Language.* http://eml.ou.nl [Stand: 01.07.2003]

Pawlowski, J. M. (2001). *Das Essener-Lern-Modell (ELM): Ein Vorgehensmodell zur Entwicklung computerunterstützter Lernumgebungen.* Unveröffentlichte Dissertation, Essen.

Shaw, E., Johnson, W. L. & Ganeshan, R. (1999). *Pedagogical Agents on the Web.* Paper auf der Third International Conference on Autonomous Agents.

UHIAH (2003). *Fle3 > Future Learning Environment.* http://fle3.uiah.fi/ [Stand: 01.07.2003]

USC/ISI (2002). *Virtual Factory Teaching System (VFTS).* http://vfts.usc.edu [Stand: 01.07.2003]

Literatur zu Kapitel 19

Baumgartner, P., Häfele, P. & Maier-Häfele, K. (2002a). *E-Learning Praxishandbuch - Auswahl von Lernplattformen: Marktübersicht - Funktionen - Fachbegriffe.* Innsbruck, Wien: Studienverlag.

L3S (2003). *e-Learning Infothek.* http://www.learninglab.de/elan/kb3/index.html [Stand: 01.07.2003].

Piendl, T. (2001). Zur Auswahl einer web-basierten Lernplattform: Eine kleine Warenkunde. In *Handbuch Hochschullehre: Informationen und Handreichungen aus der Praxis für die Hochschullehre.* (Loseblatt-Ausgabe). Bonn: Raabe Fachverlag.

Literatur zu Kapitel 20

Baumgartner, P. (1995). Didaktische Anforderungen an (multimediale) Bildungssoftware. In L. J. Issing & P. Klimsa (Hrsg.), *Information und Lernen mit Multimedia* (S. 241–252). Weinheim: Psychologie Verlags Union.

Bortz, J. & Döring, N. (1995). Forschungsmethoden und Evaluation. Lehrbuch der empirischen Forschung. 2., vollst. überarb. und aktualisierte Auflage). Berlin, Heidelberg, New York: Springer-Verlag.

Fricke, R. (2000). Qualitätsbeurteilung durch Kriterienkataloge: Auf der Suche nach validen Vorhersagemodellen. In P. Schenkel, S. O. Tergan & A. Lottermann (Hrsg.), *Qualitätsbeurteilung multimedialer Lern- und Informationssysteme: Evaluationsmethoden auf dem Prüfstand* (S. 106–126). Nürnberg: BW Bildung und Wissen.

Gräber, W. (1990). *Das Instrument MEDA. Ein Verfahren zur Beschreibung, Analyse und Bewertung von Lernprogrammen.* Kiel: Institut für die Pädagogik der Naturwissenschaften.

Hannafin, J. M. & Peck, K. L. (1988). *The Design, Development and Evaluation of Instructional Software.* New York: McMillan Publishing Company.

Kemp, J. E., Morrison, G. R. & Ross, S. M. (1998). *Designing Effective Instruction.* Upper Saddle River, NJ: Prentice Hall.

Klauer, K. J. (1987). *Kriteriumsorientierte Tests: Lehrbuch der Theorie und Praxis lernzielorientierten Messens.* Göttingen: Hogrefe.

Laatz, W. (1993). *Empirische Methoden. Ein Lehrbuch für Sozialwissenschaftler.* Thun und Frankfurt a. M.: Harri Deutsch.

Lienert, G. A. (1969). *Testaufbau und Testanalyse.* Weinheim: Beltz.

McBride, R. H., Ruttan, J. P., & Rice, J. C. (1998). Formative evaluation instruments for designing web-based instruction. http://www.byu.edu/ipt/workshops/evalwbi/form_eval.html [Stand: 10.10.2002].

MEDA 97. Institut für die Pädagogik der Naturwissenschaften an der Universität Kiel. Kiel, 1997. CD-ROM.

Meier, A. (1995). Qualitätsbeurteilung von Lernsoftware durch Kriterienkataloge. In P. Schenkel & H. Holz (Hrsg.), *Evaluation multimedialer Lernkonzepte: Berichte aus der Berufspraxis.* Nürnberg: BW Bildung und Wissen.

Meier, A. (2000). MEDA und AKAB. Zwei Kriterienkataloge auf dem Prüfstand. In P. Schenkel & S.-O. Tergan (Hrsg.). *Qualitätsbeurteilung multimedialer Lern- und Informationssysteme.* Nürnberg: BW Bildung und Wissen.

Reigeluth, C. M. (1983). Instructional design: What is it and why is it? In C. M. Reigeluth (ed.), *Instructional Theories and Models: An Overview of their current status* (pp. 3–36). Hillsdale, NJ: Erlbaum.

Rowntree, D. (1992). *Exploring open and distance learning.* London: Kogan Page.

Schott, F. (2000). Evaluation aus theoriegeleiteter, ganzheitlicher Sicht. In P. Schenkel, S. O. Tergan & A. Lottermann (Hrsg.), *Qualitätsbeurteilung multimedialer Lern- und Informationssysteme: Evaluationsmethoden auf dem Prüfstand* (S. 106–125). Nürnberg: BW Bildung und Wissen.

Schott, F., Sachse, S. & Schubert, T. (2000). Evaluation von multimedialer Lernsoftware auf der Basis von ELISE – Ein Ansatz zu einer theorie-, adressaten- und anwenderorientierten Methode zur Evaluation von multimedialen Lern- und Informationssystemen. In P. Schenkel, S. O. Tergan & A. Lottermann (Hrsg.), *Qualitätsbeurteilung multimedialer Lern- und Informationssysteme: Evaluationsmethoden auf dem Prüfstand* (S. 217–242). Nürnberg: BW Bildung und Wissen.

Tergan, S. O. (2000). Grundlagen der Evaluation: Ein Überblick. In P. Schenkel, S. O. Tergan & A. Lottermann (Hrsg.), *Qualitätsbeurteilung multimedialer Lern- und Informationssysteme: Evaluationsmethoden auf dem Prüfstand* (S. 22–51). Nürnberg: Bildung und Wissen.

Tergan, S. O. (2001). Qualitätsbeurteilung und Bildungssoftware mittels Kriterienkatalogen. Problemaufriss und Perspektiven. *Unterrichtswissenschaft*, 29(4), S. 319–342.

Wottawa, H. & Thierau, H. (1990). *Evaluation*. Bern: Huber.

Literatur zu Kapitel 21

Card, S., Moran, T. P. & Newell, A. (1990). The Keystroke-Level Model for User Performance Time with Interactive Systems. In H. Stolk (ed.), *Human-computer interaction: Selected Readings*. Cambridge: Cambridge Press.

Carpenter, P. A. & Just, M. A. (1976). Eye fixations and cognitive processes, *Cognitive Psychology* (Vol. 8, pp. 441–480).

Chin, J. P., Diehl, V. A. & Norman, K. L. (1988). Development of an Instrument Measuring User Satisfaction of the Human-Computer Interface, *ACM CHI '88* (pp. 213–218).

Deffner, G. (1984). *Lautes Denken – Untersuchung zur Qualität eines Datenerhebungsverfahrens*. Frankfurt a. M.: Lang.

Dumas, J. S. (1993). *A practical guide to usability testing*. Norwood.

Duncker, K. (1935). *Zur Psychologie des produktiven Denkens*. Berlin: Springer-Verlag.

Gediga, G., Hamborg, K.-C. & Düntsch, I. (1999). The IsoMetrics usability inventory: an operationalization of ISO 9241-10 supporting summative and formative evaluation of software systems, *Behaviour & Information Technology* (vol. 18, pp. 151–164).

Gräber, W. (1990). Das Instrument MEDA. Ein Verfahren zur Beschreibung, Analyse und Bewertung von Lernprogrammen. Kiel: Institut für die Pädagogik der Naturwissenschaften.

Hannafin, J. M. & Peck, K. L. (1988). *The Design, Development and Evaluation of Instructional Software*. New York: McMillan.

Hara, N. & Kling, R. (2000). Students' distress with a web-based distance education course, *Information, Communication & Society* (3 ed., vol. 2003).

Hartson, H. R., Andre, T. S. & Williges, R. C. (2001). Criteria For Evaluating Usability Evaluation Methods, *International Journal of Human-Computer Interaction (accepted Paper)* (vol. 2003).

ISO9241-11 (1996). International Organization for Standardization: Ergonomische Anforderungen für Bürotätigkeiten mit Bildschirmgeräten – Teil II: Anforderungen an die Gebrauchstauglichkeit – Leitsätze (ISO/DIS 9241-11:1997). Berlin, Wien, Zürich.

Keevil, B. (1998). Measuring the Usability Index of Your WebSite, *CHI '98. Human Factors in Computing Systems* (pp. 271–277). Los Angeles, CA: The Association for Computing Machinery, Special Interest Group and Computer Human Interaction.

Kemp, J. E. (1985). *The Instructional Design Model.* New York: Harper & Row Publishers Inc.

Lee, S. H. (1999). *Usability Testing for Interactive Multimedia Software* (vol. 2001).

Lewis, C. (1982). *Using the "thinking aloud" method in cognitive interface design.* IBM Research Report RC 9265. New York: IBM T. J. Watson Research Center.

Lewis, C. & Wharton, C. (1997). Cognitive walkthroughs. In P. Prabhu (ed.), *Handbook of Human-Computer Interaction* (pp. 689–704). New York: Elsevier Press.

Lewis, J. R. (1995). IBM Computer Usability Satisfaction Questionnaires: Psychometric Evaluation and Instructions for Use, *Journal of Human-Computer Interaction* (vol. 7, pp. 57–78).

Lin, H. X., Choong, Y.-Y. & Salvendy, G. (1997). A Proposed Index of Usability: A Method for Comparing the Relative Usability of Different Software Systems, *Behaviour & Information Technology* (vol. 16, pp. 267–278).

MEDA 97. Institut für die Pädagogik der Naturwissenschaften an der Universität Kiel. Kiel, 1997. CD-ROM.

Meier, A. (1995). Qualitätsbeurteilung von Lernsoftware durch Kriterienkataloge. In H. Holz (Hrsg.), *Evaluation multimedialer Lernkonzepte: Berichte aus der Berufspraxis.* Nürnberg: BW Bildung und Wissen.

Molich, R. & Nielsen, J. (1990). Improving a human-computer dialogue, *Communications of the ACM* (vol. 33, pp. 338–348).

Nielsen, J. (1992). Finding usability problems through heuristic evaluation, *ACM CHI '92* (pp. 373–380). Monterey, CA.

Nielsen, J. (1993). *Usability engineering.* Chestnut Hill: Academic Press, Inc.

Nielsen, J. & Mack, R. (1994). *Usability inspection methods.* New York: John Wiley & Sons.

Preece, J., Rogers, Y., Sharp, H., Benyon, D., Holland, S. & Carey, T. (1994). *Human-computer-interaction.* Workingham: Addison-Wesley.

Rötting, M. (2001). *Parametersystematik der Augen- und Blickbewegungen für arbeitswissenschaftliche Untersuchungen.* Aachen: Shaker.

Rubin, J. (1994). *Handbook of usability testing: How to plan, design, and conduct effective tests.* New York.

Squires, D. & McDougall, A. (1994). *Choosing and using educational software: a teachers' guide.* London: Falmer Press.

Quellenangaben zum Glossar

Bortz, J. & Döring, N. (1995). Lehrbuch der empirischen Forschung. Forschungsmethoden und Evaluation. In (2., vollst. überarb. und aktualisierte Auflage). Berlin, Heidelberg, New York: Springer-Verlag.

Dörr, G. & Strittmatter, P. (2002). Multimedia aus pädagogischer Sicht. In P. Klimsa (Hrsg.), *Information und Lernen mit Multimedia und Internet* (3. Aufl., S. 29–42). Weinheim: Beltz.

Friedrich, H. F. & Mandl, H. (1992). *Lern- und Denkstrategien. Analyse und Intervention*. Göttingen, Toronto, Zürich.

Fröhlich, W. D. (1993). *Wörterbuch zur Psychologie* (Bd. 19., bearbeitete und erweiterte Auflage). München: dtv Deutscher Taschenbuch Verlag GmbH & Co. KG.

Möller, R. (1999). Lernumgebungen und selbstgesteuertes Lernen. In U. Sander (Hrsg.), *Multimedia. Chancen für die Schule*. Neuwied: Luchterhand.

Oser, F. & Baeriswyl, F. J. (2001). Choreographies of Teaching: Bridging Instruction to Learning. In V. Richardson (ed.), *Handbook of Research on Teaching, 4th edition* (pp. 1031–1065). Washington, DC: American Educational Research Association.

Paivio, A. (1986). *Mental representations: A dual coding-approach*. New York: Oxford Univeristy Press.

Zimbardo, P. G. & Gerrig, R. J. (1999 (7. Aufl.)). *Psychologie*. Berlin: Springer-Verlag.

Sachverzeichnis

A

Abbilder 179
- Linienabbilder 180
- realistische 179
- schematische 180
- texturierte 180

Abbrecherraten 17
Ablaufdiagramm 236
Ablauf eines Cognitive Walkthrough 328
Ablauf eines Usability-Tests 336
- Berichtlegung 338
- Datenauswertung und Analyse 338
- Detaillierte Planung 336
- Durchführung 337
- Instruktion der Teilnehmer 338
- Stichprobenauswahl 337
- Zusammenstellen von Testmaterial und Testumgebung 337

Ablenkung 199
Abstraktionsniveau 72
Abwechslung 208
Adaptationsdesign 73
adaptive Lernumgebungen 30, 122
Adaptivität 117, 122
ADDIE 22
Add-in 239
ADELE 251
ADL-Initiative 272
Administration 248
Adressatenanalyse 51, 55
Adressatengruppe 57
Advance Organizer 168

AgentSheets 116
Aktionsformen 113
aktive Hilfen 118
aktives Lernen 190
aktive Verarbeitungsprozesse 190
Aktivierung 126
Aktivierungskontrolle 222
Aktivitäten von Wissensobjekten 27
allgemeine Reflexion 33
Ambiguitätstoleranz 31
Analogien 168
Analyse der konstitutiven Fähigkeiten 39
Analyse des Lehrstoffs 58
Analysefunktionen des 4C/ID-Modells 41
Analysekategorien 229
Analysephase 51
Analyseplanung 94
Anchored Instruction 29, 38, 151
Anchored Instruction-Modell 29
Anforderungsplanung 94
Animation 65, 209
- Anwendung 144
- Beispiele 144
- Definition 135
- didaktische Empfehlungen 140
- empirische Studien 142
- Funktion 138
  - Aufmerksamkeit 138
  - Dekoration 138
  - Motivierung 139
  - Präsentation 139
  - Übung 139
  - Verdeutlichung 139

- Lern-Erfolg 143
- Steuerungsmöglichkeiten 141
- technische Bedingungen 142
- visueller Merkmale eines Objektes 135

Anschaulichkeit 148
antizipierter Bedarf 54
Anwendungskontext 249
Anwendungsschablone 252
Application-Sharing 253
Arbeits- oder Lernaufgaben 58
Arbeitspakete 66
Ärger 217
Ärgerausdruck 219
ARIADNE 272
Art der Lerneraktivitäten 72
Articulation 34
Artikulationsschemata 77
Assessment-Test 335
Assessment-Tool 251
Assets 65
Assoziationen 163
Assoziationsmatrix 262
ästhetisches Vergnügen 125
asynchron 253
atomare Lernressourcen 257
Audio 127
- empirische Studien 132
- Funktionen 127
- rechtliche Aspekte 129
- technische Aspekte 129
Audioproduktion 240
Audiosequenzen 265
audiovisuelle Effekte 208
Aufgabenanalyse 40, 59
Aufgabenexpertise 104
Aufgabenkompetenz 102
aufgabenorientierte Lernorientierung 231
Aufgabenpräsentation 122
Aufgabenschwierigkeit 122
Aufgabenstellungen 208
Aufgaben- und Wissensanalyse 51, 63
aufmerksame Verarbeitung 177
Aufmerksamkeit 207
Aufmerksamkeitskontrolle 222

Aufmerksamkeitssteigerung 126
Auftraggeber 235
Auswahlantworten 7
Auswahlentscheidungen bezüglich Beispielen und Aufgaben 114
Auswahl von Instruktionsmethoden 39
Auswertungsstrategien 296, 297
Auszeichnungen 175
Auszeichnungsschrift 173
Authentizität 148
Authoring 267
automatischer Tutor 232
Autonomie der Lernenden 34
Autonomieunterstützung 214
Autorensprache 11
Autorenwerkzeuge 267
AutoTutor 233

B

Bakkalaureus 12
basale Verarbeitung 161
Basismodell-Ansatz 88
Basismodelle 77
Basisstruktur 75
Basistechnologie 245, 248
Bausteine 257
Bedarf 53
- antizipierter 54
- demonstrierter 54
- normativer 53
- Qualifizierungs- 54
- relativer 53
- subjektiv empfundener 54
Bedarfsanalyse 51, 53
Bedeutung von Bildern 176
Bedeutung von Elaborationen 163
Bedeutung von Text im E-Learning 159
Befragung 54, 297, 300, 301, 320
- mündliche 301
- schriftliche 301
begriffliche Elaborationssequenz 103
begriffliche Kompetenz 102
Begriffsbildung 82
Begriffslernen 20

Begriffsnetz 28, 59
Begriffsnetzdarstellung 59
Behalten fördern 110
Behaltensleistung 148
Behinderungen 57
Beispiele, Rolle für den Wissenserwerb 169
Belohnung 213, 228
- Formen 213
benutzeradaptive Lerntechnologie 275
Beobachtung 297, 300, 302, 303, 320
- Fremdbeobachtung 302
- nicht teilnehmende Beobachtung 303
- offene Beobachtung 302
- Selbstbeobachtung 302
- teilnehmende Beobachtung 303
- verdeckte Beobachtung 302
berufliche Bildung 16
berufliche Erstausbildung 33
Betonung 131
Betriebsklima 58
Beurteilung des Schweregrades von Usability Problemen 327
Beurteilungsmaßstäbe 214
Bewegungs- und Interaktionsverläufe 148
Bewertungskriterien (Evaluationsplanung) 296
Bewertungssystem 210
Bezugsnorm 231
Bezugsnormorientierung 20
bidirektional 253
Bildauswertung
- automatische und willentliche Steuerung 178
Bildschirmformat 209
Bild- und Filmmaterial 64
Bildungs- bzw. Trainingsbedarf 53
Bildungsfilm 147
Bildungsstand 56
Bildungstechnologisches Zentrum 12
blended learning 151
Blickbewegungen 322

- Aufzeichnung (Eye Tracking) 322
Bookmark-Verwaltung 285
Buchstabenabstände 175
Budgetierung 92, 93
Budgetplan 66
Budgets 91
Bundesministerium für Bildung und Forschung 16
Büroausstattung 68
Büromiete 68
Büro- und Verbrauchsmaterial 68

C

Charts 180
Chat 261
Chat-Events 261
Chat-Foren 259
Chatroom 121
Chat-Sitzungen 261
Chat-Typen 259
Checklisten 32, 94, 301, 304, 307, 330
Choreografie des Unterrichts 74
Chunks 189
CMI-Spezifikation 274
Coaching 34
Cognitive Apprenticeship-Ansatz 34
cognitive load 42
cognitive tools 43
Cognitive Walkthrough 328
Cognitiv Load Theory 188
collaborative problem solving 45
Comparison Test 336
completion problems 42
Component Display Theory 26
computerbasierte Trainings 28
computerunterstütztes kooperatives Arbeiten 250
concept-mapping 59
Content 264
Content-Management-System 277
Content-Packaging-Spezifikation 274
Corporate Design 287
Coverstory 37

Crowder 7
CSCL-Konferenz 122
Curriculums-Verwaltung 250

D

Darbietungszeit 150
Datenerfassungsverfahren 296
deklaratives Wissen 61, 102
Dekomposition 39
dekontextualisierte
 Informationspräsentation 72
Demonstration 28
demonstrierter Bedarf 54
Denkfehler 118
Designentscheidungen 24, 87
Design-Experimente 21
Designfunktionen 47
Designkomponenten 39
Designprobleme 22
Design Proposal 90
Designprozess 22
deskriptives Feedback 230
Detailauswertung 177
Diagramme 181
didaktische Evaluationsansätze 314
didaktischer Kunstfehler 212
didaktische Strukturierung 51, 167
Dienstleistungen 68
differenzierendes Feedback 230
direkte Instruktion 26
Dokumentenanalyse 300
Domänenkompetenz 102
Dramaturgie 114
Drop-out 205
duale Codierung 188
Dublin Core Initiative (DC) 270
dynamische Grafik 142

E

Ebenenhierarchie 73
Ebenenkonzept 284
Edubox-Player 273
Educational Modelling Language 273
Effectiv Cognitiv Load 190

Effektivität 318
- der Bildgestaltung 182, 183
- von Animationen 142
Efficiency 313, 316
E-Human Ressources 264
Eigenproduktion 129
Eigenschaften von Wissensobjekten 27
Eigensteuerung 72
Einfälle 163
Einsatz im Ausland 68
Einsatzkontext 52, 68
Einschübe 172
Einstellung 23
- zum Inhalt 56
Einstiegsaufgabe 106
Einstiegsphase 212
Einstiegsproblem 32
Ein-Weg-Kommunikation 72
Elaborating 233
Elaboration 40, 106
Elaborationstechnik 104
Elaborationstheorie 36, 100, 102
elaborative Beziehung 185
elaborative Verarbeitung 163, 178
E-Learning 16
E-Learning-Angebot 126
E-Learning Bausteine 257
E-Learning-Kurse 127
E-Learning Standards 270
Elemente effizienter Gestaltung von Simulationen 136
EMILEA-Stat 276
Emotion 215
- FEASP-Modell 216
- Lern- und Leistungssituation 215
emotionaler Ausdruck 125
Emotionalität 149
Emotionsforschung 217
Emotionskontrolle 223
empirische Erziehungswissenschaft 19
empirische Sozialforschung 58
enabling contexts 45
Energiekosten 68
Enkodierkontrolle 222

Enterprise-Spezifikation 274
Entitäten von Wissensobjekten 27
Entscheidungsebenen 73
Entscheidungsfelder 73
Entwicklungsdauer 67
Entwurfsmuster 88
Entwurfsplanung 94
Entwurfsvorschlag 90
epitomizing 106
Erfahrungen 55
Erfolgserlebnisse 211
Erfolgserwartung 211
Erfolgsplanung 94
Erfolgszuversicht 211
Erhebungsmethoden bei
  Usability-Tests 320
- Blickbewegungsaufzeichnung
  322
- Methode des lauten Denkens
  321
Erinnerbarkeit 318
Erkenntnisfunktion 292
Errors 313, 316, 317, 319
Erwartungshaltungen 31
Evaluation
- Begriff 291
- Funktionen 292
- Typen 292
Evaluationsfragebögen 67
Evaluationsinstrumentarien 291,
  296, 304, 308
Evaluationskriterien 299, 300, 308
- curriculare Nähe 299
- inhaltlich/didaktische Gestaltung
  299
- Usability/softwareergonomische
  Gestaltung 299
Evaluationsmethoden 300
- Befragung 300
- Beobachtung 300
- Inhaltsanalyse 300
- Tests 300
- Verhaltensrecording 300
Evaluationsprozess 295
- Berichtlegung 298
- Datenerhebung/Auswertung
  297

- Definition 295
- Planung 296
- weitergehende Nutzung 298
- Zielsetzung 296
evaluatives Feedback 230
events of instruction 24
expectation failures 36
Experten- und Nutzerurteile 324
Expertenwissen 264
Exploration 34
Exploratory Test 335
externale Regulierung 72
externes Feedback 231
Extraneous Cognitiv Load 190
Eye Tracking 322

F

Fahrtkosten 68
Fallbeispiele 43, 57
Fallsimulation 87
farbige Schrift 174
Fast-Food-Learning 258
Feedback 38, 227
Fehler 218
fehlerabhängige Verzweigungen 7
Fehleranalyse 7, 118
Fehlerbeseitigung 28
Fehlerkorrektur 230
Fehlerkultur 230
Fehlerrate 319
fehlertolerante Verarbeitung 117
Fehlerverbesserung 230
Fehlerwissen 63
Fehlschläge 37
Feldforschung 21
Fiat-Tendenz 221
Figur-Grund-Einteilung 177
Fixationen 322, 323
Flow-Erleben 222
Flussdiagramm 62, 236
formale Überschriften 171
formative Beurteilung der Usability
  314
formative Evaluation 293, 305, 315
Forschungsbefunde, Interpretation
  229
fortschreitende Vertiefung 33

Frage-Antwort-Frames 6
Frage-Antwort-Rückmeldung-
   Sequenzen 208
Fragebogen 54, 294, 301, 320, 330
Fragehaltungen 208
Fragemöglichkeiten 111
fragenbasierte Navigation 38
Fragenfenster 115
Fragenparser 115
Fragen stellen 115
Fragestämme 115
Frames 7
Fremdbeobachtung 302
Fremdevaluation 294, 295
Füllfloskeln 172
Funktionsergonomie 313

G

Ganzheitlichkeit 104
Gefühle 206, 215
Geld 64
Generalisierung 45, 164
Geräteausstattung 265
Gerechtigkeit 214
Germane Cognitiv Load 190
Geromat 12
Gesamteindruck des Bildes 177
Geschlechtsstereotype 46, 120
gesprochene Sprache 127
gestalterische Aspekte der
   Textpräsentation 170
- Orientierungsmarken 173
- Typografische Aspekte 174
Gestaltfaktoren 177
Gestaltungsmöglichkeiten 77
Gestaltungsprinzipien für
   E-Learning 193
Gleichheit 214
Goal-Based Scenarios 36, 208
goal-free problems 42
Grafik 64
- dynamische 142
- interaktive 142
Grafikprogramme 65
grafische Animationen 135
grafische Strukturierungsverfahren
   52

Gruppenarbeit 32
guided tour 113

H

Handicaps 57
Handlungen 60
Handlungsentscheidung 152
Handlungskette 77, 87
Handlungskontrolle 205, 223
handlungsorientierte Personen
   223
Handlungsregulation 215
Handlungsunterstützung 28
Handwerkslehre 34
Hannafin 45
Hardware/Systemsoftware 248
heuristische Evaluation 325
hinderliche Emotionen 216
Hintergrundmusik 200
Hintergrundwissen 61
Hinting 233
Hinweisreize 61
historische Sequenz 101
Höflichkeitsregeln 119
holografische Darstellung 257
Honorare 67
Human Computer Interaction 314
hypermediale Strukturierung 52

I

Ideenplanung 94
Ideenproduktion 32
Identifikation 128
ILIAS 279
Illustrationen 209
imitation problems 43
Imitationsprobleme 43
inert knowledge 26
Information Delivery Theory 198
Informationsbeschaffung 248
Informationsdichte 148, 155
Informationsgehalt 228
Informationspräsentation 72
Informieren 110
Inhalte-Pool 264
inhaltliche Relevanz 214

inhaltlich-technologische Aussagen 22
Inhaltsanalyse 300
Inhaltsexperten 60
Inhaltsstruktur 51
Initiierungskontrolle 223
Instructional System Design 22
Instructional Transaction-Theorie 26
Instruktion 19
Instruktionale Funktion des Bildes 182
Instruktionsdesign 19
Instruktionsdesigner, professionelle 88
Instruktionsmethoden 41
Instruktionsqualität 214
Instrumente 65
Integration 276
integriertes Forschungsparadigma 21
intelligente tutorielle Systeme 117
Interaktion 38, 109
Interaktionsdesign 73
Interaktionsketten 109
Interaktionsmöglichkeiten 149
interaktive Grafik 142
interaktives Video 114, 151
Interaktivität 109
Interesse 207
– der Lehrenden 214
Interessen 56
Interfacedesign 275
interkulturelle Aspekte 57
internes Feedback 231
Interoperabilität 270
Interview 54, 301
Interviewtechnik 321
– Methode des lauten Denkens 321
– Question-Asking-Technik 321
– Videokonfrontation/Retrospective-Testing-Technik 321
Intrinsic cognitiv load 189
intrinsische Motivation 206
IsoMetrics 330
ITT-Modell 71

J

Jasper Woodbury 29

K

Kalkulation 67
Kapazitätsbegrenzung des Arbeitsgedächtnisses 188
Kasten 173
kaufmännische Erstausbildung 16
kausaler Beziehungen 228
KAVIS 15
Keevil Usability Index 330
Klangfarbe 126
Klassifizierung des Schweregrades von Usability-Problemen 327
kognitionspsychologische Theorien 39
kognitive Fähigkeiten 23
kognitive Prozesse der Bildverarbeitung 177
– aufmerksame Verarbeitung 177
– elaborative Verarbeitung 178
– rekonstruktive Verarbeitung 179
– voraufmerksame Verarbeitung 177
kognitive Prozesse der Textverarbeitung 160
– basale Verarbeitung 161
– elaborative Verarbeitung 163
– reduktive Verarbeitung 164
– rekonstruktive Verarbeitung 165
– semantisch-syntaktische Verarbeitung 162
kognitive Strategien 23
Kohärenz 162
Kohärenzprinzip 199
kollaboratives Lernen 121
Kombinierte Problemformate 44
Kommunikation 125, 248
Kommunikationsrichtung 72
Kompetenzmeinung 211
Kompetenzunterstützung 214
Kompilierung 39
komplementäre Beziehung 185
Komplexitätsebene des Bildes 183
Komponenten eines Lehrinhalts 99

Komposition 39
konditionales Wissen 61
kongruente Beziehung 185
Konstrukt, hypothetisches 206
Konstruktion 164
konstruktivistische
  Lernumgebungen 19
Konsumhaltung 151
Kontiguitätsprinzip 194–196
Kontrast 175
Kontrolle 211
Kontroll- und
  Entscheidungsfunktion 292
konventionelle Probleme 42, 43
Konzeptbildung 82
Konzept des Durcharbeitens 7
Kooperationsfunktion 284
Kooperationsskripte 121
kooperatives Lernen 58, 120
Koordinierung 95
Kopiervorlagen 238
korrekte Darstellungsweise von
  Bildern 183
Korrektheitsergonomie 313
Kostenanalyse 52
Kosteneinsparungen 17
Kriterienkataloge 297, 305, 307,
  308, 311
Kriterienliste 234
kriteriumsorientierte Tests 304
Kritik an ID-Modellen 25
kritische Ereignisse 54
kritischer Pfad 93
Kulturkreisen 57
künstliche Intelligenz 36
Kursgerüst 252
Kurzaufsätze 116

L

Laborforschung 21
lageorientierte Personen 223
latente semantische Analyse 261
Latent Semantic Analysis 233
Lautstärke 126
Layout 73
Learnability 313, 317, 318

Learning-Content-Management-
  System 277
Learning-Management-System
  250
learning objects 100
Lecture on demand 253
Lehrclips 264
Lehre 19
Lehrfunktionen 110
Lehrinhalte 51
Lehrmaschine 11
Lehrmethode 31, 71
Lehrschritte 24
Lehrstoff 99
– Stukturierung 73
Lehrstrategien 51
Lehrziele 55, 166
Lehrzielhierarchie 23
Lehrzielkategorien 23
Lehrzielorientierung 210
Leistungsbewertung 218
Leistungsrückmeldungen 231
Leistungssituationen 215
Leistungstests 303
Leitmotive 126
Leitprogramme 32
Lernaufgaben 51
Lernen 205
Lernepisoden 104
Lern-Erfolg 143
Lernergebnisse 206
lernförderliche Fähigkeiten 103
Lernfortschritte 31
Lernfunktionen 31
Lerngeschichte 55
Lerngruppen 45, 69
Lernmaschine 4
Lernmotivation 56, 58
Lernobjekte 100, 252, 257
Lernorientierung 231
Lernphasen 77
Lernprojekte 45
Lernprozesse 19
Lernprozessorganisation 110
lernpsychologische
  Voraussetzungen 99
Lernspiele 116

Lernstile 56
Lernstil-Hypothese 198
Lernstiltests 57
Lernsystem 245, 253
Lerntechnologie 250
Lerntempo 212
Lerntyp 56
Lernumgebungen,
 problemorientierte 114
Lernverhalten 206
Lernvoraussetzungen 20, 23, 105
Lernzeit 122
Lernzieltaxonomien 75
Lernzieltyp 75
Leseprozess 160
linear-sukzessiven Struktur 101
Linienabbilder 180
Lizenzen 68
lizenzfreie Sampler 129
locus of control 72
Logfile 303
logische Bilder 179, 180
– Charts 180
– Diagramme 181
– Tabellen 181
LOM-Datenschema 272
LOM-Spezifikation 272
Lösungsbeispiele 42, 234
LSA 261
LSA-Beispiel 263
Lückentexte 6

M

Makro-Sequenzierung 41
MARC-Standard 270
Material 63
MEDA 308–310
Media equation 46
Media-Equation-Annahme 119
Media-Equation-Theorie 46
Medieneinsatz 30
Meeting Support 249
Meilensteine 66, 93, 236
Memorability 313, 316–319
mentale Operationen 60
mentales Modell 190
Merrill 26

Metaanalyse 232
metacoon 283
Metadaten-Spezifikation 274
Methode des lauten Denkens
 (Thinking aloud) 321
Methoden, pädagogische 73
Methodenauswahl 75
Microsoft Visio 236
MIDI 129
Mission 37
Misskonzeptualisierungen 169
mobiles Lernen 17
Modalitätsprinzip 196
Modeling 34
modeling examples 43
Modell, 4C/ID 41
Modellfälle 43
Modellierung von Lernprozessen 16
Modularisierung 257
Motivation 206
– Begriff 206
– Definition 206
– intrinsische 206
motivationale Botschaften 215
motivationale Steuerungslage 219
Motivationsdesign 73
motivationsfördernde Interaktionen 111
Motivationskontrolle 223
Motivationsprofile 210
Motivieren 110, 126
– von Erwartungshaltungen 31
motorische Fähigkeiten 23
MS Powerpoint 239
Multimediaforschung 187
multimediales Lernen 16
Multimedia-Prinzip 194
Multimedia-Produktion 64
multiple Perspektiven 32
mündliche Befragung 320
Musik 67, 125, 127
Musterantworten 116
Musterlösungen 32

N

nachhaltige Lernprozesse 36

narrative Struktur 30
natürliche Konsequenzen 213, 234
Neid 217
Netzwerke 266
Neugier 208
nicht teilnehmende Beobachtung 303
Nominalisierung 172
nomothetische Gesetzmäßigkeit 21
normativer Bedarf 53
Normen, rechtliche und ethische 73
normorientierte Tests 304
Notebook 266
Notebook-University 17

O

offene Beobachtung 302
offene Lernumgebungen 45
öffentliche Darstellung 33
Online-Studium 283
Open Distance Learning 253
Open-Source-Projekte 279
operante Konditionierung 227
Operationen, mentale 77
operatives Modell 47
operativ-technologische Aussagen 22
Organisation der Informationsdarbietung 72
Orientierungsmarken 173
Orientierungsreaktionen 149
Orientierungsverhalten 208

P

pädagogische Agenten 201, 251
- animierte 202
- Effektivität 203
pädagogischen Psychologie 19
PAPI-Spezifikation 274
paradoxe Wirkungen von Lob 232
passive Hilfen 114
PEAnet 28
Pedagogical Design Patterns 89
Peer-Kontrolle 223

Peer-to-Peer-Netzwerke 266
performance constraints 43
performanzorientierte Lernorientierung 231
Personal 63, 95
personalisierter Sprachstil 201
personalisierte Sprache 209
Personalisierungsprinzip 201
Personalkosten 67
Personendaten 264
Personenmerkmale 55
persönliche Beeinträchtigungen 57
persönliche Zielsetzungen 56
perspektivische Überschriften 171
Phasenplanung 94
Piktogramme 174
Planspiel 15, 85
PLATO 8, 10
Pluralistic Walkthrough 330
Portfolio-Informationen 274
positive Emotionen 216
Präferenzen 56
Präsentationen 67
Präsentation von Text am Bildschirm 165
- gestalterische Aspekte 170
- inhaltlich-didaktische Aspekte 165
praxisorientierte Evaluation 293
Pressey 5
Problemanalyse 51, 52
problembasiertes Lernen 151
Probleme mit Ausführungs-
beschränkungen 43
Problemformate 42
process worksheets 43
Produktevaluation 293
Produktion 64, 235, 248
produktorientierte Problemformate 42
Programmiersprachen 65
programmierte Instruktion 228
Projektakquisition 67
projektbasiertes Lernen 38
Projektmanagement 67, 91, 236
Projektplan 67

Projektrahmen 92
Projektunterricht 30
Projektverlauf 91
Projektziele 91
Prompting 233
propädeutische Instruktion 28
prozedurale Aufgaben 105
prozedurales Wissen 61, 102
Prozessdaten 264
Prozessevaluation 293
Prozesse von Wissensobjekten 27
prozessorientierte Problemformate 43
(Pseudo-)Natürlichsprachige Eingaben 114
PSSUQ 331
psychomotorische Fähigkeiten 45
psychomotorischen Kompetenz 45
Pumping 233
Purdue Usability Testing Questionnaire 330, 331

Q

QTI-Spezifikation 274
Qualifikationen 65
Qualifikationsbedarf 55
Qualifikationsdefizit 55
Qualifizierungsbedarf 54
Qualitätskontrolle 291
Qualitätskriterien 307, 308
Qualitätsmanagements 55
Qualitätsmängel 294
Qualitätssicherung 91, 291
Qualitätszirkel 55
Querverweise 102
Question-Asking-Technik 321, 334
QUIS 331, 332

R

Rahmenhandlung 37
Raumakustik 126
Realisationsmotivation 220
realistische Abbilder 179
Realitätsnähe 148
Rechercheumgebung 285
Recherchieren 32

Rechte 64
reduktive Verarbeitung 164
Redundanzprinzip 197
re-engineering 100
Reflection 34
Registration 251
rekonstruktive Verarbeitung 165, 179
relativer Bedarf 53
Relevanz 209
Reparaturen 68
Reporting-Tool 251
Repräsentationsform 236
Ressourcen 52, 63
ressourcenorientierte Aufgaben 93
Retrospective-Testing-Technik 321
re-use 100
reverse problems 42
Rezeption 72
Rigidität 25
Robbimat 12
Rollenhandeln 37
Romiszowski 45
Routinisierung 45
Rubikon 220
Rückblicke 102
rückblickende Reflexion 31
Rückmeldungen 7, 24, 38, 45, 118, 126, 213, 227
Rückwärtssakkaden 161
Rückwärtssprünge 161

S

sachliche Strukturierung 167
Satisfaction 313, 314, 316–318, 320, 331
Satzbau 171
Scaffolding 34
Schachtelsätze 172
Schema-Assimilation 106
schematische Abbilder 180
Schmeicheleien 119
Schnittstellenergonomie 313
Schriftgrad (Schriftgröße) 175
Schriftlage 175
schriftliche Befragung 320
Schriftmischung 175

Schriftstärke 175
Schul- und Prüfungsangst 215
Schwierigkeitsniveau 212
SCORM 272
- Standards 286
Screenlayout 236
Segmentierung 100
Seitenaufteilung 176
Selbstbeobachtung 302
Selbstevaluation 294
selbstkontrolliertes Lernen 16
selbstreguliertes Feedback 234
selbstreguliertes Lernen 231
Selbsttests 32
Selbstwert 111, 232
- der Lernenden 45
Selektion 164
Selektionsmotivation 220
Semantic Web 18
semantische Kohärenz 162
semantisch-syntaktische Verarbeitung 162
Sequenz 113, 122
Sequenzierung 100, 101
- auf der Grundlage vereinfachter Bedingungen 103
- des Lehrstoffs 25, 35
Sequenzierungsmethode 104
Sequenzierungsmuster 101, 103
Sequenzierungsstrategien 102
Sequenzierungsverfahren 104
severity rating 327
Shareable Content Object Reference Model (SCORM) 272
Sichtstruktur 77
7, magische Zahl 189
Signalwirkungen 228
Simulation 85, 210
- Definition 136
Simulationsmodelle 116
Simulationsprogramme 15
situative Informationspräsentation 72
Situierung 35
Skinner 5
Softwareentwicklung 240
Softwareergonomie 313

software-ergonomische Aspekte 73
SOI-Modell 187, 191
Soundeffekte 127
soziale Einbindung 214
Spannung 126
Spesen 68
spezielle Geräte 265
Spiegelstriche oder Nummerierungen 174
Spiralsequenz 102
Spiralstruktur 101
Spitzmarken 173
Splicing/correcting 233
Sprache 127
Sprechgeschwindigkeit 131
Sprechtempo 126
Sprechtext 131
Sputnik-Schock 7
Stakeholders 92
standardisierte Beobachtung 320
Standardisierungsempfehlung 274
Standards 269
STAR LEGACY 31
stellvertretende Handlungsentscheidungen 114
Steuerung der Bildauswertung 183
Steuerungsinstanz 72
Steuerungsmöglichkeiten von Animationen 141
stilistisch-ästhetische Aspekte 73
stochastisch-gesetzesmäßige Aussagen 21
Storyboard 66, 235
Storyboardentwicklung 236
strategisch-politische Funktion 292
Strukturierungsverfahren 121
subjektiv empfundener Bedarf 54
Summarizing 233
summative Beurteilung der Usability 314
summative Evaluation 293
symbolische Repräsentation 125
Symbolsysteme 73
Sympathie 217
synchron 253

Synonyme 173
syntaktische Kohärenz 162
Systemadministratoren 284

T

Tabellen 181
Tablett-PCs 266
Taxonomie der Wissensarten 63
Taxonomien von Interaktionen 110
Techniken von Usability-Tests 324
technische Basis 73
technologische Aussagen 21
technologischer Kontext 246
technologisch transformierte Aussagen 21
Teilfähigkeiten 39
teilnehmende Beobachtung 303
Teilnehmer-Verwaltung 250
Teleconferencing 69
Telekommunikationskosten 68
Tele-Learning 253
Tele-Seminar 57, 253
Tele-Teaching 115, 253
Tele-Teaching-Applikation 254
Tele-Tutoring 69, 253
Tele-Vorlesung 121, 253
Template 252
Term-Dokument-Matrix 262
Tests 300, 303, 304
 - kriteriumsorientierte 304
 - normorientierte 304
Text-/Bildbeziehung 185
 - elaborative Beziehung 185
 - komplementäre Beziehung 185
 - kongruente Beziehung 185
Textpräsentation
 - Satzbau 171
 - Wortwahl 171
texturierte Abbilder 180
thematische Überschriften 171
theoretische Elaboration 103
theoretische Elaborationssequenz 103
theoretische Kompetenz 102
theorieorientierte Evaluationsinstrumente 305

theorieorientierter Evaluation 293
Thinking aloud 320, 321
TICCIT 8
Tiefenstrukturen 75
TOTE-Einheiten 229
Tourmaps 114
träges Wissen 26, 29
Training der Lesestrategie 84
Training-on-the-Job-Lösungen 264
Trainingsstrategie 39
Transaktionen 27
Transfer 151
Transferförderung 45, 110
Transferwahrscheinlichkeit 35
Tutorial 213
typisierte Handlungsabläufe 36
typografische Aspekte 174

U

Üben der Teilaufgaben 39
Überblicke 102
Übergang 128
Überschriften 170
Übungsaufbau 45
Übungs- und Anwendungsaufgaben im 4C/ID-Modell 41
Umgebungsbedingungen 19
Umgebungsgeräusche 200
umgekehrte Probleme 42
Umklammerung 172
UML 62
unidirektional 253
Unterbrechung 199
Unterhaltung 125
Unterlegung 173
Unterricht 19
Urteile potenzieller Nutzer 334
Usability 293, 296, 299, 313
 - Aspekte 316, 320, 335, 336
  - Effektivität 293
  - Efficency of use 318
  - Errors 319
  - Fehler 293
  - Learnability 317
  - Memorability 318
  - Satisfaction 320

- Zufriedenheit 293
- Tests 314–317, 320–322, 324, 330, 334–338
  - Techniken 334
- Ziele 315
  - Designbewertung 316
  - Konzeptbewertung 315
  - Produktbewertung 316
Usability-Inspektions-Techniken 324
- Cognitive Walkthrough 328
- Fragebögen und Checklisten 330
- heuristische Evaluation 325
Usability Testing Questionnaire (PUTQ) 331
Usability-Testing-Techniken
- Assessment-Test 335
- Comparsion Test 336
- Exploratory Test 335
- Validation Test 336
User-Centered Design 315

V

Validation Test 336
Variabilität von Vorgehensweis 35
Variablenkomplexe 72
VB-Sequenz 104
Verantwortlichkeiten 91, 95
verdeckte Beobachtung 302
Vereinfachte-Bedingungen-Sequenzierung 106
vereinfachte Bedingungen (VB) 104
Verhaltensrecording 300, 303, 320
Verhandlungstraining 87
Verlockung 200
Vermeiden von Ablenkungen 208
Versicherungen 68
Verstärkungswirkung 229
Verstehen des Inhaltes eines Bildes 178
Verstehen fördern 110
Verstehensleistungen 148
Versuchsleiter-Artifakte 297
Vertrautheit 209
Vervollständigungsprobleme 42

verzögerte Rückmeldung 232
verzweigte Lehrprogramme 7
Video 147
videobasierte Inhalte 264
Videoeinbindung in Lernprogramme 15
Videofilme 147
Videokonfrontation (Retrospective-Testing-Technik) 321
Videoproduktion 240
Videosequenzen 67, 147
Vier-Komponenten-Modell 71
virtuelle Arbeitsgruppen 17
virtuelle Experteninterviews 38
virtueller Klassenraum 250
Visualisierung, Definition 136
visuelle Organisation des Bildes 183
Volition 205, 218
- Rubikon-Modell 220
volitionale Erlebnisqualität 221
volitionale Steuerungslage 219
voraufmerksame Verarbeitung 177
Vorgehensplanung 94
vorproduziertes Material 129
Vorwärtssakkade 161
Vorwärtssprung 161
Vorwissen 24, 55, 211
- für das Verständnis des Bildes 182

W

Wahl der Druckschrift 175
webbasierte Lernumgebungen 45
webbasierte Praktika 258
Webeditoren 65
Weiter-Button 116
Werkzeuge 267
Wettbewerbscharakter 231
Wettbewerbsspiele 210
Wiederverwendbarkeit 100, 274
Willensanstrengung 218
Wissen 23
Wissensanalyse 28, 40, 100
Wissensanwendung 72
Wissensarten 44

Wissensaufbau 82
Wissensdiagnose 16
Wissenserwerb 228
Wissensobjekte 26
Wissens- oder Denkfehler 232
Wissenspool 264
Wissensstrukturen 82
worked-out examples 42
Wortabstände 175
Worterkennung 161
Wortwahl 171

Z

Zeilenabstand 175
Zeilenlänge 175
Zeit 63
Zeitaufwand 17
Zeitbedarf 66, 67
Zeitbezug 148
zeitlich festgelegte Aufgaben 92
Zeitlupe 148
Zeitpläne 91
Zeitplanung 92
Zeitraffer 148
zielfreie Probleme 42
Zielkategorien 87
Zielplanung 94
Ziel- und Prozessaspekt 209
Zufriedenheit 320
zurückblättern 212
zusammenfassen von Textinhalten 164
Zusammenfassungen 170
Zwei-Weg-Kommunikation 72
zwischenmenschliche Distanz 119

MIX
Papier aus verantwortungsvollen Quellen
Paper from responsible sources
FSC® C105338

If you have any concerns about our products,
you can contact us on
ProductSafety@springernature.com

In case Publisher is established outside the EU,
the EU authorized representative is:
**Springer Nature Customer Service Center GmbH
Europaplatz 3, 69115 Heidelberg, Germany**

Printed by Libri Plureos GmbH
in Hamburg, Germany